岩城隆利著

元興寺《がんごうじ》の歴史

吉川弘文館

口絵１　元興寺（極楽坊）本堂（54頁参照）

口絵２　元興寺（極楽坊）禅室（54頁参照）

口絵３　五 重 小 塔（54頁参照）

口絵４　智光曼荼羅（厨子入本）（273頁参照）

口絵５　銅造釈迦如来坐像（飛鳥大仏）（16頁参照）

口絵６　木造薬師如来立像（104頁参照）

口絵７　木造阿弥陀如来坐像（268頁参照）

口絵８　木造十一面観音立像（127頁参照）

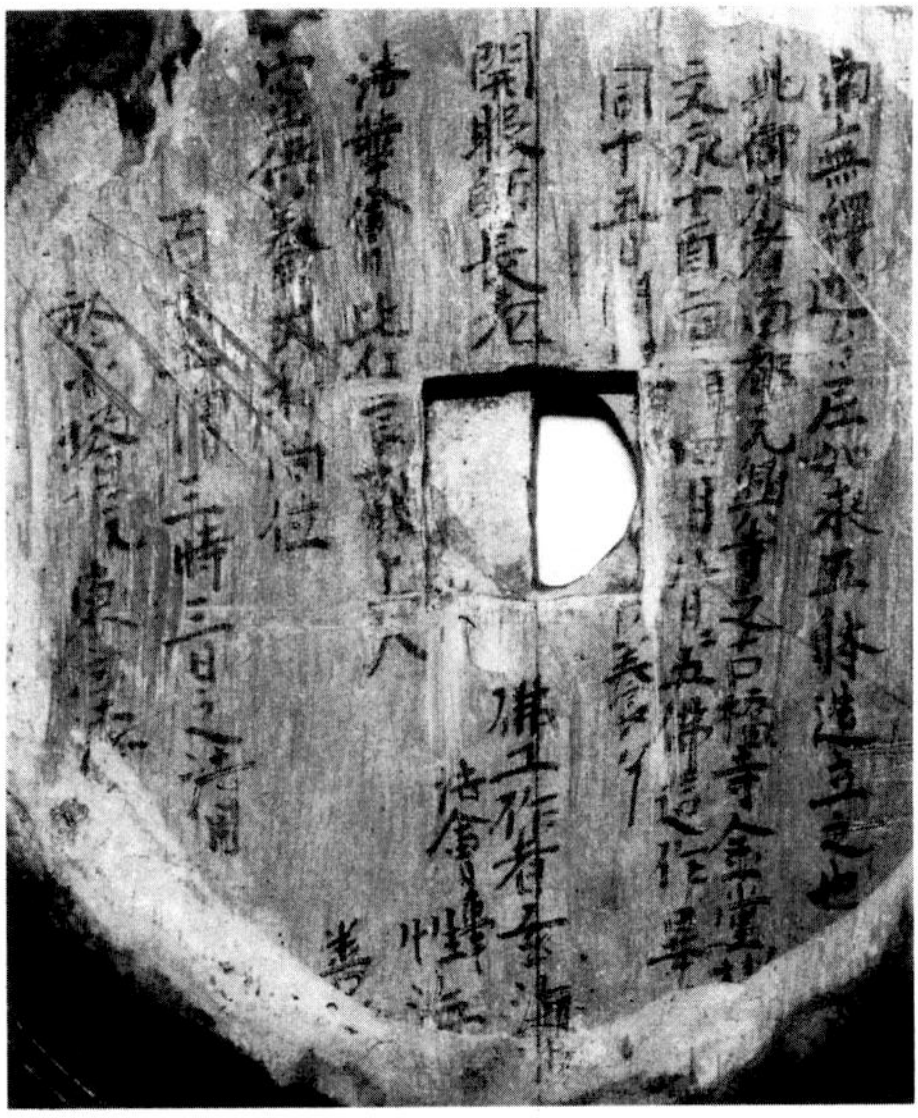

口絵９　木造釈迦如来立像・同台座裏銘文（219頁参照）

口絵10　木造聖徳太子立像・像内納入摺仏（227頁参照）

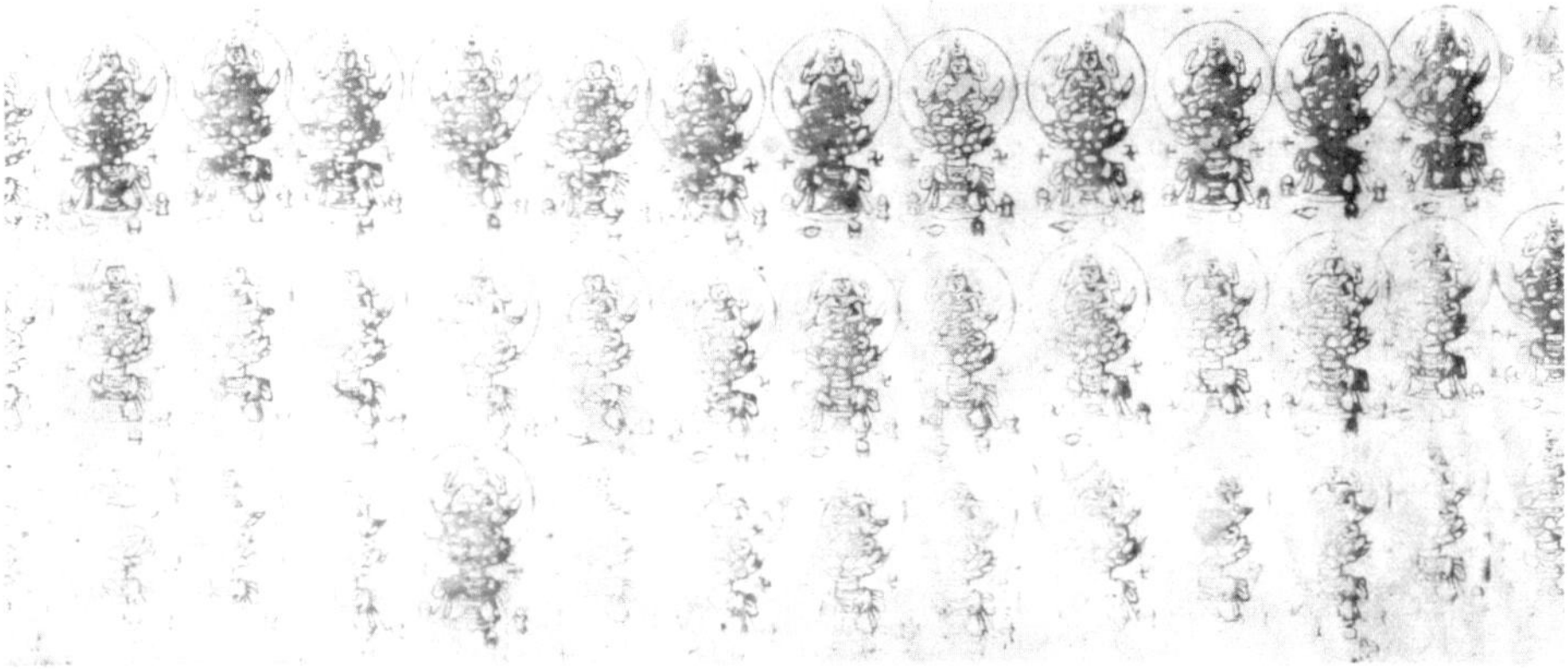

口絵11　木造弘法大師坐像・像内納入印仏（230頁参照）

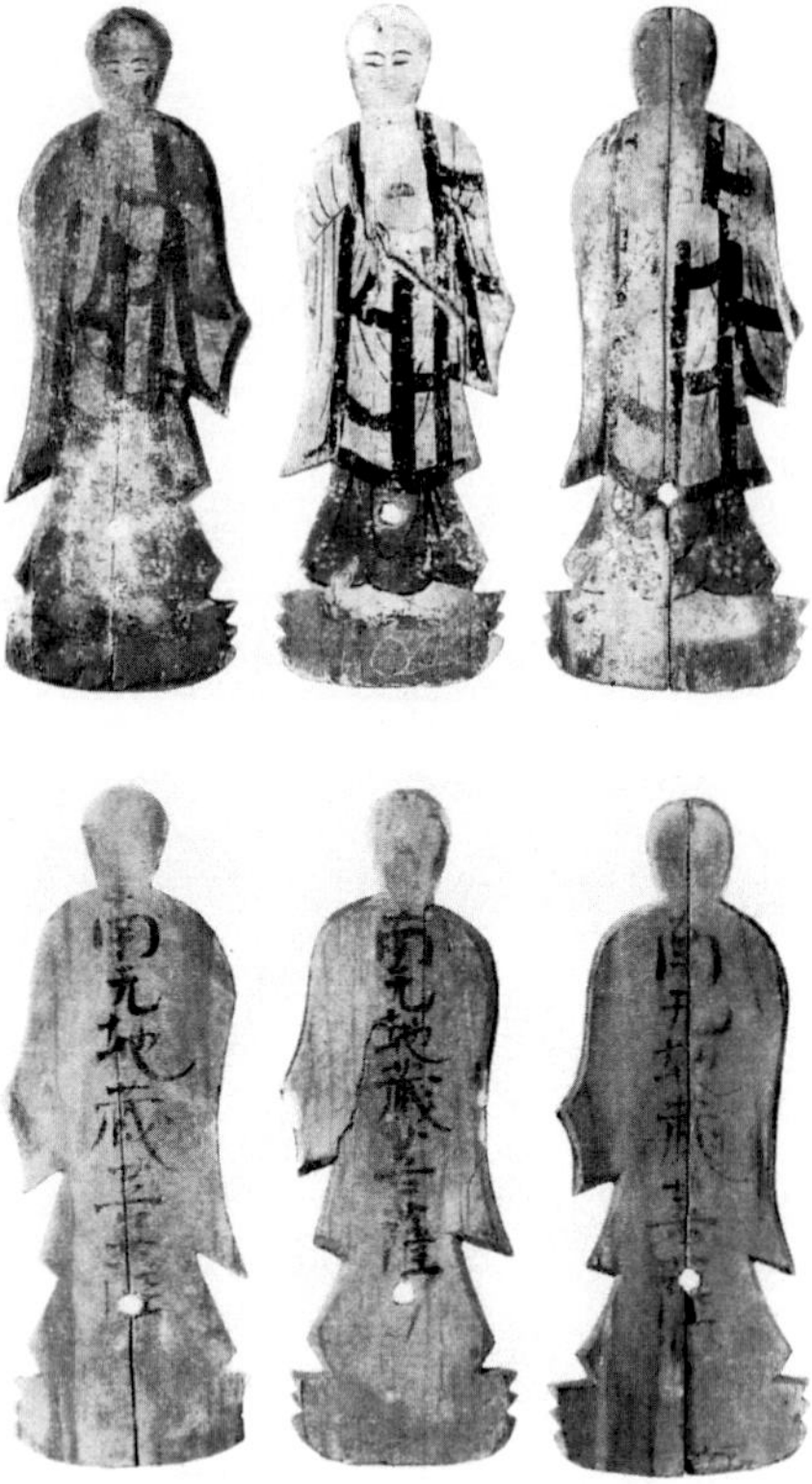

口絵12　庶民信仰資料(右・板彫千体地蔵菩薩像表裏　左上・彩色印仏　左下・こけら経)(206頁参照)

はしがき

元興寺極楽坊の解体修理が終り、この寺の環境整備や防災工事もほぼ完了した段階で、この工事中に発見された厖大な仏教民俗資料の調査研究のための調査室ができたのが一九六一（昭和三十六）年であった。そのころ、時の同寺住職辻村泰圓師から、私はこの寺の歴史を明らかにすることを依頼されたのであった。

そこでそのための史料の蒐集を始め、ある程度それを集め、同寺の歴史の概略を知ることができる段階になったとき、その史料の公刊をすすめられ、一九六三年から三年間にわたり『元興寺編年史料』三巻を出版することができた。このとき下巻の巻末に元興寺の歴史の概略を書いたが、それは余りにも粗末なものであった。辻村師からはさらに詳しい同寺の歴史の叙述を求められこれを承諾したが、不勉強のため延引するうち、泰圓師は遠行され、この約束を果さないままに過ぎた。

日本古代・中世史も日本仏教史も専攻していないわが身を省みて、恥しくまたあつかましい限りではあったが、日本史を一応研究分野としているため、辻村師の御依頼をおことわりしなかった以上、何とか責任を果さねばならないと思い続けてきた。その上さらに、『編年史料』を刊行して頂いた吉川弘文館がその再刊を計画されたので、下巻の巻末の概説を削除して史料を増補することをお願いし、増補版が八三年に出版された事情もあって、概説に対する荷がさらに重くなった。

調査室から発展した元興寺文化財研究所も一九九七年に三十周年を迎えたため、思い切って泰圓師との御約束を果して師の御霊前にこれを呈することを決心し、九九年私が同研究所を退職した時を期して、吉川弘文館の御厚意によってこれが刊行できることになった。

本書は、元興寺の前身法興寺の創建から元興寺並びに飛鳥安居院の現代までを通じ、これら寺院が日本仏教史の中で占めるその歴史の姿を明らかにしたいと考えて執筆したものである。そのため叙述の範囲が広くなって、まとまりに欠けることとなり、この寺の全貌をうまく浮かび上らせることができなかったことは、ひとえに筆者の不勉強と偏見の結果であり、お許しを願うほかはない。

叙述にあたっては、その史料を、主として前著『増補元興寺編年史料』三巻に求めて引用記述したので、同書をもあわせてみて頂きたいとは思うが、なおこの増補以外にもみるべき史料があってこれらを使用した。御了承を願うところである。

本書の成るについては、多くの先学の御研究はもちろんのこと、この三十余年の間に種々の御教示、御助力を頂いた方々、とくに元興寺文化財研究所関係の方々の全面的な御援助によっている。また奈良国立文化財研究所・奈良国立博物館・奈良県立図書館等の諸機関や関係する諸社寺や個人の方々からも、資料の提供その他格別の御厚情を頂いている。本来ならば、一々お名前をあげて謝意を表すべきではあるが、この紙面で感謝の心を現わすことでお許しいただきたい。また本書がこの姿をなすについては、元興寺（極楽坊）現住職辻村泰善師の御協力を頂き、吉川弘文館の皆さんの並々ならぬ御努力によるものである。以上、すべての方々に改めて深く感謝するものである。

このように多くの方々の御厚情にもかかわらず、このような内容のものとなったことは私の浅学の致すところ恥しい次第である。私に依頼された故辻村泰圓師の考えられたものからは遥かに遠いものかもしれないが、遅ればせながらこれを御霊前に呈し、御冥福を祈るものである。

一九九九年 九月

岩 城 隆 利

目　次

図・表目次

口絵

挿図

表

一　飛鳥の法興寺

1　法興寺創建以前

仏教の伝来

『扶桑略記』の欽明天皇十三年の条に『法華験記』を引いて、継体天皇十六年（五二二）に司馬達止が入朝して、大和国高市郡坂田原に草堂を営み、仏像を礼拝したが、世間では、これを大唐神といったという伝承を載せている。この記事は年代その他に疑問があるとしても、わが国における仏教の初期の姿を示すものであろう。当時すでに、渡来人やその子孫たちの間では、おそらくこのような私的な信仰が行われており、日本人はその仏を「大唐神」とか「蕃神」とか呼んでいたと思われる。

ところがその後、百済の聖明王が仏像・経論等を公式に朝廷に伝えたがために、これが当時の政治上の勢力関係とからみ合って大きな政治問題となった。この仏教公伝の年次については、『日本書紀』の欽明天皇十三年壬申の年（五五二）説と、『上宮聖徳法王帝説』、『元興寺伽藍縁起并流記資財帳』、弘仁十年の僧綱上表文（『顕戒論』）、『三国仏法伝通縁起』の中の大安寺審祥大徳記にいうとある一説等にみえる欽明天皇七年戊午の年（五三八、『書紀』の宣化天皇三年）説とが伝えられている。以上の記録からみて、奈良の諸寺の間には、戊午の年に仏教が公伝したという説が広く流布していたことは疑いない。

これに対し、壬申の年に公伝したという『書紀』の説には疑問が多い。『書紀』のこの前後の年代記事には所々整頓されていない点があり、継体天皇の条では錯簡も指摘されており、また同書に記す百済王の上表文は『金光明最勝王経』の漢訳文を利用した造作であるとされていることなどから、『書紀』のこの公伝の記事全般に対して問題が提起されている。さらに継体天皇が辛亥の年（五三一）に没して、その後に、安閑・宣化朝と欽明朝が並立し、宣化天皇の没後、皇統が欽明朝に一本化したとする説に従えば、戊午の年は欽明天皇七年という『元興寺縁起』等の伝とも年次があうので、最近では仏教の公伝は戊午の年とする考えが通説化しているようである。本書でも、その立場をとることとする。

なお、百済の史料等によって第三の公伝年次を考える説があることと、壬申の年伝来説の出た理由として、三論宗の教説による末法第一年がこの年にあたることをあげる説などがあることを付け加えておこう。

当時、朝鮮半島では、北の高句麗と南東の新羅と南西の百済とが鼎立し、それぞれ村落国家を統合して古代統一国家に成長しつつ、相互に侵攻を交えるという複雑な政情があり、さらに半島南端には、日本の勢力の及んでいた小数の村落国家が任那諸国として存在していたと考えられている。ことに六世紀初頭には、任那諸国は新羅と百済の間にあってその存在は危い状態にあり、半島の大勢は高句麗と新羅の勢力が強く、その圧迫によって百済は非常な苦境にあった。こうした状況下で、百済は日本との接近をはかり、その軍事的援助を得ようとしていたのであって、聖明王の仏像等の進献はそのための贈り物であったと思われる。『書紀』の欽明天皇六年（五四五）の条に、百済王が日本天皇のために丈六の仏像を造り任那の福祐を祈ったとあるのも、この間の事情を物語っている。事実その後、五四七年にはさらに百済から日本に対し救援の要請があり、その翌年には百済は新羅と一時的に和睦し、共同して高句麗の南下を退けているが、五五四年には百済の聖明王は新羅との戦の中で戦死し、五六二年には新羅が任那の日本の官家を滅ぼしている。

日本の対半島政策は、このような情勢のもとで拠点任那の維持を中心として行われたが、その時々の三国の事情に左右され、また国内の諸勢力の隆替に掣肘されてとかく一貫性を欠いており、六世紀に入るころからは百済との接近が著しくなったようである。その上、当時のわが国の政界は種々の点で重大な転機に臨んでいた。顕宗・仁賢両天皇が播磨から迎えられ、継体天皇が越前から入京したと伝えられ、ついで『百済本記』に「日本天皇及太子皇子倶崩薨」と伝えている、いわゆる辛亥の変があり、その後に二朝廷の並立が来たことなどは、いうまでもなく皇統自体の危機を示すものである。

つぎに古代氏族についてみると、その盛衰は朝鮮半島との関係によるところが大きかった。六世紀初期には葛城・平群・巨勢等の諸氏族はすでに勢力を失い、大伴・物部・蘇我等の諸氏族の発言権が増してきていた。物部氏は麁鹿火が五二八年に新羅と通じて叛いた筑紫国造磐井の乱を平らげて、その子尾輿が勢力を伸ばし、大伴氏は五四〇年に金村が半島問題で失脚してからはその勢力が衰え、蘇我氏は稲目がその娘を朝廷に入れて政界に進出してきていた。従って、欽明天皇の初年のころに政界に実力をもっていたのは、旧氏族の代表格で武事に係わっていて守旧的立場をとっていた物部氏と、新興氏族として渡来人系と親しく進歩派を代表していた蘇我氏であり、大連物部尾輿と大臣蘇我稲目が常に対立していた。そして天皇の権威は、結局、それら諸氏族の勢力均衡の上にあったといえる。

仏教の公伝が、以上のような朝鮮半島の三国の入り組んだ対立関係と、日本国内諸氏族の微妙な力関係にあった時期であったことは、日本が仏教を受容する上で大きな意味をもつものであった。

崇仏と排仏の争い

仏教公伝に関する『日本書紀』の伝は、さきに述べたように問題があり、また公伝にすぐ続けて排仏・崇仏の論争と迫害があった記事があるが、それらの現象が一時に続いて起こったとも考え難い。そこで、以下には『元興寺伽藍縁起并流記資財帳』を資料にして、両派の対立抗争の事情を仏教対策を中心にしてたどることとする。なお、この『元興寺縁起』（以下、略称する）の全体については後に別に扱うこととして、ここではその中の「古縁起」と称している部分を史料とする。また以下、本項の叙述の中では、『日本書紀』の記述は仮りに〔　〕内に記すこととする。

欽明天皇七年戊午の年十二月〔十三年十月〕、百済王は釈迦像と灌仏の器一具と経巻一篋〔釈迦金銅像一軀・幡蓋若干・経論若干巻〕を齎し、「当聞、仏法既是世間無上之法、其国亦応二修行一也」と言上した。この時、天皇はその礼拝の可否を諸臣に諮問したのに対し、蘇我稲目がひとりこれを可とし、他の臣等〔物部尾輿・中臣鎌子〕は不可を主張した。天皇は稲目の言に従い、仏像を皇女（のちの推古天皇）の牟久原の後宮にまつることとした〔稲目が仏像を小墾田の家に安置し、向原の家を寺とした〕。

その後、一年を隔てて神の怒りがあり、病死の者が多かったので崇仏・排仏の論が再び起こり、表面上では一旦、仏教は禁止された。さらにその後、三十余年を経て、稲目は「自分は仏を捨てない」と遺言して己丑の年（五六九）に没した〔欽明天皇三十一年庚寅三月〕。そこでその翌庚寅の年に、稲目の死に乗じて諸臣は仏殿を焼き、仏像・経典を難波江に流した。しかし、皇子たちの力で牟久原宮は後宮であるとして保たれ、灌仏の器は隠し置かれた。そして、その翌辛卯の年（五七一）にはなお悪疫が流行し、旱天が続き大宮が焼けたが、欽明天皇は「仏神は畏きものであるから捨てるべきでない、牟久原の後宮は仏に奉り、耳梨宮を後宮とせよ」と遺言してなくなった〔任那再興の詔を遺した〕。

以上のように、欽明天皇の代には蘇我稲目の死没によって第一次の仏教迫害があったわけであり、天皇は蘇我氏とともに仏教に好意を寄せてはいたものの、公然とした仏教の受容には至らなかった。

ついで敏達天皇の六年（丁酉、五七七）十一月のこととして、『書紀』には「百済国王付二還使大別王等一、献二経論若千巻并律師・禅師・比丘尼・呪禁師・造仏工・造寺工六人一、遂安二置於難波大別王寺二」とあり、さらに八年（己亥、五七九）十月には新羅から調を進め、仏像を送ったという記事があるが、『縁起』にはこのことはみえない。なお、大別王と難波の大別王寺についてはよくわからない。ついで同天皇の十年（五八一）に皇后（のちの推古天皇）が稲目と欽明天皇の遺言をあげて仏教の公認を望んだが、天皇は国論の不一致を理由としてその要望を止めた。しかしその翌壬寅の年には、池辺皇子（のちの用明天皇）らが牟久原殿を移して揩井（桜井）道場をつくり、灌仏の器をそこに隠した。そしてさらに、その翌年（癸卯、五八三）（甲辰、敏達天皇十三年）には国内に災害があったので、蘇我稲目の子馬古（馬子）が卜によって仏教を広めることを願い出るとともに、出家者を求めたが応ずる者がなかった。時に播磨国に高句麗僧恵便と尼の法明がおり、按師達等（司馬達等）の娘斯末売（嶋女）と阿野師保斯（漢人夜菩）の娘等己売（豊女）と錦師都瓶善（錦織壺）の娘伊志売（石女）の三人が、尼法明に学び出家を希望したので、桜井道場に住まわせた。またその翌年九月には、甲賀臣（鹿深臣）が百済から石の弥勒像を持ち来ったので三女がこれを供養し、司馬達等が舎利を得てこれを馬子に差し出したので、馬子らはいよいよ仏法を信じた。『日本書紀』にはここで馬子が石川宅に仏殿を作ったことをあげ、「仏法之初自レ茲而作」と記している。

達等からの舎利を受け、馬子は乙巳の年（敏達天皇十四年、五八五）二月に止由良佐岐（大野丘北）に塔を建てて大会を催した。その時、天皇（物部守屋）は仏法を破ろうとして塔の柱を切り、仏像・仏殿を焼き、三人の尼を捕えて都波岐市（海石榴市）に禁固したが、桜井道場は焼かなかった。これが第二次の迫害であった。しかし悪疫の流行はなお止まなかったので、馬子は仏教の崇拝を願い出た。間もなく天皇がなくなり、用明天皇が即位したので、馬屋門皇子（聖徳太子）の意見によって馬子の願いはかなえられた。また三人の尼も許されて桜井道場に住まわせたが、三尼は百済へ渡り受戒したいと申し出た。ついで丁未の年（用明天皇二年、五八七）に百済から渡来した人があったので、尼の受戒の相談をしたところ、尼寺に十人の尼を招いて本戒を授け、法師寺に十人の僧を請じて受戒すべき旨を述べ、さらに法師寺建立の必要を説いた。そこで用明天皇は百済に法師と造寺工を求めたが、間もなくなくなった。『日本書紀』では、この丁未の年四月に天皇がなくなり、六月に百済の使が来たとあり、ついで、いわゆる丁未の乱について記しているが、『元興寺縁起』にはこの乱の記載がない。そして以後の動向は諸文献に大差がないので、以下は『日本書紀』を主とし、縁起その他を参考として述べることとする。

仏教の公認

崇仏派の蘇我馬子と排仏派の物部守屋が政局の中枢にあって対抗しているとき、敏達天皇は排仏に傾き、用明天皇は仏教に同情的であった。用明天皇は二年（五八七）四月に「朕思㆔欲帰㆓三宝㆒」といい、群臣にも仏教信仰の可否を問うた。これに対し、物部守屋と中臣勝海は「何背㆓国神㆒敬㆓他神㆒也、由来不㆑識㆓若㆑斯事㆒矣」と答え、蘇我馬子は「可㆓随㆑詔而奉㆒㆑助、詎生㆓異計㆒」といって、対立する中で用明天皇はなくなった。そこで蘇我氏の推す泊瀬部皇子と物部氏側の穴穂部皇子との皇位継承の争いとなったが、同年六月に穴穂部皇子は殺され、翌七月両派はついに兵火を交えた。これが丁未の乱で、その結果、排仏派の物部氏側は敗れ、泊瀬部皇子が即位して崇峻天皇となり、蘇我馬子が政界を牛耳る態勢ができ、同時に仏教が弘通する道も開けた。仏教は公伝以来約五十年、この間、二度に及ぶ迫害と丁未の内乱を経て、ようやくわが国に定着する機運を迎えたのである。

ついで崇峻天皇元年（五八八）に、さきに百済に求めた法師や造寺工らが渡来した。すなわち恵聡らに率いられ、聆照・令威・恵衆・恵宿・道厳・令開の僧侶六人、寺工太良未太・文賈古子、鑪盤博士将徳白昧淳、瓦博士麻奈文奴・陽貴文・陵貴文・昔麻帝弥、画工白加等が仏舎利や金堂の模型を持って来たのである。また『元興寺縁起』によれば、三人の尼はなお受戒のために百済への渡航を望んだので、聡耳皇子らが相談して三人に弟子の信善と善妙の二尼を添えて百済に送り、渡来した僧は仮僧房に住まわせ、工人らには桜井道場内に屋形を造り、いよいよ法師寺を造ることをきめた。そして、庚戌の年（五九〇、崇峻天皇三年）に尼たちが受戒して帰国したので桜井寺に入れ、推古天皇元年（五九三）には桜井寺を充実させて、わが国で最初の尼寺として豊浦寺を造り上げ、天皇のためには小治田宮を造営した。

新宗教の受容としては、このような五十年にわたる曲折も比較的短期間でまた安易なものといえるであろう。それは在来の神が原始信仰としての呪術性の強いもので、仏も蕃神とか大唐神と呼ばれて神と異質とは考えられなかったこと、換言すれば、日本在来の古神道が創唱者も経典も持たない民俗宗教であったから、伝来した仏教が創唱宗教であってもこの風土では許容され易かったのであろうし、のちに神仏習合の姿がみられる所以でもあろう。もし、わが古神道も創唱宗教であったならば、両者は当然もっとはげしく衝突して受容もたやすくはなかったであろうし、後世にみられる神仏習合という形も現れにくかったに違いない。

仏教の受容については、このような在来宗教と渡来宗教との性質のほかに、当時のアジアの情勢と日本社会の発展段階をも考えねばならない。朝鮮半島は部族国家の枠をこえて古代集権統一国家へと向かう段階にあり、そこに仏教を含む先進文明が中国から伝えられ、これが強く影響して社会の進歩を促進させていた。すなわち仏教は先進文明の一翼をなし、それ自らの呪術的宗教的性格のほかに、高度の思想・芸術・技術を伴っており、社会のより進んだ段階である古代統一国家体制の形成を助けるものであった。それ故にこそ、氏族連合国家、さらに古代統一国家に向かおうとする六世紀のわが国にとっては、この先進文明は必要であったのであり、従って仏教も受容され易かったのであろう。事実、当時の渡来系諸氏族や在来日本の族長たちの中には、この大陸からきた新文明のもつ思想・芸能・技術・制度等を受け入れて、自らを権威づける者があり、やがて氏族連合の中心部で統一国家の権力を樹立しつつあった人たちが、新文明に傾倒し、その一部である仏教の公認にふみ切ったものと考えられる。

飛鳥と蘇我氏

以上、六世紀の中期（五三八―八七）、仏教公伝と、それに伴う崇仏・排仏を主張する諸氏族の抗争の舞台であった朝廷の所在地は、欽明天皇の宮が磯城嶋金刺宮、用明天皇の宮が磐余池辺双槻宮であったように、大体は磐余と呼ばれた地域であった。その磐余とは、現在、天香久山の東北から三輪にわたる地域を指すと考えられている。

ところが、仏教を受容しようと主張した蘇我氏が、仮りに仏殿を作ったという向原や桜井や大野丘などの場所は、未だ確実には特定されていないにしても、桜井道場は豊浦寺にしたといわれ、大野丘は止由良佐岐ともあり、向原寺はその音を今の広厳寺に残しているのであって、いずれにしても、かつて豊浦寺があり、今、豊浦の村落の中の広厳寺となっているあたりと考えられている。

この豊浦の地は天香久山の西南方向で飛鳥川の左岸にあり、対岸の雷丘と相対し、北は小治田と呼ばれる地域に接し、南には甘橿丘があり、その向かい側、飛鳥川の右岸には石神・水落の遺跡がある。いわば、この地方は天香久山の南部から南西部にかけての地域で飛鳥川の流域であり、いわゆる飛鳥地方の中心部である。そして、このあたりこそ、五世紀ごろから大陸半島からきた人たちが住みつき開拓した場所であったから、その渡来人と深くかかわっていた蘇我氏は、六世紀にはすでにこの地方を占拠支配していたであろう。それ故にこそ、初期仏教の伝承地がここに集中していると考えられる。

仏教受容の主柱となった蘇我氏の本貫の地については、大和曽我川地方説と河内石川辺とする説とがあるが、大和盆地の西部をその本拠とする平群・葛城・巨勢等の諸氏族とともに、蘇我氏もまた武内宿祢を祖とするとの伝承を持っているところからみて、ここでは大和説をとることとする。なお河内説でも、蘇我氏が河内から早く大和に入っていたことは認められている。すなわち、蘇我氏の本拠の地は大和盆地の南部高市郡の曽我川の地方であり、そこから東南方の渡来民の開拓地に漸次勢力を伸ばし、やがて飛鳥の中心部を占有領域としたものであろう。

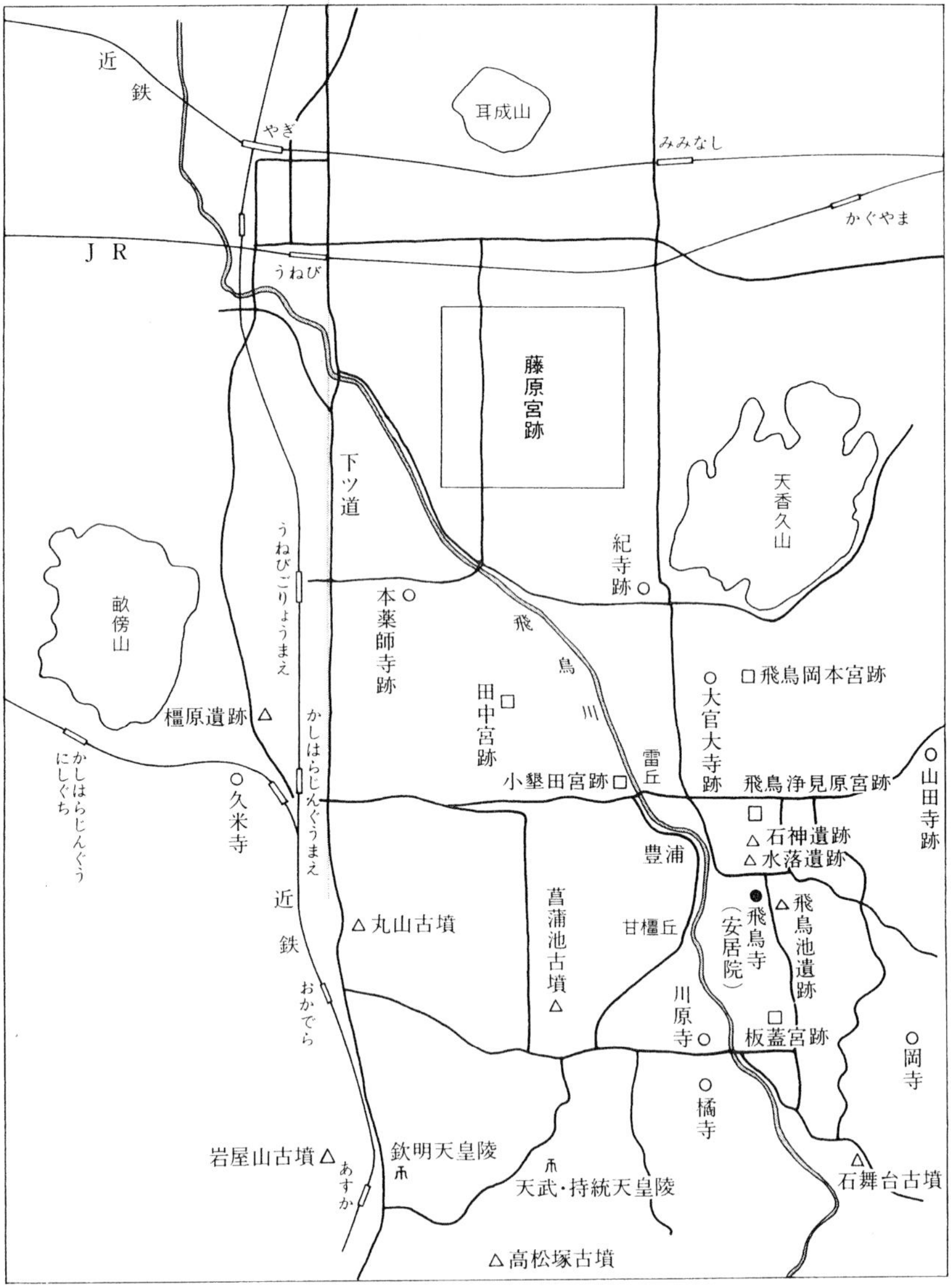
近鉄
やぎ
耳成山
みみなし
かぐやま
J R
うねび
藤原宮跡
下ツ道
天香久山
紀寺跡
うねびごりょうまえ
本薬師寺跡
畝傍山
飛鳥川
飛鳥岡本宮跡
大官大寺跡
田中宮跡
橿原遺跡
かしはらじんぐうまえ
雷丘
かしはらじんぐうにしぐち
久米寺
小墾田宮跡
飛鳥浄御原宮跡
山田寺跡
石神遺跡
水落遺跡
豊浦
近鉄
菖蒲池古墳
飛鳥寺（安居院）
飛鳥池遺跡
丸山古墳
甘樫丘
おかでら
川原寺
板蓋宮跡
岡寺
橘寺
岩屋山古墳
あすか
欽明天皇陵
天武・持統天皇陵
石舞台古墳
高松塚古墳

図1　飛鳥地方略図

蘇我氏の系譜は、五世紀の中ごろから、満智・韓子・高麗・稲目と続くと伝えられ、『古語拾遺』によれば、満智の代に渡来系の秦氏や漢氏らを率いて、宮廷の内蔵・斎蔵・大蔵の三蔵を検校したと伝えられる。ついで五世紀後半には、韓子は朝鮮に遠征して没している。すなわち、蘇我氏は物部氏らより遅れて大和政権の中枢部に進出して活動し始め、財政・外交・軍事にかかわり、ことに韓子・高麗の名が示すように半島との接触が深く、さらに渡来系諸氏族と親しくして大陸からの新文明に明るく、その智識や技術を吸収して強大になっていったと思われる。その過程で平群氏の衰退や葛城氏の没落があって、それらの旧領へも進出し、丘陵地の多い大和盆地の南部で渡来系諸氏族とともに新技術を駆使して、開拓を進めたのであろう。ついで、稲目の代には屯倉支配に新しい方式を出したといわれ、欽明天皇へは娘をいれて婚姻関係を結び、欽明朝初期の複雑な政局の中で、その中枢部を動かす力をつけてきたのである。そして馬子の代になって、対抗勢力であった物部氏を倒し、やがて天皇の宮廷を磐余地方から飛鳥地方へ誘引した。

推古天皇の宮は小墾田と豊浦にあり、舒明天皇の宮は初め飛鳥岡本にあり、皇極天皇の飛鳥板蓋宮も蘇我氏の根拠地の豊浦・甘樫丘に近いのである。この蘇我馬子によって、わが国最初の本格的寺院法興寺が飛鳥地方の中央部に建立されたのである。

2　法興寺の創建

法興寺の建立

法興寺は蘇我馬子の発願によって建立されることになった。その発願の事情については二つの立場が伝えられる。

『日本書紀』の崇峻天皇即位前紀によれば、用明天皇二年（五八七）丁未の乱にあたり、聖徳太子は四天王寺の造立を誓願したが、馬子もまた、「凡諸天王大神王等助二衛於我一使レ獲二利益一、願当奉三為諸天与二大神王一、起二立寺塔一流二通三宝一」と誓っている。いま一つは、前節でみたように、百済人からの勧めによって尼寺豊浦寺に対し僧寺の建立を発願したことである。この二つの発願はいずれともきめ難く、むしろ両者ともにその事情は認められよう。とにかく、丁未の乱によって仏教受容への道が開け、その翌崇峻天皇元年（五八八）に百済から僧侶や寺工等が渡来したので、馬子は本格的に僧寺造営に着手した。以下、その経過を『書紀』の記述に従ってたどってみよう。

崇峻天皇元年の項に「壊二飛鳥衣縫造祖樹葉之家一始作二法興寺一、此地名二飛鳥真神原一、亦名二飛鳥苫田一」とある。飛鳥衣縫氏は渡来系の衣縫工人集団であったと考えられ、その祖の樹葉の家を壊って寺地としたのである。またこの地は真神原と呼ばれており、『今昔物語集』には「推古天皇造二本元興寺一語」の中に金堂を建てる地に霊異のある槻の大木があった話が載せられており、また寺の西にも有名な槻の木があった。要するに、この地域はある種の聖地と考えられていたようである。甘樫丘の東で飛鳥川の右岸にあり、百済人の教えたように、尼寺豊浦寺とは川を隔て鐘声が相聞えるほどに近い。とにかく、この年には寺地が選定されたのであろう。

ついで、崇峻天皇三年（五九〇）十月には山に入って寺材を取り、同五年には仏堂と歩廊の工事に着手している。そして、その翌推古天皇元年（五九三）には仏舎利を塔の心礎の中に納めて、その上に塔の心柱を建て、同四年十一月には「法興寺造竟」とある。しかし、これは塔が完成したことを意味していることは、『縁起』の中の「露盤銘」に丙辰年（五九六）にでき上ったとしているから明らかであろう。そして、ここに納めた仏舎利は、先に百済から僧侶や寺工等が来朝した時に齎された舎利であったであろう。そこで寺の体裁もできつつあったからであろうか、馬子の子の善徳臣が寺司となり、三宝の棟梁といわれた高句麗僧恵慈と百済僧恵聡が入寺した。この寺塔完成の後、『書紀』は新羅征討軍の派遣、冠位十二階の制定や十七条憲法について詳述し、斑鳩宮や小墾田宮の造営、広隆寺の建立については記しているが、馬子の動静や法興寺のことについてはしばらく語るところがない。しかし、そのころも寺の造営工事は続けられていたであろう。

そして『書紀』は、推古天皇十三年（六〇五）四月になって、天皇が聖徳太子や諸臣とともに共同発願して銅繡丈六仏像各一体を鞍作鳥（止利）に命じて造らせ、高句麗の大興王がこれを聞いて黄金三百両を貢いだことを載せ、翌十四年四月にこの丈六像ができたので、この像を法興寺の金堂に安置し、斎会が行われたことを記している。しかし『縁起』にある「丈六光銘」には、この造像のために銅二万三千斤と金七百五十九両を使ったこと、高句麗王が金三百二十両を助成しようとして、十六年に隋国使の裴世清の渡日の機会にこれを贈っており、十七年（六〇九）に仏像が完成して法興寺金堂に安置したとなっている。この場合、金堂本尊の安置は、『書紀』の十四年ではなくて、「丈六光銘」の十七年の方がその製作年数からみて妥当だと考えている。

なお『書紀』には、この時完成した釈迦像の高さが金堂の扉より高く、堂内に納められないため扉を壊そうとしたが、鞍作鳥は扉を壊さないで堂に納めたという逸話が記され、鳥はその功によって近江国坂田で水田二十町を与えられたので、彼はこれを資として、飛鳥の南淵に坂田寺（金剛寺）を建立したことを述べている。この記事は『坂田寺縁起』にあることがふさわしい話であるから、おそらくはその縁起から『書紀』編者が採録したものであろうと考えられている。この話は『今昔物語集』の「推古天皇造二本元興寺一語」の中でも、化人のしたこととして語られている。とにかくこの丈六の釈迦像は、わが国で造られた最初の金銅仏像であった。

推古天皇十七年には金堂に本尊も納められたので、このころには寺の重要部分がほぼでき上ったと思われる。一般に、古代寺院の造営には相当の年月を要するのが普通であったから、法興寺のこれまでの約二十年にわたる造営はむしろ短期間というべく、蘇我氏の政治経済における実力と、またこのことに注いだ熱意とをうかがうことができる。もちろん、この新文明の大記念物は、百済から招いた僧侶、技術者の力や高句麗王の好意、あるいは渡来系諸氏族、とくに司馬氏の協力等によって出現したが、仏教に理解があったといわれる大伴氏らの援助があったかもしれない。そして、その後も法興寺の造営は続けられたであろうが、文献の上ではその経過をたどりにくい。ただ本尊が安置されてから、この寺では、以後、毎年四月八日と七月十五日に斎会を行うこととなり、またこの十七年五月には、百済から漂着した僧道欣・恵弥ら十一人を当寺に住まわせたことがわかっている。ここに蘇我氏の氏寺として、馬子の丁未の乱での誓願通りに寺院ができ、しかも最初の僧寺として、尼寺の近くに本格的寺院の法興寺が出現したのである。

法興寺の規模

このような経過によって造営された法興寺（飛鳥寺）の規模は、奈良国立文化財研究所による昭和三十一年（一九五六）からその翌年にかけての全面的発掘調査によって、ほぼ明らかになった。以下、その成果によって、わが国で初めての伽藍の整ったこの寺の模様を略述することとする。

寺域は南北三町、東西二町と考えられ、その向かって左寄りに伽藍があり、右側には大衆院や蔵院のような建造物があったと推定される。まず、現在の飛鳥寺（安居院）の本堂の場所に金堂があったことが確認され、今の本尊の下に花崗岩の台座があるので、その上にもとの本尊と脇侍が安置されていたこともわかった。この堂の南前には石灯籠の台石があり、さらにその南に塔跡がある。塔跡からは、心礎が基壇上面から三㍍近い深さで発見され、建久七年（一一九六）の炎上後に再び別の箱に入れて埋納したと伝えられた仏舎利が、その伝えのままで心礎の穴から出土した。心礎の加工痕跡からみると、一辺一・五㍍の巨大な方形柱が、その上に塔中心柱として立っていたと思われる。また、仏舎利とともに埋納された金銀の小粒や金の延板、二千余個に及ぶ玉類や金環等の装身具、刀子や挂甲や馬具類等が心礎の辺りから発掘された。

つぎに、この塔跡の東西に向きあって二つの堂跡が発見された。従ってこの寺は、中・東・西の三金堂が塔を囲む

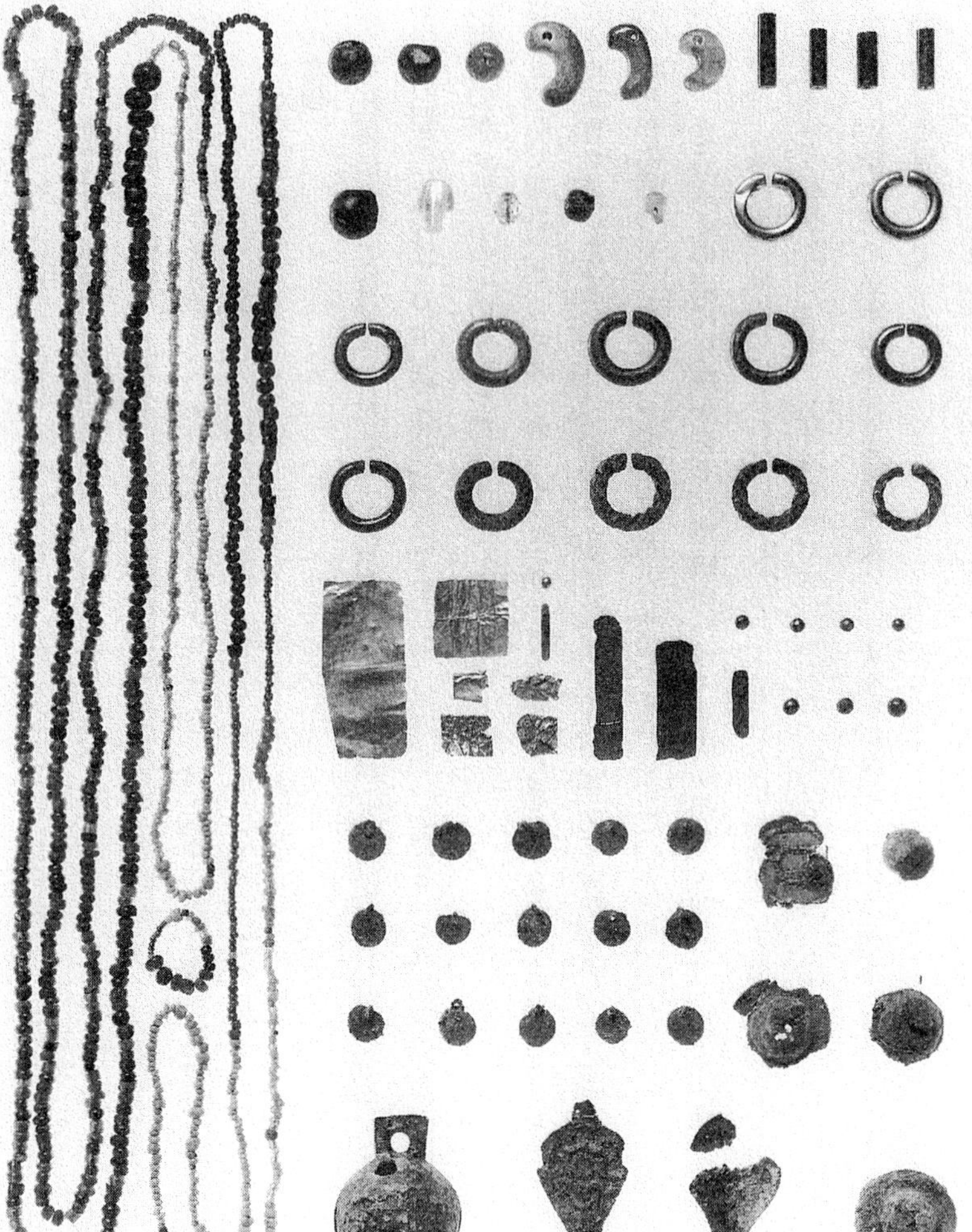

図2　法興寺塔心礎埋納品

図3 法 興 寺 軒 瓦

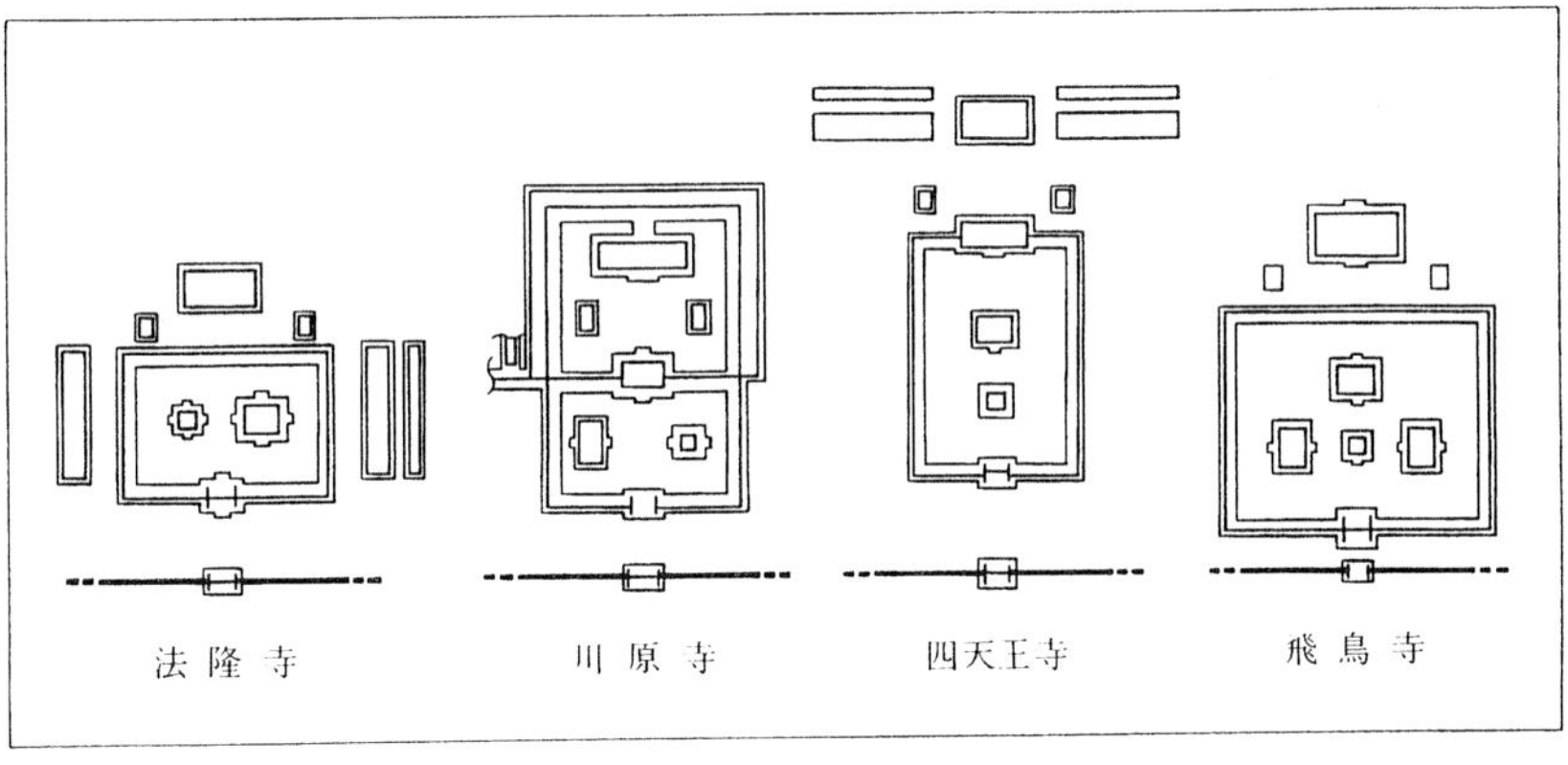

図4 諸寺伽藍配置図

形であることが明らかになった。そして、以上の建造物を囲んで回廊が四面にめぐらされ、南中央に中門があった。この囲みの北後の中央に講堂があり、以上の全体をさらに築地塀が囲み、これに南門や西門があった。

総じて堂舎の建造物は二重基壇になっており、中門の構造や基壇の石組の手法には、法隆寺以後の寺院のそれとは著しい距りのあることが明瞭になった。その他、多数の創建時の瓦が出土したが、素弁の蓮花文軒丸瓦など特色のあるものであり、寺の東南からは瓦窯も発見された。

以上の発掘調査の結果、つぎのような、いくつかの重要なことが明らかになった。第一に、その規模の壮大なことで、回廊の郭内の広さが四天王寺や法隆寺より遙かに大きく、しかも三金堂を擁する堂々たるものであった。

第二に、伽藍配置のことである。予想もされなかった三金堂が塔を囲む形式は、これまで飛鳥時代寺院の伽藍配置が、四天王寺式と法隆寺式の二つによって代表されるとした考えを根本から覆すもので、このことは、その後発掘調査された飛鳥の川原寺で、中央と向かって左とに二金堂があり、向かって右に塔があるという形式であったことによって、一層明らかになった。建立者の富力あるいは入手し得た仏像の数によって、金堂があるということである。

第三には本尊のことで、現飛鳥寺の本堂はもとの中金堂の場所にあり、現本尊は、後補はあるが鳥仏師作の釈迦如来坐像そのものである（口絵5）。東金堂の本尊は『七大寺巡礼私記』の記述からも察しられるように、百済から贈られた弥勒石像であったであろうということ、西金堂の本尊は金銅像とともに作られた繡仏であったと思われることも推定されるようになった。

第四に、記録に散見する諸事実がほとんど裏付けられている。創建以前の住居跡が発見されたが、それは衣縫の祖樹葉の家を壊ったという記録と相応じ、東金堂の存在は『七大寺巡礼私記』等にみえる東堂の何物であるかを証明し、箱入仏舎利の発掘は鎌倉時代の塔跡発掘の次第を語る「水木文書」にある弁暁の注進文と符合した。

第五には、記録に明らかなように、この寺は渡来した百済の工人たちの指導のもとにその偉容を造り上げたもので、事実、二重基壇の様式は百済にその例があり、瓦の文様や瓦窯なども百済のものに酷似しているという。

第六に、発掘結果によると高句麗系文化の系譜も引いているのであって、三金堂の伽藍配置の様式は高句麗の平壌（ピョンヤン）近くの清岩里廃寺に見られるといい、基壇にもその様式が伝えられているという。丈六釈迦像の造像にあたって高句麗王が黄金を寄進したことや、高句麗僧恵慈が入寺したこと等が考え合わされる。

第七に、仏舎利とともに塔に埋納された財宝は、古墳における副葬品を思わせるものといわれるが、それは六世紀末という時代において、古代豪族の力の古墳時代から飛鳥時代への連続の姿をみせているといえよう。

この全面的発掘調査の後、主として奈良国立文化財研究所の手によって、局所的な調査が断続的に行われ、これにより法興寺の規模の全貌がさらに明らかになった。昭和五十二年（一九七七）の調査では、安居院の北二三〇㍍の地に掘立柱の塀と溝とが発見されて、ここが寺の北限と考えられ、翌五十三年には寺跡の東北部の調査があって、その遺構から、ここが文献にみえる僧道昭の禅院跡と認められた。

ついで五十七年から数年にわたり、寺の周辺の所々が発掘されている。その結果、寺院の東北隅が明らかになり、西側には石敷遺構がみつかって、これが槻の大木のあった広場に関係するかと考えられ、南方南門前の参道は約四五㍍あって、その先に石敷広場が認められ、さらに西側回廊と西門跡も調査されている。また五十八年には、安居院本堂の修理にともなって本尊台座が改めて調査された結果、台座は花崗岩でなく凝灰岩の切石を組み合わせたものであり、その上に石の須弥座があることがわかった。また台座は創建時の基壇上に旧位置を保っていることが再確認された。

その後、平成八年（一九九六）の調査によって、西門が正門の南門より大規模であることが判明したが、これは槻の広場に面した門であったからであろうか。その後、平成十年にかけて寺の境内の東にあたる飛鳥池遺跡が発掘され、ここに、寺の建立から八世紀初めごろにかけて金属器等の製造工房があったことがわかった。すなわち、炭や灰など廃棄物の炭層、鉄の工房跡、銅の工房跡をはじめ、井戸・排水路・沈殿池等の施設までが発見された。これら工房は、初めは法興寺関係の仕事に従事しており、のちに朝廷関係のことに携わったと考えられている。さらに同十一年四月には、飛鳥池遺跡の北部で、法興寺の東南隅と思われる築地塀跡の一部がみつかったと報じられた。

富強を誇った進歩派の豪族蘇我氏が総力を投入して建立したこの氏寺を、これまで法興寺と呼んできたが、この称呼は最初からの寺名ではなかったようである。豊浦寺が桜井道場の後身で建興寺と呼ばれたのに対し、この寺は「露盤銘」にあるように、初めは建通寺と呼ばれたのではなかろうか。それが、のちに法興寺の称が一般化していることについては、「法興」の私年号（五九六・六二一）のあることにも一考の余地があるが、あるいは天武天皇八年（六七九）に寺名をつけた時があるので、その際に始まると考えられないだろうか。なお、この寺は所在地によって、早くから一般通称として飛鳥寺と呼ばれていたのは当然である。

三宝興隆

貞観四年（八六二）の太政官符に、この法興寺をさして「此寺仏法元興之場、聖教最初之地也」といっているように、この寺の造営を境として、わが国の仏教は、俄然、隆昌の歩を進めた。推古天皇二年（五九四）には有名な「三宝興隆の詔」が出され、やがて『書紀』に、「諸臣連等各為二君親之恩一競造二仏舎一」という状態がきたのである。

丁未の乱（五八七）に、聖徳太子がその建立を誓ったという四天王寺は、推古天皇元年に浪速で建立に着手され、秦氏は同十一年に山城太秦で広隆寺の造営を始め、法隆寺は同十五年ごろに斑鳩に建てられたと伝えられる。こうしてわが国の仏教は、天皇家や各氏族の氏寺の造立という形でまず展開していった。

『書紀』がさきの文に続けて仏舎を寺というと記しているように、法興寺以前の仏堂は草庵とか道場とか精舎と呼ばれ、また仏像をまつる仏殿や舎利を納める塔などが単独に建てられたのに対し、法興寺を先頭に、はじめて寺と呼び得る伽藍を整えた寺院が誕生した。先記の四寺のほかに、整備された豊浦寺をはじめ、平群寺・坂田寺・葛城寺などが相ついで建立され、推古天皇三十二年（六二四）には四十六ヵ寺、僧八百十六人、尼五百六十九人にのぼったという。

そして、それら天皇家や諸氏族によって建てられた寺院の規模や様式などは、それぞれの氏族の政治力や富力や文化的系統に応じたものであったわけで、蘇我氏の法興寺や聖徳太子関係の四天王寺や法隆寺、また秦氏の広隆寺などが特に壮大を誇り得た理由であった。ただ法興寺の場合、たしかに蘇我氏の力によって建立された氏寺であったと思われるにかかわらず、『縁起』の中の「露盤銘」でも、「丈六光銘」でも、それらが推古天皇と聖徳太子と蘇我馬子の三人の共願によって成ったことを述べている点が注意される。

このことは、推古朝の政界が聖徳太子と馬子によって主導されていたから、馬子が造寺の中心となり、天皇と太子が名を連ねただけであると考えてもよいが、前記銘文が推古朝の遺文そのままと考えられないこともあるので、太子崇拝が広まりはじめ、また蘇我本家が亡んだ後の白鳳期にこのような伝承が生まれたと考えてもよい。あるいは後の大化元年（六四五）八月の詔に丈六仏像の造営は天皇のためであったと述べたり、またこの寺が官寺の列に入れられたことなどから、このような伝承が伝えられたとも思われるのであって、法興寺はやはり、本来、蘇我氏の氏寺として建てられたと考えるのが至当であろう。そして後世に、聖徳太子造営の寺院の一つに数えられるようになったのは、太子造営寺院が七ヵ寺または十何ヵ寺と伝えられるようになり、太子を日本仏教の祖とする伝承、すなわち太子信仰の展開によることはいうまでもない。

飛鳥時代の寺院の建立は、たしかに近畿各地にもみられるが、三宝興隆の中心地はあくまで飛鳥地方であった。朝廷の宮もこの時代には飛鳥に集中しており、この時代の寺院跡も多くこの地方で発掘されて、それぞれが何氏の氏寺であろうという想定も相当に進んでいる。仏教文化に飾られた、いわゆる飛鳥文化の花がこの地に咲いたのである。

『元興寺縁起』

法興寺創建に関する史料として、これまでの記述で主として用いてきたものは、『日本書紀』と『元興寺縁起』とであった。前者については、その性格も問題点もすでに論じられているから、ここで改めて吟味する必要はないが、後者については、一応、その内容を検討しておく必要がある。

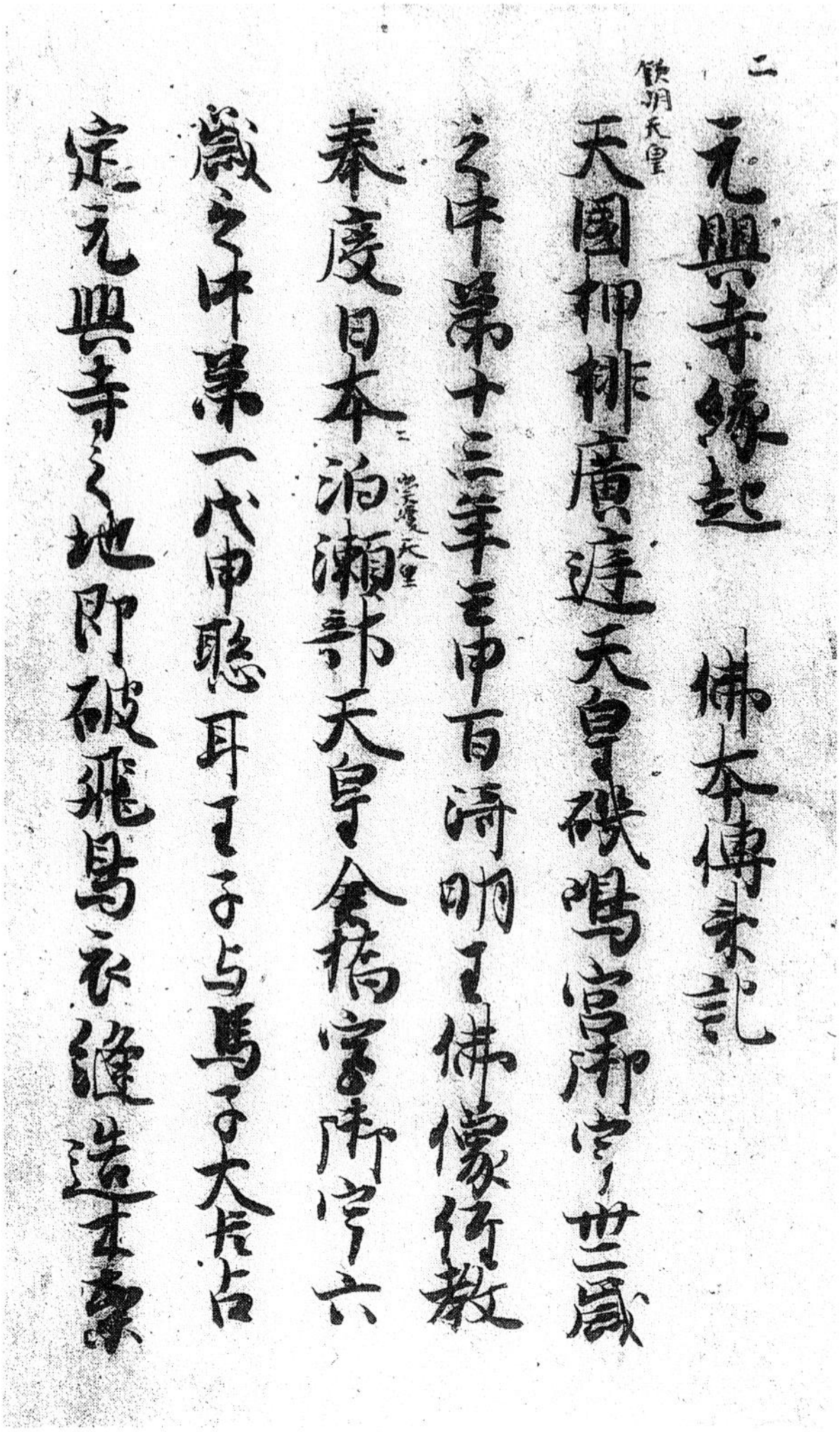

図５　『元興寺縁起』（『諸寺縁起集』のうち）

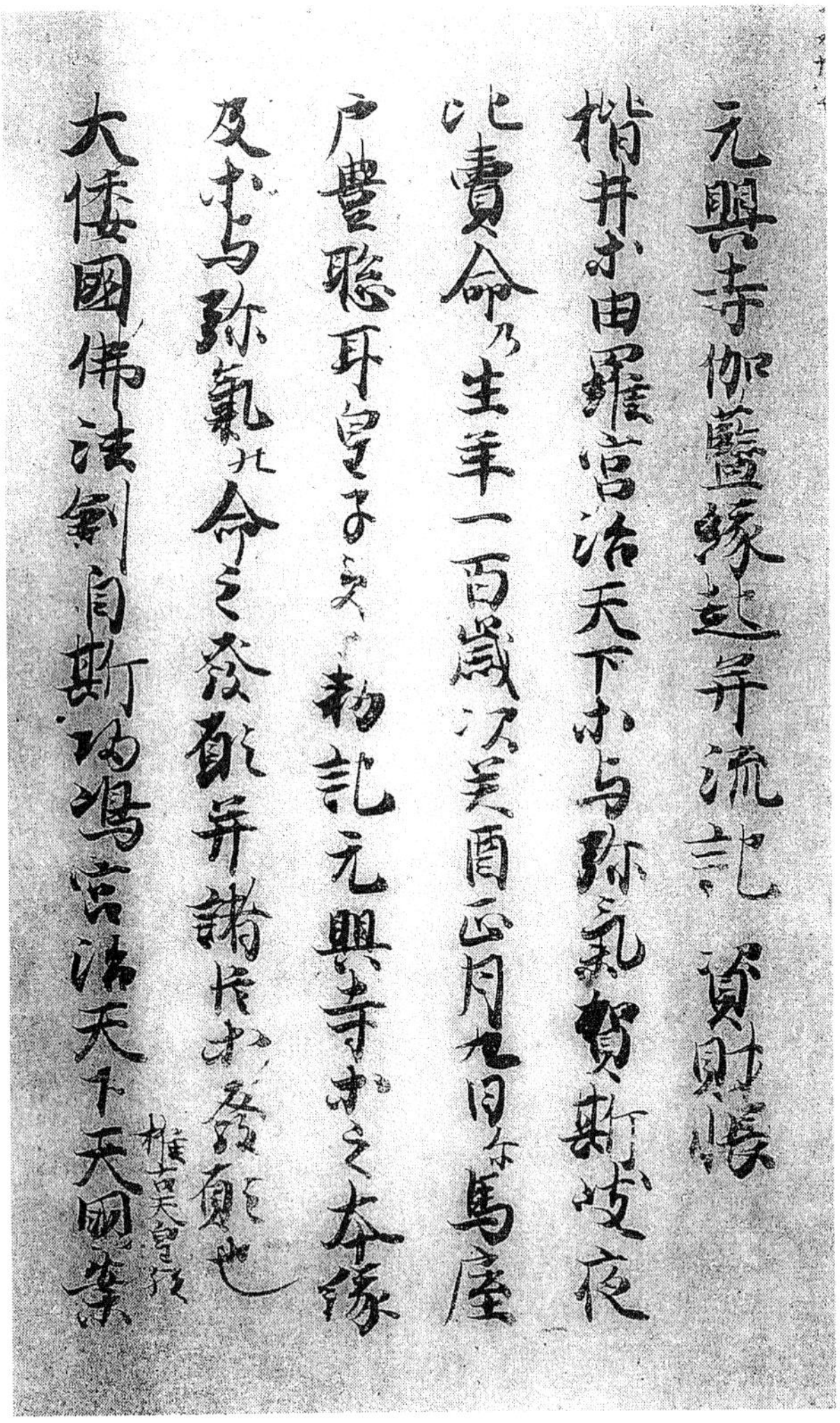

この『元興寺縁起』は、醍醐寺三宝院所蔵の『諸寺縁起集』の中の一篇で、その書写年代は建永二年（一二〇七）ごろと推定されている。『元興寺縁起』の体裁は、『法隆寺伽藍縁起并流記資財帳』や『大安寺伽藍縁起并流記資財帳』のような一貫した縁起と資財帳ではなくて、飛鳥の法興寺とその後身である平城の元興寺に関する古記録を抄記したもののようにみえる。すなわち、この写本の一番初めには「元興寺縁起」と題して、「仏本伝来記」と注記された縁起と、天平十八年（七四六）の聖武天皇の宣命とを載せ、つぎに「元興寺伽藍縁起并流記資財帳」として、本縁

起と「露盤銘」と「丈六光銘」とを合せて、天平十九年に勘録された縁起の形にして収め、つぎに資財帳の断簡を記し、さらに、これについで某古記を載せ、最後に大法師慈俊が長寛三年（一一六五）に諸種の古記録を勘録しつつ意見を述べたものを添えている。

この縁起が、このように複雑な形をもっているために、明治四十年（一九〇七）に、平子鐸嶺氏によってはじめて紹介されて以来、偽書かといわれたこともあったが、総じて無視できない史実を含むものとされてきたため、本書でもこれを尊重してきた。その各部分については先学の多くの研究があるので、それを主にして、以下、記述してみよう。

最初の「仏本伝来記」と呼ばれた縁起は、護国寺本『諸寺縁起集』所収の「元興寺縁起」の大部分とほぼ同文で、仏教公伝と法興寺の占地と推古天皇二十一年（六一三）の誓願を記したものであり、いわば法興寺の縁起の断簡といえるが、仏教の公伝については『日本書紀』によっている。

この縁起は天安二年（八五八）に書かれたことになっているが、おそらく法興寺の寺籍が南都に移った後、飛鳥に残った寺が本元興寺と呼ばれ、九、十世紀ごろ、なお寺勢が盛んであった中でまとめられたものであろう（第三章第1節参照）。つぎの天平十八年四月十九日付の宣命は『続日本紀』にはみえないもので、これはおそらく九世紀以後に偽作されたものではないかといわれている。

つぎの「元興寺伽藍縁起并流記資財帳」では、第一の部分は相当長文の古記録で、仏教の公伝に始まり、紆余曲折を経て、ようやく建興・建通両寺の建立に至った経過を詳細に記し、推古天皇と聖徳太子の誓願に及ぶ内容をもち、聖徳太子が勅を受けて記しておいたものということになっている。しかし、これを太子の作製とすることは無理であろうが、『日本書紀』と共通の古縁起を含みながらも、これとは違った伝承を載せている点で重要なものであり、それ故に、これまでしばしば史料として使ってきたものである。またこの中で、豊浦寺の向原寺→桜井道場→建興寺という来歴を語ることが頗る詳細であるところからみて、本文の編者は豊浦寺の縁起をもここに語ろうとしたのではなかろうか。なお、鎌倉時代初期にできた『阿婆縛抄』の「諸寺略記」元興寺の文はこれを受けて簡単にしている。

第二の部分は建通寺塔の露盤の銘である。これは、すでに推古朝の遺文として著名なもので、これを基礎的史料とすることは当然であるが、この銘文のうち、天皇や太子の介入のことがみえる前半が、後半よりは少し後で記されたものと推定されている。

第三の部分は本尊丈六釈迦像光背銘であって、これも飛鳥時代の遺文として貴重なものであるが、もちろん露盤銘よりは少し遅れた時のもので、末尾の約五十字は史実の追記が採録されたものであろうという。

以上の三部分をもって法興寺の縁起が構成され、天平十八年十月十四日の僧綱所の牒によって勘録された寺の縁起としての形を整えていて、法隆寺や大安寺の縁起と同じく、提出日を天平十九年二月十一日、後代の証として返却された日を二十年六月十七日としている。ただ、法隆寺や大安寺のものと比べると、縁起の部が異常に長く、流記資財帳の部が、この縁起の成立・呈出等の次第書きの後に断簡抄記の形で付加されていて、他の寺の詳細な書上げと根本的に相違している。

さらにそのつぎに、この縁起は某古記を採録しているが、これとほぼ同様な内容の話が、『今昔物語集』に「元明天皇始造元興寺語」として載せられている。この話は法興寺のことではなく、南都の元興寺の本尊弥勒菩薩像について、この像が由緒ある霊仏であることの因縁話である。この某古記の後に、大法師慈俊が寺の縁起を述べ、これをもって終っている。

以上を通覧してみると、最初の仏本伝来記と宣命の部は平安時代初期に付加されたかと考えられ、つぎの長文の古縁起と露盤銘と丈六光銘を合せて飛鳥法興寺の創建を示そうとしている。しかもこれは、「元興寺」という法興寺が平城に移転してからの名を冠らせているように（第二章第1節参照）、天平十八年の僧綱所からの牒に対する回答を基本に置きながら、奈良朝末期か平安朝初期における編述の過程で多少の手が加わっているものと思われる。

ただ、流記資財帳として呈出したものは他寺並に詳しいものであったかと思われるが、それが著しく簡略化されたことは、その面を考える資料としては残念である。また、平安時代末期になって某古記が付加され、その後に私勘文がつくが、それには、法興寺の建立に至る経過と三宝興隆のこと以外に、平城元興寺造立のことと、応和元年（九六一）に元興寺三論宗の安進が維摩会講師になったことまで記している。

3　法興寺の官寺化とその寺勢

氏寺の域をこえた法興寺

法興寺を創建した蘇我氏は、推古天皇の時代には天皇家と密着しつつ政治の実権を掌握してきたから、法興寺は政治の中心という実態をも現していた。すなわち、同寺は単なる蘇我氏の氏寺という域を超えて、国家的な役割をはたす傾向が目立っていたのである。

元来、推古朝の七世紀初めは、村落国家が統合されて連合政権となり、さらに官司制が芽ばえてきた古代統一国家の形成期であって、聖徳太子や蘇我馬子らの政界の指導者は、その関心を統一国家的なものに向けつつあった。それ故にこそ、内に対しては、冠位十二階を制定し、十七条憲法を作り、天皇記・国記らの編集を始め、外に対しては、遣隋使を派遣して大陸の先進文明の受容に努めたのである。

従って、その大陸文明の一翼をなしていた仏教に対しても積極的な育成政策をとり、三宝興隆の詔を出して率先して寺院を建立しつつ、他方では、推古天皇三十二年（六二四）に、僧正・僧都・法頭を置いて僧尼を監督する体制をとった。この時、僧正には百済僧観勒が任じられたが、僧都には鞍部徳積、法頭には阿曇連という俗人が任命された。

このように仏教が政権と密着し、従って、法興寺が国の政治舞台となってきたとき、政界はつぎの動揺期を迎えることになった。

推古天皇三十年に聖徳太子が、その四年後に蘇我馬子が相ついで没し、推古天皇も同三十六年（六二八）になくなると、馬子の子大臣蝦夷とその子入鹿の専権が漸次はなはだしくなり、ついに皇極天皇二年（六四三）には、入鹿らは聖徳太子の子山背大兄王を斑鳩宮に襲って、その一族を滅ぼすに至った。

図6　伝蘇我馬子墓（石舞台古墳）

この事件によって、朝廷と蘇我氏との協調が破れ、朝廷の伝統的権威は危険にさらされたが、朝廷のこの危機はまもなく起こった大化元年（六四五）のクーデターによって打開された。それは、中大兄皇子と中臣鎌子らによる大極殿での蘇我入鹿の殺害と、その父蝦夷の甘橿丘の陣の攻略であって、ここに蘇我氏の本家は滅亡した。これを乙巳の変ともいっているが、この事変の舞台となったのが皮肉にも法興寺であった。

『日本書紀』によると、この事変の中心人物であった中大兄皇子と中臣鎌子を結びつけた蹴鞠の会は法興寺の庭であったというし、入鹿誅殺後、ただちに中大兄皇子方が本陣としたのも法興寺であって、ここから甘橿丘の蘇我勢に対したといい、古人大兄皇子の皇位辞退出家の場となったのも法興寺であった。法興寺が蘇我氏の氏寺であり、また事変の舞台であったにもかかわらず、蘇我本家の滅亡というこの異変の中で、特別な痛手にあうことなく依然として寺観を保ち、政局の中枢であり得たことは注目に値する。

図7　伝蘇我入鹿首塚

図8　須弥山石

それは、中大兄皇子方でもこの寺を拠点としなければならなかったということであり、法興寺がもはや蘇我氏の没落にも動揺することのない位置を保持していたからに他ならない。すなわち、この寺がわが国最大の寺院で、かつ政治文化の中心をなし、すでに蘇我氏の氏寺の域をこえて国家の寺という実力を持っていたことを意味する。

法興寺の国家の寺としての性格は、大化の事変後、いよいよ顕著になっていく。蘇我蝦夷・入鹿の親子が打倒された直後、孝徳天皇と皇極先帝と中大兄皇子は群臣を法興寺の大槻のもとに集めて盟約し、政治の革新を期して大化と年号を定めた。大化五年（六四九）に、蘇我倉山田石川麻呂が譏せられて逃れた時には、彼は、その子興志にこの槻の木のもとで迎えられて山田寺に入っている。

その後、弘文天皇元年（六七二）六月末に壬申の乱が起こると、『書紀』には「拠二飛鳥寺西槻下一為レ営」とあって、近江朝廷側が古京防衛軍を法興寺西の広場に集めて、ここを陣としている。さきの大化のクーデターの時にもここが軍陣となっているから、当時、この寺が城の役目をなしうる状態であったともいえよう。ところがこの乱では、大伴吹負らが大海人皇子方に属して、法興寺の軍を襲ってこれを破ったから、大和はほぼ大海人皇子方になびき、戦局は急変して大海人皇子方の勝利となって、壬申の乱は結末を告げた。

また壬申の乱よりさき、斉明天皇三年（六五七）には寺の西に須弥山の形を造り（石神遺跡出土の須弥山石がある）、盂蘭盆会を設けて覩貨邏人を饗し、天武天皇六年（六七七）および同十年には多祢島人を、翌十一年には隼人を同じく寺の西で饗している。ついで持統天皇二年（六八八）には蝦夷二百余人を寺の西の槻のもとで饗し、同九年には隼人の相撲を槻のもとで行った。西南諸島人といい、隼人・蝦夷という、まさに古代日本の周辺統一の進行を、ここ法興寺にみる観がある。

政治改革の盟約や軍陣・饗応などがこの寺の西の槻の広場で行われたところからみれば、この木はよほどの霊木であったに相違なく、『書紀』はこの木の枝の折れたことまでを記録している。この霊木が法興寺を象徴するだけでなく、その広場が国家的な事件や行事の場でもあったのである。

国家仏教の形成

大化元年（六四五）のクーデターの翌年正月には改新の詔が出された。その要点は天皇権力を卓越させ、公地公民の体制を確立し、諸豪族の代表たちを官僚として位置付けようとするもので、以後、これに添う諸政策がとられていった。

しかし反面、政界の動揺がなお残っていて、対外的には白村江の戦の敗北があり、都は近江に遷され、壬申の乱ともなったがために、革新の体制も急には展開しにくかった。しかし、やがて天武天皇が飛鳥浄御原宮に移って（六七二）権力が安定し、「大君は神にしませば」といわれる状態が来て、ようやく改新の実が結ばれ始めたといえる。

ついで持統天皇八年（六九四）に都として条坊の整った藤原京ができ、大宝元年（七〇一）に「大宝律令」が撰定されて、翌年これが天下に頒布されるに及んで、大化改新の意図は一応完成したといえる。なお、大化以後このころまで、七世紀後半期を私年号によって、一般に白鳳期としている。

そこで、ここに白鳳期の仏教事情を考えてみよう。すなわち、この時代が、わが国でようやく古代統一国家の形が整えられた時であったから、仏教もこれに応じて国家仏教が形成されてきた、あるいは仏教も統一国家を支える一翼を荷うようになったともいうことができる。

天皇勅願の寺が官寺としての資格を明らかにしてくると同時に、都内外の有力な寺院が、朝廷の私的な仏事や国家のための祈願をするようになってきた。すでに大化元年には、天皇は僧尼を集めて、「凡、自二天皇一至二于伴造一所レ造之寺、不レ能レ営者朕皆助作」といい、以後、天武・持統朝に至る間、仏教は非常に重んじられた。

天武天皇九年（六八〇）には、京内（飛鳥・藤原地域）二十四ヵ寺に絁・糸・布等を施入しており、『扶桑略記』の持統天皇六年（六九二）九月の条には、「有レ勅令レ計二天下諸寺一、凡五百四十五寺、寺別施二入灯分稲一千束一」とあるくらいであった。この間、天武天皇二年の川原寺での一切経の書写をはじめ、同五年には護国の経典といわれる『金光明経』と『仁王経』を諸国で説かせ、同十四年には諸国の家（国衙のことか）ごとに仏舎を作り、仏像・経巻を置いて礼拝供養させ、持統天皇七年には『仁王経』を諸国で講じさせ、その翌年には『金光明経』百部を諸国に置いて、毎年正月にこれを読ませ、その布施にはその国の官物をあてるなど、国家仏教の色彩は濃厚になってきている。

しかしこの風潮は、他面では寺院が国家の統制下に置かれることをも意味した。さきに述べた推古天皇三十二年（六二四）の寺と僧尼を調査すると同時に、僧尼取締りの役を任じたのがその先駆であった。ついで、大化元年（六四五）には先記の仏寺造営の援助の言葉と同時に、福亮以下十人の十師を任命して衆僧を教導させ、来目臣等を法頭に任じている。この寺院僧侶の統制の制度は、天武天皇十二年三月に僧正・僧都・律師の任命の制となり、「勅曰、統二領僧尼一如レ法云々」とあるように、ここで、僧尼統制はほぼ完成に近づいたといえる。そしてやがて、大宝元年（七〇一）の「大宝律令」という国家全体の法体系が成立するが、仏教はこの中の僧尼令によって規正されることになった。

僧尼令は実は唐制にはないもので、唐の道僧格を参考にして作られたといわれるが、この令で規定されていることは、僧尼の犯罪等に対する処置、僧綱による僧尼の自治的統制、私度の禁止などである。このうち僧綱の制は、推古天皇の時以来、数度出された僧尼取締り法の完成したもので、僧正・大僧都・少僧都・律師、およびその下で実務をとる佐官から成り、大宝二年には僧綱制による四役が任命されている。また地方僧官としては、新たに国ごとに国師を置いている。そして各寺院には、寺院内の僧尼の統制と寺務の分担について、寺主・上座・都維那の三役を定めてこれを三綱とした。寺主は寺の長であり、上座はその寺の僧侶中の長老であり、都維那は一般寺務を司る執事であって、寺の大事は三綱の合議によって決せられたと思われる。

このようにして、仏教は保護されると同時に国家の統制下に入ったわけで、国家仏教の体制がここにでき上ったということができる。

飛鳥の大寺

国家仏教の姿はまた大寺の発生についてもみられる。その最初の例として、聖徳太子の斑鳩宮と初代法隆寺にこれの先駆をみようとする説もあるが、やはり、舒明天皇十一年（六三九）七月の「今年造二作大宮及大寺一、則以二百済川側一為二宮処一、是以西民造レ宮東民作レ寺」と、同年十二月の「於二百済川側一建二九重塔一」の記事を第一にあぐべきであろう。『書紀』の皇極天皇元年（六四二）の大寺造営の記事はこの百済大寺の造営の進捗のことと思われる。『大安寺伽藍縁起并流記資財帳』に、大安寺の前身として、聖徳太子が田村皇子（舒明天皇）に熊凝精舎を大寺とするようその造営を託したとあるが、それは大寺の源流を聖徳太子の意志によることを主張する伝承であろうか。その後、天智天皇はその六年（六六七）に都を近江大津に移すと、その翌年に崇福寺を造営したが、これも都に建てられる大寺を意味していたかもしれない。

つぎに、天武天皇が壬申の乱の後、都を飛鳥浄御原宮に移すと、その二年（六七三）に美濃王らを高市大寺司に任命している。この高市大寺は百済大寺を移したという記録もあるが、新都の大寺として建てられたもので、この寺は同六年に大官大寺と名を改めている。それは天皇が願主で、仏教の興隆と寺院僧尼の統制を国家として掌握する寺という意味であろう。

以上の大寺は、王宮と並んで建立された都城の中にある天皇発願による寺で、五穀豊穣天下安穏を祈念する天皇政治の一翼を荷う国家の寺である。これが官寺の源流となって、やがて一寺に限らず、天皇によって国家の援護のもとで建てられ、朝廷関係の供養や祈願をなすとともに、国家の安泰や人民の福祉を祈ることを勤めとする寺が大寺と呼ばれることになった。このことは思想的にいえば、のちに王法仏法相依の理想へと成長していくこととなる。

天武天皇九年（六八〇）四月の勅に、「凡諸寺者、自レ今以後除下為二国大寺一二三上以外、官司莫レ治」とある。この勅に国の大寺を、二、三と指示しているが、その寺とはおそらく、前記の大官大寺と川原寺（弘福寺）とであろう。川原寺は、天智天皇によって、斉明天皇の菩提のために同天皇の飛鳥川原宮跡に建てられた寺と考えられている。そして、この勅の中でさらに、「以為《オモウニ》飛鳥寺不レ可レ関二于司治一、然元為二大寺一而官司恒治、復嘗有レ功、是以猶入二官治之例一」とあって、飛鳥寺（法興寺）は例外的に官治の寺、すなわち大寺として扱うことと定めている。

飛鳥京内二十四寺といわれた寺の中で、以上の三寺が大寺として位置付けられたのである。天武朝の末期ごろに飛鳥五寺というい方がみえるが、その場合は、三つの大寺のほかに、豊浦寺と坂田寺が加えられている。また天武天皇九年の末には、皇后の病気平癒を祈願して、天皇によって薬師寺の建立が始まり、途中から天皇の病気平癒祈願の寺となり、天皇没後も持統天皇によって工事は続けられ、文武天皇二年（六九八）にはほぼ造営が終ったらしい。この寺がさきに大寺としてあげた三寺に加えて四大寺と呼ばれ、大宝二年（七〇二）以後には飛鳥の四大寺の称呼が一般に用いられるようになっている。

以上の四大寺のうち、法興寺と川原寺は全面的な発掘によってその遺構がほぼ明らかになっている。しかし大官大寺と薬師寺は、その位置は明らかで調査も進められているが、その遺構の全貌が究明されているとはいえないので、法興寺との比較は今のところ伽藍配置ぐらいのことである。

法興寺は蘇我氏の氏寺として出発しながら、蘇我氏の本家滅亡の後は特別に大寺として遇されもし、活動もしてきた。天智天皇十年（六七一）十月には天皇の病の快癒を祈って珍財が奉納され、天武天皇六年（六七七）八月の法興寺への行幸の時には大斎会が設けられ、一切経の読誦があり、同十五年五月には再び同寺に行幸があって、珍宝が施入され、その翌年六月には天皇の病気平癒を祈るなど、川原寺や大官大寺がまだ十分整う以前には、法興寺は単独で朝廷と密接な関係にあったといえる。

しかし、この二寺が整ってくると、天武天皇十四年九月には三大寺で天皇の病気平癒祈願の読経が行われているし、朱鳥元年（六八六）十二月には天武天皇がなくなって無遮大会が五寺で営まれている。やがて薬師寺もできると、持統天皇がなくなった大宝二年（七〇二）十二月には、斎会は四大寺で営まれており、翌三年正月の『金光明経』読誦、ついで慶雲二年（七〇五）四月の年穀不作による『金光明経』の読誦や、同四年六月の文武天皇崩御による斎会も四大寺で営まれている。

しかし、一方では、天武天皇二年三月には川原寺で書生を集めて一切経の書写が行われ、持統天皇二年（六八八）正月には薬師寺で無遮大会が設けられた。大官大寺は本来国家の寺として造営されただけに、大宝元年（七〇一）六月にはこの寺で発布されたばかりの僧尼令が説かれている。このように、四大寺は年次によって、その待遇のされ方や役割に消長や相違があったのである。

法興寺の経済

法興寺は蘇我氏の私寺として、その権力と富とを傾けて造営された。従って、この寺の初期の経済は蘇我氏の厖大な財力によって賄われていたはずである。ところが大化のクーデターを境にして、蘇我氏の宗本家が没落したことと、大化改新の新政策で諸豪族の私地私民が公地公民体制に切りかえられたことによって、法興寺の経済基盤は自から改められざるを得なかった。そしてその後、法興寺は特別に官寺として扱われることになったから、同寺の経済はやがて朝廷・政府によって支えられることになった。さきにみたように、朝廷からはしばしば財宝等が施入されていたが、この寺の経常的経済の基礎となったのは寺田や封戸などであったと思う。

寺田については、その場所や面積や施入の時期が明らかなものはないが、当時、諸寺の寺田が多く寺の近傍にあったと伝えられるし、また和銅六年（七一三）に、諸寺の田記に錯誤が多いから改正する旨の命令が出ているので、法興寺も相当の田地を持っていたのは当然であろう。『元興寺縁記』にみえる天平十八年（七四六）の元興寺資財書上げの中に、水田四百三十八町余として、大和・河内・摂津・山背・近江・吉備・紀伊の七ヵ国にあったことが記されているので、その中の多くは、飛鳥の法興寺から引き継いで所有した水田が相当あったと考えられる。前記水田のうち、吉備とあるのは現岡山市南部の東古松辺りとの伝承があり、また同記録に塩屋とあるのは、『続日本紀』にみえる吉備浅口郡（現、倉敷市の一部）のものらしいが、同国児島郡に蘇我稲目の屯倉があったというから、この塩屋や南吉備は早くから法興寺の財産であったようである。

社寺には食封が施入された。食封は、大化改新に際し、諸氏族等のもつ私地私民を没収した代りに支給されたもので、はじめ有位者に与えられたが、やがて有功者や寺社にも与えられた封禄の一種である。天武天皇八年（六七九）四月には詔して、「商㆘量諸有㆓食封㆒寺所由㆖、而可㆑加加之可㆑除除之」といい、翌九年三月には勅の中に「唯其有㆓食封一者先後限二卅年一、若数レ年満レ卅則除レ之」とあって、寺院への食封の給付はその寺の由緒によって差があり、原則として三十年を限度とするものであった。しかし、飛鳥の三大寺の場合はその制限にかかわらなかったようである。

法興寺については、『新抄格勅符抄』に「飛鳥寺　一千八百戸」とあって、その注記に「癸酉年施二千七百戸一、宝亀十一年五月符加二百戸一白壁天皇」と記されている。この癸酉年は天武天皇二年と考えられているので、その年に千七百戸が施入されたのである。さらに注記によると、上総五百戸、常陸二百戸、信乃三百三十戸、武蔵四百十五戸、下野二百戸、越前百五十戸とあり、計一千七百九十五戸である。しかし『元興寺縁起』の資財の項に、「合食封一千七百戸」とあり、国別の戸数では武蔵と信濃で減って、新たに伊勢百戸が代りに加わっている。この間の事情はわからないが、天平期まで引き続き給付されていたのであろうか。

なお飛鳥の大寺の封戸について、『新抄格勅符抄』によるとつぎのようである。大安寺（大官大寺）は千五十戸として「癸酉年施二三百戸一、丙戌加二施七百戸一、天平宝字五年（七六一）加二五十戸一」とあり、丙戌年を朱鳥元年（六八六）天武天皇病没の年とすれば、この年に追加されて千戸となったわけである。川原寺と薬師寺はともに五百戸で、どちらも「癸酉年施」となっている。諸寺に食封が施入された天武天皇二年（癸酉）としては、法興寺は他の諸大寺とは格段の差があり、それは他の三寺の建立が遅かったためであろうか。さらにその後の加増を考えても、飛鳥寺は抜群の待遇を受けていたのであり、それは同寺の創建以来の来歴によると考えざるを得ない。

その後、慶雲二年（七〇五）に都下の諸寺に食封を施したことが記録にみえるが、この時は四大寺に加増はなかったと思われる。法興寺の奈良時代以前の経済力については以上のことぐらいしかわからないが、法興寺はその規模からも財力からも格が違っていたといえると思う。

4　法興寺が中心の飛鳥白鳳の文化

飛鳥白鳳文化と飛鳥大仏

わが国の七世紀を飾ったいわゆる飛鳥白鳳期の文化は、人間生活全般にわたって、大陸の先進文明を受容した画期的のものであった。ことに仏教についてみれば、先に述べたように、病気平癒、五穀豊穣、天下太平等を個人的にまたは国家的に祈念する現世利益の役割をはたすものであった。

しかし、仏教の齎したものはそれだけではなかった。もちろん、その思想哲学的部面については十分な理解が進んだとはいい難いとしても、寺院を建て、仏像を造り、仏具を用意し法会を行うとき、それが建築・美術工芸・音楽舞曲等の芸術的要素を随伴しているがために、それら芸術部面についてはある程度、感性的あるいは技能技術的な受容が可能であったと思われる。日本人が渡来人とともに、またかれらを師として寺院を造り、仏事を営んだ結果として、この飛鳥白鳳の仏教文化の花が咲いたのである。

法興寺は半島から来た僧侶や工人たちの力を借りて、大陸文明の粋を集めて造られた。その上、早くも造営途中の推古天皇四年（五九六）には恵慈と恵聡が、同十七年には百済から来た道欣・恵弥ら十一人が、また同三十三年には高句麗僧の恵灌が相ついでこの寺に入り、ついで呉の人で高句麗から来た僧福亮も当寺に入った。また、推古天皇十年に暦法・天文地理・遁甲方術の書をもたらして渡来した百済の僧観勒も、最初の僧正に任じられてこの寺に入ったといわれる。当時にあっては、この寺はわが国最初最大の寺観を誇り、僧正等の僧官がこの寺にあって宗教政策に指導的役割をはたし、諸法会等も盛大に行われた。さらに、法興寺は先に述べたように政治軍事の中枢でもあったから、どの点からみても、この寺が当時の文化の中心舞台であったわけである。

しかし、その飛鳥白鳳文化の精華であった法興寺関係のもので、現在、われわれの目にしうるものといえば、残念ながら、飛鳥大仏と塔跡から出土した埋納品と百済の流れをくむ遺瓦ぐらいであろう。いずれも専門領域の報告や研究があるので、ここでその論議は省略するが、飛鳥大仏については論争もあり、それが法興寺の造営と関係付けて論じられてもいるので、以下、簡単にふれておくこととする。

今の飛鳥安居院のいわゆる飛鳥大仏が、『日本書紀』や「丈六光銘」にみえるとおり、推古天皇十三年に発願され、止利仏師が造り、同十七年に完成した丈六釈迦像であるとする立場で述べてきた。しかし、同寺遺構発掘の結果から、中金堂と塔が先にできて、東西の両金堂の建造は少し遅れたとする二段階建造説が出されると、現飛鳥大仏は、止利仏師作の日本で最初に造られた釈迦像ではないという説が出された。飛鳥寺の発掘以前の藤沢一夫氏の説では、「塔露盤銘」の文中の「□《(金?)》人」とあるのを「金人」と読んで、これを仏像と解し、推古天皇四年にその像の製作とされたが、この説を受けて、発掘後に毛利久氏が現存釈迦像への疑問を出したのである。

すなわち、三金堂存在の事実の上に立って、止利仏師の作った丈六金銅仏と繡仏は東西金堂に納められたもので、中金堂の今の飛鳥大仏はそれとは別に推古天皇四年までに造顕され、それ故にこそ、『書紀』が同年十一月に「法興寺造竟」と記し、それまでがこの寺の前期の造営であるとするのである。この説はまたフランソワ・ベルチェ氏によって補強され、法興寺造営第一期工事は蘇我氏の氏寺として、塔と中金堂を中心に百済系の人によって造営され、第二期工事には天皇家の力が介入して、高句麗系の形式に統一されて完成したとしている。

これに対し、かつて福山敏男氏が指摘し、町田甲一氏や大橋一章氏らも、本尊を安置し、完備した金堂まで揃ったこの寺院の完成は推古天皇四年では無理であり、その年までにできたのは塔までで、中金堂はそれより遅れ、従って、現存の飛鳥大仏が止利仏師作の丈六釈迦像であるとしている。この間に久野健氏の折衷説があって、中金堂は塔とともにできて、弥勒石像がここに安置されたが、東西金堂と丈六釈迦像ができた段階で、丈六像が本尊にふさわしいので中金堂に納め、弥勒石像は東西金堂に移したと解している。なお、細部については諸説の差があるが、現在では、おおむね現飛鳥大仏を止利仏師作の丈六釈迦像としているようである。

このような次第で、千四百年近くを経たこの像は、法隆寺金堂の釈迦三尊像とともに止利仏師の造像になる遺品として重要視されている。しかしこの像は、後世、火災にあって破損がはなはだしくて、その補修のあとが痛ましく、当初からの部分は頭部と右手一部にすぎないといわれるが、杏仁形の眼や法衣になお北魏系の様式のあとを止めており、わが国で製作された最古の仏像として貴重なものである。

法興寺の学問 ㈠――三論系――

飛鳥白鳳期の仏教文化として、つぎには思想学問としての受け止め方を考えねばならない。

当時、法興寺では、荘厳された堂宇の中で仏教法会がしばしば行われ、『金光明経』や『仁王経』等の読誦が盛んに行われたであろうが、同時に僧侶たちは渡来僧の言行や経典を通じて、その宗教思想の学問的理解に努めたに違いない。しかし、漢訳された経典の理解には相当の努力と期間を要したはずである。この間、この修得研究は徐々には進みつつあったであろうが、聖徳太子の三経の義疏や、「世間虚仮唯仏是真」という言葉などに示される仏教理解はむしろ特異な例というべきで、この時代の仏教教学は、やがて本格化した奈良朝の学問仏教の準備段階であったと思う。しかしそれにしても、法興寺は学問仏教の先駆をなし、その中心に位置していたといえる。

日本古代の仏教教学は一般に南都六宗によって代表させているが、そのうちの三論宗と、その付宗とされる成実宗、法相宗（摂論宗）と、その付宗とされる倶舎宗、および律宗の五系統の学は、すでに早く、飛鳥白鳳期に法興寺に伝えられていたと考えられる。しかしこの時代には、これらを何々宗とは書かないで、多くは何々衆と記している。『元興寺縁起』にも「三論衆」、「摂論衆」、「成実衆」とあって、このことは、宗の字が意味する信仰宗派的な団体とは考えられていなかったことであり、ある一派に関する研究をする学派の集団とでもいう意味であったことは注意しなければならない。当時、寺院内では、そのような学問集団が並立していたのである。

高句麗の僧恵灌は、初め隋に渡って吉蔵に三論教学を学び、推古天皇三十三年（六二五）に来朝して、勅により法興寺に入り、三論衆を組織し、初めて三論の講席を開いた。それでこれを三論宗の第一伝としている。『元亨釈書』によれば、彼は来日した年の夏に雨を祈って効があり、第二代の僧正に任じられたといい、また別に天皇に三論を講じその最終日に僧正になったとも伝える。

しかし恵灌より早く、推古天皇三年に渡来した高句麗僧恵慈は、法興寺の塔ができた時に入寺し、聖徳太子の師となった人物であるが、実は三論の学者で、かつ成実の学にも通じていた。恵慈は同二十三年まで滞在して帰国したが、同二十九年、遙かに太子の死を聞いて悲しみ、翌年の太子の命日に死を望んではたしたという。また、百済僧恵聡も三論学者で、恵慈とともに三宝の棟梁といわれ、諸工人と来日したとき、仏舎利を献じたことで知られている。さらに諸文化を伝えた観勒も三論の学者であった。

恵灌について三論教学の正統を受け、法興寺で教学を深めた渡来僧福亮は、呉の人ともいわれ、十師の一人に任じられている。彼はまた、斉明天皇四年（六五八）には中臣鎌足の請によって、その山階陶原の家で『維摩経』を講じたが、これがのちの興福寺の維摩会の起原となったという。つぎに智蔵は、一説に福亮の在俗時の子とも伝えられるが、幼くして出家し、法興寺に入って福亮から三論を学び、さらに渡唐して、重ねて吉蔵から三論の教説を学んで、帰国後は法隆寺に入った。これを三論宗の第二伝としている。

つぎに、博識で知られ、大化改新の頭脳の一人とされた僧旻と学問僧霊雲は、舒明天皇四年（六三二）八月にともに帰国したが、二人とも三論を学んできて法興寺に入り、また十師にも任じられている。同様に、十師に選ばれた恵雲・常安・恵隣・恵至（恵師）らも、『本朝高僧伝』等によれば、いずれも入唐し三論を学んだ法興寺僧であった。

その他、法興寺僧で三論の学僧と伝えられる人に、智円・善往・恵済らがあり、十師の一人で百済寺に入った恵妙は三論に詳しく、祈雨に効験をあらわした百済出身の僧で、成実衆ともいわれた。なお、法興寺の成実衆としては、百済僧道蔵も知られている。

以上のように、飛鳥白鳳期には、法興寺を中心にして三論成実系の教学が圧倒的に盛んであった。三論教学とはインドの竜樹の思想を土台とした学問で、その経典は鳩摩羅什によって中国語に訳され、隋の時代に嘉祥大師吉蔵によって学派として組織立てられたものである。この学派は、別に空宗ともいわれるように、人間の迷いや苦悩は事物への拘泥が原因であるが、その事物自身が実在しないのであり、従って、これにこだわることも意味がないという、一種の空の哲学であるといわれる。このような思想は、現実肯定的な人生観をもっていた日本人には急には理解しにくかったのではなかろうか。

法興寺の学問 (二)——摂論系——

『元興寺縁起』に摂論衆がみえ、天平九年（七三七）三月の太政官符に中臣鎌足が家財をさいて、法興寺の摂大乗論門徒を援助したとあるので、法興寺に摂論衆または摂大乗論衆がいたことがわかる。摂論衆とはインド瑜伽派の無著の『摂大乗論』を研究する学派のことで、奈良時代にこの派は法相宗に吸収されたと考えられているので、摂論宗のわが国への伝来を法相宗のそれとして、一般に通用している。

法相宗の第一伝といわれる道昭（六二九—七〇〇）も法興寺の僧であった。道昭は河内国の渡来系氏族で、野中寺を氏寺とする船氏の出身である。法興寺で得度し、摂大乗論を学んだようで、白雉四年（六五三）に遣唐使に従って、鎌足の子定恵らとともに唐に渡って、玄奘三蔵に師事した。抜群の才があり、師から鐺子を与えられたが、これで病を治し、また帰国にあたっては海の波を静めたと伝えられる。斉明天皇七年（六六一）に帰国した。この時、法相唯識説を伝えたといわれるが、それが摂大乗論であったという説もあり、また同時に倶舎論を伝えたともいわれている。

道昭は帰国後、法興寺の東南隅に禅院を建てて、将来した多数の経巻をここに納め、禅を行い、唯識教学を説いた。ここで注意されることは、道昭と禅との関係である。『続日本紀』の道昭の没した記事の中に、「(三蔵)又謂曰、経論深妙不レ能二究竟一、不レ如学レ禅流二伝東土一、和尚奉レ教始習二禅定一、所レ悟稍多」とあって、玄奘から禅を習って得る所があったことを記し、帰国後については、法興寺の禅院で「于レ時天下行業之徒、従二和尚一学レ禅焉」とあり、「和尚周遊凡十有余載、有二勅請一還止二住禅院一坐禅如レ故、或三日一起或七日一起」ともみえる。インドで最も崇高なものといわれる禅定、経論では究め尽くし得ない仏の悟りに到達する方法としての坐禅の道を、日本に伝えた最初の人が道昭であった。その後間もなく、十余年間畿内諸国の民間を遍歴し、教えを説き社会事業に努めた。しかし、天武天皇八年(六七九)十月に出された「諸僧尼者、常住二寺内一以護二三宝一」という命令によってであろうか、法興寺禅院に戻り、坐禅につとめ、教学にはげんだ。

図9　道昭法師像

この間、持統天皇六年(六九二)には薬師寺繡仏開眼講師を勤め、その賞として大僧都に任命されている。そして光明が室中に満ちるような伝説的な姿で文武天皇四年(七〇〇)三月に没し、遺言によってわが国で最初の火葬に付されたと伝えられる。ただし、この最初の火葬説は、これ以前にすでに火葬があったことが考古学的に証明されているといわれるので、これを伝承としておこう。

この道昭の門下に智通・智達があって、ともに唐に渡り、玄奘に学んで帰国した。法相宗ではこれを第二伝としている。ついでその後、玄奘の弟子で法相を立てたといわれる慈恩大師に学んで帰国した智鳳を第三伝とし、道昭の弟子義淵（?—七二八）についた玄昉（?—七四六）を第四伝とする。この両伝はやがて興福寺に伝えられた。

この時代、摂論衆といわれた学派は次代に法相宗となったが、この派は、無著・世親のインド大乗教瑜伽行派の学統を玄奘が唐にもたらして宗派を立てたものといわれる。その考え方は、すべての事象は心の働きによって作り出されるもので、万物は心の変現にすぎず、あるものは五感によってその存在がわかるだけで、すべては仮の姿であるとする。すなわち、万物の本体よりも現象を重んずる立場とみられる。

三論系では万物は空であることを説き、法相系では万物は仮の姿であるという。いずれにしても、このころまでの日本人が十分考え及ばなかった思想哲学ではなかろうか。仏教のこのような思想から、万物流転とか諸行無常などの思想は展開しうるであろう。妄想的な現実認識にすぎない常住観念を否定し、また、単に空間的な世界認識のほかに時間的意識が加わる。仏教の渡来によって知ったこのような思想は、飛鳥白鳳時代にはなお十分には理解され難かったというべきで、奈良時代から平安時代にかけてその理解は深まり、それとともに学問仏教といわれる面の実体ができてくる。そして、それが現実的な実感として日本人の人生観を動かすのは、十世紀末ごろから中世にかけての古代社会の崩壊期においてであった。

法興寺の教学としては、以上の三論系と摂論系とを主なものとするが、この時代に、大陸仏教にみられる律や禅や、原理的な密なども多少は入ってきていたと思う。

法興寺僧の社会事業と法会

前項で述べた道昭は、わが国で最初に民間に遊行し、社会事業に挺身した僧として有名であり、『続日本紀』の彼の伝に「周二遊天下一路傍穿レ井、諸津済処儲レ船造レ橋」とある。まさに、それは行基や空海らの先駆をなすものであった。『日本霊異記』に、役行者が大宝元年（七〇一）に仙人となり道昭と語る話があるが、それは年代的に合わないけれども、霊異にみち、遊行した道昭であったからこそ、この説話に引合いに出されたものであろうか。道昭による架橋として河内大橋があげられているが、『続日本紀』によれば、山城の宇治橋も彼によるものとされている。しかしこの橋は、別の史料によって法興寺の僧道登による架設が明らかなのである。

すなわち、寛政年中（十八世紀末）に発見された宇治橋造営の次第を記した石碑の一部と、『帝王編年記』によって残る部分を追刻したいわゆる「宇治橋断碑銘」によって、このことは知られる。この銘文によれば、大化二年（六四六）に道登が宇治橋を架け、宇治川の急流に困苦する人馬を済度したのである。道登は『日本霊異記』によれば高句麗の学生で、山城の恵満の家の出身であり、宇治橋架設のために往復した奈良山で、髑髏が道傍で人に踏まれているのを見て悲しみ、木の上にこの髑髏を置かせたので、この白骨がその恩に報いたという話を載せている。さきにふれたように道登は入唐して三論を学び十師の一員となった法興寺の高僧の一人であった。

なお『続日本紀』等がこの宇治橋架設を道昭の事業としていることについては、狩谷棭斎が『日本霊異記攷証』に、「蓋以二登昭共元興寺僧並入唐伝法其名相似一修史者誤認為レ昭也」というように誤りであろうと思われる。しかし、このことにつき、大化二年には道昭は二十歳に満たないので、彼がもしこの架橋に力を致したとすれば、畿内を遊行していた時期であろうから、四十年を経た橋の修補をしたのではないかという説もある。

つぎに、後世、寺院の仏教行事となっている灌仏会と盂蘭盆会がともに法興寺で始まっているといわれる。さきに一言述べたが『日本書紀』の推古天皇十四年四月八日の項に、法興寺金堂に丈六釈迦像を納めた記事に続けて、「即日設レ斎、於レ是会集人衆不レ可二勝数一、自二是年一初毎レ寺四月八日七月十五日設レ斎」とある。『太子伝古今目録抄』にこのことを書いて、「灌仏等自二此時一始也、即流二当世一者也」と記していて、四月八日の斎会を灌仏会すなわち花祭りの最初としている。つぎの七月十五日は盂蘭盆会であって、斉明天皇三年（六五七）のこの日に、飛鳥寺の西に須弥山の形を造り、盂蘭盆会を設けて、覩貨邏の人たちを饗したとあって、これが行われていたことを示している。

二　平城京と元興寺の建立

1　平城遷都と飛鳥諸寺の移転

平城遷都

和銅三年（七一〇）に、都は藤原京から平城に遷された。七世紀の末期、壬申の乱（六七二）を経て政治の中枢が飛鳥にもどり、ここに、天武・持統・文武の三天皇の政権の安定した時代がきた。そして、この間に藤原京が建設され、律令が制定されて、いわゆる古代天皇制が確立したのである。それがさらに、平城への遷都となったのは何故であろうか。おそらく、この新体制による古代統一国家がいよいよ前進しようとするにあたって、さらに新天地を求めようとしたものと考えられる。

飛鳥の地では藤原京が整備されつつあったけれども、やはり、この地には古代豪族の旧勢力がなお蟠居していたから、これに掣肘されまいとする律令制新官僚群は、当然、新しい政治舞台を望んだのであろう。その新官僚の中心勢力は新興の藤原氏であり、特に鎌足の子で、大宝律令制定に功があった不比等（六五九―七二〇）はこの勢力を代表していたから、彼こそが、この遷都計画の主導者としてこれを推進したものと思われる。

平城遷都にはこのような政治的理由のほかに、仏教界の事情もあったと思う。飛鳥白鳳期を通じ、権力抗争をくり返しつつあった諸豪族の権力者たちは、古代統一国家の形成過程で、その中に組み込まれ位置を占めるために、それにふさわしい理念の確立と、これを支える文化として大陸文化とくに仏教を尊重してきた。これが氏寺が続出し国の大寺が現れるという仏教発展の理由であった。

しかし、仏教があまりに重視された結果として、寺院や僧侶の行きすぎが生まれたのは当然で、国家としてはこれを取り締り、自己の統制下に置く必要があった。そのことはすでに前章にもふれてきたとおりであるが、七世紀終末期から八世紀の初めにかけても、この方面への留意には注目すべきものがある。大宝令にある僧尼令の頒布はもちろんであり、養老年間には、それはさらに改修されている。また大宝二年（七〇二）には国ごとに国師を任命して、それぞれの国の寺院や僧尼や仏事等を統轄させている。また寺院に対し、縁起と現在の資財を書き上げ提出させることも、このような仏教政策の一つであろう。現存する最古の資財帳として、「弘福寺田畠流記帳」と呼ばれる和銅二年十月付の文書があるが、これは政府への報告かと思われる。霊亀二年（七一六）五月の、荒廃寺院の併合を命じた時にも資財帳提出のことがある。

以上、仏教事情のほかに、この時期、国家統治の理念として、中国の政治思想すなわち儒教系の考え方が採用されていることも注意を要する。文武天皇は「博渉㆓経史㆒尤善㆓射芸㆒」といわれた天皇で、また、初めて釈奠を行ったと伝えられているが、当時としては、儒教といってもそれは主として徳治主義の尊重として現れており、天皇の詔勅にはしばしばその文言がみえる。例えば、和銅元年二月の詔に「朕祗奉㆓上玄㆒君㆓臨宇内㆒以㆓菲薄之徳㆒処㆓紫宮之尊㆒常以為作㆑之者労居㆑之者逸」とある。また、大化・白雉・朱鳥・白鳳・大宝・慶雲以下の年号が示すように、帝王の徳の有無に天が感応して、祥瑞または凶兆を下すという天人感応の思想が年号制定の大きな理由を占めていた。

こうして、古代天皇制の政治は儒教的徳治主義の高揚となって、新京で展開する。さらに、天皇という称号が七世紀から用いられていることや、遷都の詔に「方今平城之地、四禽叶㆑図三山作㆑鎮、亀筮並従」とあることなどをみても、大陸の道教や風水思想が、当時の政治的動向に大きな影響を与えていることも確かである。

この平城の地方は大和盆地の北部で、南方が開け、春日・楢・菅原などと呼ばれた地域を含み、和珥氏系の春日氏や小野氏、また土師氏等が勢力を持っていたといい、平城京跡には古墳の存在が確認されている。また伝承等から察すれば、この地方は、七世紀にはすでに一つの文化圏を形成していたと思われる。ここは山城・近江との交通関係が深く、木津川を利用できる地域であり、壬申の乱以来の東国支配の重要性からも、この地が帝都として選ばれたものであろう。

飛鳥諸寺の移転と禅院寺

この平城遷都に対して、飛鳥旧京の各寺院はいかに対応したであろうか。遷都が藤原氏の主導によると考えられる限り、藤原氏の氏寺がいち早く平城に移されたことは当然であろう。寺伝によれば、飛鳥の厩坂寺は遷都の年に早くも移され、平城の興福寺が成ったというが、その寺地が平城京の東外京の三条七坊であるところから、条坊の整う和銅年間の末期（七一五）ごろに本格的に造営が進められ、天平初年（七三〇）ごろに中心部がほぼ完成したと考えられている。

つぎに天武天皇の代に国の大寺として藤原京内に建立された大官大寺は、本尊丈六釈迦像や九重塔も造られていたが、官寺の筆頭である以上、当然、新都に移されることになっていた。しかも遷都の翌和銅四年（七一一）に、『扶桑略記』には「大官等寺并藤原宮焼亡」と記されている。そして一般には、霊亀二年（七一六）に、左京六条四坊と七条四坊にまたがって新たに大安寺と改称されて建立されたといわれる。しかしすでに指摘されているように、この寺も本格的に造営が進行したのは、天平元年（七二九）に道慈（？—七四四）が命を受けて唐の西明寺を頭において工事を進めた時であったであろう。

また飛鳥四大寺の一つであった薬師寺は、『続日本紀』の文武天皇二年（六九八）十月の項に「以㆓薬師寺搆作略了㆒詔㆓衆僧㆒令㆑住㆓其寺㆒」とあって、飛鳥においてほぼ完成したようであるが、天武天皇系の祈願私寺ともいえるものであったためか、朝廷の移転に伴って平城に移転造営されたとされてきた。しかし最近いわれているように、藤原京の寺を移建したと考えることはやはり無理なようで、寺籍が移されたものであって、旧京薬師寺は本薬師寺として残され、建造物等の移建はなかったとしておこう。新都における薬師寺の建立は、同寺縁起によれば養老二年（七一八）で、寺地は平城右京六条二坊の現在の所である。従って、大安寺と薬師寺の寺地は藤原旧京にあったそれぞれの位置をほぼ踏襲した形となったわけである。

しかし、飛鳥四大寺の一つであった川原寺はついに移転の日程には上らなかったが、それは、同寺が天智天皇系の寺院であったからと考えられている。つぎに四大寺のもう一つの法興寺も、初めは移される予定の中にはなかったと思われる。それは、貞観四年（八六二）の太政官府に「帝都遷㆓平城㆒之日、諸寺移、件寺（法興寺）独留」とあることと、法興寺の一院であった禅院だけがいち早く単独で移されていることからである。

『続日本紀』の道昭伝に「和尚弟及弟子等奏聞徙㆓建禅院於新京㆒」とあり、それは遷都の翌和銅四年八月のこととしている。道昭によって創められた法興寺の禅院は遷都早々に新京に移され、独立した寺院として禅院寺と呼ばれたのである。その寺地は右京とあるが、『古京遺文』所収の「薬師寺仏足石記」に「右京四条一坊禅院」とあるので、今の奈良市四条町あたりかといわれている。

さて、法興寺の中の禅院だけが早く移転された理由を物語る史料がないのでよくわからないが、飛鳥で禅院がすでに半独立的な位置にあったかもしれないし、道昭の弟子達の特別な要望があったかもしれないが、重要なことは、禅院が所蔵していた道昭将来の旧訳摂論宗系の一切経が新都の教界に必要であったからではなかろうか。あるいは藤原不比等の兄の定恵が道昭とともに入唐した縁で、道昭の伝えた摂論宗に力を入れた藤原氏の推薦によるものであった

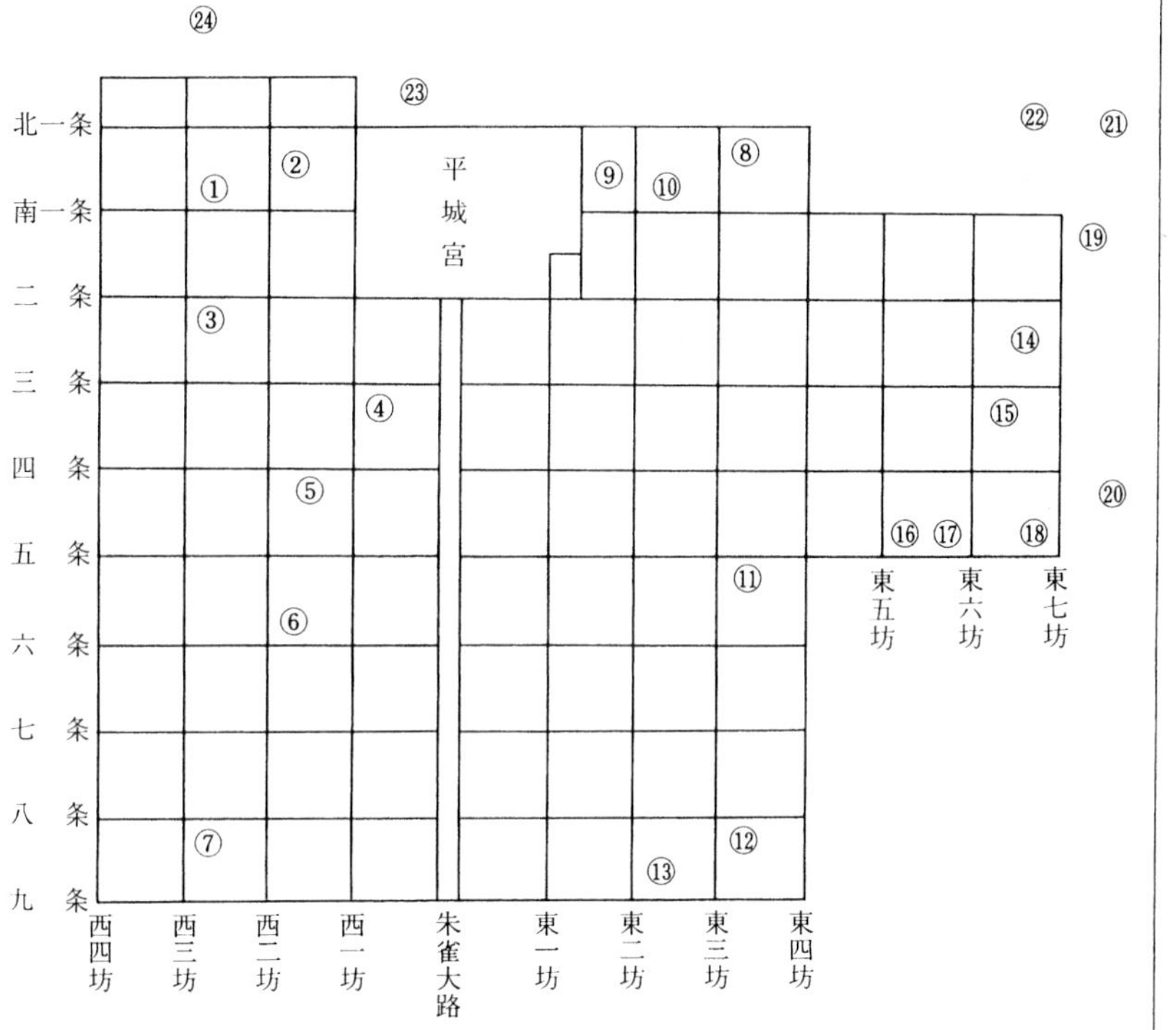

①西大寺　⑥薬師寺　⑪大安寺　⑯葛木寺　㉑伴寺
②西隆寺　⑦殖槻寺　⑫穂積寺　⑰佐伯院　㉒般若寺
③喜光寺　⑧不退寺　⑬服寺　⑱紀寺　㉓超昇寺
④禅院寺　⑨法華寺　⑭興福寺　⑲東大寺　㉔秋篠寺
⑤唐招提寺　⑩海竜王寺　⑮元興寺　⑳新薬師寺

図 10　平城京内外の主な寺院

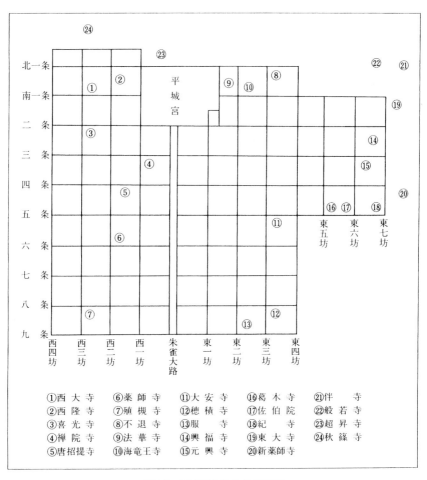

からでもあろうか。ことに新都の仏教界が僧侶の厳正を望んでいた以上、経典による学問は必須であったはずであり、「此院多有二経論一、書迹楷好並不二錯誤一、皆和上之所二将来一者也」といわれたように、その経典はまさに善本であったのである。事実その後、天平期に写経事業が盛んになるに際して、この寺の経典は非常に重宝がられたのである。

その他、飛鳥地方にあった氏寺で平城に移されたと思われる寺としては、葛城氏によって建てられた左京五条の葛木寺と、紀氏が五条七坊の内に建立した紀寺がある。つぎに、飛鳥にその氏寺の遺構が確認されていないが、平城に建立された氏寺と思われるものに、葛木寺の東に接して建てられた佐伯氏の佐伯院（香積寺）、平城京域の東北にあった大伴氏の伴寺（永隆寺）、京内南部にあった穂積氏の穂積寺や服部氏の服寺などがある。

こうして、新都には寺院が続々と建立され、養老四年（七二〇）には『続日本紀』に「令下都下卌八寺一日一夜読中薬師経上」とあって、四十八寺があったという。この中には遷都以前からあった山寺等を含むとしても、これだけの寺があったかは疑わしい。ただ、飛鳥の諸寺が大挙して新京に移ったといいきれないのではなかろうか。とにかく、平城新京には左京六条に大安寺と右京六条に薬師寺が相呼応して寺観を誇り、東外京には興福寺があり、その南に接して法興寺が移されたのである。

法興寺の移転と寺名の問題

さて、飛鳥の法興寺が平城に移建されたことについては、その時期と場所だけでなく、寺名にも諸説があって非常にわかりにくい。このことについては、『続日本紀』の霊亀二年（七一六）五月の項に「始徙二建元興寺于左京六条四坊一」とあり、別に養老二年（七一八）九月に「遷二法興寺於新京一」とあることが、後の元興寺を考える上に混乱を生じさせた大きな理由である。この両記事をみると、飛鳥に元興寺と法興寺という別の寺があったようにみえ、移転年次は二度あり、霊亀二年の記事にある場所は大安寺の移った所である。この記録のほかに、『日本書紀』その他に元興寺の寺名が奈良時代以前の寺にしばしば用いられ、法興寺・元興寺・飛鳥寺という寺名が随意に使われていること、そして『元興寺伽藍縁起并流記資財帳』が前記のように複雑な構成をなし、飛鳥の寺に元興寺という名を用いていることなども、寺名を混乱させた理由であろう。

そこでまず、元興寺という寺名について、これまでに説かれた説をあげてみよう。重田定一氏は、推古天皇勅願の豊浦寺と建興寺と葛城寺がすべて元興寺で同寺であり、法興寺は蘇我氏の氏寺であるとし、平子鐸嶺氏は、豊浦寺と葛城寺と元興寺は総て別寺とした。喜田貞吉氏は、元興寺は豊浦寺ではなくて石川精舎のこととし、大岡実氏は、桜井寺と豊浦寺と建興寺と元興寺を同寺とし、法興寺は建通寺とも明日香寺とも呼ばれた僧寺であり、後の本元興寺にあたるとし、平城に移って法興寺と元興寺は合併されて元興寺となり、飛鳥の法興寺は本元興寺と呼ばれるに至ったとする。これら多くの説は元興寺と法興寺とを別寺として、ともに本来、飛鳥にあったと考えるところから出発している。

しかし、すでに第一章で述べてきたように、豊浦寺は桜井道場の後身で、建興寺とも呼ばれた尼寺であって元興寺ではない。もちろん、石川精舎でもない。この尼寺に対する僧寺として、蘇我氏の氏寺として建てられたのが法興寺であるという縁起の伝承はそのまま理解してよいと思う。また葛城寺は葛城氏の氏寺で、これはまた別である。なお、飛鳥寺の称は所在地名からきた通称というべきもので、法興寺のことであり、建興寺の豊浦寺、法隆寺の斑鳩寺、四天王寺の荒陵寺、金剛寺の坂田寺、広隆寺の蜂丘寺などその例は枚挙に遑がない。

つぎに、法興寺と元興寺の関係についてであるが、奈良朝以前に書かれたと確実に考えられる史料には元興寺の呼び名はなく、『日本書紀』や『元興寺縁起』に用いられている元興寺という名称は、平城京に法興寺が移されて、それが元興寺と呼ばれたことからくる錯覚と考えて差しつかえないと思う。従って、飛鳥に蘇我馬子によって建てられた寺は、露盤の銘によれば最初建通寺と呼ばれ、さらに法興寺と命名されたと考えられる。それ故、第一章では法興寺の称だけで通し、時に通称飛鳥寺の名も用いてきた所以である。

さて、さきの『続日本紀』の寺移転の記事であるが、左京六条四坊は大安寺のある場所で、元興寺があるわけはなく、従って、この記録のままに考えることは不可能で、この項は何らかの錯誤によるもので、大安寺移転のことではあるまいか。この点についてはすでにいくつかの研究もあり、平城に法興寺と元興寺の二寺があったとする後世の説にも無理があるので、ここでは前項で引用した太政官符をも考え合せて、養老二年に法興寺が現在の元興寺の地に移され元興寺と称されたとする立場をとることとする。そして、ここに移されたというよりは、むしろ法興寺の本尊や中金堂等を飛鳥に残し、伽藍のうちある部分と寺籍を移して、いわば新寺を建立して元興寺としたものであろう。そして飛鳥の旧法興寺も、従って、以後、本元興寺と呼ばれることになった。飛鳥の法興寺が平城に移されて元興寺と呼ばれるとともに、飛鳥という地名も飛鳥寺という俗称もまた平城に移ったのである。大伴坂上郎女は『萬葉集』に、

古郷之　飛鳥者雖有　青丹吉　平城之明日香乎　見楽思好裳

（ふるさとの　あすかはあれど　あおによし　ならのあすかを　みらくしよしも）

の一首を残している。近つ飛鳥（河内）・遠つ飛鳥（大和）のほかに、平城の飛鳥ができたのである。

有力寺院が平城に移り、ひとり残留したといわれた法興寺が養老二年になって、何故、移転することになったのであろうか。文献の上でこれを明示するものはないが、法興寺が七堂伽藍の整った最古最大の寺として、飛鳥地方の旧勢力を代表して隠然たる力をもっていたであろうことは疑いなく、旧京の遷都に対する不満を和らげようとする平城政府の政治的配慮によって移転が決したのではなかろうか。そこで元興寺は、藤原氏の興福寺に対して、その南に接して寺地を占めたのであろう。そして、このころから興福寺に対抗する意識が盛り上り、聖徳太子造立寺院の一つであるという伝承を唱え始めたのかもしれない。また官寺としての実績と伝統を強調したのでもあろう。『日本霊異記』にみえる説話に、長屋王が元興寺大法会の司となっているのをみると、元興寺は藤原系と対立する政治勢力とされる

皇親系に近づいていたのかもしれない。

2 元興寺の建立とその規模

寺域と伽藍配置

元興寺の寺域とその伽藍配置は、寺勢の変転や奈良町の発展等によって、現在からはその大略をうかがうことさえ困難であるが、同寺解体後の元興寺（極楽坊）・元興寺（観音堂）・小塔院の存在、地形・地名や遺物、あるいは長元八年（一〇三五）の『堂舎損色検録帳』（第四章で詳説）や巡礼記・縁起等によって、ほぼつぎのようであったと推定されている。

寺の境内は、平城京東外京の四条・五条の七坊の地で、北は三条大路の南一町分を限る小路に至る興福寺の寺地の南辺に接し、南は四条大路をこえて南一町分まで、南北は四町で、東西は二町に及び、東南に紀寺、西南に葛木寺・佐伯院があった。この地域は、東方山地からのびた丘陵地の先端部にあたり、北は菩提川、南は飛鳥川（現在、全部暗渠となる）によって限られ、その間に、清水通りや数多い井戸の存在でわかるように、水脈にも恵まれた台地である。

この境内地の南一町分で飛鳥川までの間には、南院と花園院があり、東一町分の地にも、納院など寺務関係の諸院があったと考えられる。西側は段をなして低くなっているので、何かの施設があったとは考えにくい。その辺りには南風呂・北風呂の町名や悲田院があって、これらを元興寺に結びつける伝承があるが、それはそのまま認め難い。総じて、この地域の町名等の中には、中世に興福寺の勢力が浸透した後に関係づけられるものもあるので、注意しなけ

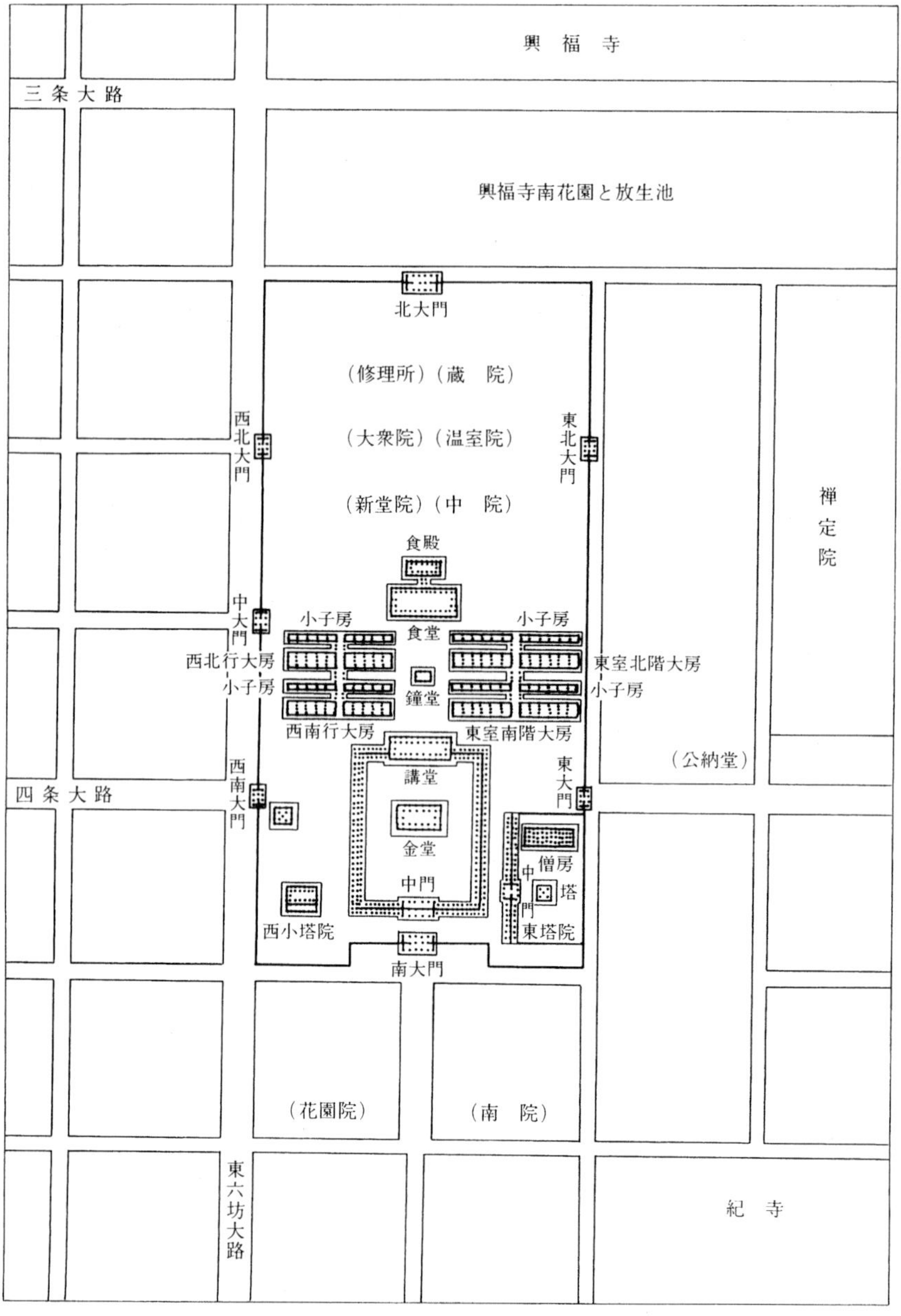

図 11　元興寺伽藍配置図

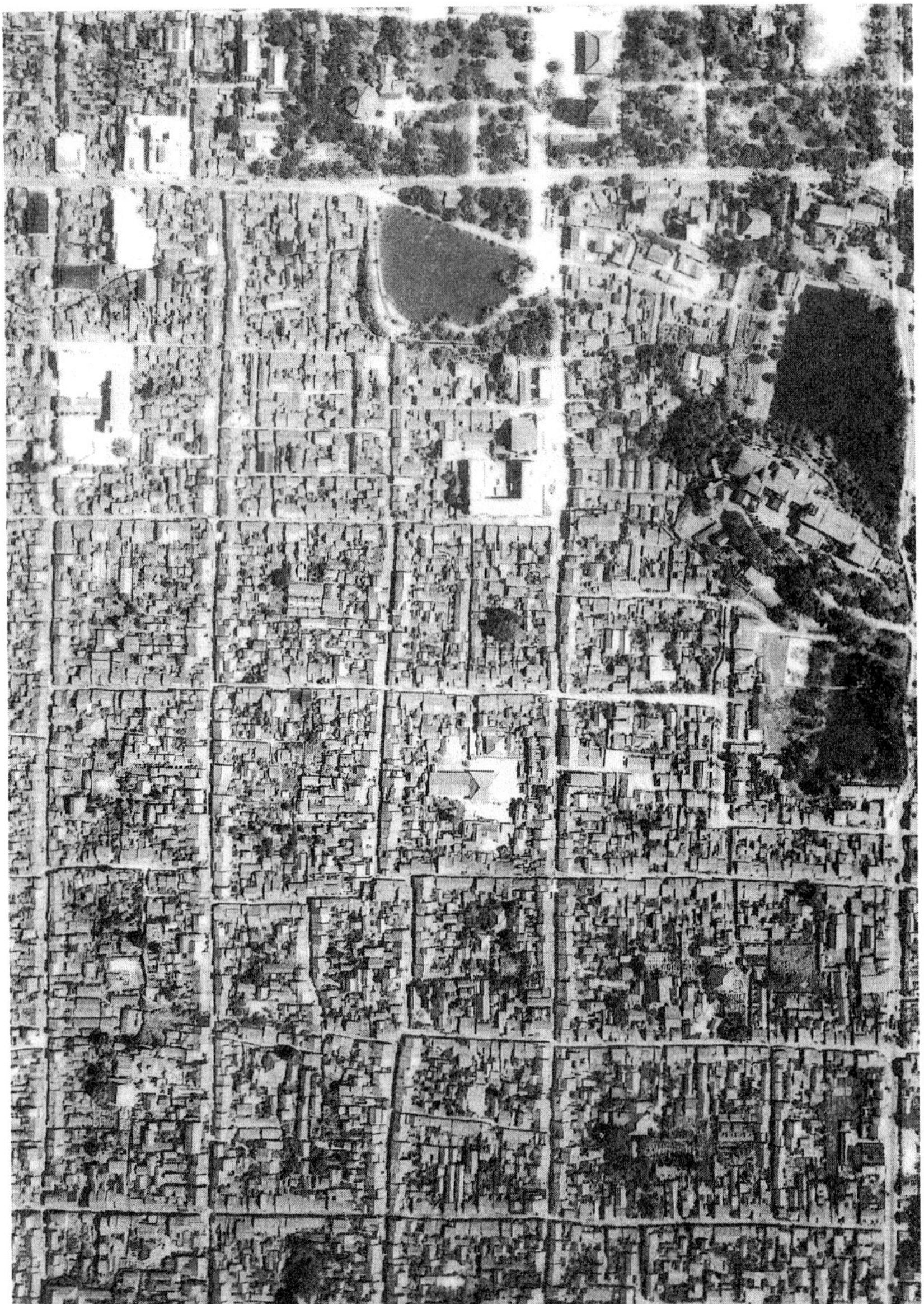

図 12　現奈良市鳥瞰図

ればならないと思う。

元興寺の伽藍配置については、つぎのように考えられる。南正面に南大門があり、これを入ると中央に中門があり、その両翼から回廊があって金堂を囲み、その後の講堂の両側に連なっている。この中央の中門の右に東の大塔院、左に西の小塔院があり、講堂の北の中心線に鐘堂、その北、すなわち後に食堂・食殿があった。僧房はいわゆる三面僧房ではなく、鐘堂の左右に各二棟で組をなした建物が二組ずつ計四組あった。そして、これら伽藍全体を囲んで、南大門の両翼から築地塀がめぐらされ、南大門に対して北大門があり、東側と西側とにはそれぞれ、二、三門があったと思われる。

以上のことは、昭和二十年（一九四五）以後、時々行われた寺域内所々小部分の発掘調査によっても、ほぼ確認されている（第八章第3節参照）。そして、以上の諸伽藍等の完成は、他の諸寺と同様に相当の年月を要したもので、おそらくは奈良時代後期ごろまでに漸次整備されていったと思われる。大塔は天平宝字年中の建立という説があり、天平神護三年（七六七）の称徳天皇の同寺への行幸は塔の完成と関係があろうと考えられる。

このような規模を誇る元興寺も、当時の姿を今にとどめているものはなく、現元興寺（極楽坊）の本堂（口絵1）と禅室（口絵2）から、ようやく僧坊の東室南階大房にあたる建物の姿を考えることができるだけであり、建立時の遺跡・遺物としては、大塔の基壇と礎石、およびここから出土した鎮壇具類のほか、遺瓦や礎石の類があるくらいであり、また遺品として、元興寺（極楽坊）所蔵の五重小塔（口絵3）が現存する。

堂宇の荘厳　㈠——全　貌——

この項では、『堂舎損色検録帳』と嘉承元年（一一〇六）の『七大寺日記』、保延六年（一一四〇）の『七大寺巡礼私記』、および諸縁起等によって、奈良時代元興寺諸堂の荘厳の様を窺ってみよう。ただ、それら史料が平安時代末期以後のものであるため、その記述には九世紀以後の諸状況が含まれているので、ここでは、できるだけ八世紀の完成した時分の姿と思われるものについて述べることとする。

南大門には葛木魚養筆と伝える「元興之寺」という額があり、日本一といわれた金剛力士像二体があった。つぎに、中門はその造り方が神妙といわれ、ここに納められている二天像と八夜叉像は異色があり、また霊異ある像であったと伝えられる。金堂は五間四面で重閣をなし、この本尊は丈六弥勒菩薩坐像であって、普通の仏像と違って鼻孔があったと伝えている。

『元興寺縁起』と『今昔物語集』の「元明天皇始造二元興寺一語」に、この弥勒像が東天竺の長元王の願によって造られ、種々の霊異があって、天竺から震旦を経て渡来した三国伝来の霊仏である所以が語られている。また金堂には、この本尊の脇侍として、千手観音像二体と無著・世親像の計四体と四天王像があり、柱絵や厨子も美事なものであったらしい。

図13　金堂本尊弥勒菩薩像（『弥勒菩薩像集』より）

堂の南面には「弥勒殿」という額があり、金堂前には高さ一丈ばかりの灯籠があった。金堂の後の講堂は十一間で、中尊は丈六の薬師如来坐像、他に脇侍二体と等身の十二神将がまつられていた。この講堂から金堂を囲み、前方南の中門に連なる歩廊は、左右それぞれ四十六間に及んでいた。

講堂の後北方の食堂は十一間で、その棟木は一本で渡してあったといい、仏像や厨子絵も美事なものであった。この堂に続いて軒廊と七間の食殿があった。講堂と食堂の間の鐘堂は三間で、諸寺のそれに比して勝れており、日本一とも称された。中門の東には東大塔のある一角が西面の東塔院を形成し、五重の宝塔を中にして、門と歩廊があり、さらに、桧皮葺五間の堂と瓦葺十二間の僧房を備えていた。

塔の柱絵は美事であり、四方には浄土の相が造られていたが、北面の弥勒浄土だけは何故か彩色してあり、他の三面の各浄土は金色であった。またこの塔に納められた仏舎利は敏達天皇十四年（五八五）に蘇我馬子が司馬達等から得たものと伝えられるが、『七大寺巡礼私記』では、これが飛鳥の本元興寺のことかと疑っている。

東大塔院に対する西の小塔院は光明皇后の御願で、五間四面の小塔堂と東屋・門屋からなっていたらしい。この堂の障子絵に毘沙門天や吉祥天が描かれており、称徳天皇御願の百万塔八万四千基が納められていたという。

僧房は、東側に南階大房・同小子房・北階大房・同小子房、それぞれ十二室があり、ほかに新房として、小子房十八間が後に増築されたようである。西側の僧房は、南行大房・同小子房・北行大房・同小子房、それぞれ十室から成っていた。なお『堂舎損色検録帳』によれば、以上のほかに、南院・花園院・新堂院・中院・温室院・蔵院・大衆院・修理所等があったことが知られる。南院と花園院は南大門の南前方にあり、他の諸建物は僧房・食殿の北後方、または築地区画の東側にあったのではなかろうか。

堂宇の荘厳 ㈡――大塔・小塔・僧房――

これら諸伽藍のうち、近代・現代になってからの発掘調査や解体修理などによって、具体的に明らかになった堂舎、あるいはなお議論のあるものの二、三について記してみよう。

東の五重大塔は、伝承によれば、その高さは二十四丈であり、現在、元興寺（極楽坊）所蔵の五重小塔（口絵3）はその十分の一の雛形であるといわれてきた。しかし、昭和二年（一九二七）にその塔跡が発掘調査された結果、種々のことがわかってきた。まず、その心礎周辺から、勾玉・瑠璃玉・水晶玉・縞小玉・銅銭・金延板・金箔などが出土した。これらは鎮壇供養のため埋納されたものであるが、その銅銭の中に神功開宝が含まれていたために、塔の竣工は、銅銭が鋳造された天平神護元年（七六五）以前とは考えられないことがわかった。また塔跡の礎石の配置からみて、五重小塔をその雛形とするには無理があること、遺跡の規模から考えて、総丈が二十四丈と考え難いことも明ら

図14　大　塔　跡

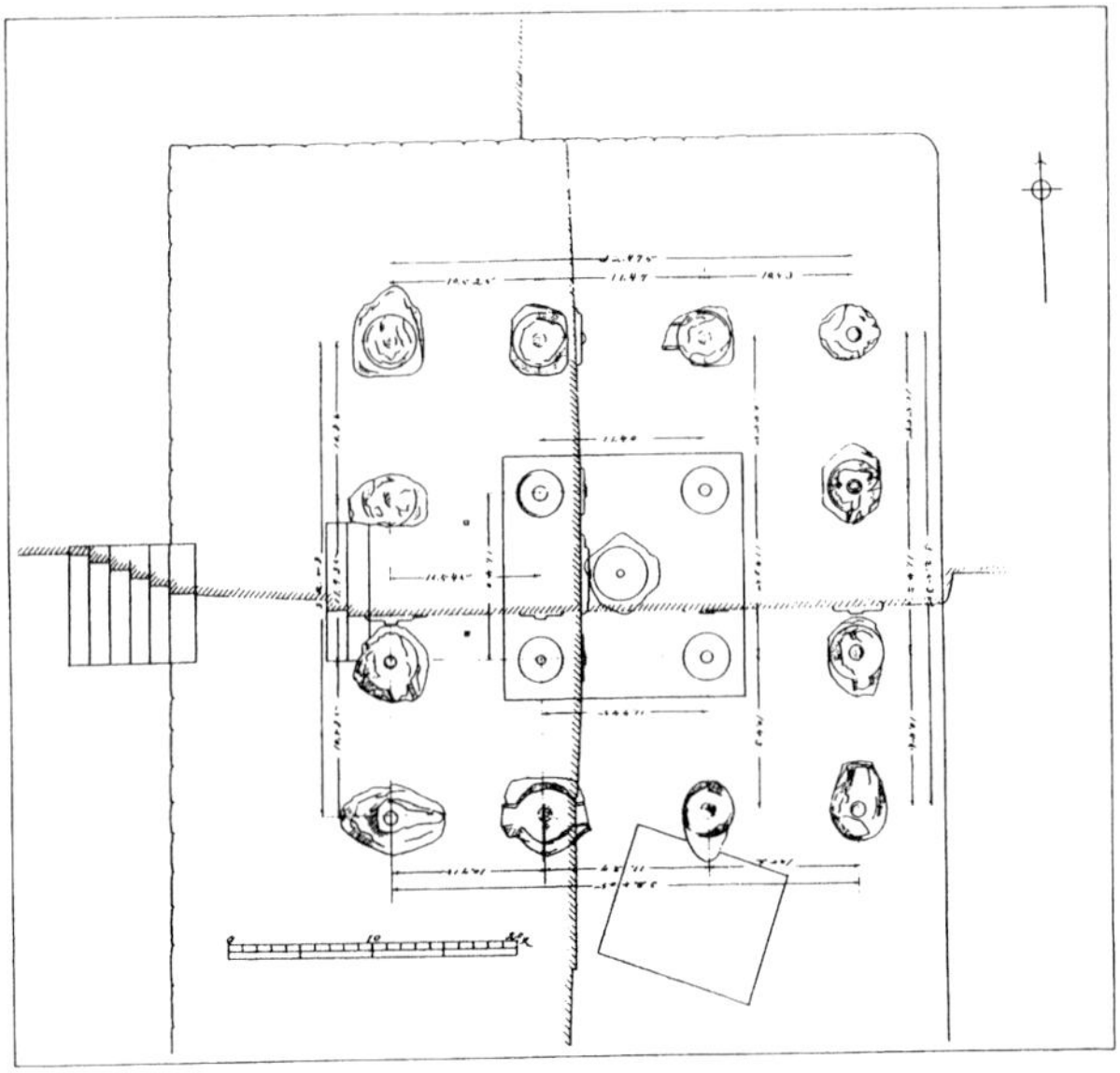

図15　大塔礎石配置図

かになった。それにしても、この五重大塔は、中世に金堂等が炎上した後も無事であって、江戸時代末期の安政二年（一八五五）までその雄姿を保ち、長く元興寺のシンボルとみられてきたのである（第七章第4節参照）。

　つぎに西の小塔院については、『七大寺巡礼私記』に、「吉祥堂南向、五間四面瓦葺、此堂亦名二小塔院一」とあって、本来の名が吉祥堂のようにみえる。吉祥堂の名称の由来については、『金光明最勝王経』による吉祥悔過会が行われたからとも、障子絵の吉祥天像が有名であったからともいわれるが、やはり、この堂は小塔院が本来の名称で、吉祥堂は俗称であったように思われる。しかし、小塔院の名称はこの記録では分与された百万塔を納めたからとしているが、この堂は光明皇后御願による建立とする説もあることであり、初めから、東の大塔院に対して西の小塔院と呼ばれたとするのが妥当であろう。

　なお、別に小塔院と称した所以として、かの元興寺（極楽坊）所蔵の五重小塔に婆羅門僧正がもたらした仏舎利を納めて、この小塔をこの堂の中尊としたという説がある。その理由として『東大寺要録』に収める「元興寺小塔院師資相承記」に、婆羅門僧正が来朝したとき、香呂や念珠などとともに仏舎利二千粒等を持参し献上したので、「天皇分二給諸寺一、多分奉レ置二元興寺小塔院一」とあること、そしてこのような奈良時代の小塔で、他に一基しか現存しない海竜王寺の五重小塔が同寺西金堂の本尊であったという説をあげることができる。しかし、この小塔を小塔院に結びつけるには、ほかにこれを証明する資料がないという難点がある。なお小塔堂は、近世の図面に八角二重の塔として描かれているのは、単なる想像にすぎないと思う。

　五重小塔は高き五・五㍍で、海竜王寺の小塔とともに奈良時代の小建造物として貴重な国宝であるが、海竜王寺の小塔は高さ約四㍍で元興寺のものよりひとまわり小さく、内部の構造に省略があるのに対し、この五重小塔は、外部だけでなく内部まで精密に造られている点で、さらに重要視すべきものである。この小塔はさきに記したように、大塔の雛形説が成立し難くなっており、小塔院の中尊的存在とする説が注目されるが、天平十三年（七四一）の詔による国分寺の塔の模型ではないかという説もあることを付加しておこう。

つぎにあげるべきは、当寺の奈良時代の建造物を考える上で最良の遺構である僧房がある。昭和十八年（一九四三）から、太平洋戦争中を除き、同二十九年にわたって行われた元興寺極楽坊の禅室と本堂の全面的解体修理の結果、この二棟の建造物は平安時代末期以前には一棟の建物を構成し、そのもとの建造物は当初の元興寺僧房の一棟で、東室南階大房の大部分であることが明らかとなった。しかも現建造物は、平安時代末期と鎌倉時代に大改造されて二棟となっているが、その建築部材にもとの材木を用いているため、現建物は鎌倉期の改造に復してあるが、当初の僧房の復原が可能であることがわかった。

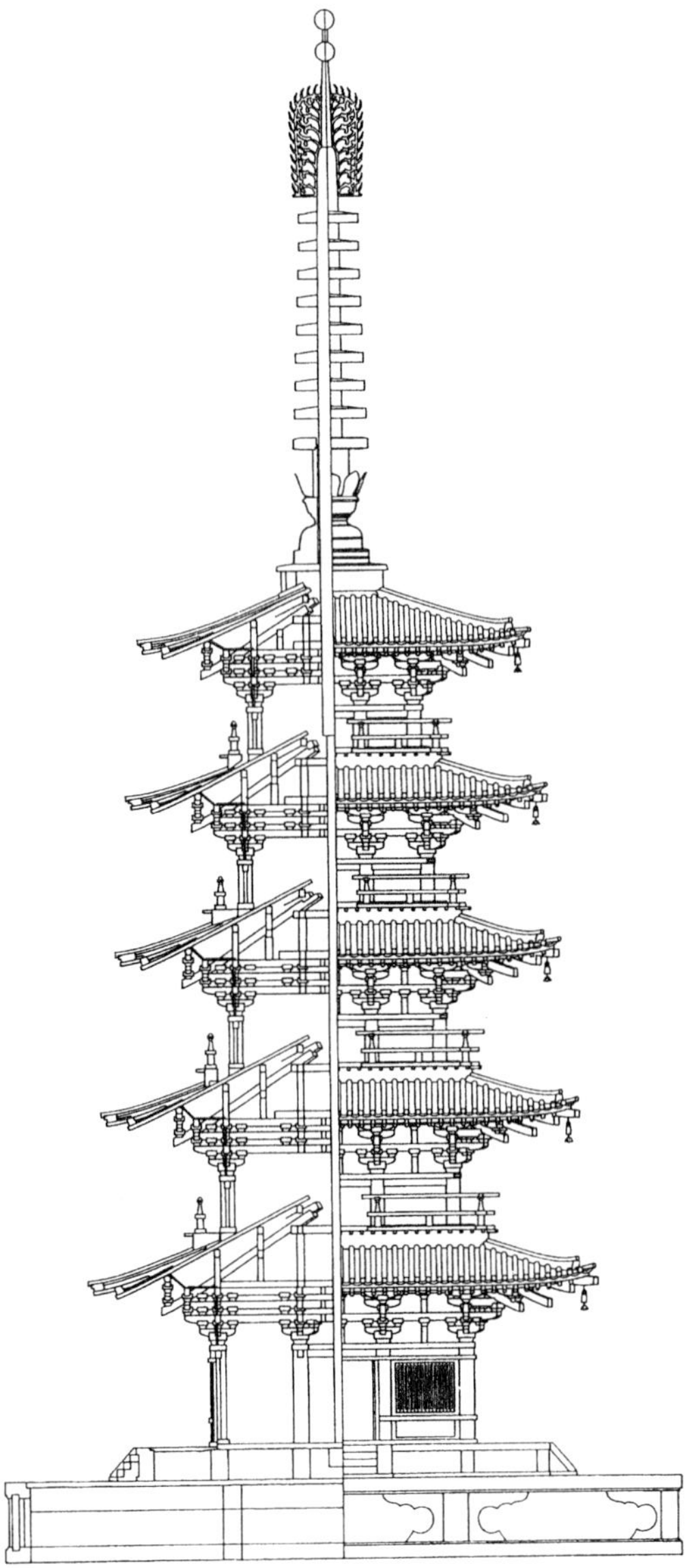

図 16　五重小塔構造図

図17　元興寺（極楽坊）禅室屋根（左・本瓦葺　右・行基葺）

この僧房の規模は大安寺の大房より大きく、興福寺の三面僧房に匹敵し、その間取り等は東大寺の三面僧房に通ずるものといわれる。その僧房の構造を現在の極楽坊禅室に即していえば、丸柱通りで壁を用いて各房が分けられ、各房の内部は角柱で、前面庇と身舎部と背面庇とに分けられる。前面庇は開放的になっており、身舎部は前・背面の中央にそれぞれ一つの戸口を開くだけで、密閉的に計画され、背面庇は中央を通路にとって、両脇に窓に面する小室を独立させている。総じて、仏殿等と同じく荘重には作られているが、外観よりは実用性を重んじたものであった（二〇二頁、図33参照）。

とにかく、この修理工事によって、元興寺創建当初の僧房の平面だけでなく立面に至るまで具体的に構成し得たことは、他に例をみないだけに誠に重要な成果であった。しかも、屋根には飛鳥の法興寺に用いられた瓦が部分的に再使用され、しころ葺または行基葺とよばれる瓦が葺いてあって、今に奈良時代以前の姿をとどめていることも注目される。

つぎに、この建物のすぐ北に接して厨房と伝えられていた建造物があったが、これが旧小子房の後身であることも明らかになった。現在、この小子房の後身は禅室の南側に移築されている。

元興寺の資財

以上のように、荘厳をほこる元興寺は、当然、これを支える資財が大きかったことを意味する。ただ、これを語る史料が乏しく、詳しくはわからないが、『元興寺伽藍縁起并流記資財帳』のうち、略記された資財の部を天平十九年（七四七）に報告されたものとすれば、ほぼつぎのようであったと思われる。

まず、当時、資財と考えられていた寺奴婢については、賤一七一三人とあるが、その中に訴良のもの七二四人で、奴婢としてはその残りで、一応、九八九人を持っていた。しかし記録提出の時には、三二七人は有名無実とあるから、実際は六六二人となり、うち奴二九一（二カ）人・婢三七〇人となっている。六六二人としても、これを四天王寺二七二人、法隆寺五三三人、東大寺三一〇人、薬師寺一七二人といわれる数と比較すれば、元興寺が一番多く、その富強を示している。

つぎに封戸一七〇〇戸として、前章で記したように、東国に多くあてがわれているが、これらの封戸は天武天皇二年（六七三）に、飛鳥寺によせられたもので、規定により原則として三十年限度とすれば、平城遷都の時にはすでに期限切れであるが、この記述からみれば、それがなお平城の元興寺の封戸として認められていたようにみえる。またこれが、飛鳥の本元興寺をも支えるものであったかもわからない。資財帳によれば、宝亀十一年（七八〇）には一〇〇戸がこれに加えられている。いずれにしても、東大寺の五〇〇〇戸、大安寺の一五〇〇戸、興福寺の一二〇〇戸、西大寺の六〇〇戸がこれに対比されよう。

また資財帳には、元興寺所有の水田として四五三町七段三四三歩とあり、このうち定田四三八町四段三四三歩、未定田五〇町三段とあって、計算があわない。そしてそれら水田は、大和・河内・摂津・山背・近江・吉備・紀伊の七ヵ国、すなわち主に近畿地区にあった。これらの寺田は公私による施入に基づくものが主であったであろうが、漸次、買得田・質田・墾開田等を加えて、初期荘園を形成していったと思われる。

事実、『東南院文書』によると、天平勝宝元年（七四九）十一月に元興寺三論衆が伊賀国柘殖郷で墾田として七段を買得しており、『東大寺文書』の貞観元年（八五九）の「近江国依智庄検田帳」によれば、愛知郡に水田三町余を天平勝宝五、六年に買得しているが、これも同寺の三論衆によるものと考えられる。この二ヵ所の墾田買得が可能であったのは、柘殖郷で墾田を取得した約半年前の天平感宝元年（七四九）閏五月に、元興寺に対する絹・綿・布や稲一〇万束と墾田地一〇〇町の施入があったからではなかろうか。なお、依智庄については次章で述べることとする。

さて、この天平勝宝元年の七月には、諸寺の墾田所有の限界を定めているが、元興寺には二〇〇〇町とあって、これは東大寺の四〇〇〇町につぐもので、大安・薬師・興福の諸寺と各国分寺は一〇〇〇町、法隆寺・弘福寺・四天王寺等は五〇〇町、諸国国分尼寺四〇〇町、その他の定額寺は一〇〇町であった。もって、元興寺の経済的位置の高さが推察できる。ただし、以上の墾田は封戸と同様に、平城の元興寺と飛鳥の本元興寺の両寺分であったかもしれない。

つぎに縁起の資財の部では、以上のほかに、温室分田・安居分・三論衆・摂論衆・成実衆、一切経分・灯分・通分と名目だけがあげられているが、それらは他の寺の資財帳の例からすれば、稲または米何石としてあげられるものである。つぎに園地と陸地・塩屋・御井・山寺等も、項目名だけが資財として列挙されている。なお、律令制支配機構が整備し一貫した行政組織が完成するとともに、寺院経済の財源として寺田や封戸のほかに、新たに出挙稲が加わったといわれ、大安寺ではそれが三〇万束あった。元興寺にも出挙稲があてがわれていたであろう。

以上のように、明らかに見られる奴婢・封戸・寺田等からすれば、奈良時代における元興寺の経済力は、東大寺を除けば最上級であったわけで、都の東方にその雄姿を現し、法勢を誇っていた様が想像できる。ただ、さきに指摘したように、平城の元興寺と飛鳥の本元興寺の二寺がどのような関係にあり、どのように経営され、資財に支えられていたかがわからないのが残念で、薬師寺と本薬師寺の場合とも比較されねばならないと思う。なお、他寺の資財帳には建造物や仏像・仏具や経巻等もあげられているが、伽藍・仏像等はすでに述べた以外に、次章でも扱うこととし、経巻については写経の項でまとめることとする。

3　政局の展開と元興寺

初期の仏教抑制政策と四大寺

奈良時代は藤原不比等の主導による平城遷都で始まり、不比等の没後は長屋王が政治の実権を握ることになったが、天平元年（七二九）の長屋王の変の後は、藤原氏の勢力が再び伸びてきた。しかし、天平九年の悪疫流行の中で、藤原氏を代表し政界を動かしていた藤原四家の首脳者たちが相ついで没してからは、これに代わって橘諸兄政権が樹立された。橘政権は唐から帰国して間もない吉備真備や玄昉等の新知識を導入して、天平の盛時を迎えることになった。

さて、平城遷都の前後のころの仏教界は、前記（第1節）のように、前代仏教の盛況に対してむしろ抑制政策がとられた時代であった。和銅六年（七一三）四月には、『続日本紀』に「因二諸寺田記錯誤一更為二改正一、一通蔵二所司一、一通頒二諸国一」とあって、諸寺の田記の誤りを正して、これを天下に明らかにし、同年十月には「制、諸寺多占二田野一、其数無レ限、宜下自レ今以後数過レ格者皆還中収之上」とあって、諸寺の田野占有を強く制限している。ついで霊亀二年（七一六）五月には、仏寺関係の乱雑さと仏法の衰運を責め、寺院の合併をすすめ、「諸国寺家堂塔雖レ成、僧尼莫レ住礼仏無レ聞、檀越子孫惣二摂田畝一専養二妻子一不レ供二衆僧一、因作二諍訟一諠二擾国郡一」とまで述べている。

さらに養老元年（七一七）四月には、行基を小僧と称して、その徒が街衢でいたずらに罪福を説くのは、「詐称二聖教一妖二惑百姓一、道俗擾乱四民棄レ業、進違二釈教一退犯二法令一」として、厳重に取り締まり、養老四年十二月には、転経の唱礼には一定の約束があって是を改めてはならぬのに、「僧尼自出二方法一妄作二別音一、遂使二後生之輩積習成一レ俗、不レ肯二変正一恐汗二法門一従レ是始乎」といって、余音を禁じている。ついで同五年五月には、「令下七道按察使及大宰府巡二省諸寺一随レ便併合上」と命令して、再び諸寺の併合をすすめており、神亀元年（七二四）十月には京および諸国の僧尼の名籍を調査している。

本来、仏教に対し、鎮護国家の役割と機能を期待する律令仏教にあっては、僧尼の得度権と受戒権は国が持つものであったから、当然、私度僧を取り締り、受戒は飛鳥寺等いずれかの大寺でなされていた。仏教界はこのようにして生まれた官僧が主体をなしており、この仏教界を支配するのが僧綱であるが、仏教抑制の政策下ではそのあり方が最も重要であったはずである。養老六年七月の太政官の奏上はこれをよく現している。すなわち、そのいう所は、僧綱は「智徳具足真俗棟梁、理義該通戒業精勤」であるべきであり、そこでこそ、「緇侶以レ之推譲、素衆由レ是帰仰」するのである。しかるに現実には、その所在も明らかでなく、業務も果たされていないとし、以後、薬師寺を居処とすべしと命じ、併せていたずらに禍福を説くことを再び禁じている。

以上のような寺院と僧侶の統制の方向に対して、養老七年の三世一身の法は一種の妥協の産物とも思われる。それは、この法が表面開墾を奨励してはいるが、現実に開墾する力を持ち、実行していたのが有力寺院であったからである。

奈良時代初期の元興寺は、その寺観を整えつつあった時である。養老四年の藤原不比等の病気平癒の祈り、同六年の元明天皇一周忌の法会、神亀二年天変地異の多かったための災異除去の転経、同五年の皇太子の病苦を救うための経巻書写などに際しては、主に京畿あるいは大和の諸寺にこれが命じられているので、元興寺でもそれらの仏事が実行されていたと思われる。ところが天平期に入ると平城の四寺または四大寺の称がでてきて、おもに四寺に仏事が命じられている。

『続日本紀』の天平七年（七三五）五月己卯に「於二宮中及大安・薬師・元興・興福四寺一転二読大般若経一、為二消除災害安寧国家一也」とあって、都の中で四寺が傑出していることと、国家の寺としての四寺の序列が窺えるのである。この災害とは天平五年の諸国飢疫、六年の地震、七年の不作と悪疫を指しているのであろう。このころ、飛鳥寺でも斎会があった（『正倉院文書』）が、この寺が飛鳥旧京の寺か新都の元興寺かはわからない。ついで翌八年七月になると、詔に「比来太上天皇（元正）寝膳不レ安、朕甚惻隠思レ欲二平復一、宜下奉為度二一百人一都下四大寺七日行道上」とあって、初めて四大寺の称が用いられている。もちろん前記の四寺に違いない。

総じて、この期の仏寺と僧尼は政府の管理統制下にあり、思想的にも儒仏同帰説さえが唱えられていたのであって、元興寺も他の諸寺に超える待遇を受けてはいたものの、寺格としては大安・薬師についでいたようであり、国政の制約下にあったのである。

仏教全盛期の中の元興寺

奈良時代も天平期に入り、聖武天皇・光明皇后治下で橘諸兄が政権を握って、ようやくその全盛期を迎えようとするとき、この勢いに反発したのは藤原広嗣であった。天平十二年（七四〇）に、彼は玄昉と吉備真備を除くことを主張したが入れられなかったため、九州大宰府で叛いた。この乱は間もなく鎮定されたが、社会不安が感じられたのであろうか、この年、伊勢への行幸と山城の恭仁京への遷都があり、ついで近江紫香楽に離宮が造られ、さらに難波京への動きなどがあり、この政局の動揺は、天平十七年五月に平城四大寺の僧侶などの意向によって平城に還都になるまで約五年間続いた。

恭仁京遷都は橘諸兄の意向により、紫香楽離宮は玄昉が力を入れ、難波京は藤原氏らの主張によるといわれるが、おそらく橘氏は、藤原氏と飛鳥以来の諸寺の力を避けようとし、藤原氏は仮に難波京をあげたが実は平城還都を望み、玄昉は飛鳥系旧仏教から自由でありたいと考えたのではなかろうか。実はこの平城が空虚であった間に、わが国仏教史上の重大な動き、すなわち国分寺の建立と大仏造立の着手があり、さらに国家事業としての写経が盛んに行われたのである。

国分寺建立の詔は、『続日本紀』では天平十三年二月に出ているが、同九年の悪疫流行の翌年ぐらいではなかったかという説がある。いずれにしても、国分寺建立の先駆的な政策はこれより先にみられるのである。神亀五年（七二八）には、国家平安のためとして諸国に『金光明経』を頒ち、天平元年には、長屋王の変の後で、諸国で『仁王経』を講じさせ、同九年には、諸国で釈迦像を造らせ、『大般若経』を写させ、同十二年には、国ごとに『法華経』を写し、七重塔を建てることを命じている。そして国分寺建立の詔が出され、同十九年には諸国の沙弥・沙弥尼をその国で受戒させ、国分寺に田九十町、国分尼寺に四十町を与えることとし、また造塔を命ずるなど、国分寺の建立に精力が傾けられている。

つぎに大仏の造立は、天平十五年十月に発願の旨が発せられ、この年、早くも紫香楽でその造立に着手し、翌十六年十一月には、「甲賀寺始建二盧舎那仏像体骨柱一、天皇親臨手引二其縄一」と記録されている。しかし、同十七年の平城還都によって、この大事業は平城に移り、やがて天平勝宝四年（七五二）に大仏開眼供養が行われた。この国分寺建立のことは、唐の則天武后の世に前例があり、大仏は竜門等にすでに存在していて、ともに盛唐仏教を先蹤とするが、いずれにしても日本仏教の全盛期を語るものに他ならない。

さて政局では、天平十八年に玄昉は変死し、天平宝字元年（七五七）に橘諸兄が没すると、間もなく諸兄の子奈良麻呂の乱があって、橘政権は崩壊した。これに代って勢力を得たのは藤原氏で、南家の仲麻呂が恵美押勝と称して全権を振ったが、それは永続せず、同八年に押勝は乱を起こして敗れた。そしてつぎに、僧道鏡が大臣禅師となって政界を牛耳る形が到来したが、彼も宝亀元年（七七〇）に下野に配流され、異常な変転きわまりない政局もここに終ったのである。

この奈良時代の中期においても前代に引き続き、否、むしろより盛んに、諸寺に対して仏事が命じられている。例えば天平十七年（七四五）には、地震のため平城諸寺に『最勝王経』を転読させるとともに、四大寺で『大集経』を読誦させ、同年中に聖武天皇病気平癒のための法会や写経が命じられ、ついで同二十年には、元正上皇没後の諸仏事が諸寺で営まれている。そして天平感宝元年（七四九）閏五月、聖武天皇譲位の前に、諸寺に経論の購読料として多くの施入がなされているが、平城四大寺と東大寺には各絁五百疋と綿千屯と布千反と稲十万束と墾田百町、法隆寺には絁四百疋と綿千屯と布八百反と稲十万束と墾田百町、弘福寺と四天王寺には各絁三百疋と綿千屯と布六百反と稲十万束と墾田百町、崇福寺等三寺にはさらに一段低く、ここに諸寺の格差が明瞭に現れている。そして天平勝宝四年（七五二）に、東大寺の大仏開眼供養という大仏事を迎えるのである。

天平勝宝四年四月九日、大仏開眼供養が、聖武太上天皇・光明皇太后・孝謙天皇を迎え盛大に行われた。その時の有様は『東大寺要録』供養章に詳しく記されている。この時、天竺僧菩提僊那が開眼導師となり、元興寺僧隆尊が講師に選ばれて『華厳経』を読んだが、隆尊は、当日、輿に乗り白蓋をさして入場したという。そして、大安・薬師・元興・興福の四大寺からは種々奇異な物を献じ、また珍しい伎芸をもってこの法会を一層盛大にしたという。ついで十日には元興寺から歌三首を献じた。

比美加之乃　夜万比遠岐与美　彌井々世流　盧佐那保度介彌　波那多天万都留
（東の　山辺（ひ）を清み　新鋳せる　盧舎那仏に　花奉る）

乃利乃裳度　波那佐岐彌多利　計布与利波　保度介乃美乃利　佐加江多万波舞
（のりのもと　花咲きにたり　今日よりは　仏の御法　栄え給はむ）

美那毛度乃　々利乃於古利之　度布夜度利　阿須加乃天良乃　宇太々天万都留

（みなもとの　法のおこりし　とふや鳥　あすかの寺の　うた奉る）

これらの和歌は元興寺綱封倉にある牙笏に記されてあったという。

ついで、翌五年に聖武太上天皇がなくなった時の誦経は七大寺で行われ、同年十二月の『梵網経』の講読は東大寺と四大寺で行われた。また天平宝字四年（七六〇）閏四月の、光明皇太后の病による諸寺への薬の施入の場合は五大寺に対してであり、同年五月の誦経は京内六大寺で行われた。以上のように、七大寺・五大寺・六大寺がみられるが、四大寺のほかにどの寺が加えられるのであろうか。

実際、この天平仏教の盛時には、続々と寺院が京中に建立された。藤原不比等邸が宮寺とされたのは天平十七年といわれ、これがやがて総国分尼寺の法華寺となり、聖武天皇の病気快癒のための新薬師寺は天平十九年に建立され、新田部親王邸が、鑑真のために唐招提寺とされたのは天平宝字三年であった。ついで、孝謙天皇による西大寺造営の開始は天平神護元年（七六五）であり、神護景雲元年（七六七）には、尼寺西隆寺も造営にかかったといわれる。そして宝亀元年（七七〇）四月には、三重小塔いわゆる百万基が諸寺に分置され、元興寺では小塔院にこれが納められたと伝える。

これらの諸寺は、それぞれの建立の次第による性格の故に、漸次、異なる運命をたどることになる。東大寺は破格の位置を占めているため、さきの四大寺にこれを加えて五大寺としたのは疑いないが、六寺・七寺の場合はいずれの寺ともきめ難い。

元興寺の堂宇は、ほぼ、この奈良時代中期ごろに整備されたものと思われる。さきにみたように、天平元年に長屋王を司とする大法会があったことは金堂などの竣工によるものかと思われ、天平十七年に聖武天皇が元興寺末寺を造営したと伝え、小塔院が光明皇后の御願といわれるのは、このころ堂宇の造営が進行していたことを窺わせる。そして天平神護三年（神護景雲元、七六七）三月に、称徳天皇が元興寺に行幸して綿や布等を施入しているのは、この時、大塔が完成したのかと察しられる。それは前記（第2節）のように、貨幣「神功開宝」が塔跡から出土したからである。

奈良朝末期の平城の寺院

「咲く花の匂う」とうたわれた平城の都も決して太平であったわけではなく、以上のように政権をめぐるはげしい闘争と政変の連続であった。宝亀元年（七七〇）の道鏡の失脚と、天武系に代って天智系の光仁天皇の即位という政変によって、日本古代の律令制による統一国家もようやく動揺が来り、この社会を飾ってきた仏教の影響も、また傾斜し始める。官僚社会では藤原氏が政変の度ごとに勢力を増し、皇親系の勢力と旧豪族はいよいよ力を失い、争いはむしろ藤原氏一族内の闘争となりつつあった。

この間に、天武天皇の系統をひく氷上川継の乱があって、首都移転の計画が進められ、長岡京の建設が進められたが、延暦四年（七八五）に新京移転の中心人物藤原種継が暗殺されると、これは中止され、やがて平安京への遷都が延暦十三年（七九四）に実現する。しかし、その後も平城還都を望む声があり、大同四年（八〇九）に平城天皇が譲位すると平城宮を復興し、その翌年、藤原仲成と薬子の叛があって平城還都の計画は消え、平城京が完全に首都としての機能を失うのである。

そしてこの間、宝亀三年には皇后井上内親王と他戸皇太子配流のこと、氷上川継とその母不破内親王らの流刑、藤原種継の暗殺に坐しての早良親王の死など、政界には陰湿な空気がただよい、御霊信仰がおこってくる。

このような政界の流れの中で、仏教が鎮護国家の役割を荷い、仏教国家の観をなしていた政治と仏教の一体となった体制はくずれ、仏教と政治との分離が始まろうとしていた。光仁天皇の宝亀年間には、前代の弊風を改めて綱紀の粛正をはかる諸政策がとられたというが、真面目な山林修行を認め、威儀師・十禅師を清行の者から選び、僧尼の名籍を整理し、新薬師寺や葛木寺の雷火の災を機に僧尼を戒め、封戸の施入も一代限りとして寺領を制限し、寺院造営にあたって墓石を取ることを禁じ、淫祠を信じいたずらに禍福を説くことを戒めている。

ついで桓武天皇の延暦年間（七八二―八〇六）になると、仏教規制は特に平城の寺に対して厳しかったといわれる。延暦二年には都の定額寺が私墾地を拡張することを禁じ、京中寺院が利を貪ったり土地を兼併することを禁止しており、その後も僧尼の勝手な得度を止め、戒律を守らず産業をこととするのを禁じ、僧尼の規律を厳しくし、財を蓄えることを取り締り、私に寺や道場を作ることを抑えている。

『類聚国史』によると、延暦十四年（七九五）四月に「勅去延暦四年制、僧尼等多乖二法旨一、或私定二檀越一出二入閭巷一、或誣称二仏験一詿二誤愚民一、如レ此之類擯二出外国一」とあるのに、未だこの制を犯す者が多く、仏教を破り国典を乱すのでこれを正せと命じ、また、その数日後に、「以二田宅園地一捨二及売易一与レ寺、禁制久」しいのに、これが守られていないとして、厳しく禁ずる旨が記されている。

平城諸寺に対するこのような抑止政策のもとでも、京内諸寺または七寺あるいは元興寺単独で祈念の法会等が命じられてはいた。神護景雲四年（七七〇）七月には除災のために京中諸寺で『大般若経』の転読が行われ、同年八月には称徳天皇がなくなった三七日にあたり、元興寺で誦経があり、宝亀三年（七七二）六月には京中諸寺で仁王会が行われた。ついで天応元年（七八一）十二月には光仁天皇初七日により、七大寺で誦経があり、以後、七日ごとに京中諸寺で誦経が行われ、延暦九年（七九〇）九月には皇太子安殿親王の病により、京中七寺で誦経が行われた。

元興寺はこうして京中の主な七寺の中に数えられ、重視されていた。それは、同寺が旧豪族の氏寺として出発しながら、やがて官寺として特別な待遇を受け、平城に遷ってからも皇親系と親密であった伝統をもっていたからであり、事実、寺観も整っていたからであろう。しかし京中では、天平以後、東大寺が整備されるにつれて突出し、官僚貴族が藤原一族、特にその北家に集中していくに従い、その氏寺である興福寺がやがて繁栄してくるなど、京中諸大寺にもようやくその明暗が来ようとするのである。

4　元興寺僧の活動

元興寺の教学

奈良時代の元興寺の教学は、この寺が三論と法相の初伝の実績をもつ法興寺の後身であるだけに、さすがにその伝統の力を示していた。三論教学は福亮の子智蔵を経て、一流は道慈（?―七四四）に伝えられたという。道慈は入唐して元康から三論を学んで帰国したので、これを三論の三伝としている。彼は大安寺の造営に努め、ここに入寺したので、彼の三論教学を大安寺流といい、その流れに勤操（七五四―八二七）が出ている。これに対し、智蔵から元興寺の智光（七〇九―?）・頼光に伝えられた三論教学を元興寺流といい、霊叡・慚安・薬宝に及んでいる。智光・頼光については、つぎに別に述べることとする。

つぎに三論宗の付宗とされる成実宗については、『元興寺縁起』の資財帳の部に三論衆・摂論衆とならべて成実衆とあって、当時は有力な学派であったことが察しられる。成実衆は他の記録等にみえる修多羅衆と同じものともいわれるが、当時のこの学派の指導者は百済出身の道蔵であったと思われる。道蔵は天武・持統朝の時に請雨に功があり、養老五年（七二一）六月の『続日本紀』の記事に、「百済沙門道蔵、寔惟法門領袖釈道棟梁、年逾㆓八十㆒気力衰耄、非㆑有㆓束帛之施㆒豈称㆓養老之情㆒哉、宜㆘仰㆓所司㆒四時施㆖物、絁五疋綿十屯布廿端」とあって、特別の待遇を受けたことがわかる。その著に『成実論疏』十六巻がある。

いまひとつの学派である摂論衆は、道昭から智通（第二伝）・智達に伝えられ、奈良時代、神叡（?―七三七）に至って大成し、法相教学の元興寺伝が形成された。この派は別に南寺伝とも飛鳥伝ともいい、やがて、有名な勝虞（七三二―八一二）や護命（七五〇―八三四）らの人材を出している。この流派に対するものは興福寺に伝えられた法相教学で、慈恩大師流を受けて来日した同派の第三伝とされる新羅僧智鳳、さらに智鳳に学んだ義淵（?―七二八）の弟子玄昉（?―七四六）の第四伝であって、この派はまた北寺伝あるいは御笠伝ともいっている。

この法相宗の両寺の学派関係については注意すべきことがある。天平九年（七三七）三月の太政官符によると、皇后宮職からの要望によって、元興寺の摂大乗論門徒から人数を選んで興福寺に移されており、今後、皇后自ら資財を減じてでも興福寺の論衆を増そうとしている。この件は、先にふれたように、元興寺摂論衆に対しての藤原氏の援助と関係があるようであって、道昭と鎌足の子定恵（六四三―六五）以来の因縁により、藤原氏から家財の施入もあった。興福寺の法相伝は、玄昉の帰国が天平七年、摂論衆の移動が同九年であるから、このころに興福寺の法相学が確立したということができる。

ここで、元興寺法相教学の代表者神叡について述べておこう。神叡はもと唐の僧で、「幼而卓絶」といわれ、渡来後、養老以前に二十年間、吉野の比蘇山寺にあって自然智を得、吉野僧都とも呼ばれた。元興寺に入り、律師ついで少僧都に任じられて僧綱の中枢で活動し、食封五十戸を給され、大安寺の道慈とならんで「釈門之秀」と称された。『今昔物語集』にこの神叡と道慈との話がある。神叡が道慈に並ぶ位の智を得たいと思い、吉野の現光寺（比蘇山寺）の虚空蔵菩薩に念じて『大乗法苑林章』を得、これを学んで智者となったという評判を得たので、天皇が神叡と道慈を召して論議させたところ、神叡の智が勝れていたので、彼に封戸を与えたという話であって、同書には終りに「道慈ヲバ大安寺ニ令レ住テ三論ヲ学シ、神叡ヲバ元興寺ニ令レ住テ法相ヲ学シケリ」と記している。神叡の法相教学の系譜は尊応・勝虞・護命と続いて、元興寺法相学を形成するが、それらについては次章にゆずることとする。

奈良時代の中期に大仏が造られ、東大寺が総国分寺となったが、この大仏は『華厳経』の教主毘盧舎那仏であり、東大寺の教学は華厳宗を中心とした。所依の『華厳経』は、釈迦成道の第二日目に悟りの教理を開陳したものとされ、その教義は森羅万象すべて一見無関係にみえても互いに相即相入し、円融無礙の相関関係にあると説くという。中国では法蔵が、新羅では義湘・元暁がこれを大成した。日本へは道璿がこの宗の章疏をもたらし、新羅で学んだ大安寺の審祥を祖師とし、その弟子良弁（六八九―七七三）が東大寺の開山を勤めたのである。

この華厳宗と関係深い元興寺の僧に隆尊（七〇六―六〇）がある。彼は義淵の七上足の一人とされ、戒師を求めるために、栄叡（?―七四九）と普照を遣唐使に随行させることを願い出た僧と伝えられる。隆尊は先記のように大仏開眼供養にその講師をつとめたが、『東大寺要録』に「皇帝敬請　以二四月八日一設二斎東大寺一欲レ講二花厳経一、其理甚深彼旨難レ究、自レ非二大徳《（隆尊）》博聞多識一誰能開二示方広妙門一、乞勿レ辞摂受、敬白」とある位に、華厳教学に詳しかった高僧として知られ、大仏開眼の年の八月には、上宮でも『華厳経』を講じている。

隆尊のほかで華厳教学に造詣の深い僧として、良弁から東大寺に招請された僧があった。審祥・慶俊は大安寺から、慈訓や智憬は興福寺からという形で招かれているが、元興寺からは厳智や平摂が招かれている。中でも平摂は蔵書も多く、金光明寺華厳学の中心となった人として知られている。

奈良時代の仏教は国家仏教として特徴づけられていると同時に、学問仏教であったといわれる。その場合、代表的な学派として六宗があげられ、三論宗とその付宗とされる成実宗、法相宗とその付宗とされる倶舎宗、華厳宗ならびに律宗の六宗を指している。そのうち、まだふれなかった律宗については、その経典は比蘇寺に入った道璿が伝え、隆尊もこれに通じていたが、鑑真（六八八―七六三）によって本格的に戒の実践面が伝えられたといわれる。

以上のように、奈良の都には渡来僧も多く、寺院もたち並び、僧尼は官僧として優遇され、この条件のもとで前記諸学派が競い研究され、学問仏教の名にふさわしい盛況を呈していた。そしてこの間に、これまで何々衆という形で学派集団が呼ばれていたが、この奈良時代の中ごろからは、すべて衆に代って宗の字が用いられるように、宗派的な色彩が強くなった。このような仏教界にあって、元興寺僧の活動はめざましいものがあり、特に三論宗と法相宗の両派の総本山の観をなしていたのであった。

古代の山寺

前項で神叡について記した中に、比蘇山寺のことがあった。比蘇寺（比曽寺）とは吉野郡大淀町にあって、現光寺または吉野寺とも呼ばれ、近世以後、禅宗の世尊寺がその法灯をついでいる。『日本書紀』や『日本霊異記』に、欽明天皇の世に海中に輝く樟木で作った仏像が本尊であるという有名な伝承を伝えている寺である。その創建は飛鳥時代で、倭漢系渡来氏族と関係が深いと考えられ、氏寺の形で出発したであろう。

しかし、この寺はその所在地の関係もあって、やがて山林修行者の山房的な役割をもはたすようになり、山寺の色彩を強くしてきた。さらにこの寺は、中央官寺の僧がある期間修練のために籠もる別院的な性格を持つようにもなってきた。神叡についで大安寺の道璿（?—七六〇）も「俄而以レ疾退二去比蘇寺一」したが、彼は唐の僧であったから、あるいはこの寺の創建者との関係が連想される。

さて比曽寺について注目されるのは、神叡が虚空蔵菩薩によって自然智を得たという伝承である。この菩薩を祈願の対象とする修法に虚空蔵求聞持法があって、この法を修めることによって自然智が得られる、すなわち人間に本来備わっている天賦の智慧がこれによって見出されるというのであるから、この寺に籠もり虚空蔵菩薩を念ずることは山岳修行の一方法ということになる。比曽寺で修行する風は南都の官寺の僧の中にあったが、特に元興寺の法相学の伝統となっていたようで、神叡についで護命もここに籠もっている。法相宗の中でも自然智派とでもいえる一派を形成したようで、それが元興寺法相宗の特色をなしていると考えられ、比蘇寺が官の大寺、特に元興寺の別院の役をはたしていたとする説は妥当な見方であろう。

比曽寺に限らず、古代の山寺はわが国仏教史の上で無視できないものである。わが国には、山は祖霊のいます他界とされ、また水源を司る神の聖地とされるなど、山岳への崇拝があった。また一方、山は里を離れた修行の地とも考えられ、修行者は山に入って山神と交わり、霊力を蓄え、里に出て験力を示す山林抖擻の人たちがあった。それらの人の出入する庵ができ、やがて仏教の影響を受けて、それが山寺化したと考えられよう。そのような山寺が比曽寺のように中央大寺と結びついたり、都に近い山寺はそれが前身となって大寺となったり、観音信仰の霊地となったり、また山寺の性質のまま巡礼者を招く寺となったりしていることなど注目すべきものがある。

元興寺僧と僧綱並びに写経事業

元興寺僧の活動の主な舞台はいうまでもなく教学であるが、その他の面での貢献も無視できない。仏教行政にかかわる僧綱関係としては、かつて法興寺僧の観勒・恵灌・福亮らが僧正に任じられており、道昭も文武天皇二年（六九八）に大僧都に任じられたと伝えられる。

奈良時代になって、僧綱の最上位の僧正になった僧に義淵（?―七二八）・玄昉・良弁・善珠（七二三―九七）があり、行基は大僧正になっているが、彼らはいずれも元興寺の僧ではなかった。

しかし、元興寺僧としては、善往（?―七一一）が文武天皇二年（六九八）に律師となって、元興寺律師の始めといわれ、大宝二年（七〇二）に少僧都を経ないで大僧都となり、和銅四年に没した。『本朝高僧伝』によると法相三論を究め、また近江の醴泉をしらべたという。ついで、和銅五年（七一二）には観成が大僧都になっている。観成は『続日本紀』によると、持統天皇六年（六九二）に鉛粉を造った賞として絁十五匹・綿三十屯・布五十反を賜っている元興寺三論宗の僧で、もし観常と同一人とすれば、天武天皇十四年（六八五）に唐から帰国した学問僧で、神亀五年（七二八）まで十七年間大僧都をつとめている。

また天平元年（七二九）には前項であげた神叡が少僧都になり、天平十年には元興寺法相の行信が律師に、ついで十九年に大僧都となった。行信は和銅三年三月には興福寺供養の導師となり、天平の仏教の盛時には僧綱の中心として活動した。ただ、下野に左遷された薬師寺僧行信、あるいは法隆寺東院の興隆に努めた行信と同一人か否かはまだ明らかではない。

つぎに、前記の隆尊が天平勝宝三年（七五一）四月に律師になっている。その後では、元興寺三論の円興が恵美押勝の乱で功があって大僧都に任じられ、やがて道鏡の保護下に入って、法臣としてその補佐役を勤め、道鏡左遷後も大僧都に在任し、宝亀九年（七七八）に辞任している。また勝虞は律師・少僧都・大僧都を歴任し、護命は律師として活動するが、それらは次章で述べることとする。

つぎには、奈良朝仏教の隆盛を物語る現象の一つである写経事業をあげねばならない。その組織等についてはすでに諸研究がある。奈良時代を通じて、天皇・皇后はじめ、皇族・高官・高僧が写経を発願し、写経所の写経生が筆写するという体制のもとに実施され、現在まで多数の優れた古写経が残されている。また、写経のための経典の貸借や筆紙墨等の購入、写経生の生活、あるいは筆写したものの校合や表装など、写経所関係の記録が『正倉院文書』として伝えられている。それら残存資料から元興寺にかかわるものを摘記してみよう。

天平初期には皇后宮職の管轄下で写経作業が行われたようで、写経所は角院（隅院、のちの海竜王寺）や法華寺内の中島院などではなかったかと思われる。ついで、写経司という官設の機関が設けられたらしく、その支配下に東院写一切経所や福寿寺写一切経所などの名がみえる。そして天平十五年（七四三）以後には、写経司は写経所と称され、金光明寺写経所の名がみえるので、新しい東大寺に写経所があったことがわかる。その他で、文書等にみえるものとしては大安寺や石山寺にもあったようであるが、元興寺には写経所はなかった。ただ、天平勝宝七歳（七五五）の文書には「元興寺勘経所」がみえるが、これは写経を校勘する所という意味であろうか。

さて写経する場合、その手本となる経巻が必要であるが、元興寺関係の所蔵経巻が非常に役だてられた。例えば、『正倉院文書』の天平十九年の「写経所解」には百種に近い経疏類の名が列挙され、終りに「従二禅院寺一奉レ請疏論等歴名如レ件」とある。先に記したように、禅院寺の道昭の齎した経巻はすでに善本として有名であった。

そのほかに、元興寺北宅一切経が目につく。すなわち、天平十五年の文書に「律論集伝章等合一百卌六巻帙十二枚、右置二元興寺北宅一一切経内」とあり、翌十六年と十七年にも、同一切経の内とある九十六巻十三帙と六十六巻十二帙の経巻という記録もあるので、北宅経蔵の一切経が重用されていたことがわかる。この北宅を、現存する元興寺極楽坊の禅室の中の一室とする説があるが確認はできない。また『正倉院文書』にはしばしば「飛鳥寺」の名がでてくるが、「飛鳥寺真福」と元興寺僧の名が記されてもいるし、この寺が都から離れた飛鳥の本元興寺を指しているのではなくて、平城の元興寺であることは確かであろう。

その他、同文書の中で、例えば天平勝宝三年（七五一）の「応請疏本目録」には「右疏在二元興寺法隆師所一」とあって、元興寺の僧が所蔵していた経巻が、写経のために貸し出され、使用されていたことがわかる。同様に、所持経巻を写経に役立てている元興寺僧としては、法隆のほかに、義軌・暁仁・真福・神泰・理教・勝叡・仁基・諦集・行信・上順・満恵らの名がみえる。

図 18　元興寺印（原寸）

また、写経生の書いた写経を原本と対読し校合しなければならないが、その役をした元興寺僧としては、勝叡・了行・尊応・法隆・慶順・善覚らの名が残されている。

元興寺の僧侶が写経事業にかかわる役割をはたしていた様を察することができる。

なお、現存する写経から知りうることとしては、飛鳥寺賢証が七世父母のために、天平二年に『瑜伽師地論』を写経したことが、石山寺に残された経巻によってわかる。

つぎに、現存する写経の中に「元興寺印」という印を押した、いわゆる「元興寺経」があることが注意される。現在、この印のある写経は、天平十二年三月十五日の奥書のある藤原夫人（藤原房前の女）が亡父とその子のために発願し、おそらく元興寺に寄進された一切経の内十数巻と、天平十六年の『瑜伽師地論』とであって、元興寺蔵経として尊重されたものであろう。なお、『昭和法宝総目録』には元興寺印のある経典の断簡として、『仏説陀隣尼鉢経』二巻と、『法華玄論』『八吉禅経』『華厳経』各一巻をあげている。

また別に、正倉院蔵の写経関係文書によって、天平宝字二年（七五八）に元興寺三綱として、寺主了行、上座明教、都維那徳勝がいたこと、また別の文書に、寺主勝叡、都維那恵福の名があることが知られる。

5　智光と智光曼荼羅

智光の学問

奈良時代に元興寺三論教学を代表した僧として、智光と頼光（礼光）があった。この智光については、彼が感得したという智光曼荼羅が元興寺極楽坊に伝えられ、このことが、元興寺のこの後の歴史の展開に決定的な役割をはたすがために、その伝記や学問や説話について詳しく叙述しておきたいと思う。

智光の伝記について頼れるのは、彼が天平勝宝四年（七五二）に著した『摩訶般若波羅蜜多心経述義』の序文にみえる自叙伝的な記述であって、それは「智光従レ生九歳、避二憒肉処一遊二止伽藍一、然自レ志レ学至二于天平勝宝四年一三十箇年中、専憩二松林一縛二身研神一、随レ堪二礼読一周二覧聖教一」とある部分である。これからすれば、智光の生年は和銅二年（七〇九）である。つぎに『日本霊異記』の説話によれば、河内国の人で俗姓は鋤田連といい、河内の鋤田寺の沙門で宝亀年間（七七〇―八一）に入寂したという。また、『正倉院文書』の中の天平勝宝七歳（七五五）の「紫微中台請経文書」に八田智光の名があるので、智光が鋤田寺に近い和泉国の八田寺をも住房としていたらしいことがわかる。

また後世の資料であるが、『三論祖師伝』に智蔵をあげた後に、「仙光院智光法師礼光法師相受伝レ之」とあり、『三国仏法伝通縁起』に「智蔵上足有二三般匠一、乃道慈智光礼光也、奈良新元興寺住侶、立二仙光院一弘二通法宗一」とみえている。この仙光院が元興寺内か、その外かはわからないが、後世には種々仮託した論がある。要するに智光は、奈良時代にその生涯を送り、元興寺を主な活動の舞台としながらも、河内の鋤田寺（椙田寺）を自房とし、晩年には、八田寺（蜂田寺）または仙光院といった住房にいたのであろう。

智光の三論教学の系譜については、前記『三論祖師伝』や『三国仏法伝通縁起』にみえるとおりであるが、その著述としては、前記『般若心経述義』や『浄名玄論略述』があり、さらに永超の『東域伝灯目録』や謙順の『増補諸宗章疏録』等によると、『盂蘭盆経疏述義』『大般若経疏』『中論疏記』『大恵度経疏』『正観論』『中論疏記』『初学三論宗義』『法華玄論略述』『般若灯論釈』『玄音論』等の著述があった。まさに当代一流の三論学者であり、その論述は吉蔵の正統を伝えたものであったといわれる。

しかし、さらに注目されるのは、浄土教家としての智光であって、凝然（一二四〇―一三二一）の『浄土源流章』には、わが国における浄土教の第一祖としている。その所以は、彼の著『無量寿経論釈』と「智光曼荼羅」の存在によるであろう。当時、平城の仏教界で浄土教についての論説としては、華厳宗系の智憬が『無量寿経宗要指事』と『無量寿経指事私記』を著し、法相宗の善珠（七二三―九七）が『無量寿経賛抄』と『無量寿経注字釈』を著しているが、智憬の著は新羅の元暁（六一七―八六）の『無量寿経宗要』によっており、善珠の著が新羅の憬興の『無量寿経述文賛』に関して著されたものと推測される点で、それらはともに新羅系の浄土教を伝えたものとされている。

これに対し、智光の『論釈』は、世親の浄土論を曇鸞の『論註』の意味を中心として解釈し、時に『安楽集』、『十疑論』、または迦才の浄土論等を参酌している。世親から曇鸞への思想は、大乗仏教の中で浄土教的な道を実践方法として確立した教学で、後に道綽・善導へ発展していく中国浄土教の主流である。それ故、智光の『論釈』は唐の浄土教を直接的に受容したものとして重要視されている。その上、智憬や善珠の著は『東域伝灯目録』にはみえるが、原本・原文が存在しないのに対し、智光の『論釈』はその逸文が多く伝えられ、その復原がすでに戸松憲千代氏と藤堂恭俊氏によってなされていて、その内容をうかがいうる点でさらに重要である。

智光には浄土教関係の著述として『論釈』のほかに、『観無量寿経疏』『四十八願釈』『安養賦』があった。事実、『正倉院文書』の写経関係の経論の目録によって、当時、わが国に伝えられていた経論疏の類を知ることができるが、その中には、すでに相当数の浄土教系経論があるところからみて、智光のこの方面への関心の深さ、そして著述のあった必然性がわかる。智光の浄土教は、学問的には多少の夾雑性があると思われること、世親・曇鸞によった点で浄土教の本流をなすものであったこと、さらにその受容の態度において学解的な段階に止まるものとみえることが指摘されている。

曇鸞から善導に及ぶ本流浄土教学が、内容的にも受容されるのは源信（九四二―一〇一七）を待たなければならないが、その基礎的第一歩として、智光の疏は重要な位置を占めているといってよい。しかも、この智光の疏は、その影響を北嶺比叡山浄土教の主流をなす良源（九一二―八五）の『九品往生義』に及ぼし、さらに源信の『往生要集』に深い影響を与えている点でも注目すべきものである。

智光と行基との説話

智光は前記のように、学究肌の学僧であった。しかし彼には、その像をさらに明らかにする三系統の説話が伝えられている。

その第一の説話は、彼が没して間もない時期に作成された『日本霊異記』に収載されている。学徳兼ね備わる行基

（六六八―七四九）は、時の人から菩薩と貴ばれ、天平十六年（七四四）には、天皇もかれを大僧正とした。智光はこれを聞いて嫉妬し、「吾是智人、行基是沙弥」といって時勢を恨み、鋤田寺に引退した。そこで病むこと一ヵ月、臨終に弟子に遺言して、吾を焼かずに九日間を待つようにといった。弟子がこれを守るうち、智光は蘇生して、この間のできごとをつぎのように語った。自分の死後、閻魔王の使者二人が自分を導いて西に向かって行き、金の楼閣に至った。智光がこれは何の宮かと聞くと、日本の智者はそれを知らぬかと皮肉られ、ここは行基が将来生くべき所と教えられた。さらに導かれて北方に行くと、灼熱の地獄に至った。そこで、彼は極熱の鉄柱を抱かされ、肉はただれとけた。三日にして蘇生させられ、さらに北に行って熱銅の柱を抱かされて、身はまた爛銷した。再び三日にして蘇生させられ、今度は煎熬阿鼻地獄にあること三日、ようやく許される時、行基を誹謗したためであると告げられて現世に帰された。智光はこのように、地獄の苦の話を弟子に語ってから、難波で船津を造っていた行基のもとに行って前非を謝したところ、行基は笑ってこれに対した。行基はやがて天平二十一年に寂し、智光は白壁天皇（光仁天皇）の代にこの世を去った。

以上の説話は、その後、『三宝絵』『法華験記』『日本往生極楽記』『扶桑略記』『今昔物語集』『私聚百因縁集』等に受けつがれている。この説話はどう考えても行基伝説の一つであって、智光はその引き立て役として扱われており、智光にとってははなはだ迷惑で、不名誉な話であって、浄土変相の前で観想して極楽往生したという他の説話の中の彼にとっては、まことに皮肉な話である。

『日本霊異記』の編者、薬師寺の景戒は、薬師寺の開山とまで伝えられる行基を崇拝したことは当然で、この話を採録したのであろうが、この書の成立年代から考えて、この説話は、智光没後、間もないころに生まれたことは間違いないであろう。そこには法相系と三論系との競合関係、あるいは元興寺と薬師寺との関係が暗示されているようにも思われる。ことに『日本霊異記』のできた平安時代初期は、政治権力は藤原系に定着し、仏教界では法相系が栄えて三論系が振わない時であったから、元興寺の三論系にとっては不利な状態にあったわけで、智光にとってのこの不名誉な話は、このような背景のもとで流布され始めたものであったのであろう。それにしても、この説話から考えられることは、智光が自他ともに許す学僧であり、現実の仏教界ではとかく不遇で、僧綱にも元興寺の三綱にもその名を出していないことであり、そしてまた、この説話を智光の夢中物語あるいは観念の所産と考えるならば、彼が三論教学の研鑽に努めるうちに、『無量寿経』への関心が強まり、やがて来世の極楽・地獄を考えるようになったのではないかということである。

つぎに、同じく行基とかかわる話として、真福田丸説話をあげてみよう。その最初にみえる文献は十一世紀後半にはできていたと思われる『今昔物語集』である。これも行基菩薩伝説の一つで、そこでは前記第一の説話を記した上で、さらにつぎの話を記している。

行基は、前世には和泉大島郡に住む人の娘であった。この家の下童真福田丸は童心の中にも智恵があり、人と生まれてこのままでは後の世に頼むところもなかろうと思い、大寺に入り仏道に努めようと考えて暇を乞うた。主人は事情を聞いて暇を与えて水干袴を調えてやったが、この家の娘も功徳のためとして片袴を縫ってやった。下童はこれを身につけて元興寺に入り、やがて学僧智光となった（中に欠文がある）。

行基がまだ少僧であったころ、河内国で法会があり、智光は老僧として講師に招かれた。智光が高座を下りようとするとき、堂の後方から少僧が声を出して、「まぶくだが修行に出でし日藤袴我れこそは縫ひしか片袴をば」といった。智光はこれに対し、生意気で自分を罵るものだとして怒って退席し、少僧は笑って去った。智光が智者ならば、自分を罵るものだといって、咎むべきではなかったであろう。思うに、その罪もあったであろう（そのために地獄行きとなった?）と書きとめている。

この説話は、さらに多少内容をかえて『梅沢本古本説話集』に採録されたが、むしろ歌学書にとり入れられて、和歌の世界で専ら有名となった。その代表的なものは、十二世紀中ごろに成ったといわれる藤原清輔の『奥義抄』である。

これによれば、「せりつみしむかしの人もわがごとや心にものゝかなはざりけむ」という古歌の解釈として、麻福田丸説話を引いている。内容として先の話と違うところは、河内国を大和国とし、下童を門守りの嫗の子とし、その子が主家の娘に思いをかけて恋病となったので、娘がその思いをとげうる手段として修行に出したとし、娘が死んだことを聞いて道心をおこし、貴き聖となったとする。さらにこの聖が没したので、弟子達が行基を請じたところ、行基は「まぶくだ丸がふぢばかまわれぞぬひしかそのかたばかま」とだけいったので、弟子達がその理由をきくと、行基は、智光が世間に貪着して悪道に行こうとしたから、自分が方便を使ったのだと答えた。そして姫は行基の化身、行基は文殊、まぶくだ丸は智光であると結び、この話は書いてあることではなくて、文殊供養の折に導師仁海僧正が語ったことであるとしている。これによると、『今昔物語集』の説話とは別系統と思われるくらい違っている。

この麻福田丸説話は、第一の説話と同じく行基説話の一つで、行基が文殊菩薩であり、仮に豪家の娘となって智光を発心させたというのが筋書きであろう。単なる娘と下童との恋物語ならば、それだけで、やがて貴い僧になったという因縁話としてありうることであり、その類の話ならば、平安時代の中ごろには、あるいは語られていたかもしれない。それが行基と智光とに結びつけられたのは、第一の説話の影響を考えないわけにはいかない。しかもいくら説話といっても、年齢その他で相当無理があるのに、強いてこの話が成立させられているところに、当時の行基と智光に対する評価を推察することができる。

以上、二つの説話からみられる智光の人間像は、彼が智者であり、やがて貴い僧となったのは行基のおかげであって、智光自身は本来世間に執着もし、自信もある僧であったということであった。かくして、権者であった行基に対し、人間であった智光が対比されていたのである。

智光曼荼羅の存在

智光に関する説話の第三は、慶滋保胤（?—一〇〇二）によって十世紀末までに成立したといわれる『日本往生極楽記』にみえる曼荼羅成立譚である。

元興寺に智光と頼光の二僧があり、少年より同室修学していたが、頼光は、晩年になってからは人と語らず、特に修業もせず、その理由を聞いても答えなかった。やがて頼光が入滅したので、智光はこの親友の晩年の様子から、その死後の行き場所を知りたいと思い、二、三ヵ月の間祈念した。そしてついに夢中で頼光のいる所へ行くことができたが、そこは極楽であった。頼光は智光に、ここは汝の来る所ではないから早く去れというので、智光は、頼光がどうしてここに往生したかを問うた。頼光がいうのに、自分は経論を読んで極楽に生まれたいと願い、ひたすら弥陀の相好浄土の荘厳を観想してその功を積んだので、ようやくここに来ることができた、汝はまだ身意は散乱し、善根は微少であるから極楽浄土には来られないと。智光はこれを聞いて、泣いてさらに極楽往生への道を問うたので、頼光は智光を仏の前へつれて行った。ここで智光が浄土往生のための善根の修法を問うと、仏は、仏の相好と浄土の荘厳を観想せよと教え、右手の掌に小浄土の相を表し示した。智光は夢さめて画工に夢中の仏の掌の浄土を画かせ、一生これを観想して往生を全うしたという。

この話は、その後、『今昔物語集』『扶桑略記』『往生拾因』『水鏡』『私聚百因縁集』等、多くの書に載せられ、漸次流布された。この説話は、元興寺の僧房東室南階大房の一室に小型の浄土曼荼羅が存在し、これの因縁来歴を説明するために発生した物語であろう。

しかしこの説話は、『日本霊異記』にも、九世紀中ごろまでには成立し、元興寺に関する説話を集めたといわれる『日本感霊録』にもみえないから、その発生の時期は十世紀中ごろ以降、浄土思想の興起する時期と推定するほかはない。曼荼羅の存在が奈良時代であると推定したのは、つぎの事情にもよるのである。

奈良時代の後半期は阿弥陀信仰の興隆期で、唐における浄土教隆盛の影響を受けて阿弥陀像の造像が盛んになり、極楽浄土変相が伝えられたり描かれたという記録も多く、阿弥陀の浄土が弥勒の兜率天を圧倒していくのもこの時代であった。日本における浄土三曼荼羅といわれる智光曼荼羅・当麻曼荼羅・清海曼荼羅は、伝承どおり、ほぼこのころから平安時代初頭にかけて成立していると思われるからである。

とにかく、以上のような説話や智光曼荼羅の存在によって、智光・頼光を代表とする元興寺三論学派の中に浄土教研究に向かう傾向があったこと、そして、それが経論の研究だけに止まらず、浄土への信仰が浄土の観相という形で始められたことがわかる。さらに智光についていえば、頼光に比して、彼はより学究的であり、また時流に便乗し得なかった孤高の学僧であったように思われる。

すでに先人が指摘されているように、『万葉集』巻六にみえる天平十年（七三八）元興寺僧の自ら嘆く歌、

白珠者　人爾不所知　不知友縦　雖不知　吾之知有者　不知友任意

（しらたまは　ひとにしらえず　しらずともよし　しらずとも　あれししれらば　しらずともよし）

は、まさに智光の心情を示す気がする。そして智光は、最後には小型の浄土変相を描かせて房中に置き、観想三昧を行じて往生したと考えられる。

三　大寺としての元興寺

1　南都七大寺

平城から南都へ

奈良時代の積弊を捨てて政治を革新しようとして、桓武天皇と、律令官僚としてその地位をかためた藤原氏とは、延暦十三年（七九四）に平安遷都を実現させた。

事実、この平安朝初頭のわが国は、東北地方蝦夷の叛乱、国司等の綱紀の弛緩、富豪・社寺の土地兼併の増大、租税の滞納とその粗悪化など、律令制をゆるがす現象が政治問題として、ようやく重大化してきていた。そこで、新政府は行政整理を断行し、綱紀を粛正し、東北経営を強行した。すなわち律令制の行きづまりも、支配者側にとってはまだ致命的ではなかった。この間、官僚貴族は律令の機構に寄生しながら体制の建て直しに努力し、あるいは変質していく条件に応じて、その支配を続けていった。そして、支配層のうち続く暗闘を通じて、藤原北家はその権力を掌握した。

さて平安遷都によって、平城は政治・経済・文化の中心舞台ではなくなり、貞観六年（八六四）には、「都城変じて田畝となる」といわれるようになった。それにもかかわらず、平城が「南都」と呼ばれるようになったのは何故であろうか。それは平城が帝都でなくなってからも、新京の貴族をはじめ、当時の人々になお都として意識されていたことを意味する。すなわち、平城が都の文化圏内にあると考えられ、また都としての伝統が寺院によって保たれていると認められたことであり、この後も長く、その意味での輝かしい歴史を持ち続ける都市であったからであろう。

そこで平城は、平安奠都によってどのように変わったか。宮廷と政府機関、そして官僚貴族は去ったが、寺院と僧侶は残った。それは、平城への遷都の時は飛鳥藤原京の中の主な寺は平城に移し建てられたり、寺籍を移されたりしたが、この度は、平城諸寺は新京に移されることがなく、平安京には新たに東寺・西寺が建立されたからである。しかも、当時の誰にも、この旧都諸寺のもつ教学や芸術など高度の文化は無視し得ないものであった。また、東大寺は皇室の寺であり、総国分寺であったし、興福寺は官僚藤原貴族の氏寺であったから、貴族達の両都間の往来は頻繁にならざるを得なかった。こうして、南都は社寺の都として性格づけられ、これにふさわしい高度の文化を保ち続けることになった。その文化の荷い手が南都七大寺であったのである。

南都七大寺とその役割

南都七大寺とよくいわれるが、その称呼は何時ごろから使われたのであろうか。先にみたように、天平七年（七三五）には大安・薬師・元興・興福の諸寺を四寺といい、ついで、これを四大寺ともいっている。その後、この四大寺に東大寺が加わって五大寺と呼ばれたが、天平勝宝七年（七五五）にはこの五寺に法隆寺と四天王寺を加えて七寺とし、その翌年にはこれらを七大寺と称して、その僧侶による聖武天皇の追善法会の誦経が行われている。また天平宝字四年（七六〇）には京内六大寺の称呼があるが、これには京内五大寺に法隆寺が加わると思われる。さらに、西大寺建立後の天応元年（七八一）にみえる七大寺の誦経には前記六大寺に西大寺が入っていたであろう。

そして、延暦九年（七九〇）の安殿親王の病気平癒の祈りの時の京下七寺、同十四年の僧尼取り締りなどの折の七大寺は以上の諸寺であろうし、同十七年の十大寺三綱等の従僧数を定めた太政官符には、大安・元興・弘福・薬師・四天王・興福・法隆・崇福・東大・西大の諸寺が大寺として扱われているから、この時分に、この中の平城旧都の六寺と近くの法隆寺が平城七大寺として定着したものであろう。事実、延暦二十三年や承和元年（八三四）等の記録には「平城七大寺」と明記されている。なお平安朝期の諸記録では、ほとんど旧都の七大寺を、ただ七大寺とだけで表わしており、中に南京七大寺とあるのが稀れにみえるだけで、南都七大寺という称呼は、平安朝末期以後に一般化したかと思われる。

後世、南都七大寺を考える場合に、南都を厳密に考えて法隆寺を除き、唐招提寺あるいは法華寺または新薬師寺を入れる説もあったようである。なお平安時代の初期には、十大寺とか十三大寺あるいは十五大寺の称もしばしば記録に現れるが、『伊呂波字類抄』には、十大寺として、七大寺のほかに弘福・四天王・崇福の三寺を、十五大寺として、七大寺のほかに新薬師・大后・不退・京法花・超証・招提・宗鏡・弘福の八寺をあげている。

これら国の大寺が官寺としてその待遇を受け、またそれなりの権威を保っていく姿は、古代律令制とその命運をともにするものであった。そして寺務の運営についても、普通の寺では三綱は各一人であったが、大寺では寺主二人（大・小）、上座一人、都維那二人（大・小）の都合五人であった。そこで、大寺は律令制の保たれていた平安時代を通じて、国家からの保護に対して国家や朝廷の要望にこたえ、法会や祈願を行い、仏教教学の研究につとめ、こうすることによって、官僧として律令政治の一端を荷っていくのであった。いま大寺元興寺を考えるとき、この時代には、その活動は元興寺単独での例はほとんどなく、他の諸大寺と一括されていることが多い。

大寺は保護される一方で、規正を加えられていたことは当然で、延暦十四年には使を七大寺に遣わして常住僧を検校し、また七大寺が出挙稲で利を貪ることを抑制した。ついで、同十七年には平城旧都の僧尼を厳しく取り締り、同二十五年には十五大寺に国土安穏を祈る安居を定めたが、やがてその供養料を制限している。ついで承和五年（八三

表1 諸大寺に命じられた仏事（平安朝中期まで）

年次	仏事・法会の理由	命を受けた大寺	仏事内容
延暦二三年（八〇四）	桓武天皇病平癒	平城七大寺	誦経、賑恤
大同 三年（八〇八）	悪疫退散	諸大寺等	大般若経読誦
弘仁一〇年（八一九）	祈 雨	十三大寺等	大般若経転読
天長 元年（八二四）	疫旱防止	十五大寺等	大般若経転読
七年（八三〇）	除 災	十八寺	誦 経
九年（八三二）	止 雨	十三大寺	大般若経転読
承和 元年（八三四）	不 詳	平城七大寺	大般若経転読
二年（八三五）	疫癘防止、豊作	十五大寺	大般若経転読
三年（八三六）	四天王寺落雷	十九寺	大般若経転読
四年（八三七）	災異消除	二十寺	大般若経転読、讃薬師宝号
五年（八三八）	不作疫病防止	十五大寺等	大般若経転読
五年	怪異消除	七大寺	講仁王経
五年	仁明天皇病平癒	七大寺	誦 経
六年（八三九）	遣唐使無事帰国	十五大寺等	大般若経・海竜王経転読
六年	仁明天皇不豫平癒	十五大寺等	読仁王経
六年	祈 雨	七大寺	於東大寺称讃竜自在王如来名号
七年（八四〇）	凶作疫病消除	十五大寺等	大般若経・金剛般若経転読
八年（八四一）	仁明天皇不豫平癒	都下七寺、平城七大寺	誦 経
一〇年（八四三）	悪疫退散	十五大寺等	講仁王般若経
嘉祥 三年（八五〇）	仁明天皇病平癒	十二大寺、京城・平城四十九寺	諸仏事
三年	仁明天皇六七日	平城七大寺	御斎会
仁寿 二年（八五二）	水旱の災消除	諸大寺（十七大寺）	大般若経読誦
斉衡 三年（八五六）	災異消除	十四寺	所写一切経読誦
貞観 九年（八六七）	除 災	七大寺	仁王経講演

貞観一七年（八七五）	祈　雨	十五大寺	大般若経転読
元慶　四年（八八〇）	祈　雨	七大寺	転　経
四年	清和上皇病平癒	二十一寺、九寺	大般若経転読
仁和　元年（八八五）	藤原基経五十賀	五寺（元興寺を含む）	大般若経転読
二年（八八六）	天変予防	九　寺	大般若経転読
寛平一〇年（八九八）	疫病退散	十五大寺	金剛般若経転読
延喜　二年（九〇二）	祈　雨	十五大寺	読　経
七年（九〇七）	不　詳	十五大寺	読　経
一二年（九一二）	疫病退散	十五大寺	仁王経読誦
延長　三年（九二五）	祈　雨	十五大寺	七大寺は東大寺で読経
四年（九二六）	宇多法皇六十賀	京辺七寺、南京七大寺等	誦　経
五年（九二七）	祈　雨	七大寺等	東大寺で読経
七年（九二九）	止　雨	七大寺、延暦寺	大般若経読誦
承平　元年（九三一）	宇多法皇息災	七大寺等	大般若経読誦
四年（九三四）	中宮息災	七大寺等	誦　経
天慶　元年（九三八）	地震祈	十五大寺等	最勝王経・仁王経
二年（九三九）	平将門乱平定	十五大寺	仁王経読経
二年（九四七）	祈　雨	十五大寺等	仁王経読経
三年（九四〇）	平将門乱平定	七大寺	東大寺執金剛神前仏事
天暦　元年（九四七）	穢　中	十五大寺	仁王経読経
二年（九四八）	祈　雨	七大寺	東大寺で仁王経読経
三年（九四九）	年穀祈、病消除	十五大寺	仁王経読経
八年（九五四）	祈　雨	七大寺等	誦　経
一一年（九五七）	祈　雨	七大寺	東大寺読経
天徳　四年（九六〇）	疫病消散	七大寺等	大般若経転読
四年	祈　雨	七大寺	東大寺で読経

応和　元年（九六一）	天下安穏	七大寺等	諷　誦
元年	疫病消散	七大寺等	転　経
元年	祈　雨	七大寺	東大寺で読経
二年（九六二）	年穀祈	十五大寺等	読　経
三年（九六三）	祈　雨	七大寺	東大寺で読経
康保　三年（九六六）	疫病退散	七大寺等	読　経
四年（九六七）	村上天皇六七日	七大寺	誦　経
四年	冷泉天皇即位	七大寺	誦　経
天延　三年（九七五）	日蝕祈	七大寺	読　経

八）には、各大寺から学徳修行の優れた者を、大寺ごとに七人以下を厳選することを命じ、同十四年には、諸大寺の僧から十禅師を選び、寺家の諸務を調査させ濫行を糺させている。律令政府は、諸大寺に対しては官寺として経済的支援を与えるとともに、これに期待をかけ責任ある役割を負わせていたのである。

ここに、平安時代の中ごろまでに諸大寺に命じられた仏事法会等を表1にしてあげておく。表を通じて目につくことの二、三を記してみよう。一つは承和八年（八四一）ごろから、平城七大寺と都下七寺が明らかに区別されており、七大寺とは必ず南都七大寺であること。つぎに七大寺以外の大寺等は、必ずしも固定しては使われていないこと。平城七大寺での仏事は各寺で執り行われることもあったが、祈雨等の場合、東大寺大仏前に七大寺僧が集まって読経することが多かったことなどがある。

大寺元興寺と大寺扱いの本元興寺

平安時代前期の元興寺は、前記のように七大寺の一寺として、諸大寺とともにその役割をはたしていたが、それらの中で、元興寺に特にかかわったことで記録にみえる事項の二、三について述べておく。

東大寺の大仏は、斉衡二年（八五五）五月にその一ヵ月余前の地震で傷んでいた仏頭が堕ちたため、その修理復興が真如法親王を中心にすすめられていた。真如（高岳親王）は平城天皇の皇子で、薬子の乱の後、仏門に入り、平安遷都後の南都仏教の興隆に力をつくした人であった。大仏仏頭の修理が成り、その仏頭供養は貞観三年（八六一）三月に法用僧千余人をもって盛大に実施され、開眼導師は恵運が勤めたが、呪願師には元興寺僧で少僧都であった明詮（七八九―八六八）がなり、また音楽では元興寺から新楽が奏された。

また、延喜元年（九〇一）天下病疫のため東大寺講堂で解除祓が行われた時には、元興寺は大安・薬師・西大・法隆の諸寺と同様に二十僧を出している。つぎに東大寺では延喜十七年に講堂・僧房等が炎上し、再建されて承平五年（九三五）五月に講堂供養があったが、その法用僧千人の中に元興寺からも出仕している。

つぎに、この時代の元興寺について記すべきことは禅院寺のことである。平城遷都まもなく、飛鳥の法興寺から、本寺とは別に独立寺院として平城に移された禅院寺は、第二章で述べたように、禅院本来の禅定の場という性質よりも、もっぱら仏教経典類の善本を多数所蔵する内典の図書館的役割をもつ寺となり、奈良時代の写経や教学に大きく貢献してきた。しかし九世紀に入り、写経事業も衰え、天台・真言の二宗派の隆盛につれて南都仏教が全般的に活気を失い始めるに従い、この禅院寺が独立寺院としてもつ役割もようやく薄くなっていったためであろうか、『三代実録』の元慶元年（八七七）十二月十六日の項に「以二禅院寺一為二元興寺別院一」とある。禅院寺にしてみれば、もとの本家に帰ったわけである。本寺と別院の関係は、本寺が別院を保護する義務をもつと同時に、別院の人事権をもつと考えられ、九世紀中ごろ以後、天台・真言系寺院に別院指定の例が多い。禅院寺はここに元興寺の別院になったが、まだ両寺は左外京と右京に離れていたのであって、次章で述べるように、禅院は十二世紀初頭に元興寺の近くに移っている。

つぎに、元興寺の前身である飛鳥の本元興寺のことがこの時代の文献にしばしばみえるので、ここでとりあげてみよう。現在、元興寺極楽坊の禅室の屋根に多数の法興寺創建時の瓦があることからみても、相当な規模の建物までが新京に移されたと思われるが、なお、法興寺の中金堂・塔・講堂などが飛鳥の地に残されていたことは記録や発掘によって証明されている。そして、この残された寺が本元興寺と呼ばれ、奈良時代以後も寺観を保っていたのである。

さて記録によると、元興寺法相宗の勝虞（七三二―八一一）か護命の弟子と伝えられる中継（?―八四三）は、天長九年（八三二）に律師となり、ついで宣旨によって本元興寺に移り、承和十年に没している、またこの承和十年五月の『続日本後紀』の記事に、「勅、充二油一斛正税三百束於故京本元興寺六月十五日万花会十月十五日万灯会一、以二此両日一毎年修レ之立為二恒例一」とある。この年以後、本元興寺で毎年六月の万花会と十月の万灯会が盛大に行われたことがわかる。

そして、承和四年（八三七）四月に、災異消除のために法会を修することを命じられた二十ヵ寺の中に本元興寺は入っており、仁寿二年（八五二）には、この寺は諸大寺の中の一寺として、水旱の災を攘うために四月一日から八月三日まで食事のときに『大般若経』を読誦することを命じられている。ついで、『類聚三代格』の貞観四年（八六二）八月二十五日の太政官符によると、本元興寺の法華供得業僧が法隆・新薬師・崇福の諸寺の僧と同様に、維摩会竪義に与ることになっており、その文中に、僧金耀の本元興寺は「仏法元興之場、聖教最初之地」という言葉を含む来歴を引用している。また貞観五年七月に、諸大寺に修理料として新銭と鉄が施入された時にも、当寺は七大寺のほか豊浦寺・招提寺・四天王寺・崇福寺と肩を並べている。さらに、貞観十年十月の最勝会竪義得第僧を諸寺安居講師に認めた太政官符では、新薬師・法華・招提・弘福・本元興・崇福・西・海竜王・竜蓋と寺名が並べられており、寛平二年（八九〇）十一月の太政官符にも、維摩・最勝両会輪転竪義を許すことにつき、「准二新薬師・本元興・崇福・海印寺等例一」とある。また、天暦十一年（九五七）に大和の不動穀千二百九十石を国内諸寺に頒ったときにも、本元興寺は元興寺等の大寺とともにこれに与っている。本元興寺は『伊呂波字類抄』にみえる十五大寺の中にはないが、九、十世紀には、明らかに新薬師寺や崇福寺と同格で二十大寺の中にあり、官寺の待遇を受けていたことがわかる。いまあげた貞観十年の官符が、あるいは当寺が安居院と呼ばれる因由になったかもしれないが、貞観四年の官符にはいま記したように、寺僧金耀の本寺の来歴を語る言葉が引かれており、『元興寺縁起』の中の「仏本伝来記」が天安二年（八五八）に書かれたことなどを考え合わせると、九世紀には本元興寺に寺勢のもり上りがあったことが察しられる。元興寺が南都七大寺の一つとして栄えた一方で、その前身の飛鳥の本元興寺も大寺の中に数えられて、弘福寺や豊浦寺とともに、飛鳥でその寺観を保っていたのである。

さて、太子伝の集大成ともいうべき『聖徳太子伝暦』が、藤原兼輔によって延喜十七年（九一七）に完成したことを考えると、九世紀から十世紀にかけての時代は聖徳太子信仰が非常に高まった時であったから、本元興寺はその太子建立の寺という伝承を掲げて、時流に乗っていたのではなかろうか。なお、江戸時代に作られた『本元興寺縁起』には、「太子建立の最初、此寺三百年後必火災あらんと未来を記し給へり、令言たがはず、仁和三年（八八七）十二月晦日焼失す、天災なりと云伝へし」とあるが、他にこの火災を傍証するたしかな史料はまだ見当らない。

大寺体制の変貌

こうした南都諸大寺のはたす役割も、時代の進展につれて、貴族社会の性格や権力や政策の変化、あるいは南都自体の立場の変遷があるために、漸次、変わらざるを得なかった。初期の平安京政府は、南都寺院を新京に移すことなく、新たに都に建立した東寺と西寺に律令国家における仏教の使命をはたさせようとし、南都系仏教にはむしろ抑圧の政策をとった。ついで、次節で記すように延暦寺を都の鬼門を守る王城鎮護の道場とし、空海に東寺を与えて教王護国寺とし、この両寺を中心として平安律令国家の守護につとめさせることとした。これにこたえて、天台・真言の新宗派は、官僚貴族層の私的な信仰と保護のもとでその務めをはたし、その法勢を急に伸ばすことができた。

しかしそれでも、政府は南都七大寺をはじめ、新薬師・法華・招提等南都の諸寺や、飛鳥の弘福・本元興の二寺、あるいは難波の四天王寺や大津京跡の崇福・梵釈二寺等を無視することができなかった。前項でみたように、何かとそれら寺院に仏事を依頼し資財を施入している。僧侶についての諸制度も、大体、これまでの形を守りまた整備しているが、ようやく形骸化の傾向もある。例えば、貞観六年（八六四）には僧綱の職にあるものの僧位を定めた。すなわち、僧正に相当する位は法印大和尚位、僧都には法眼和尚位、律師には法橋上人位としている。また『延喜式』では、諸大寺の別当・三綱についての規定を特に定めている。地方の僧官としては、以前に国師を置いたが、延暦十四年（七九五）に国師を改めて講師として護国の経典を講じさせ、斉衡二年（八五五）には、また新たに読師を置いて経典の読誦にあたらせた。

さて、七大寺以外の寺院についてみれば、九世紀初めごろから増加しているものに定額寺がある。定額寺の定義についてはなおはっきりしない点もあるが、その発生については、国分寺制の再編整備の過程で生まれた寺院政策の結果とする説もある。要するに、これ以前に建てられた私寺を国家の寺として公認し、これに寺田の所有や灯分稲の施入などの経済的保護を加える一方で、国家の統制下に入れた寺院のことと考えられている。故に、この准官寺ともいうべき定額寺は、当然、律令政府のためにその役目をはたすべきものであった。従って、この定額寺の増加によって、かつてのその官寺は、○○大寺と呼ばれていても、大寺としての特殊な待遇と義務と栄誉とを独占するものではなくなってくるわけで、その存在の意義自体が漸次稀薄となり、大寺体制はここから形骸化していくことになった。

つぎにあげるべきは、九世紀末ごろから以後、京都を中心に建てられた御願寺である。これは、天皇・皇族からの安泰と鎮護国家の祈願のために建てられた寺院で、仁和寺・大覚寺・醍醐寺などが含まれるが、そのために建てられた寺のほか、すでにあった寺をこれに指定されたものもある。また、そのうち天皇の勅によって建立された寺は勅願寺と呼ばれる。その他、京都の貴族が建てた寺も増え始めた。これら京都に相ついで建立された諸寺院が重要視されてきたことも、これまでの大寺を形骸化させた要因であろう。このことを示す例として、貞観三年（八六一）に、七大寺以外の僧にも三会に参加することを認めた一件をあげることができよう。

つぎに、南都自体についても律令制の変貌によって種々の変化がみえ始める。平城京は、薬子の変の後は急速に旧都の面影を失い、都の文化圏を形成し、社寺の都として性格づけられてはいたが、時とともに都的な性質が薄れていったことは当然であろう。そして、貴族政治が展開するにつれて、東大寺と興福寺の他の五大寺は一般的な官の大寺の運命に添えて、南都という条件のためからも衰運に向かわざるを得なかった。

天徳四年（九六〇）の疫病消散のための七大寺等での仏事における各寺の参加僧侶の数をみても、東大・薬師・興福の三寺は各四十名、元興寺と大安寺は各二十五名、西大寺と法隆寺は各十五名であるのに対し、京都の延暦寺は六十名、東寺と西寺は二十名ずつとなっていることでも、それは明らかであろう。法会の参加僧数だけでなく、記録・文書にみえる七大寺の列挙の順序だけでも、寺格の上下はわかると思う。天平七年（七三五）には大安・薬師・元興・興福であったが、宝亀二年（七七一）には東大が薬師の次に入り、承和四年（八三七）には東大・興福・元興・大安・薬師・西大となり、大体、以後この姿で固定している。

2　諸宗派と元興寺

三論・法相両宗と元興寺

各寺院内で○○衆と呼ばれていた学派的集団が、それぞれ別の寺院の同じ系統の衆団と一括されて、○○宗と呼ばれるようになり、それが宗教上の宗派とされ、各宗の組織内に大学頭・小学頭らの役職を置くようになったのは、奈良時代の中期であったといわれている。そして、南都六宗といわれた前代からの諸宗派のうち、最も早くわが国に伝わり、その学派を形成し、やがて宗派を組織したのは三論宗と法相宗であった。平安時代に入ったころから、この三論と法相の両々相対していた形勢に大きな変化がみえ始めた。

『類聚国史』に収められている延暦十七年（七九八）九月の詔に、「比来所レ有仏子、偏務二法相一至二於三論一多廃二其業一、世親之説雖レ伝竜樹之論将レ墜」とあって、三論宗が衰え法相宗が盛んになっているので、今後、慇懃誘導して両宗ともに習えといって、両学派の並びに行われるように諭している。ついで、同二十一年正月の太政官符には、御斎会・維摩会に六宗の学僧が等しく勤めるべきことを命じているが、その文中に「如レ聞、三論法相彼此角争、阿党朋肩欲レ専二己宗一、更相抑屈恐有レ所レ絶」とあって、三論と法相が争っていることを心配している。さらに翌二十二年正月の勅には、「緇徒不レ学二三論一専崇二法相一、三論之学殆以将レ絶、頃年有レ勅二宗並行、至二得度者一未レ有二法制一、自レ今以後三論法相各度二五人一、立為二恒例一」とあって、両学派とも度者を年五人と定められた。このことは『日本後紀』では同二十三年正月の項に記されている。そして、同二十五年には五宗の年分度者を、華厳二、天台二、律二、三論三、法相三の十二人としていて、三論と法相とを同格にしている。しかし、このような指示があっても、三論宗はそ

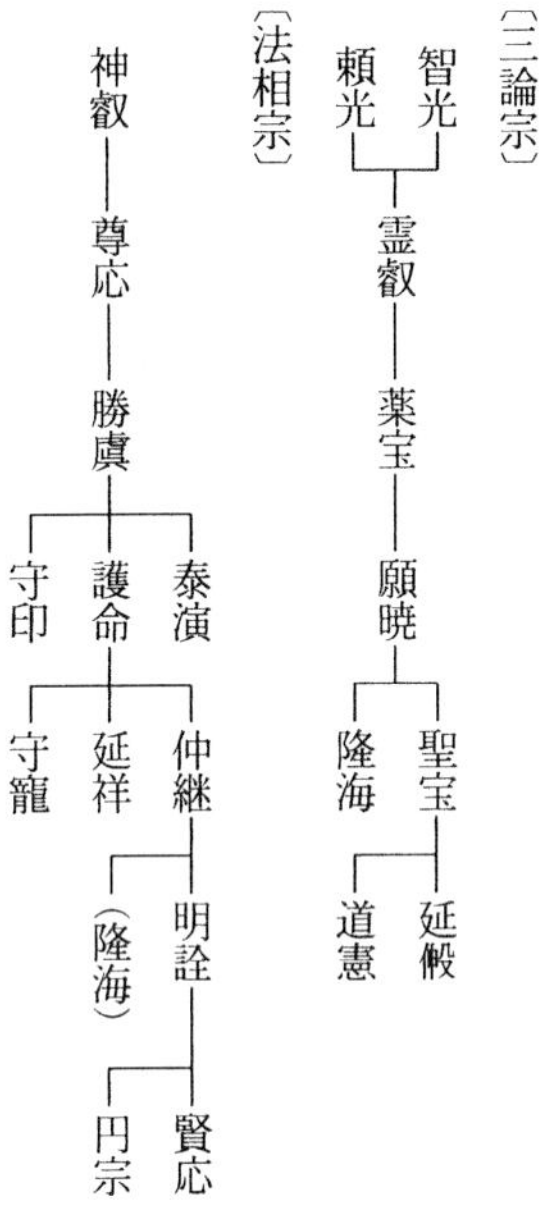

の後も振わなかったようであるが、法相宗は非常に盛んであった。

各宗派がその宗全体として注目される反面、同一宗派が各寺院にわかれているときは、その寺の宗派の相違や優劣がみえ始める。ここでそれらを述べる前に、元興寺の三論宗と法相宗の平安前期の簡単な系譜を前頁にあげておく。

元興寺では、勝虞・護命が当代の法相宗を代表する僧として活躍しているが、天長七年（八三〇）に各宗につきその内容を撰上させられた時には、護命が『大乗法相研神章』を著している。また法相宗が活発に研鑽されると、学統の相違にもよって、興福寺系との間に異論も生じたようである。弘仁六年（八一五）に慚安が『法相灯明記』を著して、内明十義・因明六義の十六条について南寺と北寺の異義を書いているが、この間の事情については『三国仏法伝通縁起』の法相宗の項にも、「興福元興南北両寺学者衆多競立二義理一、因内二明互諍二金玉一、朋党相扇成二両寺異一」と記されている。法相宗はこのように隆盛となり、元興・興福の南北両寺が相拮抗して、両々下らぬ盛観を呈しており、他の諸大寺でもこの学派は栄えていた。

これに対して、不振の三論宗では聖宝（八三二―九〇九）が出るに及んで異変が生じた。聖宝は東大寺で真雅（八〇一―七九）を師として出家し、元興寺の円宗・願暁から法相と三論を学び、さらに華厳の学を吸収したが、三論を主とした。ついで、貞観十一年（八六九）には維摩会で三論の立場から論を立てて名声を得、また密教をきわめて醍醐寺のもとを開き、真言僧としての位置を確立した。やがて東大寺東南院院主となり、延喜五年（九〇五）に元興寺僧永継が住んでいた佐伯院を得て、これを東南院に移し、この東南院を三論宗の中心とした。それでも、元興寺ではなお道憲が聖宝から三論を受けており、同寺三論系の安快は権少僧都となり、延喜十四年に、宇多法皇が六宗の学者に勅して各宗の経論章疏の目録を出させたときには、元興寺の安遠（八四四―九二四）が『三論宗章疏』を書いて提出しており、元興寺三論宗の伝統はなお保たれていた。しかしその後、延久三年（一〇七一）に宣旨によって東大寺東南院に元興寺と大安寺の三論宗が吸収されたため、三論長者が東南院に固定することになった。その結果、元興寺は三論宗の主流を失い、これが元興寺教学の衰退の一因となったのである。

元興寺本来の教学の中心をなしたのは、三論とその付宗とされる成実と、法相とその付宗である倶舎とであったが、東大寺ができてからは華厳教学が流入し、律もまた入っていたから、いわゆる南都六宗が元興寺教学を形成していたといえる。しかし、ここに新たに天台と真言の二宗派がわが国に入ったことによって、元興寺の教学、否、南都全体の教学は著しい影響を受けざるを得なかった。

天台宗と南都仏教

平安時代初頭の仏教といえば、天台宗と真言宗が伝えられたことが注目される。前項でみたように七大寺を中心とする南都仏教は、政治の中枢がここを離れてからも、なお、わが国仏教界の中心として隠然たる力を持ち続けていたから、この新宗派の出現によって、南都仏教との間には種々の摩擦あるいは協調など注目すべきことがおこり、南都仏教界は大きな動揺をみせたのである。

中国仏教の花は華厳宗と天台宗であるといわれるが、日本では、華厳宗はすでに東大寺で花を咲かせ、天台宗はここに伝教大師最澄（七六六―八二二）によって伝えられた。天台宗は隋の時代に天台山の智顗によって大成された宗派で、鳩摩羅什の訳した『妙法蓮華経』を所依の経典とし、諸法実相を説く教えであるという。すなわち、万象は諸方面から見ることができるが、その一つ一つが皆真理であり、すべては一乗に帰すると説明されている。

最澄は近江で生まれ、東大寺で受戒、比叡山で修行し、遣唐使に従って入唐、延暦二十四年（八〇五）に帰国して天台宗を伝えた。しかし最澄の天台宗は、その中に禅や律という実践的な教えや、密という原理論をも含んだもので、智顗の教えそのままではなく、最澄流の天台宗であり、いわば、これが日本の天台宗であるといわれる。最澄は帰国後、比叡山寺を根拠にして活動し、この寺をもとにして延暦寺をはじめ、これを王城鎮護の道場として、国家のための仏教というわが国のこれまでの伝統を受けついだのである。

さて、最澄と南都との親しい関係では、最初に最澄の渡唐以前の延暦十六、七年のころ、かれが一切経論章疏の書写を志して南都に赴いた時に七大寺僧がこれに協力援助したこと、十七年十一月に比叡山で法華会十講（霜月会）を修した時に七大寺の名僧十名が招請されたこと、そして、同二十一年に高雄山寺で南都諸宗の学僧とともに天台の教義を研究したことなどがある。つぎは最澄が帰国してからで、将来した天台法門を写して七大寺に置き、また南都の学僧に灌頂伝法を行い、同二十五年にはかれの提案で、天台宗を含め仏教諸宗にあまねく年分度者を置くことになったが、これを認可したのは僧綱の少僧都であった元興寺の勝虞らであった。しかし、このような親密な関係も長くは続かず、やがて大きな衝突を引きおこすことになった。それは、弘仁九年（八一八）におこった最澄と徳一の仏性論争と、最澄と護命とが対立した戒壇の争いであった。

徳一は興福寺で法相を修め、ついで東大寺に入った南都仏教界の論客であった。最澄の主張は、『法華経』こそが仏典の中で最も主なもので、人間の違いは悟りの差で、やがてすべて仏の悟りの一乗に帰する、すなわち、一切衆生はみな仏性をもち、仏になり得るのであって、釈尊が人に応じて三乗を説いたのは方便にすぎず、一乗こそが真実であるとする。これに対して徳一は、『法華経』は仮の経典であること、現実には人間はみな異なっているのであり、人に応じて説いた仏陀の教えそのものが真実であることを主張する。つまり徳一は、真理と現象を別々に考える事実論に立っていたということができる。

つぎは、戒壇の争いである。最澄は弘仁九年に「天台法華宗年分学生式」を作り、天台一乗の教えを広める天台宗の僧侶を養成するために、これまでの戒壇である東大寺と九州の観世音寺と下野の薬師寺のほかに、新たに比叡山に大乗戒壇を建てたいと朝廷に願い出た。当時、正式の僧となるためには在来の三戒壇、とくに東大寺の戒壇で受戒しなければならなかったからである。最澄のこの願いに対し、朝廷はこれを僧綱に諮問した。ときの僧綱の中心人物は元興寺僧の大僧都護命（七五〇―八三四）であった。護命はこれに対し、南都仏教の権威にかけて真向うから反対した。最澄はこれに対し『顕戒論』を著して反駁し、両者は激しく論争した。ここに至って、最澄は南都仏教と訣別することとなったのである。この比叡山の大乗戒壇設立の願いは、その後、最澄没後の天長四年（八二七）に勅許となり、南都仏教にとってこれは大きな打撃になったのである。

最澄亡きあとの天台宗では、円仁（慈覚大師、七九四―八六四）が有名で、入唐後、密教を重んじて天台宗を著しく密教化させた。それで、この天台宗の密教を台密という。ついで円珍（智証大師、八一四―九一）が出て、近江に園城寺（三井寺）を興した。天台宗では、延暦寺とこの園城寺が山門と寺門として対立しつつ貴族社会と結びつき、やがて、ともに強力な僧兵集団を擁して勢力を振った。天台宗としては、先に述べた事情により南都寺院への影響は少なかったが、後には、その僧兵集団が南都の僧兵と対立、あるいは同盟という形で深くかかわりあうことになるのである。

真言密教と元興寺

天台宗の伝来とほぼ時を同じくして伝わったのが真言宗である。日本でのその開祖弘法大師空海（七七四―八三五）は讃岐に生まれ、初め官僚を志して大学に学び、二十四歳で『三教指帰』を著して、仏儒道の三教を論じた。やがて仏教に入り、四国の山寺等で修行し、南都大安寺の勤操から求聞持法を学び、延暦十四年（七九五）に東大寺で具足戒を受けたが、その時の和上を勤めたのが元興寺の泰信であった。その後、渡唐して長安の恵果らについて密教を学び、大同元年（八〇六）に帰国して、京都の北にある高雄山寺で宗教活動を展開し、最澄とも交流を深めた。やがて朝廷から東寺を賜ったので、これを教王護国寺と称して真言の専門道場とし、また紀伊の高野山に金剛峯寺をおこした。

密教は、すでに一部が奈良時代に伝わっていて雑密といわれていたし、最澄の天台宗にも含まれていたが、空海は全面的に組織的にこれを伝えたのである。

密教とは大乗仏教の哲学と民間信仰や呪術が統合された宗教体系で、『大日経』や『金剛頂経』などを所依の経典とし、万物の本体を大日如来としてこの本尊の言葉を真言といい、これを絶対視する秘密の教えという意味で密教という。密教に対する言葉は顕教で、釈迦の教えを説く他の諸派を指している。

さて密教では、衆生は本来、仏性を備えているから、煩悩を克服するための努力よりも、大日如来を拝し真言を唱え、特別な儀式にあずかれば成仏しうると説く。従って、真言の読誦と加持祈禱が重んじられる。また密教では、その教理によって説かれる世界を図に現した曼荼羅が作られ、諸尊として大日如来のほかに、インドの神々を吸収した明王や天部や諸種の観音が尊崇されている。密教は中国に伝わってさらに充実、発展したとはいえ、まだ組織だった一宗派ではなかったのであって、空海がこれを日本にもたらして真言宗という宗派が確立したといわれている。

空海と南都寺院との関係は、最澄の場合とは対照的に終始非常に親密であった。弘仁三年（八一二）に空海が高山寺で行った灌頂会には、南都七大寺の僧が多数参加している。この時、灌頂を受けた二百四十五人の中に有力な僧として二十二名が記録されているが、その中に南都大寺の僧は十四名、しかも元興寺僧として、賢栄・泰範・延豊・円璟の四名が加わっている。このうち、泰範（七七八—八五八）は元興寺から最澄のもとに入ったが、山内不和のため郷里にもどり、この灌頂を受けてから空海に師事したので、これが最澄と空海が袂をわかつ動機になったと伝えられる。

空海と元興寺僧との親しい関係を示すものが『遍照発揮性霊集』の中にある。一つは、弘仁五年に元興寺僧中璟の罪を許されるように空海が書いた上表文である。も一つは、天長六年（八二九）九月にかれが作った「暮秋賀元興僧正大徳八十詩并序」である。これは、空海と同郷・同族の元興寺僧守寵（七八四—八四一）を通じて親しくなった先記の護命の八十歳を祝う詩である。つぎに『東宝記』によると、承和四年（八三七）に東寺に入った僧二十四人の中に、元興寺の僧として前記の泰範のほかに、浄行と玄仁の二名が含まれている。また、延喜二十二年（九二二）に東寺長者観賢（八五九―九二五）から法を受けた僧に元興寺の増命があった。このように、密教に入ったり、また密教に造詣の深い僧が元興寺から輩出している。顕教をひとまず学び、つぎに密教を修めるのがこの時代の修業の姿であるといわれるが、その結果として、元興寺を著しく密教化させることになった。そしてその後に、弘法大師崇拝と真言密教の流れをこの寺に伝えることになったのである。

元興寺に限らず、南都寺院のいずれとも、空海は親しく深い関係にあった。空海は、戒壇は東大寺でよいとして南都仏教と争うことなく、自ら大安寺や東大寺の別当にもなり、弘仁十三年には、東大寺内に勅旨によって真言院を開いて、密教の灌頂道場とした。真言院は後に勧学院となっているが、ここに東大寺が密教化するとともに、真言院は南都密教の拠点となったのである。空海と大和との関係といえば、久米寺や弘福寺や弘仁寺が思い出され、その多彩な活動のあとは、益田池や興福寺南円堂の灯籠などに見られ、その足跡は到る所にある。こうして、南都はもちろん、大和全体の仏教が密教化したわけである。

図19　大日如来坐像

この時代の芸術も、弘仁貞観様式として、密教の影響を受けた特徴が指摘されている。

元興寺（観音堂）所蔵の薬師如来立像（口絵6）はその代表例で、密教的色彩の濃いこの時代の特徴を現している。本像は桧材の一木造りで、背面に長方形の内刳りがあり、体軀は堂々とした量感を示し、作風としては保守的というべく、奈良様とよばれる天平期造形の余風をとどめているといわれる。ただこの像は、かつての元興寺講堂の本尊とする説があるが、講堂の像は、記録には丈六薬師坐像とあるので本像とは認め難く、その来歴はなお不明というべきであろう。

また、現在、奈良市元興寺町には町有の大日如来坐像がある。この像は五〇㌢足らずの小像であるが、本格的な密教彫刻の優品で、十世紀後期の作かと思われるが、初期密教像の風格を示している。この像は、あるいはもと元興寺にあったものが流出したと考えてよかろう。このように、元興寺は彫像の上でも密教化のあとを止めているのである。

3　元興寺の僧侶たち

元興寺僧の研修と入唐僧

平安時代の前半期に、元興寺僧が他の南都諸大寺の僧と同様に、常に関心を集め、研修に勤めて活動した舞台は、諸法会に参仕することであった。その中でも特に重要なのは、南京の三会といわれた興福寺の維摩会と、宮中の御斎会と、薬師寺の最勝会の講師に選ばれ、その役をはたすことであった。

維摩会は、毎年十月に興福寺で行う『維摩経』講説の法会で、藤原鎌足の時に法興寺の僧福亮がこれを行い、奈良時代に再興され、延暦年間から同寺講堂で毎年催されるのが恒例となった。御斎会は、宮中で正月に『金光明最勝王経』を講じて国家の安寧を祈念する行事で、称徳天皇の代から始まって年中行事化された。最勝会は、例年三月に薬師寺で『金光明最勝王経』を講ずる法会で、天長七年（八三〇）から毎年行われることになった。この三会は勅会で、勅使が参向し官費で催されるほど重要視された行事で、いずれも七日間にわたり催された。

これらの法会には、当初は三論と法相の学僧が参仕したが、延暦二十一年（八〇二）の勅により六宗の僧が勤めることになり、以来、七大寺の僧侶から学力のある者が選ばれることになったが、貞観三年（八六一）からは七大寺以外の僧の参加をも認めるようになった。そして、この三会の講師を勤めた者がやがて僧綱の律師に任じられ、つぎつぎに昇任する慣例ができてきたため、この三会の講師となることは僧侶としての登竜門となったのである。『僧綱補任』や『三会定一記』によって、その任務をはたした各寺の優秀な学僧たちがわかるのであって、そのうち、元興寺僧は平安時代前期には三十名に近い。中でも、護命・延祥・聖宝は最上階の僧正になっており、勝虞・明詮・隆海・如無（?、『僧綱補任』では興福寺、『本朝高僧伝』では元興寺）・澄蓮・延鑒は大僧都の位に達している。その他に、東大寺戒和上を勤めた元興寺僧として、昌禅・泰信・恵隆・覚詮・寿詮・平油・桓修・桓仁の名が伝えられている。

つぎに、僧侶の研修と関連して入唐僧をあげねばならぬ。この時代に、元興寺僧で入唐請益僧となった者として円行と常暁が知られている。円行（七九九―八五二）は平安京左京一条の出で、元興寺で歳栄から三論を学び、具足戒を受けた後、空海と杲隣（七六七―八三七）から密教を受けてこれを究めた。そして、真言僧が辞退したので、真言宗の実恵（七八六―八四七）の奏請により、承和五年（八三八）の遣唐使一行に加わり、真言宗の直系でないのに真言請益僧として入唐した。このときの渡唐には天台宗の円仁や、つぎに述べる常暁も参加している。円行は翌年正月に長安の青竜寺に至り、日本真言一門の代表者として、空海の入定等を知らせる書類を呈出し、恵果の弟子義真について密教を学んだ。ここで円行は論義に名をあげて「円供奉講論大徳」の号を与えられ、ついで義真から胎蔵界法を授かり、また伝法阿闍梨位灌頂を受け、さらに法具・経典・法服の料として布帛を贈られた。かれは承和六年十月博多に帰着し、十二月に「請来法門道具等目録」を献じたが、その十二月十九日付の目録には新請来真言経法二十六部三十二巻、梵字三部四巻、顕教経論疏章四十部八十八巻のほかに、仏舎利・仏像・曼荼羅・法具等があげられている。この中には義真から託されたものがあり、特に将来品の中では密教法具が重要だといわれる。円行は入唐八家の一人に数えられ、また京都の霊厳寺や播磨の太山寺の開基でもあった。

常暁（?―八六六）は山城小栗栖（京都市伏見区）の人で、元興寺で豊安から三論を学び、命によって入唐することとなったが、遣唐使船の発遣は承和三・四年と二度とも失敗して同五年に実現したので、この時、円行らと同船渡唐した。そこで栖霊寺の文璨に密を、華林寺の元昭から三論を学んだ。さらに、以前に入唐していた興福寺の霊仙（?―八二六）の遺言により、その弟子から大元帥法を修得したが、この法は国家の平安、国王の安泰、国民の富饒を祈るものである。翌六年帰国して大元帥法を伝え、同七年これを勅によって行い、宇治郡小栗栖に法琳寺を与えられ、唐より齎した大元帥画像を安置した。この大元帥修法は律令制の末期まで年中行事として恒例化した。

「法琳寺奏上」によると、修法僧に十名の僧が名を連ねているが、みな元興寺僧である。すなわち、伝灯大法師位静照・聖珍・遍空・妙鑒・平恁・泉澍・倫算、以上七口供僧、行教・元真・助淵、以上三口三綱である。元興寺とこの大元帥修法がどのような関係にあったかはわからないが、これから推して、当時の元興寺は真言色が濃くなり、大元帥法の修行の場となっていたのではないかと推測する。なお、常暁には「常暁和尚請来目録」があり、唐での行動が跋文に記されていて、「本業三論之枝、兼㆓真言㆒之条、而才能不㆑聞言無㆑取」と謙遜している。

元興寺僧と年中行事・社会事業

諸法会も、元興寺僧の努力によって全国的に行われるようになった。その一つは文殊会で、元興寺三論宗の泰善によって始められた。文殊会は『文殊師利般涅槃経』の所説により文殊菩薩を礼拝し、貧病者に施しをする仏事で、大安寺三論宗の僧正勤操と泰善が私的にこれを行っていたが、勤操の没後に泰善がこれを毎年全国的に修し、貧者に施給するように上申した。天長五年（八二八）二月にこれが認められて、同十年には文殊菩薩の影像を造ってこれをかけて法会を行い、終れば像を僧綱所に安置するというような形式が整った。ついで承和二年（八三五）には、政府は諸国に文殊会を修することを命じて、その費用は救急稲利の三分の一をあてることとし、同七年には、費用が不足するので各国の正税を出挙してその利息をこれにあてることとした。こうして、利他行による福祉的行事は毎年七月八日に施行されたが、律令制の崩壊とともに衰退し、やがて中世に、叡尊によって復活している。

つぎに灌仏会は、さきに記したように、推古天皇十四年（六〇六）に寺ごとに四月八日に斎を設けるとあるのが初めで、以後も行われていたらしいがよくわからない。承和七年四月八日に、元興寺法相宗の静安（七九一―八四四）が初めて清涼殿で灌仏を行って以来、毎年、これを宮中で実施するのが例となり、やがて広く一般寺院でも行われるようになった。これは釈尊の誕生を祝う花祭として知られている。

さらに静安のすすめによって始められた仏名会がある。仏名会とは、懺悔して仏名を唱え滅罪を願う仏事で、御仏名ともいい、また仏名懺悔ともいう。これまでに時々宮中で行われたようであるが、承和二年十二月には清涼殿で三夜の『仏名経』礼拝があり、同五年にも清涼殿で仏名懺悔が修され、静安らがその施導師となっていて、内裏の仏名会はこれより始まったとされる。ついで同十三年に、静安のすすめによって、広く天下で毎年十二月十五日から三箇夜これを行わせることになった。『三宝絵』に「静安律師思はく、仏名経をかき一万三千仏をうつして公家にたてまつらむと思ふ、即経を書進す、即国々にわかちつかはしつ、いまだ仏をかくにおよばざるに静安が命終りぬ」とあり、静安の志をついでその弟子の元興寺の賢護が、貞観十三年（八七一）、仏画像七十二鋪を内裏および諸国に安置することを願って許された。この申請許可に従って、同十八年に一万三千仏像二十九鋪（広さ五幅、高さ一丈六尺）を東海・山陰・南海の三道の諸国に安置している。

つぎには、竜華会（弥勒会）をあげねばならない。これは元興寺の明詮（七八九―八六八）によって始められた。明詮は法相を学んだが、また常に兜率上生の業を修めて弥勒仏を信じ、斉衡年間（八五四―五七）に弥勒像を造り、元興寺の南側に別院をたてて像を安置し、これを玉華院弥勒堂と称し、貞観三年三月に、ここで供養の大会として竜華初会（弥勒初会）を開いた。竜華会とは、『弥勒下生経』に基づき、弥勒菩薩が五十六億七千万年後に兜率天から下生して竜華樹下に成道し、説法することである。弥勒は成道後三回説法するので竜華三会といい、その第一回が初会である。すなわち、弥勒が下生成道する時に、人間が再生して説法を聞きたいという信仰が竜華会を催させるのであり、

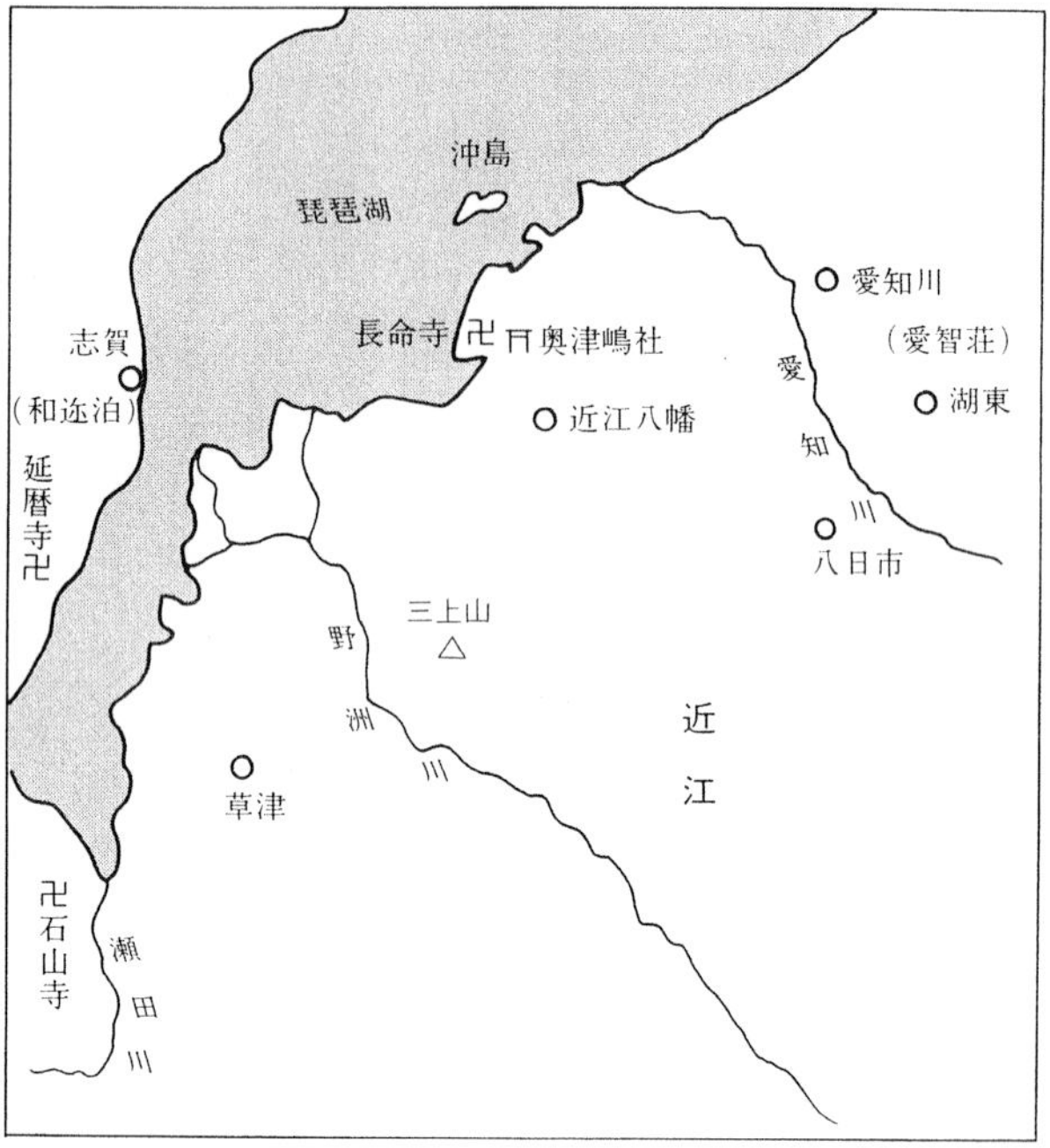

図 20　近江南部地方図

図 21　奥津嶋神社

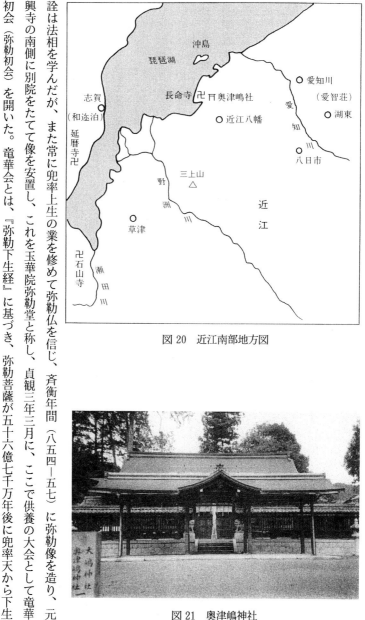

明詮はその第二・第三会を後世に託している。

灌仏会や仏名会をすすめた静安は、元興寺を本寺としながらも近江国にも住み、比良山で『仏名経』十二巻を読み、妙法・最勝の二寺を開き、承和十一年に没している。その静安が、承和年中に近江国和迩の泊（比良山麓、滋賀県志賀町）の船瀬を造営した。このことは貞観九年四月の太政官符にみえるが、この官符は、和迩泊が静安修造後三十年もたち、風波のために荒廃し、往還の船も遭難するので、賢和がこれを改修したので、その後の維持を国司に委任するという文書である。

さて、この賢和は静安の弟子で、元興寺僧であるが、近江国奥嶋（近江八幡市北津田町付近、和迩泊の対岸）にも堂舎をかまえ、上奏して、この堂舎を奥津嶋神社の神宮寺にすることを貞観七年四月に許されている。この神宮寺は、後に織田信長の近江攻略の時に全焼し、現在は奥津島神社に近い阿弥陀寺がその法灯をついでいる（『蒲生郡志』）。賢和はまた同九年三月に、播磨国魚住泊（兵庫県明石市魚住町）の船瀬を播磨国講師賢養と共に修造することを請うて認められている。この魚住泊については、延喜十四年（九一四）の三善清行の「意見封事十二箇条」にも、「修二菩薩業一起二利他心一」して修造したものと記し、重ねての改修の要を説いている。

このような社会事業的な土木工事にあたった元興寺関係の僧としては、前記のほかに道昌（七九八―八七五）がある。道昌は元興寺三論系の人であるが、他の諸宗にも通じ、殊に密教に詳しかった。かれは、承和年中に京都の西を流れる大堰川（桂川）の洪水を治め、堤防を築いて功をあげ、行基の再来といわれたという。今、河畔に「法輪寺道昌遺業大堰趾」の碑がある。この地方、嵯峨野はかつて秦氏が一族を動員して開発した所であったから、秦氏出身の道昌がこれに努力したのであろうか。その他、記録にみえる土木工事に携わった元興寺僧に玄宗がある。その人物についてはよくわからないが、貞観十三年七月に河内国の堤を築くために派遣されている。その方面に何らかの実績があった人であろう。また前記の聖宝は金峰山を拓くにあたり、吉野川に渡舟を設け、行人がその便利を得たという。

この時代の元興寺僧が教学の研鑽につとめたほかに、文殊会や灌仏会等を主唱し、また船瀬や堤防を修築して社会生活に貢献したことなどは注目に価するが、さらに官僧であった元興寺僧が地方に赴き、地方民に接して宗教活動をした面を無視することができない。『日本霊異記』には、播磨国飾磨郡の濃於寺で檀越の請いによって安居した慈応の話もある。

おもな元興寺の僧侶 (一)——法相系——

前記のように、元興寺の僧は諸方面で活動してわが国仏教史を賑わしているが、なお、その人柄や業績等で忘れられない人たちがある。以下、なるべく重複を避けて数人をあげることとする。

勝虞（七三二—八一一）は、俗姓は凡氏、阿波国板野郡の人で、元興寺に入り、神叡の弟子尊応に学んで、元興寺法相の伝統を守り、その門下に護命・慈宝、泰演らの名僧を出している。学徳ともに高く、延暦二十四年（八〇五）には天皇不豫にあたり、鷹や犬を放って平癒を祈り、「侍臣莫レ不レ流レ涙」と伝えられ、『日本後紀』には「道業清高、洞二明経戒一、姿儀不レ凡、言語可レ愛」と記している。また僧綱に入ってその中心となり、最澄の願う天台の度者を認め、大僧都に上って弘仁二年（八一一）に没した。なお、勝虞は勝悟とも書かれており、慈宝（七五八—八一九）がその弟子という。また、『日本感霊録』にみえる聖護もこの人かもしれない。

勝虞の門下の護命については、すでに戒壇の争いや、法相宗の要領を書いたことや、空海の作詩のことでふれたが、なお、書き加えたいと思う。護命は、俗姓は秦氏、美濃国各務郡の人、十五歳で元興寺の満耀に師事し、得度後、勝虞について法相を学んだが、この間、各月の前半は、吉野比曽寺で虚空蔵求聞持法を修めたという。かれはまた、御斎会と維摩会の講師を経て僧綱に入り、弘仁七年に大僧都になったが、戒壇の件で意見が用いられず、叡山の戒壇が認められたので、責任をとって僧綱を辞退した。しかし、天皇はこれを許さず、護命は飛鳥の山田寺に隠居した。そして、天長四年（八二七）に僧正に任じられ、承和元年（八三四）九月、八十五歳で小塔院で没した。『続日本後紀』に「未レ及二気絶一、時同寺僧善守欲レ致二問訊一自二石上寺一尋向、比レ到二少塔院一、忽聞三微細音声髣二髴院裏一、可レ謂二浄刹所レ迎天人之楽一也、」とある。また空海は護命の八十を祝う詩の序の中で、「可レ謂二仏家之棟梁法門之良将一者之」といい、詩の最後に「卓彼人宝　可謂国珍」と述べている。かれは宮中や諸寺で講説を開き、元興寺の法相学を、興福寺の法相学を超える勢力にしたほどの大碩学であった。その弟子には、延祥・守籠・仲継らが知られている。

法相宗には、さすがに学僧が多かった。施平（?―八三二）は「才気淑明審通二法相一」といわれ、弘仁七年律師となり、天長四年の宮中での薬師像供養には講師首座を勤めて名声をあげた。天長九年に没している。つぎに、守印（七八三―八四三）は和泉国の人で、俗姓は土師氏。勝虞の門下で、「精二練法相一兼悟二倶舎一焉、論義之座相敵者希」といわれるほどの人材であったが、承和十年に「惜未レ昇二朝家之講一、空化二一房之内一」と記されている。

図22　護　命　碑

延祥（七六九―八五三）は俗姓槻本氏、近江国野洲郡の人。護命に師事して法相を学び、延暦七年具足戒を受け、維摩会の講師を経て、天長七年に大極殿で『最勝王経』を説いた時、諸宗の智者が論難したが、延祥は応対に滞るところなく、みな感嘆したという。承和三年、御斎会における功により、勅によって律師となって僧綱に入り、順次昇進して、仁寿元年（八五一）に僧正に任じられたが、同三年に八十五歳で没した。

つぎに、延祥と同門の守寵は、さきに空海と護命を結んだ人として記したように、讃岐の佐伯氏で、護命から法相を受け、「能説二護法之道一独作二論義一」と『続日本後紀』にある。

また、前者と同じく護命門下の中継（仲継、？—八四三）については、さきに本元興寺に入ったことを述べたが、なお、空海の護命八十の賀を祝う詩は、実は中継に代って作ったものであったことでわかるように、かれは護命に近侍していた。『日本高僧伝要文抄』には、「大智者中継、中公者所謂法門之領袖也」といっている。天長三年に維摩会講師を勤め、同六年薬師寺で最勝会を催したが、これが永式となり、翌七年からはそれが南京の三会の一つになったと伝えられる。天長のころ、かれが勅によって「仏法衰弊学徒減少」の故に、元興寺から薬師寺に移住したというのは、最勝会恒例化の前であったかと思われる。とにかくこれによって、法相学が薬師寺で長く栄えることになった。天長九年に律師となり、また、勅によって本元興寺に入った。承和十年に没したが、高弟には明詮・真慧・隆光らがあった。

明詮については、すでに東大寺仏頭供養の呪願師を勤めたことと、別院玉華院をおこし竜華会を開いたことを述べた。『日本高僧伝要文抄』の「音石山大僧都伝」によると、明詮は俗姓は大原氏、左京の人で敏達天皇皇子彦人皇子の子孫である。初め、元興寺の施厳から法華・最勝等の経典を学び、さらに中継に師事して法相に通じた。ついで維摩会講師を経て、嘉祥三年（八五〇）二月に、清涼殿で四宗（法相・三論・華厳・天台）の僧による『金光明経』の論講に法相の講師として出席し、その抜群の論に、仁明天皇をして「朕未レ知二斯人一、一代聖教悉在レ此矣」といわしめた。そして、仁寿元年（八五一）僧綱入りし、貞観六年（八六四）に大僧都となっているが、それより少し前、明詮が玉華院を造り、竜華会を開いたことに対し、反対派の僧はこれを責め、しかも強力の六十人が兵仗を帯してこの院を壊そうとし、さらに数人が狼藉を働いたが、明詮は平然としていたという。この件は、僧兵の行動の先駆的なものといえる。『弥勒如来感応抄』には、大和国の東部に音石山があり、ここは「樹木水石甚有二幽趣一」所で、明詮は、夏の初めから秋の末にかけてよくこの山にいたとあり、それ故、音石山大僧都といわれたのである。かれは貞観十年五月に八十歳で没したが、その夜は「天気清靖、有二白雲十二道一起二菴上一而連二綿山頭一、相二似如来入滅之夜一」と、その伝記は記している。弟子には賢応（？―八六八）があった。師の明詮に先立って没したが、貞観五年には因明論で名をあげ、亜聖の才とか、法相の翹才とかいわれた人であった。

つぎに、平安時代中期に活動した法相宗の僧に義済（八四三―九二二）がある。元慶六年（八八二）に建興寺（豊浦寺）別当であった時、宗岳木村が、豊浦寺は自分の祖蘇我稲目が建立した故に、自ら検校したいと申し出たのに対し、義済は、この寺は推古天皇の御願寺であると主張して認められた。また『本朝仏法最初南都元興寺由来』によれば、延喜三年（九〇三）に、かれは勅によって観音堂（中門堂）を建立したという。維摩会講師を経て、延喜二十二年八十歳で没した。

同じく法相宗では澄蓮（八八一―九六四）がいた。紀伊国の人で、俗姓は安曇氏。維摩会の講師を経て、天慶八年（九四五）に権律師となって僧綱入りをし、順次昇任して大僧都となり、康保元年（九六四）八十四歳で没するまで、長く僧綱で活動した。

いま一人、義昭（義照、九二〇―六九）をあげておこう。法相を学び、承平四年（九三四）の維摩会の席では延暦寺の良源（九一二―八五）と対論し、天暦八年（九五四）十二月には延暦寺の法華八講に招請され、安和二年（九六九）に没した。次節で述べる説話集『日本感霊録』は義昭の編集であると考えられている。『今昔物語集』に、義紹院という優れた学僧が、泉河原（木津川）の乞食法師に寒かろうと衣を馬上から投げ与えたところ、乞食は、それは人に物を与える礼でないといって衣を投げ返して消えうせたので、義紹はこれを深く悔いたという話が載せてあるが、この義紹院は義昭のことかと思われる。

おもな元興寺の僧侶 (二)――三論・真言系――

元興寺の三論系の僧侶としては、すでに東大寺に入った聖宝と入唐僧の円行・常暁について述べた。以下、その他の三論系の人々について考えてみよう。

この時代の初期には歳栄（?―八三七）がいた。『東宝記』の天長二年（八二五）の東寺講堂の項に、「西寺別当律師伝灯大法師位歳栄云々、（中略）歳栄僧都者元興寺三論宗人也」とみえる。歳栄は天長三年に権律師になっており、承和四年（八三七）にその職のまま没しているので僧都は誤りであろう。ここに、元興寺僧が京都の西寺の別当であったことは注目される。

つぎに、社会事業でふれた道昌は讃岐国の人で、俗姓は秦氏。十四歳で元興寺の明澄について三論を学び、諸宗の講席に出て名をはせ、天長五年に空海から両部の灌頂を受けた。承和年中には、前記のように大井川の水を治め、承和十三年には宮中仏名懺悔の導師となり、その後もこの役をはたしている。同三年に山城の広隆寺別当となり、その後、三会の講師を経て僧綱に入り、嵐山の法輪寺の開山となり、貞観十七年（八七五）に少僧都で没した。年七十八。

つぎに願暁（?―八七四）は、元興寺の薬宝と大安寺の勤操について三論を学び、兼ねて唯識や密教にも通じていた。承和十二年に維摩会講師、貞観六年に律師となって元興寺の主となり、聖宝・隆海らがその弟子となった。著述が多く、『因明論義骨』『最勝王経玄枢』が知られている。また『実隆公記』には、「内外万物縁起被(レ)新写(一)（中略）件書元興寺願暁法師所(レ)述殊勝物也」とみえる（明応六年十月十五日の項）。

願暁と同じく聖宝の三論の師となった円宗（?―八八三）は、貞観十一年に維摩会講師となり、御斎会講師を経て、同十六年律師となり、元慶七年（八八三）に少僧都で没した。さきに三論宗の東大寺移転のことで記した聖宝は、むしろ真言僧として有名で、醍醐寺を開き、東寺長者となり、小野流の祖として知られる。天智天皇六世の孫といい、三論を願暁・円宗から、真言を真雅（八〇一―七九）から、さらに法相と法華をも学び、貞観十一年には維摩会竪義を勤めて名をあげた。同十八年に醍醐寺を創立してから、弘福寺検校・東寺別当・東大寺東南院主を歴任し、僧綱としては、延喜六年（九〇六）に僧正となった。かれはまた山林修行にはげみ、大和の金峰山を開いて修験道の基礎をつくり、修験道当山派の祖と仰がれている。のち、理源大師の称号を贈られた。

隆海（八一五―八六）は、俗姓清海氏で、摂津国に生まれた。願暁から三論を学び、二十歳で年分度者の試問を受けたが、その時のことを『三代実録』は、「詞致清遠衆不二敢抗一、監試官人評議擢為二甲科一」と記し、律師中継は感じて法相を授けたという。承和二年具足戒を受け、真如法親王から真言を学び、維摩会・御斎会の講師を経て、元慶七年に僧綱に入り、律師として、仁和二年（八八六）に七十二歳で没した。著書に『二諦義』『方言義』『四諦義』『二智義』『二空比量義』『因明九句義』がある。

また、円行の弟子に教日があり、元慶元年に神泉苑で金翅鳥王経法による祈雨法を行った。密教の書である『授菩提心戒儀式』を著している。

聖宝の弟子としてはすでに道憲・安快の名をあげた。その他に、天慶四年に元興寺真言僧であった泰舜が権律師で東寺に入り、天暦四年（九五〇）には延鑒（八八七―九六五）が東寺別当となっている。泰舜は藤原氏の出身であり、延鑒は東寺能治の労により権律師となり、天暦九年から三年間は元興寺に主となり、康保二年（九六五）に大僧都で没した。年七十九。また康保五年には元興寺僧延礼が東寺年分度者の師主となっている。

以上のように、元興寺の三論系の僧は多く真言にも詳しく、むしろ真言僧として活動していた。このことは、南都での密教は三論宗を基礎とし媒体として浸透していったのであって、元興寺の密教化とはこのような姿であった。

4　元興寺の財政

国からの施入物

奈良時代から平安時代前記における南都七大寺の一寺としての元興寺の、以上のような活動の経済的基盤となったものの一つは、臨時的なものではあっても、律令政府からの大寺に対する援助であろう。それを簡単に列挙してみる（表2）。表は目にふれたものだけであるが、祈禱や法会などの場合には、当然、何らかの施入があったはずである。ことに十二回に及ぶ新銭鋳造のたびに施入された銭は、やはり経済的にある役割をはたしたであろう。しかし、それらはあくまで経常的な財政の基礎ではなかったと思う。

初期荘園近江国愛智荘

元興寺の活動の経常的な財政基盤となった主なものは、その管理経営下にあった土地とその収穫物と人間とであったと思う。元興寺建立後の初期には、先に述べたように寺田・封戸・出挙稲等であったであろうが、やがて九世紀ごろからは、この時代に成立していった初期荘園であった。ここにいう大寺のもつ初期荘園の成立には、封戸・寺田・杣山等を土台とするものや、自力による墾開田や質田によるもの、あるいは修理料等の施入物による買得地を母体とするものなどがあったであろうが、それら荘園は、総じて律令制の未だ崩壊しない社会構造のもとで経営された私有地であった。元興寺の場合、それら初期荘園についての史料が乏しいのであるが、近江国愛智荘については多少存在するので、以下、この荘園について記すこととする。

その史料は東大寺の『東南院文書』の中にあって、つぎの八通ぐらいが指摘できる。

表2　大寺に対する経済的援助

年次	援助内容
延暦一一年（七九二）	七大寺等に新銭隆平永宝を頒つ。
一七年（七九八）	十大寺三綱の従僧に童子食を給す。
二一年（八〇二）	四寺の僧に布絁綿を施す。
弘仁　二年（八一一）	十三大寺老僧尼に絁布を施す。
三年（八一二）	七大寺僧に調の布を頒つ。
八年（八一七）	七大寺僧に調の綿を頒つ。
九年（八一八）	七大寺僧に綿を頒つ。
一一年（八二〇）	七大寺僧等に綿を施す。
天長　元年（八二四）	七大寺等の僧尼に綿を頒つ。
六年（八二九）	諸大寺僧に綿を頒つ。
承和　二年（八三五）	平城諸寺に新銭承和昌宝を頒つ。
嘉祥　二年（八四九）	七大寺に新銭長年大宝を頒つ。
仁寿　三年（八五三）	十五大寺老僧に童子料米を給す。
貞観　五年（八六三）	諸大寺に修理料として新銭・鉄を施入す。
元慶　四年（八八〇）	清和天皇平癒祈願、九寺に油・香・綿、僧に新銭施入。
仁和　二年（八八六）	天変により九寺に新銭・名香を施入す。
延喜　五年（九〇五）	平城諸寺老僧に綿を給す。
八年（九〇八）	七大寺に新銭延喜通宝を頒つ。
延長　四年（九二六）	宇多法皇六十賀、七大寺に絹・布を施入す。
承平　四年（九三四）	中宮延命のため七大寺等に布を施入す。
天暦一一年（九五七）	大和不動穀を大和十七寺に頒給す。
応和　元年（九六一）	天下安穏祈禱、元興寺に調布百反を施入す。

(1)承和四年（八三七）四月二十二日の元興寺三論衆大学頭真栄・乗忠の連署状で、国の田図に記載洩れの水田の田図を作られたいというもの。(2)貞観元年（八五九）十二月二十五日付の検田使延保の検田帳で、不法のあった田地を処理した報告。延保は三論衆学頭で元慶年中（八七七―八八四）に三会の講師を勤めた僧侶。(3)延喜二年（九〇二）開発領主依知秦又子が墾田二百九十歩を□□寺三論別供伝灯料として寄進した施入状。この文書は寺名の箇所が□□となっており、かつ土地が愛智郡大国郷とあるため東大寺への施入かとも疑えるが、三論別供への施入であるので、通説に従って、仮に元興寺に関するものとする。(4)永承六年（一〇五一）正月付の前年度地子米結解の注進状。(5)永承七年十月の坪付注文で、前欠であるが耕作者の人名の追記がある。(6)

永承八年正月の元興寺三論供家牒で、租税の免除を請うもの。(7)康平三年（一〇六〇）の同荘司等の解文で、収納使目代・田堵らの非法の停止を訴えたもの。(8)保延四年（一一三八）十二月付の『東大寺文書』の中にある元興寺領某荘検田帳。この某荘とは内容からみて愛智荘であることは明らかで、列挙した寺田は「勅施入官省符不輸田」であることを主張している。

なお、以上のほか『東南院文書』の中に、貞観十八年十一月二十五日付の愛智荘安宝定文がある。これは荘園の地利用途を記したもので、その中に総田数十二町歩のうち二町歩の荘佃の項などがあることから、荘園経営や貢租関係のわかる貴重な文書であるが、これは元興寺領のものとすべきではなく、東大寺僧安宝が集積した東大寺領の愛智荘（のちの大国荘）のものと思われるので、ここでは取りあげない。また以上のうち、(4)から(8)までは十一世紀中期以後、平安時代後期の史料であるが、愛智荘のこととして仮に一括してここに記すこととする。

この元興寺領愛智荘は、(2)によれば、聖武天皇の施入物をもって天平勝宝五（七五三）、六年に買得した土地から出発した初期荘園である。(1)によると、百姓から買収した四町六段余の田地がまだ弘仁十二年（八二一）の田図に載せられていないといい、(2)では、田堵たちが上田を中田といったり、熟田を常荒としたり、地子を正当に出さなかった田地三町三百余歩の土地をあげており、(3)では、二百九十歩の田地が施入されている。九世紀では以上のことぐらいしかわからないが、以上にみえる田地の面積は問題になった土地のものであって、もちろん荘園の全面積ではない。

それにしても、十一世紀中ごろにはこの荘園は相当広大な面積を占めている。(4)では、地子米を出す田として十四町一段大とあり、(5)では十六町二段余の寺田が官物を免ぜられ、(6)では「愛智庄去年（永承七）見作五十余町」とみえ、(7)には「寺家領所六十余町、或田或畠或居宅敷地、如レ此等処交二接公田一」とあって、当荘園の全面積は六十町をこえていたわけである。一般に初期荘園は、三世一身の法等により、寺院等が未開の広大な原野を浮浪人を集めて開墾したいわゆる自墾地系のものと、地方在住の者が開墾した小土地を、寄進や買収等の形で集積して大きくなったものとがある

表3　各文書にみえる愛智荘の坪付の条里

条		6条				8条				9条				10条				11条				12条				13条		
里			8	9	10			8	9	7	8	9	10	5	6	7	8		7	8	9	7	8	9	10			10
文書番号	(1)							○		○	○	○								○	○							
	(2)								○		○	○	○			○	○		○	○	○							
	(3)																											○
	(5)					(前欠)							○	○			○		○	○	○		○	○	○			○
	(6)									○	○	○				○	○				○		○	○				
	(8)		○	○	○				○		○	○	○	○		○	○						○	○	○			○

とされるが、元興寺領愛智荘はその後者にあたると考えられる。

その場所は、上記文書の坪付によると表3のように、六条八里から十三条十里の地域内にあり、現在の滋賀県愛知郡愛知川町から湖東町付近かと推定されている。さきに述べた賢和による奥津島神社の神宮寺の造立は、あるいはこの荘園の物資輸送路に関係するのではないかとも考えられる（一〇八頁、図20参照）。

つぎに、(4)に段別三斗の地子米を取る土地十四町余とは免田にあたると思われ、(5)によると、五十余町のうちに十六町二段余の免田があり、(6)では、その免田を先免と記し、さらに四段二百歩を免田として要求しており、(7)では、免田地子五斗を要望している。ここに免田とは国の田図に寺田とある所で、(5)で「寺何段」と記されていた。それは不輸租を認められた官省符荘に若干の耕地が加わったものと考えられている。そして、それ以外の土地からも寺家は「土田地子」「畠地子」を徴収しているが、それらの土地は原則として官物を国衙に納めるべき土地で、おそらく荘成立の後に、百姓治田を施入されたり、買得したり、新開したりした部分であったと思われる。さきに一言ふれた荘佃とは、初期荘園の中の在地領家の直営田のことで、耕作農民はわずかの種子・営料・食料等を支給されるほかは、無償で労働力を提供し、収穫の大部分が領家に収奪されるもので、元興寺領の場合、その存在は明らかではない。

初期荘園においては、荘園所有者の社寺はその土地の経営にあたり、耕作から監督に至るまでを在地の有力な農民にまかせることが多かった。すなわち、その荘園の周辺近傍の公田や他領の農民の中で余力があってこれに応じた者は、請作者または預作者となってその荘園の経営全般にあたったのであって、そのような在地の有力農民を田堵（田刀）といった。⑵に、田の面積や品質を偽って地子を約束通り出さなかった田堵として依知秦安雄らの名があげられているが、この九世紀中ごろの⑵の文書が、田堵の登場する最初の文書として知られている。この田堵は、平安時代の中後期、すなわち十、十一世紀になると、監督者と耕作者といった形で分岐していったのであるが、⑸にみえる各坪の下に書かれた人名は、そのいずれかはわからない。

監督者になった者は時に領主といわれたことがあり、官人的な素養ももち、荘司として耕作者を統御し、耕作者から加地子を取る権限をもち、時に本所領家に抵抗し、時に逆に本所領家側と組んで国司の検田や賦課に反対するなどの活動をしたのであって、やがて名主に成長した。⑺は、監督者的になった田堵が国衙の収納使目代と手を組んで元興寺の領有に反抗し、元興寺の支配を脅かしていることを示した文書である。

以上の諸文書で明らかなことは、この荘園は元興寺三論衆教団の荘園として成立したもので、奈良時代に買得した土地を核とし、九・十・十一世紀にも集積が続けられたことは、その坪付の増加からも窺われる。そして、この近くの大国郷の地には、東大寺僧安宝の獲得した土地を中心にして、東大寺三論宗教団の荘園が成立しており、それは東大寺領依智荘または大国荘と呼ばれ、十世紀初頭ごろには十二町歩の広さをもっていたという。さらに、前記⑸の文書に「大安寺領八里（十条）二坪」とあるので、大安寺三論衆も隣接の地に寺領をもっていたらしいので、元興・東大・大安の三大寺の三論宗徒が共同してこの地方に荘園を開いていったものと考えられる。しかし、本章第2節で述べた通り、元興寺の三論衆の大半は延喜年間（十世紀初頭）に聖宝とともに東大寺東南院に移り、延久三年（一〇七一）に宣旨によって、元興寺と大安寺の三論宗団は東大寺に吸収されたので、元興寺領愛智荘もまた東大寺大国荘に吸収されたとも考えられるが、保延四年（一一三八）の⑻の文書があるので、元興寺領の残存も考えられる。

その他の寺領

元興寺の寺領としては、愛智荘のほかに伊賀国柘植郷の地があった。これは第二章第2節で述べたところで、元興寺の三論衆が、神田七段を八貫文で買ったというものであった。この地は伊賀国の東北端で柘植川の流域にあたり、現三重県柘植町であるが、この川の下流にあたる泉川（木津川）流域の山城国東南端の地方にも寺領があったようである。このことを語る史料は『類聚三代格』にみえる寛平八年（八九六）四月二日の太政官符で、木津川流域の材木伐採地の百姓から、元興寺等南都諸大寺が地子をせめ取ることを訴えたので、政府は諸寺の非法を禁ずるという文書である。その中に、「東大元興大安興福寺等採材木山在泉河辺、或五六百町或一千余町、東連伊賀南接大和、今大川原・有市・鹿鷺（笠置）等郷、百姓口分并治田家地多在此山中」と、その地方の事情を述べ、百姓等がここで百余年も生計を立てているが、「元興寺自仁和初勘其地子、興福寺亦習此例勘責尤切」として、これを止められるようにとの問民苦使平李長の請願に対して、政府がこれをとり上げたもので、最後に「其四畿内若有斯類亦宜准此」と結んでいる。このことは、大寺に認められた杣山に住民が定住し、その杣人が開発した土地を大寺が私領化し、荘園化していく過程を示している。元興寺は、こうして木津川流域の杣山地域を荘園化していった。

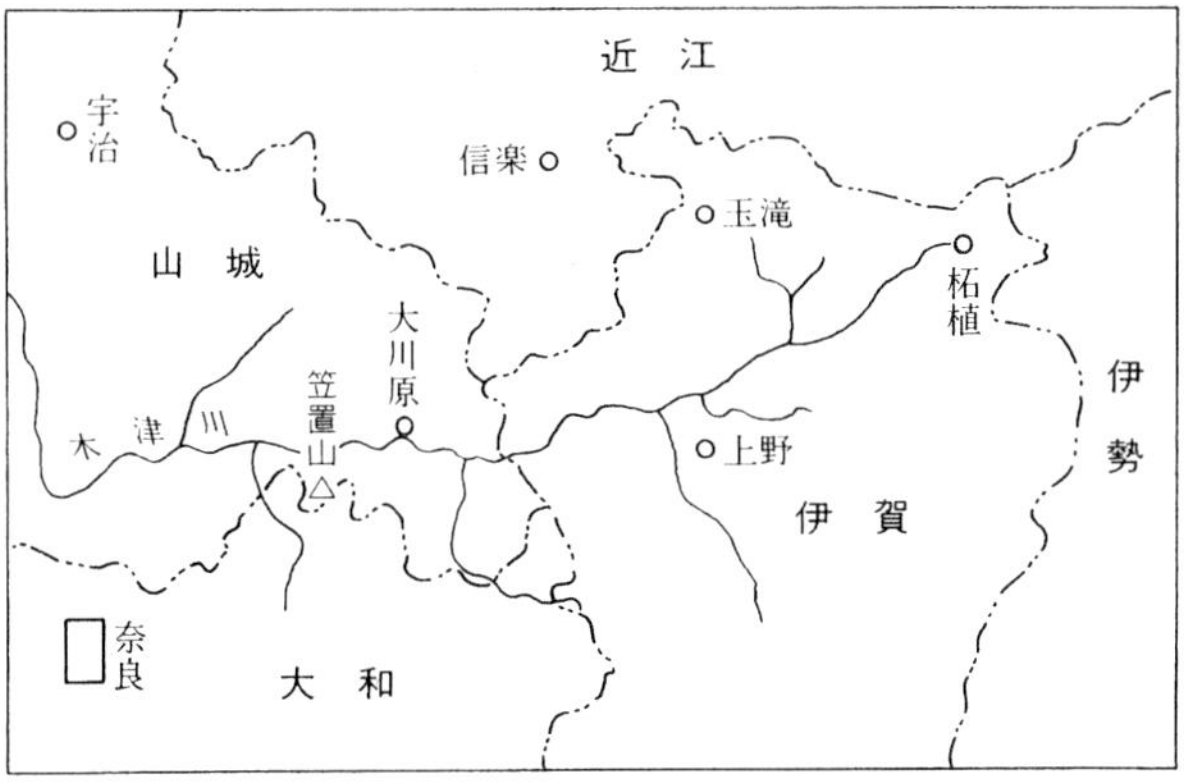

図 23　伊賀北部・山城南部地方図

なお『東大寺文書』に、治暦二年（一〇六六）三月の元興寺大僧都房政所下文案がある。これは東大寺領簗瀬荘にかかわる文書で、伊賀国名張郡簗瀬郷（三重県名張市）につき、開発領主藤原重遠の私領であった土地を負債代として元興寺大僧都が手に入れて、丈部為延にその地の開墾を命じたものである。この荘園は、その翌年に東大寺の有慶が買得してから東南院に相伝されたものであるから、一時、元興寺僧の手を経たものであろうか。これは延久三年（一〇七一）の宣旨により、三論宗が東大寺東南院に吸収されたことと関係があるかもしれない。

つぎに、史料に散見される元興寺領について記してみよう。まず大和では、一つは延喜十一年（九一一）四月十一日付の元興寺僧玄阿の横領を訴える東大寺上座慶賛の愁状で、その中に「已附二国郡帳一元興寺田五段百歩」とある。この場所は添上郡京東五条上春日里であるから、元興寺とは遠くない土地である。ほぼ同地域かと思われる春日荘について、天治二年（一一二五）の検田帳が『東大寺文書』の中にあり、その文中に、「元興寺乙丸二段料米六斗」とあるのが目にとまる。

また『春日大社文書』の中に、大治三年（一一二八）の、元興寺僧永清が捌田杜の田三段を永覚に譲った譲状がある。この地は波多杜新庄かと思われるので、今の奈良市出屋敷町にあたる。つぎに、長元元年（一〇二八）九月十七日の、左弁官から諸寺に下した官宣旨案で、柳生郷の検田に際し、本券・省符のない土地は、たとえ寺田であっても春日社領とするというものである。その文に、「東大興福薬師元興法花新薬師寺等領田、若有二省符一者下二給図帳一之間暫以寛有、至レ無二官省符一者、任二先宣旨一徴二納官物一宛二用神事一」とあるので、柳生郷にも元興寺領があったと推定される。

つぎには『興福寺雑役免帳』に、元興寺領として三ヵ所がみえる。一夜松南荘田畠十一町余のうち四町三段百二十歩（大和郡山市八条町）、東伊与荘二十三町六段三百二十歩の内一町（天理市中町）、西大垣荘田畠四十三町五段九十二歩の内三町一段（橿原市豊田町）であって、この帳は延久二年（一〇七〇）とあるので、十、十一世紀ごろには、元興寺領が興福寺荘園内にあったのであろう。

大和以外では、山城国綴喜郡中村郷に寺地があったようである。『禅定寺文書』の禅定寺田畠流記帳は長保三年（一〇〇一）のものであるが、その中村郷畠地の四至の説明に、「限レ東公田并元興寺古溝、限レ西元興寺地」とあり、それは元興寺領を示すものであろうか。

元興寺の財政は、平安時代に入っても、天平の資財帳にみえる寺田や封戸の流れをくむ土地が何らかの形で寺の財産としてあったであろうし、前項でみたように、新たに買得・開墾した荘園や杣山等から荘園化したものがあって、それらが寺の経済の支柱をなしていたと思われる。しかし、実は早くも九世紀中ごろには、その収入が不如意となった例がみえる。そのことは音石山大僧都明詮の伝に、「曩日延祥僧正為二此寺別当一僧供始絶、始絶之風従レ此也、其後僧正以二別当之職一譲二和上（明詮）一、自レ爾以来数年之中僧供時絶纔及二一月一也、是則無レ他時代漸衰寺之封邑不二貢租一也」とあることで明らかである。

また十世紀に入ると、三論衆の東大寺東南院移徙にともない、その荘園もまた東大寺に移った部分があったかと思われる。また、ようやく強大となった興福寺の荘園になっていった寺領もあったであろうことは、他の諸寺の例からみても想像できる。こうして寺領が減少する一方で、貴族の支持がないために、新たに寄進される荘園もなく、元興寺はここに経済的に衰運に向かわざるを得なかった。

5　元興寺に関する信仰と説話

『日本霊異記』と弥勒・吉祥天の信仰

これまで『日本霊異記（日本国現報善悪霊異記）』を史料として用いたのは、その霊験譚や伝説の中に歴史の姿が垣間見えるからであった。しかし、これが説話集であるがために、史料としての利用が恣意に流れるおそれがあり、それに陥らない注意をしつつとり扱っていきたい。

さてこの書は、もと私度僧でやがて薬師寺に入った景戒が編集した仏教説話集で、現在、伝えられているような形になったのは弘仁十三年（八二二）ごろかといわれる。ほぼ年代順に並べられた百十六話の大部分は、仏教における善悪の応報を語る霊異譚で、因果応報の理が現世を支配していることを示し、信心と畏怖を深めようとしている。ここに採録された説話は、後世に、『三宝絵詞』や『法華験記』や『今昔物語集』などに、直接、間接、多く引用されている。これまで本書では、道昭についての説話と、長屋王の元興寺大法会の話と、智光法師の物語を『日本霊異記』からとりあげたが、なお、元興寺を考える上で参考になることが同書の説話に含まれている。

『日本霊異記』にみられる諸仏のうち、観音菩薩を除けば弥勒仏に関するものが一番多い。それら説話には、作り終らぬ像や虫損により傷んだ像や賊に盗まれた像などが、霊表を示して像を全うさせた話が数篇あるが、その中に、元興寺僧豊慶にかかわるものがある。それは「未二作畢一捻攝像、生二呻音一示二奇表一縁」という題で、未完成の弥勒菩薩の脇士像の声を聞いて、沙門信行が豊慶と協力してその像を完成し、僧たちが修行の目的をはたした話であって、この話の最後を「誠知、願無レ不レ得願無レ不レ果者其斯謂レ之也」と結んでいる。つぎに、兜率天にある弥勒菩薩が、願に応じて霊異を示す説話がある。元興寺金堂の本尊は弥勒仏であった。また明詮は、先に記したように弥勒堂を造り、竜華会を始めた。

以上の諸現象は、八世紀ごろには弥勒信仰が相当盛んであったことを物語る。そこでは、一つには現世利益的信仰として呪術性の強い面と、も一つは、主として追善的性格の強い上生信仰があったことがすでに注目されている。しかし、この信仰は、奈良時代末期ごろから漸次、阿弥陀信仰にその優位を譲って後退し始めると考えられている。従って、民間信仰として広まり得る要素をもちながらも、特筆すべき展開はなかったようで、元興寺金堂本尊にしても、その霊験の説話はほとんど見当たらない。ただ、明詮の弥勒堂を再建するときの文治二年（一一八六）の勧進状（『弥勒如来感応抄』所収）の文中に、明詮が弥勒像を造立した時、「天皇欽迎殊助㆓道儀㆒、凡厥王侯卿士緇素男女含㆓随喜㆒結㆓善縁㆒之者済々焉」とあって、貞観のころにおける上下の弥勒信仰の広まりを窺うことができる。

『日本霊異記』の中で、つぎに元興寺にかかわると思われる話に吉祥天の信仰がある。ある女王が己れの貧窮を恥じ、服部堂の吉祥天女像に帰敬して、その報いにより大富財を得たという説話である。本文には服部堂は諸楽《なら》左京にあるとみえるが、縁起や巡礼記や、後世の図面等からみて、この堂は、前章でみた元興寺小塔院の吉祥堂と呼ばれた堂のことと考えられる。吉祥天女とはもとヒンドゥー教の女神で、仏教にとり入れられて福徳を司る天部として美女の姿で信仰され、『金光明最勝王経』の「大吉祥天女品」の読誦とともに広い信仰を集め、国分寺の吉祥悔過の本尊ともなった。この経典は奈良時代に重んじられた経典であったから、現世利益の信仰が盛んであった当時の現実主義と結合してこの信仰は流行し、元興寺小塔院の吉祥堂は衆庶の信仰を集めたのである。なお、この堂の吉祥天像は障子絵のことと考えられるが、この像を模写したのが、現在、有名な浄瑠璃寺の厨子扉絵吉祥天女像であろうという説がある。なお、服部堂のことは後に述べる。

『日本感霊録』と二天・中門観音の信仰

『日本霊異記』についで、古代仏教説話集として知られるものに『日本感霊録』がある。この書は承和十四年（八四七）ごろには成ったと考えられ、本来は二巻五十八話からできていたらしいが、完本はすでに散逸し、現在は欠落の多い久安三年（一一四七）書写の十五話の抄本が竜門文庫に残るのみである。他に逸文二話が伝えられているが、すべての説話が元興寺と本元興寺に関するものであって、第3節で記したように、元興寺僧義昭の編集と思われる。その説話は因果応報譚が主体で、現世利益が重視されたものであるが、ここに記された諸仏は、当時、元興寺で一般の信仰を集めていたことは事実と考えられるので、以下これをあげてみよう。

『日本感霊録』には、元興寺中門四天にかかる説話が多く、九話に及んでいる。己が咎をかくすために虚言をいって横死した話、清野真貞が四王に念じて霊助を得た話、不浄の身で四王の所に入って異相を蒙った話、常主満が四天の銭幡を盗んで狂死した話、徳慶が四王像に願って疫病が治った話、船東人が四王に念じて疫癘の苦痛をまぬがれた話、四王の灯油を盗んで妖死した永人の話、四王に祈り盗まれた馬をとり返した話、豊満が四天に祈り盲目が開いた話、以上の九話で賞罰のきびしい霊験譚である。この『日本感霊録』では、常に中門四王とあって、四天王であったことになるが、『七大寺日記』や『今昔物語集』には二天とあり、その二天とは持国天と増長天であったようである。もともと二天であったのではなかろうか。

この中門天部の像には、その眷属の八夜叉像がついていて、これも霊験のある像であった。『今昔物語集』に「元興寺ノ中門ニ二天在マス、其ノ使者トシテ夜叉有リ、其ノ夜叉霊験ヲ施ス事无レ限シ、然レバ其ノ寺ノ僧ヨリ始テ里ノ男女、此ノ夜叉ノ許ニ詣デテ、或ハ法施ヲ奉リ、或ハ供具ヲ備テ心ニ願フ事ヲ祈リ請フニ、一トシテ不レ叶ズト云フ事无シ」とある。『七大寺日記』には「中門ノ二天并八夜叉ノ像心ヲ静テ可レ見、言語道断セル也、夜叉ノ左ノ手ニ蚰を取、右手ヲロシコフシヲニギリ、可レ見」とあって、その姿を想像することができる。

『日本感霊録』には観音の霊験を示す話が一つある。法師安能は飛鳥寺の沙門で、観音像に祈って霊祚を得たというものであるが、観音像といえばおそらく元興寺の中門観音ではなかろうか。この観音の存在を実証する史料で最も古いものは、天安二年（八五八）に成ったかと思われる『元興寺縁起（仏本伝来記）』であり、ついで『七大寺巡礼私記』である。前者には、ただ長谷観音御体とあるだけであるが、後者によれば、中門に安置されていたので中門観音といい、長谷寺炎上の時に拾い来った仏頭を修補して以来、霊験が著しくなったもので「道俗継レ踵参詣云々、其行人六十余口、是号二中門衆一矣」とあり、「高名霊像」であった。

この観音は十一面観音で、孝謙天皇の本願で聖武天皇と光明皇后の菩提のために、長谷寺観音の木の余材をもって稽文会・稽首勲が彫造したと伝えられている。この観音像の造立の時期は、孝謙天皇の本願云々の伝はとにかくとして、元禄時代に、この像の花瓶の中から延喜通宝が出たという記録があることであり、一応、天安二年以前としておこう。現在、元興寺（観音堂）の観音像はこの中門観音（口絵8）として伝えられている。おそらく長谷寺観音の信仰が盛んになるにつれて、この観音が結びつけられ、この伝承が広まったと思われる。

なお『日本感霊録』には以上の諸話のほかに、元興寺僧房の一つに鬼がいて、種々災をなし、僧も住まなくなったが、寺僧の慈寿がこれをたしかめようとして、房に入って読経に努めたので鬼も去ったという話、笛の師が不浄心をもって同寺の名笛を得ようとして罰を受けた話、三宝の物を盗用して悪報を得た話などが収められている。

十世紀ごろまでの仏教説話といえば、以上二書のほかに、寺院の創建を語る縁起や僧侶の伝記などにもみられるが、それらについては、適宜、記しているので、特にここにとり出しては記さない。

元興寺をめぐる伝説――道場法師・法論味噌――

元興寺にまつわる伝説に道場法師の強力の話がある。そのもとになった文献は『日本霊異記』で、「得二雷之喜一令

㆑生㆓強力子㆒縁」の題で記されており、後に都良香がこれによって『道場法師伝』をつくり（『本朝文粋』）、『扶桑略記』や『打聞集』や『水鏡』等にも多少の変化をつけて採録している。

敏達天皇の代に、尾張国阿育知郡片蕝里に一農夫があった。その農夫が田仕事をしているとき雷雨にあったので木の下にこれを避けたところ、農夫の前に落雷したが、雷はすぐに小子になった。農夫はその小子の願をきいて助けると、雷は昇天し、農夫は力の強い子を授かった。その子は朝廷の力人と力競べをして勝ち、やがて都の元興寺に入り僧の童子となった。そのころ、元興寺の鐘楼に毎夜鬼が現れて僧侶を殺したりするので、この童子はその鬼を退治し、また元興寺の田に水を引くのに妨げになるものを除いて農事を助けた。そこで僧たちは、この童子を出家させて道場法師と名付けた。童子に負けた鬼は以前に悪い寺奴を埋めた所に逃げこんで、以来、出なくなり、童子が逃げる鬼の髪をつかみとったが、その髪は元興寺に残っている。以上が、その伝説の大筋であるが、『日本霊異記』にはこの話のほかに、道場法師の孫の強力な女性の話二話を、聖武天皇の代に尾張国のこととして伝えている。

尾張国の片蕝里は、今の名古屋市中区正木町（金山近傍）辺といわれ、その地には現在、元興寺があり、同寺は道場法師が都から帰って郷里に建てた同名の寺と伝え、現在も尾張元興寺と称している。また別の伝では、その寺は願興寺といって南都元興寺の末寺となり、後に牛立村（名古屋市中川区牛立町）に移しているという。しかし、片蕝里と思われる地域からは白鳳期の古瓦が出土するので、もとここには在地豪族の氏寺があり、近世に浄土宗の僧香誉が再興して、この寺をその縁によって元興寺を称してきたとも考えられる。

つぎに敏達天皇の世のこととあるため、平安時代末期ごろまではこの物語を飛鳥の法興寺のこととしていたと思われる。それは『扶桑略記』の治安三年（一〇二三）の藤原道長高野詣での記事の中に、道長がその途中、本元興寺に立ちより宝蔵で鬼の髪を見たが、鐘堂の鬼頭は急には出せなくて見られなかったことが書かれている。また『七大寺巡礼私記』の南都元興寺の記事のうち、鐘楼の所に「但道場法師所㆑□之鬼髪在㆓本元興寺宝蔵㆒」と注記している。

ところが中世になって、鬼退治の寺は平城の元興寺のこととされるようになり、奈良の元興寺に近い地名である鬼園山や不審辻子をこの伝説に基づくものとするようになった。そして、寺側でも鬼を退治する雷の子を神格化して、「八雷神」とか「元興神《ガゴゼ(ジ)》」と称し、その面を作って寺宝とし、世間でも広くこれを受け入れて、ガゴゼ・ガンゴなどと呼び、「がごぜにかまそ」という小児をおどす言葉にもなった。

とにかく道場法師の話は有名で、藤原頼長の『台記』に久安二年（一一四六）の石山寺詣での記事があり、その中に、「次見二閼伽井一、乗恵曰、道場法師以レ爪掻二出此水一、又有二道場法師屐跡并一二石等一」と記されている。しかし一方では、道場法師を、宗性は『日本高僧伝要文抄』の中で実在の人物とし、高僧十五人の中に加えている。この道場法師を実在の人物とする立場からは、かれを法興寺の道昭の弟子とする考えも生まれている。

それはとにかくとして、道場法師の伝説は雷神信仰の一つであろう。雷の子にあたる道場法師は、田に水を引いたり、井戸を爪で掘ったりする水の神の力を持っており、農業を助ける法師であったことは、雷神が農業神であったことのしるしである。またこの説話には、農夫が雨やどりをし、雷が昇天した木は神の依り代となる霊木であること、寺奴の霊が鬼となって災をもたらす思想は怨霊思想の一つであることなど、民俗学上でも考えるべきところの多い伝説である。

図24　法論味噌売り（『七十一番歌合』）

この時代の元興寺の僧にかかわる伝承で、後世に有名になっているものに法論味噌がある。これは護命味噌とも飛鳥味噌ともいい、護命僧正が初めて作って、法論の間に粥に添えて出したと伝える。建長六年（一二五四）に成った『古今著聞集』に、南都の僧の持参した土産として書いているので、相当早い時代からあったものと思われ、元興寺の土産から、広く南都の土産品となっていたようである。室町期には『鈴鹿家記』や『言経卿記』にも出ており、明応ごろ（一五〇〇）に成った『七十一番職人歌合』には、「ほうろみそ売」としてつぎの歌がある。

　夏まではさし出ざりしほうろみそ　それさへ月の秋をしるかな
　うとくのみならの都のほうろみそ　ほろほろとこそねはなかれけれ

この伝承については、『下学集』に「本朝南都法論時用レ之（中略）但世俗所レ言也」とあり、近世には多くの書に採録されているが、『塩尻拾遺』には護命の伝を付会の論とし、「南都の製豆燥きてほろほろとする故の称」といっている。

元興寺の鎮守社

すでに述べてきた元興寺をめぐる諸仏の信仰や伝説とは性格が違うものであるが、ここで神社との関係、すなわち鎮守社のことにふれておこう。

神仏の習合と本地垂迹説は奈良時代にめばえ、平安時代を通じて成長してきた。この神仏習合は、各地域の土着神と仏寺とが結びつくかたちで出発するが、それは仏教側がいい出したことであり、仏寺はその所在地の地主神の援護または有力神との結びつきを望んだ結果として、神宮寺や鎮守社が生まれた。さきに記した、賢和の近江国奥津島の神に対し神宮寺を建てたのはその一例であった。そして、神の威光と仏の加護によってその地域が守られ、ひいては、天下のための五穀豊饒と疫癘退散がかなえられる形が成立した。

南都七大寺のうち神仏習合の明らかなのは、その因縁がどのようであれ、東大寺・大安寺・薬師寺の八幡大菩薩と、興福寺の春日明神とであって、元興寺については必ずしも明らかではない。近世には、法興寺が平城に移されて元興寺となった際に、飛鳥神並社がその鎮守社として、ともに平城に迎えられたという所伝があり、なお、その神社は小塔院の近くに所在している率川明神であるとの伝もある。しかし、この伝承は確かな根拠もなく、直ちに信じ難いものである。また白山辻子に白山権現社があり、近世以来、これを元興寺の鎮守社とする伝があり、『平城坊目遺考』には「当座古昔高市郡元興寺鎮守神にて法興寺同時に此地に遷す、即元興寺鎮守治田神社といふハ是也」とある。しかしこれも、近世の文献『八重桜』には「禅定院はからひとして北国第一の霊峯より効験無双の権現を勧請す」などとあって、飛鳥から移った時以来などとは考えにくい。おそらく、最初はこれといった鎮守社はなかったのではなかろうか。

それよりも、中世以来伝えられているように、御霊社が元興寺の鎮守社として遇されていたのが現実であったと思う。御霊社とは、陰謀等のために政局から失脚して天命を全うし得なかった人の霊魂がこの世に祟って、疫病を流行させるなど災をなすという信仰に基づいて、それら不遇だった人々の霊をなだめるために神に祠った神社のことである。奈良時代の終末期の皇后井上内親王・皇太子他戸親王、また不破内親王や長岡京にかかわる早良親王（崇道天皇）ら、いわゆる八所の御霊を祠る御霊神社が京都など所々にあるが、菅原道真をまつる天満社もまた同性質の神社である。

南都の御霊社は、社伝によれば、井上皇后・他戸皇太子配流の地である大和五条にできた御霊社を、延暦十九年（八〇〇）に南都元興寺南門前に勧請して、社を造営し、井上皇后を祠ったという。『璉城寺記』には、奈良町の南の三つの入口に御霊三社を鎮坐した、すなわち、上津道（紀寺町）に崇道天皇社、中津道（井上町）に井上御霊社、下津道（京終町）に他戸御霊社が建てられたとある。このことは病魔の町への侵入を防ぐ目的によるもので、京都の場合等を考えると、年次はとにかくとして事実に近いと思われる。そして、井上御霊社が元興寺門前にあったから、自然、元興寺の鎮守社として、無理なく寺側にも民衆にも受け入れられたのであろう。そのことは、『大乗院寺社雑事記』に御霊社元興寺という書き方がしてあることでもわかる。ただし、禅定院は東側丘陵上にある天満社を鎮守社としていたようである。

その後、宝徳三年（一四五一）の火災で元興寺は金堂を失い、御霊社もまた焼亡した。元興寺は、以後、三ヵ寺に解体し、御霊社は、その中の大塔観音堂で構成する一ヵ寺（中世末期以来、元興寺と称する）に接して建てられたので、この寺だけの鎮守社と考えられるようになった。そのことは、「東大寺末寺元興寺鎮守御霊社」という記述があるからである。

四　大寺元興寺の衰運

1　古代律令制の変貌と寺院

延喜天暦時代と摂関時代

十世紀前期の醍醐・村上両天皇の時代は、後世から、その時の年号をとって延喜（九〇一―二三）・天暦（九四七―五七）の時代として、時には聖代とまでいわれて追想されていた。その理由は種々考えられようが、この時代以前には藤原氏の摂政・関白が適宜置かれ、この時代以後にはそれが常置されたのに対し、この時代にはこれが置かれず、天皇親政の形がとられた時代であったということのようである。しかし現実には、この十世紀は古代律令体制にとっては大きな転換の時代であって、これまで律令制を支えたり、また象徴していた諸現象が、このころに集中して、消えたり姿をかえたりしている。

遣唐使は中止され、貨幣の鋳造は天徳二年（九五八）の乾元大宝をもって終り（皇朝十二銭）、国史の編集も延喜元年の『三代実録』以後は実を結ばず（六国史）、『日本書紀』の講書も康保二年（九六五）で絶え、法制も、「大宝律令」以後の格・式の総括と律令の解釈がこの時代をもって終る。班田収授は実行されなくなり、自墾地系荘園の増加に対する禁令が出される一方で、寄進地系荘園がふえはじめ、ついに承平・天慶の乱（九三五―四七）が起こる。年号の制定も、これまで祥瑞によって改元されたのに、延喜元年以後は天皇の代替りのほかに、甲子・辛酉の革命年か凶事によって改められる。以上のような諸現象をみると、この時代は古代律令体制の崩壊とさえみえるほどの時代であった。それ故に、いわゆる延喜天暦の時代とは、古代天皇制の最後の輝きの時代としてみられたということであろうか。

しかし、十世紀をもって完全に古代が崩壊し去ったのではなかった。このような諸現象にもかかわらず、以後なお、古代体制の残影が長く続く。それはいわゆる摂関政治の展開であって、この貴族政権は一種の律令制の変態ともいうべきものであった。それは、古代体制に代る新しい政治体制が未だ成熟していなかったということであろう。一般に摂関政治の始まった時期を、冷泉天皇の即位、藤原実頼の摂政となった康保四年（九六七）とし、応徳三年（一〇八六）の白河上皇による院政の始まる時までとしている。この間百余年、天皇制の形をとりながらも、天皇の外戚である藤原氏が摂政または関白として実権を握るという政治が行われた。官僚上層部を独占した藤原氏は、京都のサロン的舞台を中心として貴族社会を構成し、政治は形式化し、地方政治はなおざりにされたのである。

律令制の弛緩は軍事警察力の無力化にもあらわれた。諸物語に伝えられるように、都には盗賊が出没し、都の周辺には、都へ輸送される物資を強奪する山賊・海賊が横行し、地方へは中央の政治力が及ばず、治安が乱れた。そのため自己防衛が必要となり、中央の権門勢家は武士団を雇い入れ、地方農村は武装化した。承平・天慶の乱はその著しいもので、地方の独立さえ計画されたのである。こうして、やがて武士が政局を動かすようになる。

一般文化の面からいえば、九世紀は遣唐使の影響が強く、唐風文化が優勢であった。大学寮を中心に律令官僚が養成されたが、そのために、貴族は自らの一族のために学院を設けて唐風学問にはげんだが、特に漢詩文を尊重したため、漢詩文集が続出し、書道でも三筆の名が伝えられている。仏教界も、教学・美術ともに天台・真言の影響が強く、特に密教文化が圧倒的であった。

しかし、十、十一世紀になると、外国との公式交通がなくなり、大陸では、唐が九〇七年に滅んで五代の乱世に入り、朝鮮半島でも、九一八年に新羅から高麗へと王朝が代った影響もあって、わが国では国風文化が開花したといわれる。仮名文字とその文学は漢文に代って全盛期を迎え、延喜五年（九〇五）には、最初の勅撰和歌集の『古今和歌集』が成り、『源氏物語』のできたのは寛弘四年（一〇〇七）ごろかといわれる。また和様の優美な建築・美術・工芸の発達も著しく、その粋といわれる宇治の平等院鳳凰堂ができたのは天喜元年（一〇五三）であった。宗教においても神仏習合は進み、本地垂迹説も成長した。

貴族社会と寺院

以上のような律令制社会の変質に従い、仏寺もその姿をかえざるを得なかった。律令制下で政府の政治力が保たれ、国家財政も確立して、その威信がなお衰えない限り、官寺は国の権威の下でその保護を受けて勢威を示すことができたが、律令政府の衰運と変質とは、官寺にそれまでのような姿勢を保つことを許さなくなった。大寺と呼ばれ、定額寺といわれた官寺や准官寺は、その名目が形骸化して、これまで認められていた特権を失い、国分寺は十世紀ごろからその本来の機能を失って、単なる地方寺院に堕していったといわれ、古代に建立された氏寺の多くは、その氏族の没落につれて崩壊するに委される状態であった。

これに対し、貴族社会を構成していた朝廷と藤原氏の私寺、すなわち御願寺などが官寺に代って繁栄してきた。それらの寺院へは寄進地系荘園が集まって財力が豊かになり、中には僧兵までも蓄える寺院がでてきた。古代仏教の生命であった国政の一翼を荷うことを自負する国家仏教と、人生哲学を追求していた学問仏教とは全面的に衰退し、現世利益を求める観音信仰と、呪術的な加持祈禱が中心の密教となった。こうした中で、南都七大寺のうちの東大寺と藤原氏の氏寺である興福寺の二寺、これに王城鎮護の道場であり貴族との結合の密な延暦寺と、この山門に対する寺門としてこれに拮抗する園城寺を加えて、新たに四大寺と呼ばれる場合があった。ここに至って、大寺の意味が俗的実力の大きな寺ということになったのである。この時代には、勅願寺である仁和寺・大覚寺・醍醐寺など、藤原貴族が京内外に建立した法成寺・平等院など、密教の中心寺院である東寺や金剛峯寺、観音信仰で栄えた石山寺・清水寺・鞍馬寺・長谷寺等が知られている。

さて元興寺の諸問題を考える上で、さしあたり必要と思われるこの時代の寺院についての二、三のことを記しておく。その一つは院家のことである。元来、院とは仏寺の場合、本寺の地域内外で独自の本尊や堂舎や資財と、時には僧侶集団をもかかえた一部のことで、これまで述べた所では、法興寺の道昭の禅院、平城元興寺の大塔院・小塔院や明詮の玉華院がそれにあたる。

このような院のほかに、院家があった。古代の寺院では、僧侶は本来僧房で共同生活するものであったが、平安時代になると貴族の子弟が入寺し、寺域の内外に自ら起居する住房を別に構えるようになった。これが院家で、平安時代中期以後、貴族社会が発達するに従い、その子弟の出家入寺する風が盛んになり、興福寺・東大寺・延暦寺等には次々と院家が増加した。例えば東大寺には、延喜四年に佐伯院を移して、これを聖宝に托してできた三論・真言兼学の東南院や、天暦九年（九五五）に光智（八九五―九七九）によって創建された華厳宗の本拠である尊勝院があり、興福寺には、天暦三年に空晴（八七八―九五七）の開いた喜多院や、天禄元年（九七〇）に定昭（九一一―八三）によって創められた一乗院、永長元年（一〇九六）に隆禅（一〇三八―一一〇〇）が開いた大乗院などがある。このような院家のうち、中世初頭ごろから皇族や摂関家等の身分の者が入寺した院を特に門跡というようになった。それらのうち、東大寺の東南院のことは前章でふれたが、大乗院のことについては次節で述べることにする。

つぎにあげるべきは、寺の別当のことである。別当とは、本来は本官のある者が別に他の機関の長たる職にあたるという意味の言葉であり、平安時代になってからは、兼官として諸機関に置かれた者を指すようになった。それが大寺や定額寺などの有力寺院に置かれ、その寺の代表権を持ち、寺の三役である三綱などの実務機関をその指揮下におくようになった。その主な任務は、貞観十三年（八七一）九月の格に、「凡寺家流例自在二三綱檀越一相共行二其雑務一、此外更置二別当一者、尤是為レ令レ荘二厳伽藍一」とあるので、伽藍の維持・修理等であったことがわかる。さらに『延喜式』によれば、諸寺は任期四年の別当を長官とするが、別当の選任はその寺の五師など有力者が能治廉節の僧を選び出し、僧綱や講読師の審査を経て太政官が任命することになっている。

東大寺では天平勝宝四年（七五二）に良弁が、興福寺では天平宝字元年（七五七）に慈訓（六九一―七七七）がそれぞれ寺務長官となっており、これを別当とするならば、その初任は奈良時代中期となる。しかし一般的には、別当の初めは延暦年間（七八二―八〇六）以降とすべきかと思われ、法隆寺では、承和年中（八三四―四八）に寺僧延鳳が初めて別当職についたといわれる。別当は、初めはその寺の僧から選ばれるのが立て前であったが、後には、その寺院内から必ずしも選ばれない場合が多くなっている。

つぎは僧兵のことである。律令制がゆるみ、社会の治安の乱れから、貴族が自己防衛のために武士団を傭い入れたと同じ事情で、寺院の僧兵が発生したといえる。寺領荘園が増加し、荘園内の豪族や農民が寺院の雑用を担当するうちにそれが兵力となり、寺の衆徒がその指揮官となって僧兵集団ができる。一方、寺院内に貴族出身の僧が多くなると、俗界の閥の力関係が寺院内に持ち込まれ、有力寺院の上層部を門閥出身者が占めるようになる。そして、寺院内の地位を競望し、特権を争うのに武士団の武力が使われるが、やがて武士団は、寺院や荘園を防衛するという対外的な問題の解決力として活動し、さらに国司の任免等、政治問題にも介入するようになる。前に引用した明詮の伝に、「発二東大寺興福寺大安寺之雑職人強力者六十人一、各帯二兵仗一将レ劫二和上（明詮）一強レ服二其罪一也、又欲下壊二却其院一以令上不レ終レ業也、八人率二其兵士一来二着於元興寺客房院一、各発二怒気悪口一諠譁都示二其威猛一」とあるが、この件は貞観年間（八五九―七七）のことであるから、僧兵発生の初期の姿であろう。このような形で有力な社寺に僧兵集団が成立するが、そのうち、南都の興福寺・東大寺のほか、延暦寺・園城寺の僧兵は特に強力で、貴族政治に影響を与えたもので、大和の多武峯や京都の清水寺などをもまきこんだ。元興寺は、そのうち興福寺僧兵団の動きに左右される時があった。

南都七大寺の動向

摂関時代の初期には、南都七大寺はこれまでの伝統的な役割を惰性的にはたしていたが、時代とともにそれは変貌していく。まず前例通り、政府の命じた法会等を表示してみる（表4）。

表から考えられることは、七大寺として仏事が行われることが、漸次、量質ともに細っていく傾向

表4　諸大寺に命じられた仏事（平安朝後期）

年次	仏事・法会の理由	命を受けた大寺	仏事内容
永延元年（九八七）	祈雨	七大寺	東大寺で法会
元年	貨銭流通	十五大寺	七ヵ日法要
永祚二年（九九〇）	藤原兼家送葬	七大寺等	念仏
正暦二年（九九一）	祈雨	七大寺	東大寺で大般若経転読
五年（九九四）	病気退散	七大寺	東大寺で大般若経転読
長保六年（一〇〇四）	祈雨	七大寺	東大寺で仁王経転読
寛弘二年（一〇〇五）	天変怪異	七大寺等	仁王経読経
七年（一〇一〇）	止雨	七大寺	仁王経読誦
長和四年（一〇一五）	主上不快、病死多数	七大寺	読経
寛仁元年（一〇一七）	疫病攘除	十五大寺	仁王経転読
元年	賀茂行幸祈	七大寺等	読経
二年（一〇一八）	祈雨	七大寺等	読経
万寿二年（一〇二五）	祈雨	七大寺	東大寺で仁王経転読
四年（一〇二七）	藤原道長送葬	七大寺、十五大寺	鳥部野参集
五年（一〇二八）	祈雨	七大寺	仁王経転読
長元五年（一〇三二）	祈雨	七大寺	読経
八年（一〇三五）	祈雨	七大寺	東大寺で読経
長久四年（一〇四三）	祈雨	七大寺、十五大寺	東大寺で法会
五年（一〇四四）	祈雨	七大寺	東大寺で法会
寛治三年（一〇八九）	祈雨		東大寺で千僧読経
嘉保三年（一〇九六）	地震祈	七大寺	最勝王経転読
永長二年（一〇九七）	春日行幸祈	七大寺	読経
承徳三年（一〇九九）	世情不穏	七大寺等	仁王会
嘉承二年（一一〇七）		七大寺	諷誦
久安三年（一一四七）	春日行幸祈	七大寺	読経

にあったことである。それでも摂関時代には、なお相当度の政府からの依頼があるが、十一世紀中期の院政の始まるころからは急に極度に減少している。また祈願の目的も圧倒的に祈雨が多く、春日行幸のごときは南都自体にかかわるものであり、総じて祈願の内容は著しく貧弱となり、形式化している。その背後には、根本的には律令国家の実がくずれて大寺の力も価値も少なくなったことにあるが、さらに王朝貴族たちが、都に近い天台・真言の寺院や、貴族が各自に都に新たに建てた御願寺などを現世利益の祈願の対象としたからである。いまひとつあげるべき事情は、南都の教学の衰退であろう。『元亨釈書』の治暦二年（一〇六六）の記事に、「此歳、南京七大寺奏、近世不レ賞二三会已講一学業似レ廃、是講徒之大患也」とあって、その教学の凋落ぶりを案じている。

　南都の教学の衰退に反比例して強大化したのは僧兵の活動であろう。僧兵についてはさきに概略述べた通りであるが、特に興福寺の僧兵は強力で、南都といえば興福寺の僧兵が思い出され、その武力と春日の神木の神威で、その主張が通るのを「山階道理」というほどであった。この武力の中心はもちろん興福寺の兵力であるが、他の南都諸大寺からもこれに協力、参加していたのである。『扶桑略記』の寛治七年（一〇九三）八月二十六日の条には、「興福寺大衆数千人、引二率七大寺等諸僧一参二上洛陽一、依二春日神民之愁一也」とある。また『中右記』の永久元年（一一一三）四月二十四日の条には、「早旦蔵人弁告送云、七大寺衆不レ与二力之由被レ下二宣旨一、南京衆上洛之定否難レ叶(計カ)者」とあって、京都では、南都諸大寺が興福寺僧兵の上洛に協力しないように要望している。

　ついで承安三年（一一七三）には、興福寺と多武峯・延暦寺とが大衝突した。ことは、多武峯が以前に延暦寺の末寺となり、ここで山王権現を祠ったことから起こった。『玉葉』によると、この年五月末には興福寺と延暦寺は「南北大衆蜂起、凡無二可レ止之期一云々」の状態となり、延暦寺側は近江の南都諸大寺の荘園を横領し、六月二十三日の条には「只山上凶徒等籠二多武峯一、動可レ焼二払七大寺一之由支度、（中略）如レ此之間時論嗷々、遂以焼二多武峯坂下四郷一了、仍山僧等停以可レ向二南都一之由結構、奈良大衆等同可レ向二叡山一之由発起云々、自レ昔以降南北大衆蜂起之中莫レ勝レ自二今度一、只仏法之滅尽也、五濁之世可レ悲々々」と記されている。そして『玉葉』その他の文書によれば、この年十月には興福寺の大衆は牒状を送り、延暦寺側が南都諸大寺の荘園を押領するのを訴え、天台座主明雲の配流を主張しているのに対し、院政政府は十一月十一日に官宣旨を諸国に下し、南都十五寺（七大寺と新薬師・大后・不退・法華・超証・招提・宗鏡・弘福）の寺領の没収を命じた。しかし実は、寺領は翌四年正月に復旧されている。

このような興福寺を中心とし、他の諸大寺をまきこんだ僧兵の闘争や寺領の横領等に対してであろうか、安元元年（一一七五）十一月には東大寺三綱が、興福寺の非道が中心で、七大寺の法灯も保たれ難く、仏法の破滅も近い状態であるから、その非道を止められるようにと訴えている。かつて王法・仏法とならび称され、学問仏教の本流を伝えてきた南都七大寺も、俗的勢力に動かされ、教学は衰退し、僧兵が活動して、仏法の破滅も近いかといわれる状態がきたのである。

七大寺間の格差

以上のように、南都七大寺は平安時代後半期には全体として凋落の歩を進めているが、その七大寺間の格差がようやく注目されてくる。これも、最初に仏事に参加した各寺院の僧侶数からうかがってみよう（表5）。

このうち、天徳四年では七大寺のほかに、延暦寺六十名、東寺・西寺各二十名となっており、寛仁元年には十五大寺で法会があり、七大寺以外では、法華・新薬師・招提・本元興の諸寺が各十五名、延暦寺六十名、東寺・西寺各二十名、四天王寺と崇福寺各十五名であった。延暦寺等が、漸次、有力視されていることがわかるとともに、南都諸寺の格差が増大していることも目立っている。『師守記』には光厳院のなくなった際に先例をしらべたことを記しているが、その中に、延久五年（一〇七三）六月に、後三条天皇六七日の御誦経使を東大・興福・大安・薬師・法隆・禅林・円宗の諸寺に立てたことを述べ、「先例七大寺共被レ立、而□（今）度除二元興・西大両寺一、被レ定二禅林・円宗寺等一、是

表5　法会に参加した各大寺の僧数

年次	東大寺	興福寺	薬師寺	元興寺	大安寺	西大寺	法隆寺
延喜元年（九〇一）	七〇	七〇	二〇	二〇	二〇	二〇	二〇
天徳四年（九六〇）	四〇	四〇	四〇	二五	二五	一五	一五
正暦五年（九九四）	三〇〇	三〇〇	八〇	八〇	六〇	四〇	四〇
長保六年（一〇〇四）	五〇	四〇	三〇	三〇	三〇	一〇	一〇
寛仁元年（一〇一七）	四〇	四〇	四〇	二五	二五	一五	一五
永長二年（一〇九七）	二〇	二〇	一〇	一〇	一〇	一〇	一〇
久安三年（一一四七）	二〇	二〇	二〇	一〇	一〇	一〇	一〇

依二時議一也」といっている。また、『中右記』の元永元年（一一一八）二月十八日の記事によると、千僧読経の時の各寺の出仕僧の数は、「延暦寺二百口、薗城寺百五十口、東大寺五十口、興福寺二百口、薬師寺三十口、法隆寺二十口（以下、略）」とあって、七大寺のうち、元興・大安・西大の諸寺は一人も出していない。これら出仕僧の数だけでは断言できないが、これは、それぞれの時代の寺院の勢力関係を示しているといえよう。

南都七大寺のうち、東大寺はもちろん代表的な勅願寺であり、本尊大仏を擁して総国分寺として勢威を保持し、破格の形で出発したその伝統を保っていた。同寺は、延喜十七年（九一七）に講堂と僧房等を全焼し、承平四年（九三四）には火災で西塔を、応和二年（九六二）には大風で南大門を、寛弘五年（一〇〇八）には火災で尊勝院を失っているが、なお壮大な寺観を誇っていた。

興福寺は、政権を手中にし貴族社会を構成する藤原氏の氏寺であり、九世紀初頭には堂宇も整い、承平七年（九三七）に神託があったといい、このころから春日社へ進出し、神威をかりてより強大となった。しかし、この寺は火災が多く、元慶二年（八七八）に僧房を、寛仁元年（一〇一七）に東金堂や塔等を、永承元年（一〇四六）十二月には大部分の堂舎を失った。さらに康平三年（一〇六〇）には中金堂の一廊を、嘉保三年（一〇九六）にも多くの堂宇を焼失したが、この寺の場合は、いずれの時もさすがに復興が早かった。ことに永承の時は、翌年二月に諸社寺院宮等にも復興への協力が命じられ、『造興福寺記』には、二年四月三日の条に「元興寺衆等、挙レ首向二泉木津一曳二材木等一」と、元興寺衆の協力ぶりを記している。

薬師寺は朝廷の寺として出発し、僧綱も置かれ、災害も天禄四年（九七三）の火災のほか割合に少なかったこともあって、上記二寺についでなお力があった。大安寺は本来国家隆昌を祈る中心の寺であったが、その位置は東大寺に代わられ、天暦三年（九四九）と寛仁元年と長久二年（一〇四一）の三度の火災で諸堂宇を失い、寺勢は振わなかった。西大寺は承和十三年（八四六）に講堂を失い、貞観二年（八六〇）と延長五（九二七）、六年の火事で主要堂宇を焼き、その復興は中世をまたねばならなかった。法隆寺でも、貞観年間に道詮（?―八七六）が傷んだ建造物を修理したが、延長三年に講堂・鐘楼など、その後にも上御堂などを失っているが、平安時代中後期には、聖徳太子信仰が高揚の気運にあったがために修理も行われ、寺運は開かれていったようである。

こうしてみると、元興寺は平安時代を通じて大きな火災にあうことなく、堂宇の焼失ということはほとんどなかった。しかし当寺は、律令制変貌崩壊期における国家や貴族の援護のない寺院の典型として、その悲哀を痛感せざるを得なかった。この間、自然災害や年数の経過による朽損という形で、寺観の衰退が目立ってきたのである。

2　元興寺の衰頽

元興寺堂宇の荒廃

南都大寺としての教学の衰えもさることながら、元興寺の衰運を最もよく示すものは、堂舎の破損による寺観の荒廃であろう。その実情を、『東南院文書』の中の長元八年（一〇三五）の「堂舎損色検録帳」が詳細に記録している。

この文書は、『左経記』の長元四年閏十月の項に「又被レ仰二云、有封諸寺并七大寺十五寺等、可レ令レ注二損破一之使、可レ差二遣何人一哉（下略）」とあるのに対する報告書であろう。なおこの文書は、もと東大寺のものとし、年紀も長久八年とされていたが、この年は存在せず、長元八年の誤りで、かつ元興寺のものであることが明らかになったものである。この文書は前の部分が欠失しているが、以下、これによって破損の状況を記してみよう。

南大門と中門の部は欠いていてわからないが、東脇門は扉板が破損し、東西勾殿は瓦の損失がはなはだしくて雨漏りし、垂木・飛檐・破風・壁等も、破損または剝落している。東西の幢は早くになくなり、柱一本が立っているだけである。二重屋根の金堂では、宝鐸・風招等の金物はほとんどなくなり、斗肱木・桁垂木等が朽損ははなはだしく、屋根や天井板もいたんで雨が漏り、壁は落ち、扉や高欄や連子窓も無実とあって、痛ましい姿である。灯籠は無事であるが、小幢四基のうち二基は心柱がなくなっている。講堂は、屋根瓦の五分の一が剝損し、天井板は朽ちて雨漏りはひどく、金物はなくなり、壁は落ち、戸や石橋も破損している。

これらの堂舎を囲む歩廊も瓦の半分近くが損失し、檐は垂れ、木負や垂木等のいたみははなはだしく、西軒廊は「極大破也」とある。食堂は、屋根は波打ち、角の方は垂れ下り、垂木・木尻・瓦負等は所々朽損し、石畳や石橋もいたんでいる。軒廊は前別当智真が修理を加えたが、それでも壁や瓦は落ちており、食殿は「件殿極大破也、雨漏」と記され、鐘堂の損傷も前記諸堂と大差はない。

西小塔院の小塔堂は、瓦の三分の一をはじめ、壁・礼堂板敷・長押・戸脛金・釘・扉等でなくなった部分があり、あっても破損しており、東屋等三宇の桧皮葺の建物は「无実年尚」く、門屋では門はなく、板扉は破損している。瓦葺七間二面の新堂院の堂宇は、瓦は損失して雨が漏り、壁も剝落し、桧皮葺の僧房については、「件房往年顚倒、材木朽失」と記している。

東塔院のうち、中門は修理の手が入っているがなお雨漏りし、南門はすでになく、北門は顚倒に瀕しており、歩廊の南半分は去年の大風に倒れ、北半分は傾き、桧皮葺五間二面の堂はなくなり、五重塔は修理されてどうにか姿を保っているが、所々の破損は同様にひどい。この院の僧房は、屋根の三分の一が破れて雨は漏り、草が生えている。

僧房の破損も、またいずれ劣らぬ惨状で、新房を加えて九棟のうち、東室南階大房十二室は所々傷んでいるが、西端の室はことにはなはだしく、同小子房十二室のうち中五室はなくなっている。東室北階大房十二室の建物のごときは亡失して年久しく、跡には大樹があり、同小子房の東端三間は一尺余り傾いており、新房の小子房十八間も西に傾いている。西南行大房十室も損傷はひどく、中央の馬道以東は天井がなくて雨が漏り、壁が落ち、破風等各部分が朽ちており、同小子房も壁の三分の二が落ち、中央部はまさに顛倒しそうである。西北行大房十室も瓦の破散や建造木材の朽損、壁の剥損も多く、同小子房も同様に傷んでいる。

中院では、築垣の一部が萱で葺いてあり、桧皮葺七間屋と同甲蔵と同三双蔵がすでになくなっている。温室院でも築垣は半壊し、桧皮葺阿舎は倒れかかり、門屋も破損している。蔵は築垣が全部なくなり、瓦葺の西双蔵の瓦の三分の一が吹剝がれ、客房はようやく残っているが、北双倉と東廁と西廁とはすでにない。大衆院でも中門は改造されているが、二面屋と酢殿と西醬殿と大炊殿は「已以无実」とある。修理所では、東の籾倉、北の甲稲倉、二間二面の竈屋、東三甲倉、東四倉、東五倉、甲倉、俵三双倉、三双倉、甲蔵等の倉が皆なくなっている。南院でも、三間四面の堂、三間四面の僧房、五間四面の僧房と西大門、東門などは「皆悉无実」。鳥居三基のうち一基はなく、二基は損じており、釘貫も一部なくなり、花園院も所々破損している。

最後に、四面大垣と東西北の門については、南大門の両翼の垣とその角はもちろん傷みがあるが姿は残しており、東大門は半分が倒れているが、その北の垣は大体存している。東北大門は傷みが相当で、その北部から北側への垣と北土（大カ）門とその西に続く垣は何とか残っている。つぎの西北大門については、「件門三綱等申云、為二去年大風一雖二顛倒一、前別当律師智真已以造立、但新古材木相交、上少（小）壁裏壁无実」と記されている。西北大門から中大門までの垣は相当傷み、その南に続く垣と西南大門およびそれに続く垣も、傷みはあるが形は残っている。

以上、煩をいとわず、破損状況を検録帳から詳述したのは、一つには、元興寺の規模を改めて知ることができるとともに、一つには、もちろん、痛ましい大寺の衰運の姿を明らかにするためであった。しかし実際は、この検録帳から受ける印象ほどの廃墟ぶりではなく、なお創建時の大寺の面影をどこかに止めていたのではないかと思う。それは、この検録帳が修理されることを期待して提出されたものであったからであり、また、他の諸大寺のような大きな火災を蒙っていないからである。

災害といえば、『日本紀略』によると、応和二年（九六二）八月三十日に大風が吹き、国の官舎や、東大・興福・西大・新薬師等の諸寺が多大の災害を受けたが、元興寺についてはは特記することもなかったらしい。また『中右記』には、長治元年（一一〇四）十月に元興寺の僧房に盗賊が入って、この時は「取二雑物一之間放レ火僧房焼亡、但切留不レ及レ広者」と大事に至らなかったことを記している。火災等で創建時の姿を失ったり、再興された堂宇であったりする諸寺に対し、この寺の寺観の衰運は三百余年にわたる自然の損亡が主たる原因というべきものであった。

元興寺の困窮

元興寺の寺観の荒廃は、同寺が困窮して堂舎の修補もままならなかったことを示している。そのことを実証する例が名物琵琶の一件である。

元興寺には紫檀の琵琶が所蔵されていたが、それは、延喜年間の楽器目録の中の琵琶十名物の中に、かの有名な「玄上」とならんであげられ、「元興寺」と名付けられた名器であった。『江談抄』や『古今著聞集』によると、後冷泉院が東宮の時に、元興寺別当が寺の修理料にあてるためにこの名物琵琶を売ろうとしたのを、後朱雀天皇（在位一〇三六—四五）が購入して東宮に献じたとあり、さらにこの琵琶を修繕するために保仲という人の所に出したところ、

図25　迷企羅大将像(源朝様十二神将のうち)

使の者が琵琶の一部を切り取り盗んだので、他の木で補い直し、以後、これを「切琵琶」といったが、なお後冷泉院の宝物であると伝えている。この琵琶はよほどの名器であったらしく、『台記』によると、保延二年(一一三六)十二月の大臣宣下の儀式後の御宴に用いられており、『冬平公記』には、元亨四年(一三二四)正月の詩会御遊びに鷹司冬平がこれを弾じ、「其音抜群」とか「音声珍重琵琶」などと述べている。元興寺はさすがに大寺の貫録があって、このような名物を持っていたのであり、『日本感霊録』の説話の中にも日虫唄という銘のある名笛の話がある。しかし十一世紀の中ごろには、この琵琶さえも手放さねばならなくなっていたほどこの寺は困窮していたといえる。

　さて前節で記したように、南都七大寺間の格差が大きくなり、元興寺の姿が衰えていくと、かつて南寺と北寺という形で元興寺と興福寺とが相対峙していた姿はも早みられなくなり、元興寺が興福寺の下風に立つという状態を示す諸現象がみえてくる。さきに記したが、興福寺の炎上後の復興工事にあたってはこれに協力したり、僧兵の蜂起には元興寺僧は常に動員されたりしている。この間、元興寺にあったものが、何らかの理由で興福寺へ移されたと思われるものがあるのもその現れの一つであろう。

『七大寺日記』の興福寺の項をみると、「（塔の）東ニ大湯屋アリ、卅石納釜アリ可㆑見、元ハ飛鳥寺ノ釜也、去永保之比歟」とあって、もと元興寺にあった大釜が十一世紀の八十年代に興福寺に移されたことがわかる。また、十世紀末ごろに活動した元興寺の絵仏師源朝の下絵による板彫刻もあるいはそうかもしれない。『七大寺日記』にも記されているが、『七大寺巡礼私記』の元興寺金堂の項に、「半出彫刻十二神将高三尺許、件神将有㆓仏後厨子内㆒、口伝云以㆓源朝之絵様㆒造立云々、不可思議也」とみえる薄肉板彫りの十二神将像のことであるが、まさにそれと思われる像が現在、興福寺に所蔵されている。興福寺の寺伝では、これらの像は同寺東金堂の本尊薬師如来像の台座の周囲に貼りつけられていたという。もし両者が同一のものならば、中世初頭の興福寺復興のときにでも移されたと推定できないことはない。

なお、元興寺の源朝は玄朝と同一人かと思われ、上記十二神像下絵のほか、醍醐寺の不動明王図像の製作や東大寺の曼荼羅修補にもかかわったことが知られている。

東大寺・興福寺僧の元興寺別当

十世紀の末期ごろから、元興寺が興福寺や東大寺の下風に立つようになったことを示している他の例証として、元興寺別当の補任をあげることができる。大寺院の代表権者としての別当の任命は、前節でみたように八世紀末か九世紀ごろからとみられ、初期には、多くはその寺の僧の中から選ばれたようで、元興寺の場合ももちろんそうであった。その初任はわからないが、記録で最初にみえるのは、九世紀中ごろに元興寺の僧延祥、ついで明詮が当寺別当となったことである。それは前章で引用した明詮の伝の中に「曩日延祥僧正為㆓此寺別当㆒」とあり、また「其後僧正（延祥）以㆓別当之職㆒譲㆓和上（明詮）㆒」とあるからである。

ついで、同寺僧円宗がこれに任じられたことが貞観元年（八五九）の「愛智荘検田帳」の署名によってわかり、願暁も元興寺の主となったと史料にみえるので、別当になったのかもしれない。しかもこの平安時代前期には、かえって元興寺僧が他寺の別当になっている。例えば歳栄は西寺別当、泰舜は東寺別当、義済は豊浦寺別当といった工合である。そして、元慶八年（八八四）の諸寺検校別当を定めた際に、元興寺には大納言藤原冬緒（八〇七―九〇）が俗別当に任じられた以後は、しばらくこの寺の別当についての記録が見当たらない。

その後、元興寺僧とされている延鑒は東寺長者を経て、天暦九年（九五五）から三年間元興寺別当を勤め、さらに京洛貞観寺別当となり、大僧都に昇っている。つぎに『東大寺文書』によると、天元五年（九八二）には東大寺僧の頼算が、ついで元興寺僧安快（?―九八四）が元興寺別当となっている。ついで『権記』には、長徳四年（九九八）十二月に広隆寺別当として行績をあげた松興が元興寺別当になったことを載せ、同記録はさらに、長保元年（九九九）に興福寺の僧扶公（九六六―一〇三五）がこれに任じられたことを伝えている。そしてこれ以後、元興寺別当は主として興福寺僧、ときに東大寺僧によって占められ、寺の堂舎の維持もそれらの僧の努力に負うことになった。

扶公は法相を学んで人望があり、『僧綱補任』や『権記』によると、長保五年に元興寺能治の賞として法橋に叙せられている。おそらく寺内をよく統率し、伽藍の修理にも勤めたかと思われる。かれはその後、寛弘二年（一〇〇五）には大安寺別当を兼務し、大僧都となり、長和三年（一〇一四）から二十年間も興福寺別当を勤め、万寿五年（一〇二八）には百僧を率いて雨を祈るなど、多くの行績をあげた。扶公について、寛弘四年には東大寺の済信（九五四―一〇三〇）が七大寺別当になった。済信は生来非凡で、勧修寺に入って密教と法相を学び、やがて仁和寺僧・東寺長者を経て、寛弘二年に東大寺別当となり、また大僧正にもなった。寛仁四年（一〇二〇）には、「聴㆓乗㆑車出㆓入禁門㆒、僧家蒙㆓此宣㆒以㆑信為㆑始」と『本朝高僧伝』に書かれた人であった。その後、万寿二年に元興寺別当のことを協議し、これを任命した記事が『小右記』と『左経記』にあるが、誰であるかは伝わらない。

そして『三会定一記』に、長元二年（一〇二九）になって興福寺僧の智真（九六四―一〇三五）がこれに任命されたことがみえる。智真は、前に述べた長元八年の「堂舎損色検録帳」の中に、北三間瓦葺軒廊一宇につき「件廊新材木相交、三綱等申云、前別当律師智真之加二修理一也」といい、五重大塔について「件塔加二修理一、三綱等申云、前別当律師智真相二交新古材一所二修造一也」と記し、西北大門についても「件門三綱等申云、為二去年大風一雖二顛倒一、前別当律師智真已以造立、但新古材木相交」とある人であって、この智真が別当として元興寺の堂舎の修造に大きな功績を残したことがわかる。さきの名物琵琶の一件は、年次に多少のずれがあるが、この時の修理費用の捻出のためであったかと思われるのである。

つぎに『興福寺別当次第』によると、真範僧正（九八六—一〇五四）は、長暦三年（一〇三九）から寛徳元年（一〇四四）まで元興寺別当を勤め、その後、興福寺別当に任じられている。真範は法相を学び、一乗院に住し、長谷寺別当をも兼務した。かれの興福寺別当在任中に、興福寺は永承元年（一〇四六）と同四年の二度の大火にあい、直ちにその復興に当たったのであって、元興寺僧の復興への協力はこの時のことであった。しかし真範は、『本朝高僧伝』によれば嘉遁の志があり、近江・駿河・越後等に煩を避け、大和三輪山のもとで没したという。

つぎに『僧綱補任』には、承暦二年（一〇七八）に法橋永算（?）が元興寺修造の賞として法橋となった記録がある。永算は興福寺の僧のようで、元興寺の伽藍修復につくしたものと思われる。その後、承徳元年（一〇九七）になって、興福寺僧永縁（一〇四七—一一二五）が元興寺別当に補せられたことが『中右記』にみえる。『本朝高僧伝』等によると、永縁の母は賢母の誉れがあり、彼は初めに一乗院に入り、元興寺別当となってから、康和三年（一一〇一）には大安寺別当を兼ねて、永久四年（一一一六）には大安寺修造の賞として法印大和上位を与えられた。『永久元年記』によると、この年、永縁は清水寺別当になったが、ときに彼は権大僧都で、大安・法隆・全勝・清水・興福の五ヵ寺の別当を兼ねたといい、『本朝高僧伝』等によると、晩年禁中腰輿を許され、権僧正となっている。同伝に「賛曰、孟母三遷令三其子為二大賢一、縁公一随二姚訓一遂成二大器一」と述べている。

永縁についで元興寺別当となったのは、東大寺の寛信（一〇八三―一一五三）である。寛信は嘉祥寺別当であったが、大治元年（一一二六）に元興寺別当を兼務し、『中右記』によると、大治四年には元興寺修理の賞として権律師に任じられたとあるから、堂宇の修理につとめたと思われる。その後、かれは東寺長者・東大寺別当等を勤め、康治元年（一一四二）には、鳥羽法皇の東大寺での受戒に導師を勤めたが、この時、元興寺の意賢が十師の一人となっていた。寛信は当時、真言・法相に通じた学僧として知られた人であった。

その後、久安三年（一一四七）に諸寺別当がきめられた時、元興寺には明海が入寺しており、『兵範記』によると、嘉応元年（一一六九）に諸寺別当の任命にあたっては、元興寺は旧の如しとある。ついで承安五年（一一七五）には興福寺の範玄（?―一一九九）が元興寺別当となったが、治承元年（一一七七）に興福寺大衆の訴えによってその任を解かれ、代って興福寺の蔵俊（一一〇四―八〇）が別当に任じられた。蔵俊は興福寺菩提院に住し、法相に詳しく、平清盛の崇敬を受けて、没後、僧正法印大和尚位を贈られた人である。さて範玄は、文治二年（一一八六）に元興寺別当に還補され、またその後、法隆寺別当を兼務し、興福寺別当にもなっている。

以上のように十一世紀初頭のころから、興福寺や東大寺の僧から元興寺など他の大寺の別当を出したのであって、元興寺などは興福寺や東大寺の僧の努力によって寺の修復ができたともいえる。換言すれば、これも元興寺自体の衰運を示す一例とすることもできよう。

興福寺の勢力と禅定院の成立

興福寺の勢力が元興寺の中に浸透していく事実を示すいまひとつの例が、禅定院の建立である。さきに記したように、独立していた禅院寺は元慶元年（八七七）十二月に元興寺の別院とされたが、当座はまだ右京にあった。ところが『大乗院寺社雑事記』や『三箇院家抄』によると、康平元年（一〇五八）に没した興福寺の僧成源が禅定院をおこし、初代院主となったという。しかも『雑事記』では、禅定院は飛鳥寺の別院であるといい、『三箇院家抄』には「建二立元興寺之禅定院一了」とある。すなわち、禅院寺が元興寺別院の禅定院となったということである。初代院主となった権少僧都成源は宇多源氏成頼の子で、延暦寺で受戒し、のち興福寺に移って法相学を主とした僧で、禅定院建立の因縁で、元興寺僧都また飛鳥僧都といわれたという。成源が興福寺僧でありながら、深く元興寺にかかわっていたことは、『東大寺文書』の永承八年（一〇五三）の「元興寺三論供家牒」にも大法師成源として署名していることでもわかる。以上によってみると、元興寺別院となった禅院寺は、十一世紀中ごろに興福寺僧成源によって禅定院として復興されたのであるが、つぎに述べるように、堂宇ができたのはそれから約五十年後であったから、おそらくこの段階では、元興寺内でその準備的なことが進められていたのではなかろうか。

図 26　大乗院庭園（禅定院）現状

その後、承徳二年（一〇九八）になって、禅院敷地として京東五条三里二十五坪の内三百歩の土地が、元興寺権上座の円昭によって元興寺に売却された。この時の売券を含む内閣文庫所蔵『大和国古文書』によると、この土地は十一世紀中ごろ以来、橘則任・紀友重・登美行近・藤原宗任の手を経て、円昭にわたった所であって、その場所は元興寺の東側にあたるかと思われる。そしてこの地に、新たに禅院の坊舎が建てられた。『中右記』の元永二年（一一一九）二月二十日の条に、「辰初出レ洛巳四点渡二宇治川一、申初来二着奈良禅院房一（元興寺、辺也）過二丈六堂北一程之間、相二逢権別当永縁一」と記されていて、大納言藤原宗忠が禅院房に着き、丈六堂の北で元興寺別当であった永縁に逢っている。したがって、この時、禅定院がさきの敷地に新たに建立されていたことがわかる。

この坊舎の建立は、以上のように土地が入手されてまもない時期であったが、それは法印頼実（一〇五〇―一一四三）によってなされた。菅家本『南都七大寺巡礼記』（東京国立博物館蔵）の興福寺の項に、「禅定院元興寺部、可レ入也、件院者飛鳥権少僧都成源建レ之、又永久年中頼実法印建二立堂舎一云々、」とある。頼実は『内山永久寺置文』によると藤原頼成の子で、「法務権僧正頼信《竜花院本願》并飛鳥僧都成源《禅定院本願》入室、法印隆禅《大乗院本願》附属弟子」となり、鳥羽天皇の勅願によって造立された内山永久寺（天理市杣之内にあり、明治初年廃寺となる）の本願とされている人である。元興寺僧亮恵が、保延元年（一一三五）に永久寺に入り密教流布の開祖となったということも、頼実の永久寺と禅定院とのかかわりと何らかの因縁があったかもしれない。

頼実によって建立された禅定院の堂舎等の結構は、『南都七大寺巡礼記』に「本尊弥勒如来号二丈六堂一、又在二釈迦堂一号二天竺堂一、又在レ塔本尊阿弥陀也」とあり、『三箇院家抄』に「堂五宇、塔一基、聖教道具・寺社記録等、民司庄小吉田庄古河庄」とあることによって、相当、整備された寺観を察することができる。なお、民荘庄は城上郡、小吉田荘は平群郡、古河荘は山城国相楽郡にあった。

さて禅定院の相承については、『三箇院家抄』に「成源―法印権大僧都隆禅《大乗院》―権少僧都頼実《禅定院》―法務大僧正尋範《内山本願》―法《井》務《山本願》大僧正信円以下如二大乗院相承一也」とあって、興福寺の成源が初代となり、大乗院を開いた隆禅がこれをつぎ、三代頼実が堂舎を建て、四代尋範以後は興福寺の院家である竜華樹院主を兼ね、信円以下は大乗院主・竜華樹院主と兼帯であった。それで、この三院を一括して三箇院家と呼んだのである。

3　浄土教思想と智光曼荼羅

浄土教思想の発生

古代体制が傾き、古代を支え、また支えられていた国家仏教・学問仏教が衰退して、個人的な現世利益を求める祈禱仏教が支配的となり、また仏教の世俗化が目立っていく中で、仏教界に新しく興ってきたのは浄土教信仰であった。この浄土にあこがれる信仰の高揚する背景には、厭世観または無常観といったような現世を否定する思想傾向があったと思う。

仏教は、本来、いかにすれば人間がその煩悩から解脱できるかを求める宗教であるから、その方法を理論的に究明していくところに仏教哲学が生まれ、直接的、実践的に悟るために禅や戒律があり、総括的に宗教としての信仰が説かれる。仏教哲学では、人間の悩みは現世・現実の諸事相に拘泥し執着するところから生ずると考え、人間がこだわる現実在とは、実は空であるとか、あるいは現実在とみえるのは、相対的な人間の感覚によって認識されたものにすぎず、絶対的な存在ではなく仮の姿なのだと説く。このような哲学は、仏教諸派の中でも、わが国に早く伝えられた三論や法相の教学に色濃く現れていた。ところが、わが国民は本来現世を重んじ、現実を疑わない傾向が強く、人生問題の哲学的解明は得意ではなかったといわれる。従って、飛鳥時代以来仏教を受容し、寺院の建立荘厳につとめても、このような仏教哲学は容易には理解できなかったと思われる。聖徳太子が「世間虚仮」の言葉を残し、山上憶良が世のむなしさを詠じても、それは一部の人の言葉であり、表面的な表現にすぎなかったのは当然であろう。それはまだ、無常観とか厭世観といえるものではなかった。

しかしその後、奈良時代には学問仏教として三論や法相の教学が進み、平安時代前期には天台・真言の二教派が根付き、法会における論義等を経て、仏教哲学への理解は大きく進展したと考えられる。こうして、仏教のもつ色即是空とか現世否定的な傾向の思想は観念的には理解されたが、それが実感され、思想として定着するためには、社会の矛盾が露呈し、世相が衰運を示すという環境が必要であったのであろう。十世紀ごろから始まった古代崩壊への歩みこそが、これを提供したのである。社会のこのような動きのもとで、現世否定の思想は仏教界から俗界へまで広まっていった。

以上のような考え方が、広く社会の中に無常観とか厭世観として成長していくのであるが、さらにこの傾向を助長していった仏教思想に、三世の思想と末法思想がある。三世の思想とは、人間個人について、人生には前世と現世と来世があると考え、現世のことは、前世からの約束または前世での所行の結果であり、現世での所行の結果が、その人間が行く来世を決定するという思想であり、三世、因果応報の考え方である。これは人間界の不合理や諸矛盾を説明し、現実生活の倫理を教えるものであるが、前世からの因縁は、『源氏物語』では宿世観として強く表現され、来世の極楽と地獄とは諸絵巻物に鮮やかに描かれる。こうして因果応報の思想は、仏教界からは人を導く説経となっていくとともに、一種の運命論として社会に浸透していった。また人間が三世に生まれ替わるという点から、これを車輪のまわることに例えて輪廻の思想ともなっている。それは、衆生が迷いの世界である三界六道の間に生死をくり返すという意味で、三界とは欲界・色界・無色界を指し、六道とは地獄・餓鬼・畜生・阿修羅・人間・天上の六つを指している。

つぎに末法思想とは、世界は正法・像法・末法の三時を経過して衰滅するという仏教における没落史観（下降史観）で、三時の教えともいう。正法の世とは教・行・証が備わった時代、像法の世とは教・行のみあって証のない時代、末法の世とは教のみあって現実に仏教が行われない時代であって、正法は五百年あるいは一千年、像法は一千年、末法は一万年という。釈迦が涅槃に入ったのは、現在では紀元前三八三年ごろかと考えられているが、唐代では周の穆王の五三年（壬申、前九四九）とする説が主流であったから、日本ではこれを受け、正法一千年説をとって、末法に入るのは永承七年（一〇五二）と考えられていた。当時、都では治安が乱れ、東北には前九年の役があるなど、末法到来の思いをおこさせる社会情勢が整っていた。

律令制の行き詰りを示す社会情勢と、仏教における運命論や現世否定的人生観を土台として、わが国の浄土教思想は十世紀ごろから現れ始める。しかし浄土観そのものは、仏教の中に本来存在する。すでに大乗仏教の中で、衆生を済度する諸仏が住み、かつ主宰する仏国土、すなわち浄土を説く多様な経典が生まれている。その浄土としては、釈迦仏の霊山浄土、薬師仏の浄瑠璃浄土、阿閦仏の妙喜国、弥勒仏の兜率天、阿弥陀仏の西方極楽浄土などがある。中国仏教で浄土信仰が盛んになってきたのは五世紀に入ってからで、そのころには弥勒と阿弥陀の浄土の思想が広まっていたが、やがて阿弥陀の浄土思想が優勢となり、曇鸞（四七六―五四二？）や道綽（五六二―六四五）や善導（六一三―八一）らが出て、その信仰はさらに盛んとなり、これが唐代仏教界の大きな潮流となっていた。

わが国の仏教は、大陸仏教とくに中国の北魏から隋・唐に及ぶ仏教と、朝鮮半島の三国ついで新羅の仏教とを受けて発展したものであったから、浄土の思想は仏教伝来と同時に伝えられたわけである。それ故に八世紀初期ごろまでの浄土は、その遺産である天寿国繡帳・法隆寺金堂壁画・橘夫人厨子等にみるように、諸浄土が含まれていて特定し難く、その浄土を画いた目的も、追善供養や堂宇荘厳や単なる崇拝にすぎなかった。ついで、八世紀中ごろから十世紀にかけての期間は、浄土図の遺品は少ないが、文献によるだけで二十数例があり、そこでは圧倒的に阿弥陀の浄土が多くなるが、それら浄土図の製作の趣旨は、一、二を除いて前代とあまり変らない。しかし、十世紀末期ごろから唱えられた浄土は、前章で述べた元興寺明詮の玉華院弥勒堂と竜華会という兜率天浄土への信仰を除き、大部分は阿弥陀の極楽浄土への信仰である。また浄土三部経の理解も進んで、浄土図が単に死者追善や堂宇の荘厳や崇拝の対象としてではなく、浄土を観想し思慕して、死後そこに往生することを念ずる信仰へ進んでいる。浄土教思想というとき、ここまで進んだ信仰をさしている。

十一、二世紀におけるこのような浄土教思想は、それが仏教教団の内部に止まらず、外部へ著しく影響を及ぼしていることも注目される。それは、貴族からの入寺者が多くなり、民間布教者である聖や上人の活動があったこと、また仏教法会が儀礼化し仏教祈禱が盛んになって、貴族社会の日常生活の中にそれが入りこんだことなどによるのは勿論であるが、何といっても、古代律令制国家機構の崩壊に向かう諸現象によって生じた、人々の現世への不安と不満に裏付けられたものであったことは疑えない。

浄土教の展開と別所

南都の仏教界では、早くより浄土教思想の萌芽が育っていた。第二章で述べたように、元興寺には浄土経典研究者として三論系の智光があり、その智光にかかわる浄土曼荼羅があったと考えられる。この流れに、九世紀に活動した前記隆海が出ている。隆海は『今昔物語集』によると、その臨終には「沐浴清浄ニシテ弟子ニ告テ、念仏ヲ唱ヘ諸経ノ要文ヲ誦シテ其ノ音不レ絶ズシテ、面西ニ向テ端座シ」たという浄土教者であった。この隆海と同門の聖宝は東大寺の東南院に移り三論を伝えたが、この三論の伝流の中に浄土教は伝わっていった。東大寺では、これとは別に智憬（八世紀中ごろ）によって華厳系浄土教が開かれたが、華厳宗はその後、新羅の伝統から離れて、真言宗の中に吸収されるような形となったために、その中の浄土教の流れはたどりにくい。つぎに、興福寺の法相の学僧として知られ、秋篠寺の開基となった善珠（七二三―九七）にはすでに『無量寿経讃抄』があり、その弟子昌海は、『本朝高僧伝』に「楽二安養一撰二西方念仏集・阿弥陀悔過各一巻一」とある人である。しかし浄土教の展開が著しくみられるのは、むしろ比叡山の天台教団であった。

天台教団の思想の中には、一切衆生皆仏の悟りに到達できるという考え方があった。しかも天台教学は中唐時代に、すでに浄土教的なものを含んでいたといわれ、日本天台宗はその草創から浄土教に接近する要素をもっていた。しかし、最澄では法華三昧を実施したといっても、浄土教的要素は認め難いので、叡山浄土教の開幕は、円仁による常行三昧の始修によると考えられている。常行三昧は円仁没後、貞観七年（八六五）に比叡山常行堂で行われ、これを不断念仏と呼んだが、八月の山の念仏というように、八月十一日から七日間の年中行事的儀式であり、滅罪懺悔の法とされていた。このような常行三昧の念仏の実行が、良源（九一二―八五）や恵信僧都源信（九四二―一〇一七）を出す母胎となった。

源信は、寛和元年（九八五）に画期的な著述『往生要集』を著して浄土教の指針を示し、また二十五人が集まる念仏結社をつくり、昼間は『法華経』を学び、夜には念仏を唱えた。また、これより約五十年前には、比叡山から空也（九〇三―七二）が出て京都の町を念仏を唱えてまわり、市の聖と呼ばれた。

この天台浄土教は、やがて都の貴族社会に迎え入れられ、栄華を極めた藤原道長は法成寺を建て、その子頼通は宇治に平等院を造って、ともにこの世に浄土を現出させた。そしてこの風潮のもとで、阿弥陀堂の建立、阿弥陀像の造立、来迎絵画の制作、来迎会の演出など、仏教芸術の著しい展開が来り、この風はまた都から各地方にも及んだのである。

また比叡山の浄土教者の中には、寺院内上層部等の世俗化をきらい、信仰の純粋さを求めて本寺を去って別に草庵を作り、ここに浄土教団を作る者もでてきた。このような寺院化した草庵を別所といい、ここに集まる僧侶たちを聖といった。例えば、京都北東郊外の大原別所は、良忍（一〇七三―一一三二）が康和のころ（十二世紀初頭）にここに入って融通念仏を始め、黒谷別所は、後に源空法然（一一三三―一二一二）が出たことで知られる。

さて南都では、東大寺三論系の浄土教者が集まった別所は光明山寺であった。ここは南山城玉水の東山中で、真言宗広沢派の寛朝（九三六―九八）の開いた所であったが、永観（一〇三三―一一一一）が入って有名になった。永観は文

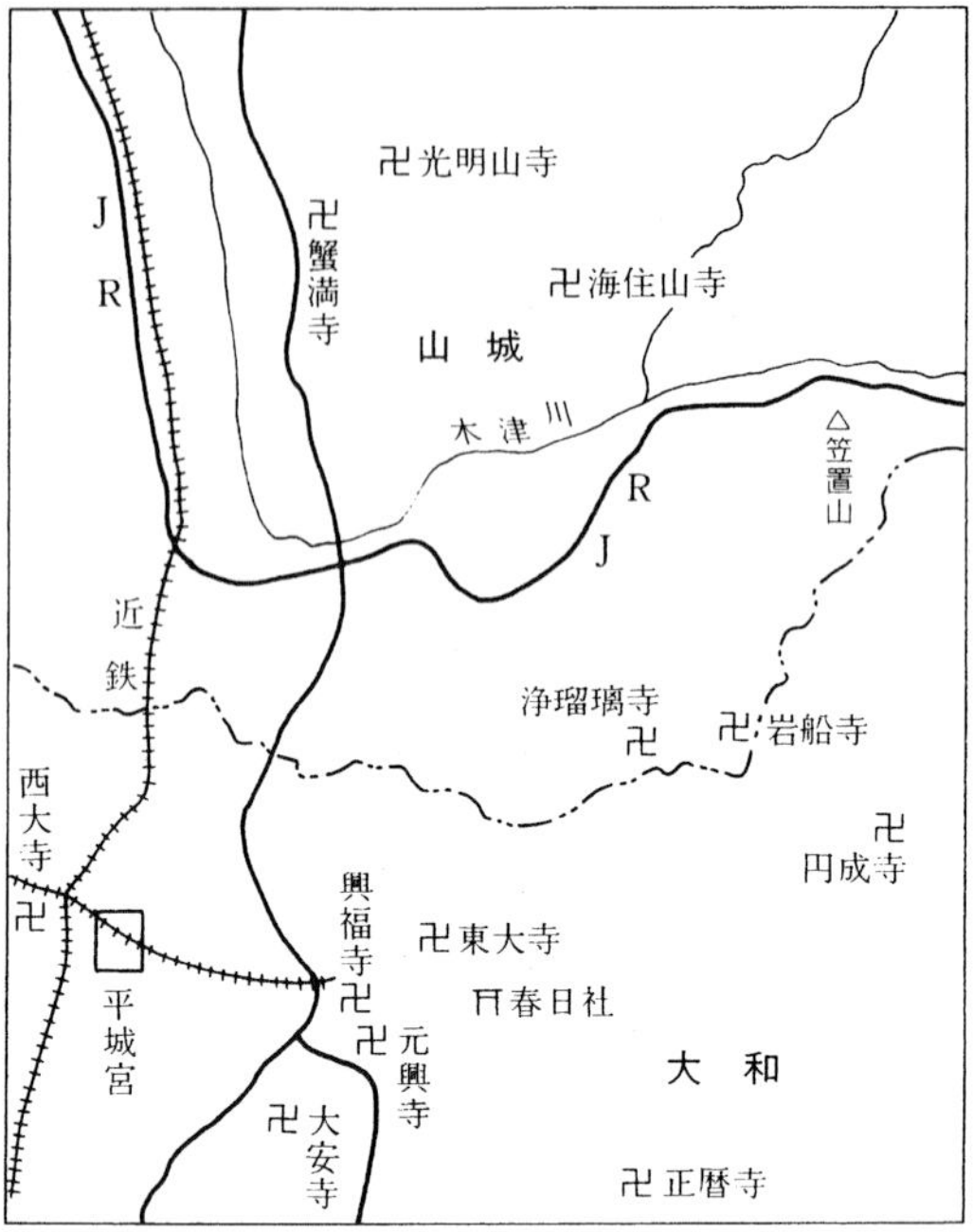

図27　別所関係図

章博士源国経の子で、東大寺から光明山別所に入り、さらに京都に出て往生講を作り、迎講を始め、『往生拾因』を著し、浄土教史上、源信と源空の間をつなぐ人とされている。また明遍（藤原信西の子、一一四二—一二二四）も東大寺からこの寺に入り、後に高野山に入っている。つぎに興福寺関係の別所としては、小田原聖とよばれた教懐（一〇〇一—九三）がいた小田原別所がある。その場所は南山城の現浄瑠璃寺の近くといわれ、教懐は後に高野山に入っている。興福寺については、『七大寺日記』に「池（猿沢池）東ニ別所アリ、浄名院・菩提院也、浄名院ノ西ニ井アリ、阿弥陀井云々、空也聖掘リ給井云々」とあって、猿沢池の東に空也の伝説をもつ別所があり、念仏聖が集まっていた。またこの近傍にある元興寺の智光の住房であった所が極楽房として知られており、これは元興寺の別所と考えてよいもので、次項で詳しく述べよう。

南都の三論・法相系の浄土教の展開は以上のようであるが、智光の著述は『往生要集』にも引用され、永観は京都に出ており、南都浄土教が叡山天台浄土教と深くかかわり影響しあっていたが、天台宗から法然が出るに及んでまた別な関係も生まれてくるので、それについては次章で述べることとする。なお別所は、高野山にも法隆寺にもあり、浄土信仰といえば四天王寺は忘れられない。四天王寺では寺の西門を極楽の東門として信仰を集め、ここが浄土教者の聖地となり、また聖徳太子信仰の一中心となっていた。

知られ始めた智光曼荼羅

智光曼荼羅は第二章で述べたように、奈良時代末期には確かに元興寺僧房にあった。しかし、この曼荼羅のことは久しく世に現れず、十世紀末の『日本往生極楽記』に、初めてその成立説話が語られたのである。それは何故であろうか。ひとつには、このころに『往生要集』が撰述されて浄土教思想が世上に広まってきたという一般的な情況があり、その雰囲気のもとではっきりと極楽浄土が意識され出したといえる。つぎに、かつての大寺のうち、貴族の支援のない寺は律令国家の衰運につれて気力を失い、寺運を維持するために別の外護者を求めたり、他の有力寺院の傘下に入るなどの形をとった。しかし同時に、寺自らとしても窮状打開の手段として、寺の縁起や特定仏像の霊力などを世に宣伝し、広く信仰を集めるために、聖を活動させもした。こうして、寺や特別の仏像等についての説話が語られたり文献に記録されたりして、世上に流布される。浄土三曼荼羅とされる他の二つ、すなわち当麻曼荼羅と清海曼荼羅も、その成立説話は十二世紀末にできた『建久御巡礼記』に初めて採録され、世上に知られたのである。

さて、智光曼荼羅の説話が世に知られてくると、曼荼羅そのものについての記録も出てくる。『時範記』によると、承徳三年（康和元、一〇九九）八月八日の記事に、この年六月になくなった関白藤原師通の追善法会に際し、この曼荼羅を後二条の邸に移して仏台にかけている。また、鎌倉時代の初期にできた『覚禅抄』に智光曼荼羅の略図があるが、その裏書に「元興寺以二極楽房正本一図レ之、後白河院御宇、元興寺別当範玄時僧都自二彼経蔵一進二覧之一、件本板ニ図レ之、長一尺広一尺（マヽ）寸也、普通本中尊合掌也、正本ハ不レ然」とある。すなわち、元興寺別当であった範玄（前出）がこの曼荼羅を後白河法皇に進覧したことがわかる。法皇は南都巡礼の時に極楽房で逍遥されているので、その折のことかとも思われる。覚禅（一一四三―?）もそのような機会に、この図を写したのかもしれない。

図 28 『覚禅抄』所収智光曼荼羅

さて、前記覚禅の裏書によって、智光曼荼羅には、方一尺余の小型の板絵であって、本尊が説法印の正本（原本）と、中尊が合掌印の普通本（流布本）があり、『覚禅抄』の図は正本を写したものと念を押しており、合掌のようにみえる説法印であって、右足を上に結跏趺坐している。この様式は『観無量寿経』系のものではなく、より古い様式ということである。この原本は室町時代に焼失したが、幸いに、元興寺には十二世紀の転写と考えられる板絵の智光曼荼羅が現存し、これが一応、現存中最古のものである。しかしこの板絵は、板を横並びにつぎあわせ、縦横ともに約二㍍余の大きさの浄土変相で、十二世紀の後期に、次項で記すように、元興寺僧房の一部が堂舎に改造されたころに、これにあわせて作られたものと察しられる。事実、近年の極楽坊本堂解体修理までは、この大型板絵は厨子の裏側に貼りつけられていた。この大型板絵の図様は『覚禅抄』の略画とくらべると、本尊は説法印であるが左足を上にしており、その図様の上で系統が違うもののようにみえる。また、小形の原本から大形の板絵が写され難いと考えると、大形の変相は原本以外のものをもとにしたかと思える。総じて、この図は観経系の要素が多いといわれ、また、前方に智光と頼光と思われる二人の比丘像が明瞭に画かれていて、智光の説話を知った上で描かれたもので、むしろ流布本に属するものではなかろうか。

中世末期の智光曼荼羅の諸本をみると、中尊が合掌でなく、二人の比丘像のはっきり描かれていない図様のものと、中尊が合掌で、比丘像のあるものとの二系統に分類できるので、ここでは前者を正本系とし、後者を流布本系とする。こう考えると、流布本が平安時代後期に現れて、すでに二種の智光曼荼羅があり、原本の方は秘蔵されて、流布本が広く知られていたと思われる。

極楽房と念仏講

智光曼荼羅が世間で知られてくると、それが安置されている堂もまたその存在を明らかにする。『覚禅抄』には曼荼羅を経蔵から出したとあり、現在の極楽坊の堂宇の一室が経蔵であったと思われるが、いずれの室であるかはきめられない。とにかく、智光の住房は元興寺僧房のうち東室南階大房の中の一室であり、曼荼羅はその中の一室にあったのであり、その部屋がやがて極楽房と呼ばれるようになったと考えられる。

極楽房の称呼は十二世紀初頭の『七大寺日記』に、「極楽房者智光頼光両聖人之共往生セル房也、仏(件カ)房ハ塔之北ニ一町許行テ、東西ニ横ル連房アリ、其中心馬道アリ、其馬道之東ノ第一房也、其房ニ為二智光カ所現一浄土相ヲ図写セル極楽曼陀羅尤可二拝見一」とあるのが初見で、以後の文献には頻繁に出てくる。ここに「東西ニ横ル連房」とあるのは、当然、東室南階大房であるが、十一世紀中期の『堂舎損色検録帳』には、北階大房はすでになくなり、南階大房も西端部は「雨不レ止」とあって、崩壊しかけていたらしくみえる。このことと近年の極楽坊解体修理の結果等をあわせて考えると、この大房十二室のうち残っていたのは、その東の部分八房であった。そして、その八房のうち東三房分を改造し、浄土曼荼羅をまつるために房の境をはずし、中央の室を内陣とする堂とし、東から四房目は馬道にしたと思われる。今、本堂の内陣の前に四角の境柱があり、その柱面に嘉応三年（一一七一）を最古とする寄進文が刻まれているので、少なくともその年以前にこの改築は行われ、先記板絵本浄土変相もこの前後のころに描かれたとしてよかろう。

なお、智光・頼光の住房として仙光院をあげる伝が、『三論祖師伝』や『三国仏法伝通縁起』をはじめ、中世以後の文献にみえるが、伝によってはこれを二人の住院としたり、また智光は極楽房で、頼光が仙光院とわけたりしていて一定しない。近世になると、頼光の住房仙光院は極楽坊の北にあったが、その跡は不明としたりしているので、ここでは仙光院のことはなお不明として取り上げないこととする。

智光曼荼羅を安置する極楽房という堂ができたことによって、ここで浄土の観想ができるとして、さらに念仏者が集まり、念仏講が結成されるようになった。いわば、ここが元興寺の別所的な形をなしてきたのである。

図 29　柱刻寄進文（嘉応 3 年）

以上のことを示す文献に、三善為康（一〇四九―一一三九）の撰になる『後拾遺往生伝』がある。その中の一話に、興福寺荘厳院実覚僧都の大童子であった忠犬丸（願西）のことがある。願西が飛鳥寺の側に草庵を結んで念仏し、天永元年（一一一〇）に往生したという。この話には極楽房とはないが、智光曼荼羅を祈念していたとしか思えない。もう一つの話は、関東出身の一上人が極楽房の百日念仏に連り、智光・頼光往生の場である興福寺竜華院中の一別坊往生院で、保安元年（一一二〇）に往生したという伝である。この第一の話では、極楽房として堂ができる以前の話とすれば理解し易い。わずか十年後の第二の話では、極楽房と竜花院往生院との間に混乱があるが、極楽房の念仏講がすでに行われているようにみえる。

さらに、藤原宗友の撰した仁平元年（一一五一）の序のある『本朝新修往生伝』には、遊行者で伊賀聖とよばれた元興寺僧の道寂が坐禅念仏し、眉間寺に入り、久安三年（一一四七）に没した伝を載せている。江戸時代の『極楽院図絵縁起』にも道寂と願西のことをあげていることであるし、やはり極楽房をとりまく念仏者と考えてよかろう。

極楽房の念仏講に関する史料としては、以上の念仏者の伝ではその年代等になお確実さを欠くので、確実と思われるものとしては、現本堂内陣前の柱に刻まれた寄進文を最古とする。その刻銘は八通あるが、そのうち七通は、いずれも百日念仏講の供養として田地等を寄進するというもので、その年次は嘉応三年（一一七一）を最古とし、あとは十三世紀になってからの年次のものである。少なくも十二世紀の中ごろからこの百日念仏講は始められていたのである。その内容については第五章第4節にゆずるが、『今昔物語集』の智光・頼光往生の話の終りにも、「其後其ノ房ヲバ極楽房ト名付テ、其ノ写セル絵像ヲ係テ、其ノ前ニシテ念仏ヲ唱ヘ講ヲ行フ事ヿレ今不レ絶ズ、心有ラバ必ズ可二礼奉一キ絵像也トナム語リ伝ヘタルトヤ」と記している。そしてここに集まった人達は、多くは元興寺や興福寺関係の僧であったと思われるが、かつての源信の講員二十五人の中に『日本往生極楽記』の著者慶滋保胤も加わっていたように、時代の矛盾を一番直接に感じていた中下級貴族官僚たちが浄土教に傾倒していったと思われるので、極楽房の念仏講には、南都であるから官僚はいなかったとしても、在地の有力な俗人が加わっていても不思議ではない。

4　院政期と南都寺院

院政政権の時代

平安時代後期、律令制の崩壊過程で、十世紀中ごろから約百余年を摂関政治の時代とし、応徳三年（一〇八六）から以後を、普通、院政の時代に入ったとしている。朝廷では退位した天皇が上皇として権力を持ち、摂政・関白としてこれまで権威を示していた藤原上層貴族の力が形骸化してきたのである。この上皇中心の政治を院政とするのであって、それは、白河・鳥羽・後白河・後鳥羽と上皇の権力は続く。朝廷におけるこの形態は鎌倉時代の末期、後伏見上皇まで続くが、平氏の六波羅政権あるいは源頼朝の鎌倉幕府成立以降は、実質上、武士による全国支配が成立しているので、一一九〇年ごろまで約一世紀間を院政期としている。しかし院政政権といっても、自らの力で全国を支配しているとはいえないので、藤原摂関政治の延長のような面もあり、この政治形態は、いわば古代体制の終末期現象とすることができよう。しかし、この政権を支えた勢力は、院の近臣と呼ばれた中下層官僚と、院庁の護衛のために傭い入れられた北面の武士等であったことなど、摂関政治とはすでに違った政治情況をみることもできる。

院政はその構造のうちに上記のような矛盾を蔵していたから、政治的に諸種の紛争がうち続き、内乱の時代といわれる状態がきたのも当然であろう。その一つは、康和三年（一一〇一）から天仁元年（一一〇八）にわたる源義親の討伐であり、つぎは保元元年（一一五六）の保元の乱で、後白河天皇と崇徳上皇をはじめ父子兄弟の敵対した事件であり、その三年後の平治元年（一一五九）の平治の乱も、藤原氏の兄弟や源平武士団の対立によるものであった。いずれも、院政という変態政治のもつ矛盾と藤原氏ら貴族内の権力争いがからみあい、これに新興武士団の勢力争いが加わっている。しかも、これらを解決したのは武力であって、その他、僧兵らの争乱も武士団の力で処理されねばならなかった。そしてその結果は、やがて武士団同士の対立する動乱に突入することとなった。

以上のような政治における諸矛盾、あるいは諸勢力の内部不統一や各種勢力の対立、入り組みは、社会・経済・文化の諸部面にも影響していた。地方は地方として半独立的な形をとり、地方の騒乱は私的な闘争とみなされ、巨大な荘園領主は独自に自分の私領地である荘園を支配している。しかも、それら在地支配者は、一方では都の貴族的文化の移植に熱意を注いでいる。平泉を中心とする東北の諸文化、北九州の諸文化、また厳島や播磨などにみられる瀬戸内の諸文化はそのような性格のものであった。また都の文化といっても、優雅といわれる貴族的なものが濃厚になっている反面、動的な活気を感じさせる新しいものも併存していた。例えば絵巻物でみると、『源氏物語絵巻』と『鳥獣戯画』や『信貴山縁起絵巻』などがともにこの時代に生まれており、『後拾遺和歌集』や『千載和歌集』が勅撰されている一方で、後白河法皇によって『梁塵秘抄』がまとめられており、これまでみられなかった型の『新猿楽記』や『洛陽田楽記』が現れている。

このように院政期の文化は、全体的にみて単純ではないが、さらに他面からみて著しく目につくのは活発な仏教界の動きである。その第一は、京都を中心に寺院の造立が盛んであったことである。その代表的なものは、京都白川につぎつぎに建てられた白河天皇から近衛天皇に至る人々の御願寺のいわゆる六勝寺であろう。それら諸寺はいずれも密教が主で、調伏や息災や増益を願うものであるが、他方で極楽往生をも期するものであり、その造営は受領たちの成功《じょうごう》によることが多かった。

第二は、前節で述べた浄土教信仰の高まりであって、阿弥陀堂や阿弥陀像あるいは来迎図等の圧倒的に多い製作である。第三は、僧兵団の動きで、全時代を通じてこの院政期が最も激しく強訴がくり返され、武士団がその鎮圧にかり出されている。第四は、上皇はじめ貴族たちの熊野や金峰山等修験寺院への参詣が多く、また広くその他の社寺への巡礼が流行したことである。そのなかでも著しいのは後白河上皇の熊野御幸で、一代に三十四回に上ったという。また院政を行った上皇たちの熊野御幸は計百回に近いと伝えられているし、貴族たちの熊野や御岳詣では盛んであり、その他、春日社社参や観音寺院巡礼もこの時代には多かった。

七大寺巡礼と観音信仰・修験道

平安時代の中期ごろから、京都貴族や僧侶たちの社寺巡礼が流行し始めるが、それには、円仁（七九四―八六四）や奝然（九三八―一〇一六）や成尋（一〇一一―八一）らの、中国での天台山や五台山等巡礼の影響があったであろう。その目的は、もちろん神仏の霊験にあずかろうとしての参詣であるが、その他に、多少の困難を経験する修行的な意味を含んでいた面もあり、また反対に、物見遊山的な要素がなかったとはいえないと思われる。こうした目的で参詣した巡礼社寺は、近くは洛中・洛外の名社寺はいうに及ばず、近江や南都や四天王寺から、遠くは高野山・金峰山・熊野にまで及んでいる。南都七大寺はここに恰好な巡礼の場を提供することになったが、南都の場合には、氏神春日社参や東大寺での受戒という特別な目的の南都行きもあった。南都巡礼にはそれらの目的を兼ねたものや、長谷寺・金峰山・高野山への途中という形式のものもあった。

以上述べた巡礼寺院からもわかるように、それら寺院の中には、観音信仰で知られる寺と修験道関係寺院があることが注目される。この二つの信仰は、平安時代に入って盛んになり、特に院政期において高揚したものであったから、ここで簡単にふれておこう。

観世音菩薩はインドの土着の神が仏教にとり入れられてできた仏であり、衆生がその名を唱える音声に感じて慈悲をたれ、人を解脱に導く仏であって、このことを説いた『観音経』は、『法華経』第八巻の「観世音菩薩普門品」を独立させたものとされる。わが国へは、飛鳥時代以来、観音像は伝えられたり造立されたりしたが、八、九世紀ごろには、悟りを啓いた如来よりは、その境地に導いてくれる菩薩がより身近に感じられたのであろうか、特に慈悲深く霊威を示す観音にすがる信仰が盛んになっていた。また国分尼寺の仏に観音像が多いように、観音に国家鎮護を祈る面も強かった。しかし十世紀になると、天変地異の消除とか五穀豊穣を祈る国家的社会的信仰が漸次形骸化していき、代って個人的な消災招福の祈願が盛んになり、衆生の切実な願い、すなわち現世利益を観音に求めることが多くなった。

この過程で、『法華経』が天台宗で中心の経典であるため、この経による観音信仰が強くなって六観音の考え方が広まり、さらに真言密教はこれに変化観音をあてたので、如意輪・十一面・千手・聖・准胝・馬頭の六観音が信仰されるようになった。こうして京都の貴族を中心に、天台系と真言系の観音信仰が個人的な現世利益を求めて盛んとなったが、さらに浄土教では、観音が阿弥陀如来の脇士となっていたので、極楽往生への助け仏としての信仰も広まった。

そこで、霊験があると伝えられた観音像をまつる寺院への参詣が流行し始めた。洛中の清水寺や六角堂などを始め、近江の石山寺や三井寺、大和の長谷寺や壷坂寺などが有名となって巡礼者を集めたが、その観音巡拝の寺院は、やがて西国三十三所札所となって固定し、巡礼の道順まできまっていく。

つぎに修験のことであるが、その始まりは、古代に山の霊気・霊力を体得して病気等に験力を示す呪術者であって、かれらは仏教の雑密の影響を受けていたと思われる。その開祖とされる役行者の根拠地は大和葛城山であるが、こういう修験の徒は、平安時代に入って天台・真言僧の山岳修行に刺戟され、地域的にもその霊地を広め、吉野山や金峰山や熊野等をその中心とし、いわゆる修験道を樹立していった。その信仰は平安貴族達にむかえられ、かれらの御岳詣でや熊野詣でが、院政期を中心に大流行したのである。熊野詣では宇多上皇以後、上皇や貴族層のが有名であるが、その道筋は河内・和泉から紀伊に入るのが主であったのに対し、金峰山への御岳詣でや高野山へは南都・飛鳥を経由して、吉野から入るのが普通であったようである。南都巡礼は、従って、御岳詣でや高野登山の途中でもなされたのである。

さて、南都に下向し、七大寺を巡礼した人たちは相当あったであろうが、中でも記録にみえる著名な人をあげてみよう。花山法皇の三十三所観音巡礼は単なる伝としておく。永延元年（九八七）に円融法皇の南都御幸があり、『日本紀略』に「修二行南京一、巡二礼諸寺一」とあるが、『百練抄』には、七大寺のほか長谷寺と笠置寺の参詣をあげている。つぎに、小野宮右大臣藤原実資がその日記『小右記』の永祚二年（正暦元、九九〇）九月七日に、「従二大安寺一騎馬参二元興寺中門一奉二御明一、又奉二御幣一罷出、参二春日神社一奉二金御幣一、（中略）即退帰二大安寺一」と記している。

その後、治安三年（一〇二三）に御堂関白藤原道長が十六人を引きつれて高野詣での途中、大和諸寺を巡礼したことが、『扶桑略記』『日本紀略』『栄華物語』等にみえる。この年、十月十七日に東大寺を宿所とし、翌十八日に、大仏、興福寺の北円堂と南円堂、元興寺を拝し、大安寺・山田寺等を巡った。十九日には、本元興寺に行って宝倉を開いたが、鐘堂の鬼の頭は見ることができず、急ぎ橘寺に向かっている。ここに鐘堂の鬼云々とあるのをみると、道場法師の伝説は敏達天皇の代とあったように、本来は法興寺（本元興寺）のことであったに違いない。『七大寺巡礼私記』にも、元興寺鐘楼の所で「但道場法師所□之鬼髪在二本元興寺宝蔵一、仍不二注載一レ之」とある。それがやがて、南都の元興寺のこととなったことは第三章第5節でふれた。

このほかに、永延三年（永祚元年、九八九）の一条天皇の春日社行幸にはじまる数多くの春日社への社参や、宇多天皇・円融天皇らの東大寺での受戒など、貴族の南都下向があるが、それらの折の七大寺巡礼の記事がないので、巡拝はなかったのであろう。

史料としての巡礼記

七大寺巡礼といっても、その折の巡礼記の類が残されていると、当時の寺勢や寺の伝承を知る上に何よりの史料となる。そのような巡礼記で最も古いものとしては、『七大寺巡礼私記』に引用され、菅家本『諸寺縁起集』（『南都七大寺巡礼記』）の異本奥書にもみえる、寛仁二年（一〇一八）七月に巡礼した定心の『寛仁二年定心阿闍梨巡礼記』があげられようが、その原本は現在伝わっていない。従って、巡礼記で現存する最も古いものは、大江親通（?—一一五一）が嘉承元年（一一〇六）に南都を巡礼した時の手記と推定されている『七大寺日記』である。親通は『本朝新修往生伝』にその略伝があり、「遠自二天竺一近至二日域一、視聴所レ触莫レ不二記録一、合為二三十巻一名曰二駄都抄一」とみえるから、記録に達者な人と思われ、その信仰については「臨終正念得二極楽迎一、紫雲正聳白日見レ之」とある。

大江親通は、さらに三十四年後の保延六年（一一四〇）に再度南都諸寺を巡礼し、『七大寺巡礼私記』を残している。この時は、七大寺のほかに唐招提寺をもめぐり、その記録は前回の記の増補であるだけでなく、その時までに残されていた縁起や巡礼記等を引いて、詳細な記述となっている。この『巡礼私記』は当時の寺院の実情だけでなく、親通の所感や諸伝承までも含んでいるために貴重な文献であり、これまでにも元興寺の規模等を述べる際に引用したところである。元興寺については、『七大寺日記』では諸堂の仏像や荘厳のほか極楽房や吉祥堂のことを記しており、『巡礼私記』では諸堂の記述のあとに、「右元興寺事大略記了、斯寺院之中金堂造様尤神妙也」と記し、東大寺の項に「元興寺小塔院師資次第略記」からの引用がある。

巡礼記といえば、つぎに『建久御巡礼記』がある。これは建久二年（一一九一）十二月二十九日から閏十二月四日まで女院が大和諸寺を巡礼した際に、これに随行した実叡がその翌年に記録したもので、『南都巡礼記』ともいわれる。実叡が跋文に「寺々ノ縁起参差ニシテ家々ノ日記差違」といっているように、単なる巡礼記ではなく、由緒などが詳しく記されている。女院については、八条女院説や近衛天皇皇后説などあって特定されていないが、「皇后ノ位ニ登ラセ」とあるのを准三宮の宣旨を受けたと解すれば、八条女院（鳥羽天皇皇女、暲子内親王）としてもよいと思う。乾元二年（一三〇三）の写本である尊経閣文庫本には、表紙裏に「或人云、鳥羽院御女、後白河院御妹也、八条女院御巡礼」とある。この時、巡礼になった社寺は南都七大寺のほか、春日社・招提寺・法華寺・新薬師寺・超昇寺・当麻寺・長谷寺であって、さすがに女院故の法華寺や、浄土曼荼羅を蔵する当麻寺・超昇寺や、観音信仰の長谷寺が含まれている。元興寺については、法興寺創建の縁起から南都に遷って元興寺となった次第と、智光曼荼羅の由緒を詳しく記し、さらに中門観音のことにもふれている。

南都炎上

さきに院政政権を支えた力の一つとして北面の武士をあげたが、度々の紛争の中にみられたように、武士団は上皇側にも天皇側にもまた貴族間にも結びついてその武力を期待され、諸事件の解決力となった。そして、平治の乱（一一五九）以後は平氏の権力が強大となり、六波羅政権の全盛期が来り、武士の貴族化の現象もみられた。しかしこの時期は、延暦寺と興福寺の対立による僧兵の争闘、後白河上皇を擁しての平氏一統の福原や厳島への移動、鹿ヶ谷事件など、世情は平穏ではなく、さらに大きな動乱にむかいつつあった。

治承四年（一一八〇）四月、後白河法皇は、院が招致していた武士団の棟梁すなわち傭兵隊長にあたる平清盛との間に確執があり、以仁王の令旨をもって平氏追討の命令を他の武士団や僧兵集団に下した。近江の源氏は源頼政を頭とし、園城寺の僧兵と結んで兵をあげたので、平氏の軍はこれを攻撃し、園城寺を焼き討ちした。園城寺の僧兵と以前から同盟関係にあった興福寺の僧兵も、これに呼応して立ち上ったが間にあわず、頼政の軍は宇治で平氏軍と戦って敗北した。興福寺の僧兵軍は戦線に加わるために北進を始めたが、すでに近江の軍の敗北をきいて引き返した。この時の僧兵軍は、先頭が木津に達したとき、後尾はまだ寺内であったという。関白藤原基通は事態を案じ、興福寺の僧兵をなだめ、清盛も手を引くよう興福寺を説得するための使者を送った。しかし興福寺はこれに応ぜず、使者団を殺してその首を猿沢池畔にさらした。そこで清盛は怒って、平重衡を将として四万の大軍を南都に向かわせた。

平氏の軍は般若寺坂と歌姫越えの二道から攻撃し、興福寺僧兵約七千と加勢した東大寺はじめ南都諸寺の僧兵がこれを迎え討ったが、衆寡敵せず敗退した。平氏軍は南都に乱入し、勝に乗じて民家に放火したため大火となり、この年十二月二十八日、東大寺と興福寺の大半を焼亡するという大事に至った。この間の事情を、元興寺を含む他の五大寺についての風聞が記されていることでもあり、また貴族のこの事件に対する感懐もみえるので、当時、右大臣であった九条兼実の日記『玉葉』を引用しておこう。治承四年十二月二十八日の項に、「伝聞、去夜重衡朝臣寄二南都一、其勢依二莫大一忽不レ能二合戦一云々、狛川原之辺在家併焼払、或又欲レ焼二光明山一云々、」、翌二十九日の項に、「重衡朝臣征二伐南都一只今帰洛云々、又人云、興福寺東大寺已下堂宇房舎払レ地焼失、（中略）七大寺已下悉変二灰燼一之条、為レ世為レ民仏法王法滅尽了歟、凡非二言語之所一レ及、非二筆端之可一レ記、余聞二此事一心神如レ屠、（中略）於二天台之両寺一者度々遭二其災一、至二南都之諸寺一未レ曽（有）二如レ此之事一、当二悪運之時一顕二破滅之期一歟、誠是雖二時運之令一レ然事一、当時之悲哀甚二於喪二父母一、愁生而逢二此時一宿業之程来世又無レ憑歟、（中略）仰レ天而泣伏レ地而哭、拭二数行之紅涙一摧二五内之丹心一、言而有レ余記而無レ益、」とあって、南都炎上の情報に動転している様が窺える。

兼実は翌五年正月一日の条に、「南都七大寺悉変二灰燼一、就中東大寺事公家専可二歎思食一、興福寺事氏之大事也、」といっているが、その後、詳しい報告が伝えられたので、そのことを正月六日の条に書きとめている。「民部卿資長送二南都焼失注文一、依レ為二希代珍事一注レ之、注進　興福寺中寺外堂舎宝塔、神社宝蔵等焼失事、（中略、寺中焼失堂舎）已上堂舎三十四宇、宝塔三基、神社四所、宝蔵大湯屋等也、此外三面僧房四面廻廊大小□門、□□房諸院不レ知二其数一、（中略）寺外（中略、竜華院等消失）但所レ残禅定院并近辺小屋少々、春日山内新薬師寺西辺小屋少々也、（中略）、春日神主泰隆注文（中略、東大寺諸堂炎上）残、興福寺内小房二宇、東大寺内堂舎少々、宝蔵僧房少々、元興寺内本堂已下堂舎少々僧房少々、(中略)禅定院内堂舎僧房、□野田辺僧房在家少々、」以上のとおりで、元興寺の諸堂宇と禅定院は災を免れた。『山槐記』や『三会定一記』等も罹災についてはほぼ同様の記録であるが、『山槐記』では、南都炎上の当夜、「未剋当二南方一有レ煙、若是官兵放二火南都一歟、入レ夜猶有二火光一」と、京都からもこの兵火が見えたことを記し、さらに罹災箇所の中に「元興寺辺、玉花院」とあって、元興寺としては玉華院が焼けたことがわかる。玉華院のことは文治二年(一一八六)の同院再建の勧進状に詳しく記されており、禅定院がこの時以後、興福寺の寺内扱いとなったが、その次第はともに次章で記すこととする。

五　中世の仏教と元興寺極楽坊の繁栄

1　南都復興と元興寺

東大寺・興福寺の復興と禅定院

平重衡の南都攻めの兵火によって炎上した東大寺と興福寺の復興は意外に早かった。全国統治力からいえば朝廷も藤原氏もすでに峠を越していたとはいえ、さすがに伝統の力は大きかった。東大寺の復興には朝廷とくに後白河法皇が中心となったのであろうが、現地でこの大事業を推進したのは勧進を勧めた俊乗坊重源（一一二一—一二〇六）であった。重源はもと醍醐寺の僧で華厳教学に詳しかったが、同時に浄土教に帰依して、自ら「南無阿弥陀仏」と称した念仏聖でもあって、所々に別所を開き民衆と接していたので勧進には好都合であった。かれはまた宋にも行っていたから、新しい宋の様式や技術を取り入れることもできた。

まず大仏の復旧は焼けた翌年から着手され、宋から来た陳和卿が中心となって、大仏の手や頭部などを鋳造し、早くも平氏滅亡の年である文治元年（一一八五）八月には、その開眼供養が営まれた。この法会には後白河法皇も臨幸し、参加した僧は千人で、そのうち東大寺三百人、興福寺五百人、薬師寺百人、法隆寺四十人、大安寺三十人、元興寺と西大寺各十五人であって、天平の古儀にも勝る盛儀であるといわれた。この元興寺十五人の法用僧は『東大寺続要録』によれば、唄一人、散華一人、梵音三人、錫杖三人、衲僧三人、甲僧三人、定者一人となっている。他の諸大寺と比べて参加僧が小人数であることから、当時の元興寺の寺勢が察しられる。なお『山槐記』のこの供養の日の記事に、「大仏殿前者蓋高座、其南退東立二院御所一、三面廻廊跡立二仮屋一、七大寺造レ之」とあるので、この日の準備には七大寺が協力したことがわかる。

ついで大仏殿の造営にあたっては、朝廷は造営料負担の国として周防国をあて、用材は同国のほか備中・伊賀からも調達し、ついで備前国もこの造営にあてられた。この大工事には源頼朝も積極的に協力し、重源の勧進による喜捨もあって、建久六年（一一九五）にはこの工事が竣工した。そこでこの年三月、後鳥羽天皇を迎え、参列僧千人という落慶供養が行われた。『東大寺続要録』によると、この度も元興寺僧が出仕している。すなわち、衲衆として宗実・快厳・実忠・珍尊・久胤・実賢・永詮・蓮行・有信、甲衆として春朗・貞詮・蔵淵・慶幸・春詮・泉幸・慶心・聖縁・隆縁、梵音衆として竜心・永珍・昌円の名が記録されている。

なおこの儀で注目されたのは、頼朝が武士団を率いて大挙参加したことで、これによって、頼朝は武威を天下に示すとともに南都諸寺の平氏討滅への協力に謝したものと考えられている。

ついで第三期の事業としては、大仏の脇士像と四天王像、南大門と仁王像、八幡宮と八幡神像、鐘楼の造営、二月堂の改造などであって、建仁三年（一二〇三）十一月に東大寺総供養が営まれた。この時の記事は『東大寺続要録』にあるが、元興寺僧参加のことはみえない。

興福寺は藤原氏の氏寺であるから、主として藤原氏一族の力によって復興した。東大寺よりは遅れたが、十三世紀の初めにはほとんど復興したようである。炎上の翌年には、すでに講堂以下、諸堂の上棟があり、文治五年（一一八九）には南円堂、建久五年（一一九四）には金堂ができた。九条兼実は頼朝に推されて摂政となり、また鋭意、この寺の復興に努めた。当寺は逐次、他の諸堂宇も整っていったが、その後、建治三年（一二七七）や嘉暦二年（一三二七）などに大きな火災にあい、鎌倉時代初期に復興して現在に残る堂宇は北円堂と三重塔だけである。

さてこの治承の兵乱のために焼亡したのは、興福寺ではその中心部だけではなく、春日野にあった大乗院も炎上した。大乗院主は前章で述べたように、興福寺の竜華樹院と元興寺の禅定院の院主を兼ね、この三院を三箇院家と称してきた因縁によって、類焼を免れた禅定院に身を寄せることになった。また興福寺西金堂の仏像を、金堂炎上後、一時この禅定院の丈六堂に移し、元暦元年（一一八四）にもとに戻したということもあった。そしてやがて禅定院周辺東部を大乗院の寺域とし、『三箇院家抄』に禅定院を、「治承五年以来准二興福寺内一、於二此坊一被レ始二行十二大会等一畢、但維摩会於二本寺一修レ之、自余一切令レ修二当所一也」とあるように、これより禅定院は興福寺内に擬せられることになったのである。ただし『玉葉』の治承五年六月十二日の項に、「而於二維摩会一者、自レ被レ始二行其会一以来、未三曽出二寺外一、仍年内必雖レ可レ被レ造二畢講堂一、其功莫大其期既近、若無レ合レ期之勤一者可レ被レ移二行食堂一之処、同以難レ終二其功一之由寺家所レ申也、若然者准二如常楽会一於二禅定院一当時被レ安二置焼残御仏等一別当房也被レ行者、已寺外也」とあって、兼実ははっきり寺外としている。なお三院家を兼ねることは、つぎの正嘉元年（一二五七）九月二十日の大乗院僧正宛の院宣によって改めて確認されている。

禅定・竜花両院事、如レ元可下令二領知一給上者、依二院宣一言上如レ件、経俊恐惶謹言

九月廿日　　左大弁経俊

進上　大乗院僧正御房

これは『経俊卿記』の、この日の「南都若徒党夜討事」の項に記されている。

釈迦信仰・弥勒信仰と玉華院

南都の体制派仏教といわれる南都七大寺系の諸寺のうち、東大・興福両寺は前記のように寺観が整ったが、これに

応じて、教学の上でもその復興として注目すべき僧を輩出した。その原因としては、末法の世における処世の道への模索、仏教界の世俗化と堕落に対する反省、ようやく興ってきた浄土教に対する反発、天台・真言を主流とする京都仏教への対抗意識等が考えられるが、何としても直接的には、南都炎上に対する危機意識とその復興の勢いからの刺激が大きかったと思う。

そしてそれは、まず釈迦信仰・舎利信仰として現れた。末法の世にあって、仏教の開祖釈迦に帰ろうと考えることは僧侶として当然のことであろうが、さらに真言では大日如来を中心の仏とし、浄土教では阿弥陀如来一辺倒であることへの批判であったかも知れない。あくまで仏教の源流に帰ることを強調するものであった。舎利は釈迦の霊骨であるから、釈迦信仰は、当然、舎利信仰ともなったわけである。これを高唱した先駆者は興福寺の貞慶（一一五五―一二一三）で、解脱上人として知られている。南都仏教の教学復興につとめた法相学者であり、笠置寺に入り、また山城甕原の海住山寺を再興した。つぎに釈迦信仰に熱心であったのは東大寺の高弁（一一七三―一二三二）で、明恵上人といわれた。華厳と真言をきわめ勤行につとめ、また東大寺を去って高雄や紀州に赴いて遁世の聖といわれた。釈迦を慕ってインド渡航を志したが中止し、舎利講式を作り、やがて京都栂尾にあった神護寺の別院を高山寺とした。

かれらによって高揚された釈迦信仰は、当時の南都寺院全体に及んでいたのであって、少し遅れて出た西大寺の叡尊（一二〇一―九〇）もまた釈迦への信仰が厚く、西大寺には叡尊によって造立された立派な舎利塔がある。事実、この時代には、舎利を納めた石塔や水晶の舎利塔、あるいは工芸の粋をつくした舎利塔が残されている。

鎌倉時代を通じて南都を中心として釈迦信仰が高まり、釈迦念仏が流行し、仏舎利の功徳が強調された。しかし釈迦の再来は無理であるが、仏説によると、弥勒菩薩が五十六億七千万年後に下生して一切を教化するとあり、弥勒は釈迦と同体とも信じられていたから、弥勒の下生を待望しつつも弥勒の浄土兜率天に上生できる日を望む信仰、すなわち弥勒信仰もまたこの時代に広まった。先記の貞慶はこの信仰の鼓吹者でもあって、建久元年（一一九〇）には弥勒信仰高揚のために「竜華会願文」を作り、同三年には笠置寺に入って逐次、般若台や十三重塔を建て、元久元年（一二〇四）には竜華会を始めて、その流布につとめた。そして当時は、吉野の奥の金峰山と、北吉野といわれた笠置山が弥勒の浄土と信じられており、宇陀大野寺の磨崖弥勒像も、承元三年（一二〇九）に興福寺別当雅縁の造顕にかかるものであった。そして元興寺の玉華院も復興するが、これは貞慶の助力に負うところが大きく、その次第は『弥勒如来感応抄』によって明らかであるから、この資料によって、以下にその復興の次第を記してみよう。

元興寺の玉華院は第三章で述べたように、明詮が斉衡年中（八五四―五六）に弥勒像を造り、元興寺の別院として玉華院弥勒堂を建てて竜華会を始めたのであったが、治承四年（一一八〇）の兵乱にあい元興寺ではただ一つ玉華院が炎上したのであった。『弥勒如来感応抄』には、その再建のための文治二年（一一八六）の勧進状が収められている。それによると、貞観三年（八六一）の竜華の初会について、「天皇欽仰殊助二道儀一、凡厥王侯卿士緇素男女含二随喜一結二善縁一之者済々焉」と記し、治承の炎上については「爰治承之暦回禄吐二災煙一焰之中仏像纔残、蓋化縁之未レ尽也、于レ時隣里悲喜仮結二草軒一、露滴漸侵月容半霑、痛哉希代尊像一時朽損矣」といって、十方の施主に奇蹟的に消失を免れた弥勒像のために小堂の建立を願っている。ついで建仁元年（一二〇一）十二月二十三日付で、玉華院弥勒講のために貞慶が弥勒講式を作っている。その講式には最初に、「先三礼　次神分　次表白（中略）近為レ上二生内院一、遠為レ値二遇三会一、聊修二講演一以期二引摂一、是故初懺二悔罪障一、次讃二嘆慈尊一、後廻向発願矣」として趣旨を述べ、以下に、懺悔罪障・讃嘆慈尊・廻向発願の三項目について語り、最後に、「仍唱二伽陀一云、願我生々見二諸仏一、世々恒聞二深妙典一、恒修二不退菩薩行一、悉証二無上大菩提一、南無　当来導師、弥勒如来、自他同証、無上菩提　六種」と結んでいる。この構式を受けて僧信長は、再建した玉華院に毎日弥勒講を修するがために、この月晦日付の勧進文を作っている。ここに玉華院弥勒講は信長を中心に貞慶の助力によって復興したと考えられる。

このような南都における教学の復興といえば、東大寺の華厳の興隆につとめた宗性（一二〇二―九二）や凝然（一二四〇―一三二一）らも忘れられない。宗性は『日本高僧伝要文抄』など多くの著述を残し、東大寺別当となった学僧であり、貞慶の弥勒信仰の継承者でもあった。凝然は諸宗派に通じ、歴史や儒学ら諸子百家の学にも明るく、その著述は百二十七部千二百余巻といわれ、『八宗綱要』や『三国仏法伝通縁起』などで仏教の伝流を説き、『浄土源流章』では日本の浄土教史を書いている。

法然系浄土教と南都

前章でみたように、平安時代後期になって興ってきた浄土教はその後、急展開をみせるが、その最初の動きは、比叡山系黒谷別所の念仏聖源空法然が安元元年（一一七五）に専修念仏を唱えたことである。普通、これを浄土宗の開宗とするが、法然は、やがてかれに帰依した九条兼実のために、建久九年（一一九八）に『選択本願念仏集』を著して、これを浄土宗の立教開宗の書とした。その教義は浄土三部経を基本とし、中国の善導の教えをよりどころとした易行の教えで、阿弥陀如来に専心帰依し、念仏を修することで救済されると説くものであったから、末法を意識し無常観にとらわれた上下の人たちの信仰を集め、京都を中心に法然教団ができていった。しかし、この動きは延暦寺などからの非難もあったので、法然は七ヵ条の起請文を作って門下の者を制戒したが、やがて、これまで宗教界に君臨していた比叡山や南都から本格的な攻撃を受けることになった。

南都では、元久二年（一二〇五）に貞慶が『興福寺奏上』を書いたが、これは八宗同心の訴えとして法然の念仏を攻撃したもので、この中で貞慶は、「永紏㆓改沙門源空所㆑勧専修念仏宗義㆒」といって、法然の新宗を立てることなど九つの誤りを指摘した。この奏上が朝廷を動かしたものか、その二年後には法然と弟子たちが念仏停止の命によって流罪となった。その後、法然は許されて帰洛し、まもなく没したが、その弟子たちが再び専修念仏の布教を強めたので、比叡山がその弾圧を主張し、南都では、前記の高弁が建暦二年（一二一二）に『摧邪輪』を著して専修念仏を攻撃した。この著述は、高弁が法然の『選択本願念仏集』をみて、「今詳知、在家出家千万門流所レ起種々邪見、皆起レ自二此書一」とし、その過誤を指摘し非難したものであった。そこでまた、嘉禄三年（一二二七）に専修念仏停止の令が出された。こうして、法然の弟子たちは多く地方に逃れたが、その弟子証空（一一七七―一二四七）とその一派は、貴族との関係もあって京都に止まることができ、以後、京都西山の善峰寺を拠点とする浄土宗西山派として活動した。

この法然系の専修念仏と南都との関係は、前記のような対立だけではなかった。すでに早く、良源や源信の浄土教論の中に元興寺智光の論が吸収されていたし、東大寺系光明山寺の永観は平等院の番論義の選に入り、法成寺の竪義をつとめていた。法然はかれの『黒谷上人語灯録』の「逆修説法」の中で、「此朝元興寺智光・頼光捨二本宗一入二浄土門一、智光造二往生論疏一」といって、智光が我が国での浄土教の先駆者であることを認め、さらに「智光曼陀羅有二世間流布之本尊一、其因縁常知レ之、不レ可二具申一、可レ見二日本往生伝一」といって、智光曼荼羅が当時世間に流布し、縁起も有名になっていることを述べている。初めから、法然は南都に敵対する姿勢ではなく、文治六年（一一九〇）二月には東大寺で講説し、その中で三論と法相の深義を述べ、さらに、凡夫出離の道は口称念仏にしくはないと語っている。こうしてみると、南北両京の浄土教は、相互に理解し合い、相通じていたといえる。そしてこのことは、後で詳しく述べる極楽房の百日念仏講でも証明されるであろう。

つぎに注目されるのは、元興寺の東方近くにある興善寺の本尊阿弥陀如来像の胎内納入文書である。その文書は法然や証空から正行房に宛てた書簡や包紙で、その裏がこの像造立の結縁交名に利用されている。この像は元久二年（一二〇五）ごろの作と思われるが、その足枘の銘によって、この像はもと南都の東山中にあって、天正十七年（一五八九）に興善寺に移されたこと、また結縁者中に、大和山辺郡都祁村の来迎寺にある建仁二年（一二〇二）造立の善導像の結縁者と重複する人たちがあることなどから、証空の弟子かと思われる正行房が南都東部の山中を舞台として活動し、その周辺に法然系念仏集団をかかえていたと考えられている。南都がいわゆる旧仏教の本拠であり、その周辺が真言密教が深く根をおろしている地方であり、その上、南都には南都浄土教が広まりつつある限り、法然教団の南都自体への早い時期の侵入は無理であったであろうが、周辺山間部にようやく進出してきていたことは注意を引く。なお法然浄土教の南都への本格的な進出は、興善寺へ阿弥陀像が移された時期のころ、すなわち中世末期からとみられる。

2　中世社会と七大寺

中世社会の展開

日本の古代崩壊のきざしは、すでに十世紀ごろからみえていたが、その後、摂関政治・院政という貴族政権が二百余年間も続いた。その間に、徐々に律令制的古代統一国家の実体が変質していったのは事実であるが、十二世紀の末に鎌倉幕府が成立したからといって、京都や南都の貴族社寺社会がすぐに没落したわけではなかった。院政集団はなお京都貴族社会を代表する形で勢力を保ち、王朝文化の流れを引きついでいた。南都と比叡山に象徴される旧体制派の社寺も俗的勢力が強く、僧兵の活動が盛んであり、興福寺は事実上、大和を支配していた。

一方、鎌倉幕府の源氏政権も、その基盤は源家の嫡流という伝統的権威の上にあり、その支配組織も意識も多分に古代的なものを残していた。これを支えた関東武士団もなお家父長的な農業経営を行い、いわゆる惣領制とよばれる血縁的な社会組織が支柱をなしていた。すなわち、この幕府はかつての関東独立政権への夢を再現し、鎌倉に居をすえた古代の色濃い東国政権というべきものであった。前節で述べた速やかな南都の復興も、以上のような社会の条件によって可能であったのである。

ところが十三世紀になると、この情勢は大きく変動する。そのような変貌はすでに底流として徐々に成長していたのであるが、やはりその直接契機をなしたのは、源家三代の終焉と、これを原因として起こった承久の乱（一二二一）であった。この乱によって徹底的な打撃を受けたのは京都の貴族社会であり、後鳥羽上皇をめぐる院政集団はもちろん、貴族社会そのものが没落し、文化人を自負していたかれらもその伝統的貴族文化を生み出す力を失った。武家社会もこの乱を境にして変質していった。

この乱の前後には鎌倉有力御家人の討滅される者が多く、これによって、かの惣領制の崩壊がやってきた。そのことは、血縁的結合の原理による惣領制から地縁的結合の原理による守護制への推移であって、これは大規模な武士団の編成替えの始まりといえる。鎌倉幕府中後期の北条氏による執権政治は、このような動きの上に立てられた擬装的統一のもとで専制化を進めたものであって、その武士団の把握はなお脆弱であったといわれる。他方、古代的な地方豪族の独立的権力の崩壊も十二世紀終りごろから現れ始め、十三世紀に入って、その下にあった中小武士団の独歩の姿勢が著しくなった。換言すれば、十三世紀の前半期こそ古代的残滓の全面的な退潮と中世的な体制の卓越してくる交錯の時期であった。

中世社会は荘園制を基盤にしているといわれる。荘園の名目的所有者たる権門はようやく実力を失い始め、実際的にこれを支配し始めたのは開発領士すなわち在地領主であった。開発にあたっては、普通、一郷という規模で地頭的な一族がこれをなしたと考えられ、豪族といわれる大領主は、地頭的な一族たちを血縁による同族結合の形で統轄していたと思われ、この同族結合の体制を惣領制とよんでいた。それ故、十三世紀ごろに目立っていた惣領制の崩壊という現象は、豪族的領主に代って地頭的な領主層が上昇独立化し、それらが武士団の単位となって、活動の主体となってきたことを意味する。この地頭級領主の中には、荘園年貢の徴集や運送を委託される者も多く、やがてかれらの中から、現実に荘園を経営する者もあり、これが、地頭的領主すなわち武士の荘園侵略といわれる現象となる。またそのような地頭的小領主の中には、荘官として年貢の徴集から保管や売却までを行い、いわば商業分野にまで進出して問《とい》になる者もあった。以上のように、荘官地頭的な在地小領主層は、幕府の御家人であると非御家人であるとを問わず、荘園農業の経営でも商業面でも、主体的な役割をはたし始めたのが十三世紀であったといえる。

元興寺を考えるとき、以上のような一般論だけでは十分とはいい難く、大和と南都の事情を考えねばならぬ。大和の荘園は本来その規模が小さく、興福寺などその本所領家の多くが地元にあったから、その経営や年貢収奪には常に領家側の意向が強く反映していた。すなわち、夫役や雑公事の収取にみられるように人間支配的な面が強く、その意味では、生産技術の先進性にもかかわらず、古代的支配形態が中世にも持ち越されていたと考えられている。大和の中小在地領主たちは、かれらの経済の矮小性と孤立分散性の故に、興福寺等の領家に対決し、荘園を侵略していくよりは、むしろ古代的権力を持つ領家側と妥協し、その支配の末端に連なるという姿勢をとったのであって、後に大和の衆徒国民と呼ばれた者は、こういう形になっている中小在地領主を指す言葉である。そして、はじめは、社寺側はこれら衆徒国民を利用しこれを戦力としてきたが、やがてかれらは、逆に社寺内部の実権を握り、十四世紀以後の大和の動乱を導くのである。

南都は京都と同様に、荘園の本所領家の所在地であり、本所領家の貴族社寺が社交集団を形成して、伝統文化の荷い手をもって任じていた。本来、政府機関や社寺には、それに隷属する雑色などの手工業者や雑役をつとめる者がいたが、やがてかれらは、名目的荘園所有者化した権門を背景とし、その特権を利用して商工業者に成長してくる。この過程で発生したのが商工業者の座であって、座人は、なお権門を本所と仰ぎつつ生産と販路を拡大し、やがて、かれらの保護者であった権門が力を失っていくにつれて独立性を増していく。すでに寿永二年（一一八三）には、春日若宮社に属する元興寺の酒座があり、十四世紀の初めごろから符坂の油座が活動している。市についても、もとは荘園領主が開設し管轄支配していたが、漸次、市の座衆が自治能力を持ち始める。南都にはすでに、南市・北市らがあった。芸能においても、社寺など権門に隷属していた者が、やがて成長、独立化していくことは商工業者と似ており、各芸能の座を組織し活動を始める。

以上のような農村や町の現象を、貴族権門の没落と対比して、庶民の台頭という形で説明される場合がある。ただ庶民を直接生産に携わる者と規定すれば、たとえば農村の場合なら、荘官地頭層の社会的地位が上昇し、かれらについていた家人・所従が耕作権を確立するまで待たなければ、庶民という言葉は安易には使いにくい。しかし他面、作職とか作人という言葉が史料に散見し始めるのが十四世紀ごろであるのも事実である。そしてこの問題を考えるときは、地域差のことを考慮する必要もあろう。このような諸種の問題はあるけれども、概括的にみて、中世の仏教を考えるに際して、仏教の庶民化として扱うことは許されるであろう。

古代寺院から中世寺院へ

わが国古代の仏教は、初めは国家仏教でありまた学問仏教であり、これを支える経済的基礎は、官から施入された寺田や封戸などであった。それが、九、十世紀のころからは貴族仏教となり、呪術祈禱仏教へと傾斜していき、国家権力を引きつぐ貴族社会の支援のもとで、祠堂銭や荘園の寄進によって経済を維持し、法会を営み、堂塔伽藍の荘厳を保ってきた。しかし、中世になって貴族社会の力が衰え、武家の勢力が強大になるという変化のもとで、いわば古代の終焉が近づくにつれて、古代寺院もこれまでの体制で安閑としてはおられなくなった。中世になって有力寺院は、前代からの封戸や寺田等に代って貴族から寄進された荘園を土台とするようになったが、十三世紀ごろからは荘園への依存だけでは不安を感ずるようになった。

そこで一方で、十一世紀ごろから信仰の拡大のために始めていた寺院の縁起を高唱し、仏像の霊力を強調した勧進活動を、強力に押し進めざるを得なくなった。前項で述べたような社会の大きなうねりが、古代寺院をして中世寺院へと脱皮させる力となった。そしてここに勧進聖が活動し、寺社縁起を描いた絵巻物が続出したのは、この寺院側の動きの現れにほかならない。そして、寺側からの積極的活動は、寺院の復興・堂塔建立・仏像造立・所領寄進等諸種の目的をもっていた。

以上は、経済的な面からみた古代寺院の変貌であるが、信仰内容の面での展開も著しい。古代が崩壊していき、総領制がくずれ始め、いわゆる庶民層が台頭するという社会変動のもとで、斜陽化していく上層貴族社会ではようやく将来とか人生に対する不安が膨らみ、無常観や末法思想が広まり、それがやがて社会の各層にまで浸透していった。そして、これに対応する形で盛んになった仏教信仰が、十一、二世紀に盛んであった現世利益を祈る観音信仰であり、十二、三世紀ごろに活発であった来世の安穏を保証する浄土教であったといえる。それ故、観音信仰と浄土教はまず貴族層の中で育ち、やがて社会の各階層の要望にこたえるようになった。

法然の浄土宗、親鸞の浄土真宗、一遍の時宗などのいわゆる鎌倉新仏教は、このような社会の要求のもとで生まれた。日蓮の法華宗は来世欣求の浄土教ではなく、むしろ現世利益的な法華経信仰であり、経典自身を信仰する点で大衆にこたえる易行道の宗派であった。また、新たに渡来した栄西の臨済禅は新興武士団の心の支えとしてその信仰をあつめ、道元の曹洞禅は主として地方在住の中小武士団などの間に広まった。

このような宗教界の情勢の中で、南都の体制派仏教の側からは、前節で述べたように危機意識のもとで、釈迦信仰・舎利信仰・弥勒信仰が高唱され、それは後述するように、祖師信仰へと進展する。また南都浄土教は、元興寺極楽坊を中心に独自の展開をとげたが、東大寺・興福寺系の浄土教もあり、戒律復興運動は、直接、民衆に接し庶民に支えられていた。このように、七大寺で代表される南都仏教は、その土台を古代仏教にもちながらも、時勢の要求にそう諸種の仏教信仰の活発な舞台となったのである。ただ南都は、武士団も興福寺の支配下にあったために、禅宗はこの段階ではほとんど流入しなかった。

中世の南都七大寺

南都の東大・興福の二大寺は中世への変動期に、平家による焼打ちという打撃を受けたが、短時日の間に復興し、これと前後して、南都体制派仏教の僧侶たちのめざましい活動があった。しかし一方では、なお南都七大寺という伝統的な形は崩れ去ったわけではなく、いわば七大寺としての役割や活動の中にその力が発揮されているのがわかる。もちろん七大寺間では、大和の国司としてその権力を行使したといわれる興福寺が最も強大であったが、それは鎌倉幕府も大和に守護を置かなかったからであって、大和国が興福寺の造寺国にあてられた十三世紀後半に至って、完全に大和の俗権をも掌握したとされており、さらに強力な僧兵集団をもっていた。東大寺は総国分寺の伝統をもち、国家の寺として朝廷の権威を背景にもっていた。この両寺と他の五つの大寺との格差は、前代以来さらに明瞭に存続し、五大寺はそれぞれの道を中世社会の中で進めていた。ここでは主として元興寺に留意しつつ、七大寺という形での史料を追ってみよう。

さきに東大寺復興に伴う法会への参加僧のことをみたが、嘉禎四年（暦仁元、一二三八）十月に東大寺大仏殿千僧供養があり、この時の僧数は、東大寺四百人、興福寺五百人に対し、薬師寺と法隆寺は各二十五人、元興寺と大安寺は十五人ずつ、西大寺と唐招提寺が十人ずつであった。また宝治元年（一二四七）八月にも、東大寺で千僧供養があって、七大寺と唐招提寺の僧が参加しており、建長元年（一二四九）四月には、災異と水旱の損のため稼穡の業が心配だとして、七大寺をはじめ諸国の寺に『最勝王経』を転読して天下の豊穣を祈らせており、文永七年（一二七〇）二月には春日社への行幸の平安を祈らせている。つぎに、蒙古襲来に対する弘安四年（一二八一）閏七月の石清水八幡宮での叡尊による異国調伏の祈りには、南北二京の僧五百六十余人が参集したとあるので、南都七大寺からの相当数の僧の参加があったと思われる。ついで正応二年（一二八九）四月には病患退散のために南都七大寺と延暦寺とが七日間の『大般若経』転読を命じられており、正安三年（一三〇一）十一月には春日社の神鏡が奪われたための祈禱が七大寺で行われた。また『東南院文書』には光明天皇（北朝、在位一三三六—四三）の綸旨があって、天下の病気平癒の祈りとして、東大寺と元興寺での『仁王般若経』の転読が命じられている。

七大寺としての諸法会のほかに、七大寺巡礼も引き続き行われている。『続史愚抄』によると、弘長元年（一二六一）九月一日に、後嵯峨院と大宮院（姞子）と東二条院が山階寺（興福寺）に御幸になったが、それは七大寺巡礼のためであったとされ、同八日に南都から還幸になっている。さらに同記録の弘安六年（一二八三）十二月七日の条に、亀山上皇と大宮院と新陽明門院の春日社参籠があったと記し、ついで同十日の条に、上皇と女院方の当麻寺や西大寺巡礼があったが、このころ連夜僧たちの延年舞があり、朝廷側からは南都社寺に勧賞が行われた旨を述べ、同十一日に還幸になったとあって、この度は、七大寺のほか当麻寺巡礼もあったのである。ついで正和元年（一三一二）三月には、後嵯峨女院が七大寺巡礼のため法隆寺に参詣になっている。南都七大寺の巡礼は上皇や女院ばかりとは限らないから、もちろん、貴族や僧侶や庶民までの各階層の人たちによって、前代よりはむしろ盛んに行われたであろうことは疑いない。

七大寺巡礼が盛んであった反面、七大寺の閉門のことがこの時代に多くみえる。閉門の理由は興福寺僧徒の要求貫徹のためであったが、巡礼が盛んであればあるほど、この手段は効果があったわけで、興福寺僧兵の威力が、いかに南都の他の諸寺へも及んでいたかが察しられる。安貞二年（一二二八）五月二十七日から二十九日までの閉門は、多武峯へ発向することによるものであり、放火のうわささえあった。嘉禎元年（一二三五）十二月十九日の衆徒蜂起は春日の神木動座に及んだ大事であって、春日大明神の進発には元興寺僧も供奉を承知する旨の執行五師浄俊の請文が『春日大社文書』の中にあり、この時の諸寺の開門は翌二年二月十九日になっている。ついで翌嘉禎二年七月一日に、またも造営訴訟のための閉門があり、この時は十月晦日にまで及んだ。さらに建治二年（一二七六）九月十七日から十日間の閉門は、興福寺学侶の訴訟のためといわれ、正和元年（一三一二）九月十七日からの閉門は多武峯と争論のことによる訴訟のためと伝えられている。また、暦応三年（興国元、一三四〇）十一月の春日神木動座の時には、元興寺僧もこれに従って宇治まで出かけた次第が『春日大社文書』にみえる。なお、鎌倉時代末期かと思われる六月二十二日付の文書が『春日大社文書』の中にあり、これは、神木動座の供奉に同意する旨の元興寺執行五師弘信の請文である。おそらく神木動座の時には、常にそのような強制による元興寺等の大寺の僧侶の出動があったのであろう。

つぎに、元興寺別当の補任のことをあげてみよう。元興寺別当は前章で扱ったとおり、初期には元興寺僧の中からえらばれていたが、平安時代中ごろ以後は興福寺か東大寺かの僧が選任されるのが慣例となっていた。しかしどちらかといえば、興福寺僧が補任されることが多かった。中世に入ってもその勢いは続いていたようで、寛喜三年（一二三一）には興福寺僧円経が補せられ、寛元のころ（一二四四ごろ）には公縁がその任にあって元興寺の修復に努め、建長三年（一二五一）には興福寺の良盛が任じられている。前代同様、堂塔の維持・修理は、別当に任じられた僧の大事な仕事であったのである。

この時代、興福寺の勢力が強く、時々、寺内や南都一般に対して規制を出しているが、そのうちの嘉禄の新制といわれる規制には、七大寺別当で職務怠慢や悪党扶養のことがあれば改易するとか、七大寺別当が寺領を売買することを禁ずるなどの条項があるという。七大寺別当に関する項目があることは、興福寺が他の大寺を、あたかも末寺のように考えていた威力の現れといえるが、事実は、他の大寺の別当の多くが興福寺僧であったからともいえよう。七大寺のうち東大寺を除き、薬師寺・西大寺・法隆寺の別当は興福寺僧から出ており、元興寺と大安寺の別当は興福寺と東大寺から出ていたのである。なお七大寺別当については、承元四年（一二一〇）に勝手に弟子に譲ることを禁ずる院宣が出ているので、その選任には乱れが出ていたらしく思われる。また『春華秋月抄草』の裏文書に、元仁二年（嘉禄元、一二二五）に東大寺衆徒から大安寺別当職を要望した文書があり、その中に、「法隆元興両寺闕之時、猶及二専寺之鬱望一、是存二先規一之故也」といって、元興寺別当を要望しているのも、興福寺の独占化を物語っていると思う。

3　中世の本元興寺と元興寺

本元興寺の衰退

飛鳥の本元興寺は、十世紀ごろまでは第三章で述べたように大寺扱いを受けていた面もあり、寺観を保ち、諸法会も行われていた。建保四年（一二一六）に成ったと思われる『諸寺建立次第』には、「本元興寺又云法興寺金堂、二間四面二階、金銅丈六尺迦也、度々放レ光、講堂、丈六白檀十一面立像又救世観音、深沙大将、北僧房、弥勒石像一尺計、日本国最初仏像也、五重塔」とあり、鎌倉時代初期に書かれたという『諸寺縁起集』（護国寺本）にもほぼ同文の記述がある。しかしこれらの記録は、本元興寺がなお安定していたころの記録をそのままに受けて収録したものとも考えられる。十一世紀になると、実はこの寺も南都の元興寺と同様に、ようやく衰運に見舞われるようになったのである。

これを示す一つのことは弥勒石像の一件である。敏達天皇十三年（五八四）に百済から鹿深臣が伝えた弥勒の石像は、法興寺の東金堂に納められ、南都の元興寺へは移されなかった。『七大寺巡礼私記』（一一四〇）によると、「仏法本記云、欽明天皇御代、自二百済国一所レ奉レ渡之弥勒石像者、在二古京元興寺東堂一云々、然而此寺無二件像一、可レ尋」とあり、『建久御巡礼記』（一一九二）にも「彼馬脳ノ弥勒ハ本元興寺ニヲワシマシ、ヲ、多武峯ノ僧ヌスミタテマツリテノチ、ソノ石座ハカリヲ此奈良ノ元興寺ヘヲクリワタシテ金堂内ニ置ケリ、拝給シ是也」とある。その弥勒像は、十二世紀にはすでに本元興寺にはなく、多武峯に移っていたのである。そのことは『諸寺建立次第』の別の箇所にも、「彼瑪瑙像ハ本寺ニ安シ時、多□（武峯）僧盗、其座許遺也」と書いている。この弥勒像が本元興寺からなくなった次第

図 30　法興寺舎利容器

について、より詳しく記しているのは聖徳太子の伝である。

延応のころ（一二三九）までには成ったといわれる、法隆寺の顕真が書いた『太子伝古今目録抄』には、この像につき「有レ云、飢旱之時所レ売像、今多武峯平等院ニアリ、是天喜年中僧千満買取所二安置一也」とあり、さらに橘寺の法空によって撰述された『上宮太子拾遺記』には、保元三年（一一五八）の記として「件石像近来在二多武峯一、中比有二飢旱事一、仍本元興寺五師不レ知レ名以二件像一、於二多武峯平等院検校僧千満年百三住坊一、巨多価直交二易之一、後経二百年許一也、若天喜・治暦之比歟」とある。これからみると、十一世紀の中ごろに多武峯妙楽寺に売られたことになる。なお同記録にはこの像につき、「長一尺余或ハ七八寸、坐像也、色白極固、面貌奇麗耳」と記している。また『大乗院寺社雑事記』の延徳元年（一四八九）七月の記事にも、「石像弥勒ハ多武峯西口ニ在レ之」とみえる。

本元興寺の衰退を示す第二の事件は、建久七年（一一九六）の火災炎上のことである。このことを示す資料は、昭和三十一（一九五六）、二年に同寺が発掘調査された際に、塔の心礎から発見された舎利容器外箱の墨書銘である。すなわち、「此本元興寺、依二建久七年歳次丙辰六月十七日罹一レ火焼失畢、御庄司入阿、寺僧玄昭・明暁・隆円・賢賀・行円・玄暁」とある。この箱は、火事の翌建久八年に塔の焼跡を発掘して、心礎とその周辺から舎利と埋納品を発見し、再びこれらを土中に納めたときの箱である。そして舎利については、「本元興寺塔下掘出御舎利縁起」（『水木文書』）に詳しく記している。この縁起文は、「建久八年三月廿四日戊戌、従二大和国本元興寺塔心柱下一所レ奉二掘出一之御舎利、其数百余粒并金銀器物等本縁事」と書き出して、四月二十日付で権大僧都弁暁が注進している。

弁暁（一一三七―一二〇〇）は東大寺専勝院の住僧で、建久十年から東大寺を支配し、華厳のほか、法相・真言にも通じていた。弁暁はこの文で聖徳太子の伝記や諸記録を引いて舎利のことを考証し、終りに「仍今年所レ奉二掘出一者、馬子大臣祈請感得之舎利、其百済国所レ献之僧恵捴等所二将来一之舎利也、思此両篇之舎利共可レ謂二未曽有一」といい、両方の舎利はともに「是朝家第一之珍宝」としている。この舎利発掘と再埋納のことは、とりもなおさず前項に述べた舎利信仰の現れであり、弁暁の舎利縁起もこれを雄弁に物語っている。

建久七年の火災は、『上宮太子拾遺記』に泉高父私記文によるとして、「為二雷火一令二炎上一了、寺塔無レ残、但仏頭与レ手残云々」とあるので、寺は全焼したものと思われ、鳥仏師作の日本最初の金銅釈迦像は現在でもわかるように非常に傷んだのであった。『太子伝玉林抄』によると、その著者訓海が文安四年（一四四七）十月に本元興寺を訪ねた時のことをつぎのように記している。「伽藍ノ形一切無レ之、丈六釈迦像ハカリ在レ之、彼処ノ人ノ云、近キ頃マテハ一間四面ノ瓦フキノ堂アリケルヲ、唯先キノ武家入ノ時永享八年ナリ、堂舎ヲバ破リテ仏バカリ御ノコリ給ヲ、其上ニ四方ニ小柱ヲ立テ仏ノヌレ給ハヌヤウニ、ワラニテフケリ云々、言語道断ヰタマシキ風情也、彼処ノ人云ク、此仏ハ金ニテアルトテ盗人カ有ル夜フキゴヲ以テ御背ヲフキヤフリケレバ、此御仏ケ高声ニ釈迦殺スヤツト御トヨミアルニ依テ、驚テ捨去畢ヌトイヘリ、見レバ誠ニ御腰ノホドフキ破レタルアトアリ」。もって当寺の悲運をみることができる。

以上のような本元興寺の衰運にかかわらず、或いはかえって、伝承が同寺には付加されているようにみえる。たとえば、本元興寺の前身法興寺の建立については、推古天皇と蘇我馬子の共同誓願を強調し始めるだけでなく、聖徳太子信仰の高まるにつれて、太子建立寺院の中に加えられていく。延喜十七年（九一七）に成った『聖徳太子伝暦』では、四天王寺以下合せて九院を太子建立の寺院とし、その中に元興寺（法興寺のこと）を入れるが、「或説不レ入」と注記している。しかしこのころ以後、中世にかけて成った諸縁起では、多くは同寺を太子建立寺院に数えて疑わない。また中世に入って、この寺の四門に寺名の額があったということが語られ始める。鎌倉時代初期の文献とされる『伊呂波字類抄』には「本元興寺四面有レ額云々」とあり、『古今目録抄』などでは四門の額を、南門は元興寺、西門は飛鳥寺、東門は法万寺、北門は法興寺としている。ところが室町時代に成った『諸寺縁起集』（菅家本）では、本元興寺と元興寺とが交錯しているらしく、元興寺の項に、南大門に「元興之寺」の額とし、諸門額のこととして、「東門額飛鳥寺、西門法興寺、北門建通寺、又云、東門額明香寺、西門飛鳥寺、北門建通寺」と記している。また、近世にできたかと思われる『本元興寺縁起』では、南門は元興寺で、「飛鳥寺西門也金堂、法万寺東門也塔婆也、法興寺北門也講堂食堂也（下略）」とみえる。寺門額の件は、このように時代とともに混乱してきているといえよう。

元興寺の伝統の力

南都の元興寺は十一世紀以降衰運の中にあり、南都七大寺の中でも振わない寺の一つであったが、中世になっても、極楽房の発展を除いては、同寺全体としてなお沈滞の中にあったといえよう。しかし、さすがにかつての大寺の伝統

図 31　舞楽面（散手）と裏銘文

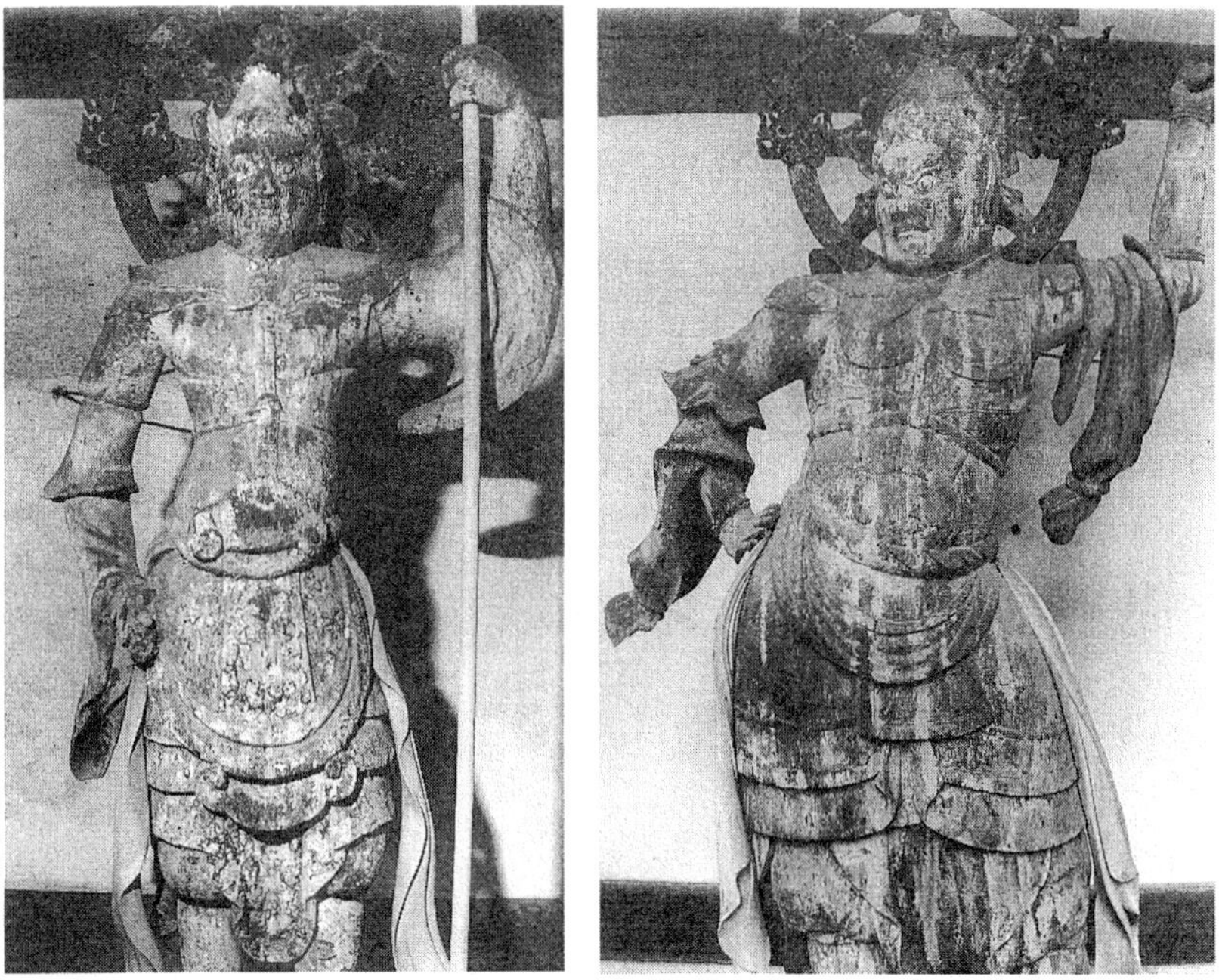

図32　神護寺中門二天像

に基づく面影は残していたのであって、このことを示すものとして、元興寺の所有するものが他の模範とされた例がある。

その一つは舞楽面「散手」である。春日大社所蔵のその面には、裏に「以二元興寺本一模レ之、仏師定慶」「寿永三年二月　日」の刻銘があり、奈良時代の作と思われる元興寺の古面をもとにして、仏師定慶が寿永三年（一一八四）に製作したことがわかる。定慶は南都復興に活動した仏師集団慶派の中の運慶工房に属していた一人であって、この舞楽面も力強い写実的な表現の秀作である。前章で元興寺にあった名器の琵琶と笛についてふれたが、舞楽面でも優れたものを所蔵していたのである。

その二は、元興寺中門の二天像を模して、神護寺中門の二天像が製作されたことである。『神護寺略記』には、中門の二天につき「建久七年性我阿闍梨、相二具仏師運慶法印一下二向南都一、模二写元興寺二天八薬叉一安二置之一」とあり、『東宝記』には大仏師康誉法眼の注進として、「古老伝云、根本安置像者大師御作、多聞持国二天也、朽損之間模二元興寺二天一造二立之一、東持国天西増長天云々」といい、その作者を、「東、康運・康勝・運助、西、湛慶・康弁・運賀云々」と記している。この作者はいずれも湛慶一派の人たちである。また『覚禅鈔』の金剛力士の項に諸寺中門に立つ二天について述べ、最後に「私云、南京元興寺南大門立二此二天一、又建久九年模二造件像一、高尾寺東門立レ之云々」と記している。神護寺中門の二天像を造るために、建久七年（一一九六）に運慶らが元興寺の像を実見模写し、同九年にこれが完成して神護寺中門に安置されたことがわかる。

その三は興福寺五重塔のことで、『諸寺縁起集』（菅家本）に「興福寺五重之塔者、写二当塔（元興寺）一云々、安二四方浄土相一」とある。興福寺の塔は応永三十三年（一四二六）に再建されたといい、この縁起集は文明年間（一四六九―八七）の撰述とみられるから、この記述の上では別に矛盾はないが、他にこれを証明する史料をまだ見ていないので、確認にはさらに傍証が必要である。このように元興寺は諸部面に模範となるものを提供しているわけで、同寺が何かと基準になったことを示しているといえよう。

つぎに梵鐘のことがある。『七大寺日記』に「鐘頂竜頭之下穴アリ可レ見」とある鐘のことで、名鐘として知られていたが、『大乗院日記目録』の応永四年（一三九七）九月七日の条に、「元興寺名鐘京上、被レ釣二相国寺一」とあって、この名鐘が京都の相国寺へ移されている。近世の史料ではあるが『奈良坊目拙解』に、このことは「依二室町殿之御下知一」とあるから、将軍足利義満の命令によるもののようで、その京都への運送についても「元興寺鐘曳見聞成レ市」と記している。なお同書に、奈良新薬師寺の鐘が元興寺の鐘であるという風聞は誤りであるとし、さらに『草根集』の徹書記の和歌「明ホノニ奈良ノ飛鳥ハ声絶テ豊浦ノ鐘ソ西ニ残レル」を引いているが、この歌は名鐘が奈良を去った淋しさを詠んだものであろうか。また『薩戒記』によると、応永十三年（一四〇六）八月十四日の条に「北方有レ火、（中略）相国寺塔頭賢徳院云々、（中略）鐘焼了、此鐘者南都元興寺鐘也、中頃鬼神依レ突二此鐘一乃人成レ恐不レ突云々」とみえるので、この鐘が焼失したことがわかるが、それと同時に、道場法師の説話がこの鐘に結びついていたことをも示している。

以上のように、元興寺は建築・彫刻・工芸の諸部面でさすがに優れたものをもっており、すでに大江親通の巡礼記にも、これらについて「可レ見」として注目されていた。中世初頭に覚禅（一一四三—？）が『覚禅鈔』の中で、特に金堂の本尊弥勒像や智光曼荼羅をとりあげているが、これも元興寺の大寺としての伝統を物語っているということができる。

元興寺の領地と寺の修復

南都炎上の後、南都七大寺の所領は、養和元年（一一八一）三月にもとのように寺家に返還された。しかし、元興寺の荘園についてはすでに述べたように、史料が十分になく不明の部分が多かったが、中世に入っても同様である。三論宗の中心が東大寺に移ってからは、その宗団の荘園の多くは東大寺に移ったであろうし、元興寺の衰運につれて興福寺領に併せられた所もあったであろうが、なお元興寺領として伝えられたと思われる所が諸史料に散見されるので、まずこれについて記しておく。

『続宝簡集』に、紀伊国伊都郡大谷村田井の田地二百六十歩についての承元二年（一二〇八）の売券があるが、その裏書に建保二年（一二一四）の年紀で「於二是地一者自レ昔ヘウエキノ公事有也、元興寺スシヤウノヤクナリ」とある。修正会の課役であろう。また同史料の中に、年次不明の「官省符下方并河南二村里坊々免除帳」があり、課役の免除地が列記されているが、その中の大谷村に、元興寺免とある四字があげられている。これが前記の元興寺の修正会の課役を負担していたのであろうか。

つぎに『斉民要術巻十紙背文書』に、「元興寺領久世四ケ庄（本庄・別庄・相博庄・南庄）并小泉庄」につき、安貞二年（一二二八）後、数回の地頭停止の下知状があるので、山城国久世郡に寺領があったことがわかる。これは『大乗院寺社雑事記』の文明十五年（一四八三）九月元興寺の全貌を記した中に、「寺領ハ山城国戸野・寺田、備前国元興寺号墨笠庄」とあるうち山城国の部にあたり、今は城陽市に含まれる。またこの備前国の部は、古代以来の寺領であったものであろう。

また「和泉国日根野村絵図」で、同村外の北西の部分に「元興寺領」の字がみえる。この図は、裏書により正和五年（一三一六）にできたものであるが、寺領としては以前からあったものであろうか。日根野荘（大阪府泉佐野市）は天福二年（一二三四）に九条家領として立荘された所で、『九条家文書』の中に、この年の左弁官下文があり、その文中の荘園四至を示す箇所に、「西限海」として「除二井原里一西辺春日一奉レ免二本作田諸給免田并元興寺庄領等一（下略）」と注記し、「北限甲斐田河」として、「除二熊取元興寺并故若狭守実信領一之外（下略）」と注している。

いまひとつ『春日大社文書』の中に、年次を欠く十月二十五日付の伏見天皇綸旨案と長者宣案があって、その趣旨は元興寺領播磨国穂積荘で、春日社の神人殺害の事件があったことを示している。穂積荘が元興寺の荘園であったのであろう。また『春日大社文書』の中に、嘉禄三年（一二二七）かと思われる年次の九条道家の長者宣案がある。これは八条荘の狼藉についての地頭時成の訴訟を糾問させたもので、その宛名が元興寺法印となっているが、それは宛名の興福寺僧が元興寺別当になっていたからであり、八条荘は大和国磯城郡田原本にあった興福寺雑役免荘園の一つであって、元興寺領にはかかわらない。以上はいずれも、前代以来存続していた元興寺領と思われるものについてである。

前代からの所領が減少したり、存続しても年貢未進等のために、元興寺の経済は非常に困難であった。平安時代末期以来、当寺の別当になった僧たちは堂宇の修繕に努力してきたが、中世になっても、別当になった僧の寺観維持への努力は続けられた。

寛元二年（一二四四）三月に、元興寺別当の東門院公縁は、大和国葛下郡高田荘のうち南鳥井の水田一町歩をこの寺に寄進したが、その寄進状が『春日大社文書』の中にある。それによると、別当着任の時、「梵宇頽落、塔婆破壊、見レ之傷レ心」の状態であったので、実阿に元興寺勧進上人を託し、極楽房で勧進のための法華経を訓読し、春日社に参籠し奉加を求めたところ、塔の「三層不レ日終レ功之条、誠匪二直也事一起レ自二冥慮一」と思い、「猶所レ残塔婆二重・南大門・鐘楼・築垣等或令二頽落一」という状態なので、水田一町を寄進するといっている。この寄進状から五重大塔の修復が行われたことがわかるが、その零落の次第については多少その史料がある。すなわち、嘉禄元年（一二二五）五月に露盤が盗まれたので、盗品発見のための占をした記録があり、寛喜四年（一二三二）三月二日には春日社東塔と東大寺と元興寺の塔に落雷し、「一時之間三所火匪二直事一」と騒がれたが、いずれも大事に至らず消し止めたという。とにかく東門院の寄進によって、大塔はじめ、諸堂がその寺観を何とか取りもどしたことであろう。

その後、正嘉元年（一二五七）になって、先記、東大寺戒壇院の円照が元興寺僧房を造るため道俗に勧進して、これをなしとげている。『円照上人行状』には「為レ造二元興寺僧房一講二説法華一勧二進道俗一、聴衆雲集満レ殿塞レ庭、（中略）施二財産一而造二僧房一、捨二資貯一而立二衆菴一、一日所レ施銭穀如レ山、功夫不レ久造二大小房一」と書かれている。さらに同行状には、談義料として荘園を寄進したので、唯識の講談が今に続いている、世も末になって元興寺の三論法相の学がすたれたが、円照のおかげで一宗はようやく光をみせたと述べている。もって、その功をうかがうことができる。

その他寄進といえば、『根津美術館所蔵文書』によると、文永二年（一二六五）に、権少僧都聖宴が大和国高市郡高殿荘三町余の土地を十一社寺へ寄進しているが、このとき、元興寺へは三段をよせていた。

4　極楽坊念仏講の発展

百日念仏講

平安時代末期、官寺としての元興寺が沈衰の中にあったとき、その僧房の一部、東室南階大房の東端部が極楽房と呼ばれて念仏道場となり、ここに浄土教者が集まって、新しい気吹きを元興寺に吹き込んだことは、旧大寺が中世に再生する一つの道を示したものであった。こうして、極楽房は元興寺のなかの一中心に登場してきたのである。

さて、極楽房に十二世紀の中葉以来行われてきた百日念仏講とはどのようなものであったのか。東大寺の宗性の編集した『讃仏乗抄』の堂供養等部に、建久八年（一一九七）に作られた極楽房の願文が採録されていて、このなかに「爰夏中百日講、自レ昔至レ今昔卅講後延百日薫修漸久」とある。この夏中百日は、極楽坊旧椙材に建久八年の墨書の日課があり、それによれば、四月十四日から七月二十八日までの百日間で、この間、念仏講が行われていたことになる。そして「昔卅講」とあり、また前引用文に続けて、「日々ニ法花ヲ講ジ、座々ニ妙法ヲ説ク」とあるように、この講は法華三十講から出発し、「後延二百日一」とか「百ヶ日講経」とあるように、百ヵ日、法華経講が行われるようになったもので、そこには滅罪生善を念ずる法華経信仰があった。『今昔物語集』にみえる元興寺僧蓮尊の法華経読誦もその早い形のものと思われる。このような法華経信仰と念仏との結合は、すでに慶滋保胤の勧学会や、源信の「二十五三昧式」にもみられたように、叡山天台系の浄土教に早くから育っていたものであって、叡山と南都の二つの浄土教に関連があったことはすでに見てきたとおりであるが、ここにもそのことは認められる。

つぎに、この念仏講の組織についても、『讃仏乗抄』からある程度の情況は推察できる。すなわち同願文の初めに、

「定　追修善根式、百人結集、若及二遷化一者廿五人、結衆同心合力、可レ訪二彼後生一也」とあり、また「爰此ノ一両年間、殊志深キ輩ヲ一人各五人ヲ勧メテ日続旬ヲ送ル之間、勧進漸廿五人ニ及ヒ、施主モ又一百人ニ満テリ、各存命間何懈怠有ラム、若其間闕有ラハ、又他人ヲ補スヘシ、悦哉幸哉、法灯永照而廿五人儀百人已満、我等運テ其数ニ余レリ、不レ如我等諸共彼百人ノ恩ヲ報セム、(中略)彼ノ百人衆若シ先立人有ラハ、我等諸共一反ノ仏事ヲ修シテ彼𦬇ヲ訪ハム」ともみえる。文意に理解困難な点があって、施主百人、講衆二十五人のようにもとれるが、施主百人・講衆百人で、百人中さらに二十五人の結衆があったとみる方がよさそうであり、そのことは、寛元二年(一二四四)の極楽坊棟札に「往生講衆一百余人」とあることによって確かめられると思う。そうとすれば、この組織も明らかに二十五三昧講のそれによって結成されていたことになる。

源信の二十五三昧講は同心二十五人が結集し、講衆は講式に従って毎月十五日に集会して念仏を唱え、なかに死に臨む者があれば、結衆が合力してかれを阿弥陀如来を安置した往生院に移し、臨終に極楽往生の援けをなし、死後は七七日の追善仏事を行うもので、一種の往生のための互助団体である。極楽房の百日念仏講はこの形式にならったもので、講衆として百人が結集し、百日の法華経講と念仏が行われていたものであった。

百日念仏といえば、『兵範記』にみえる仁平二年(一一五二)の京都安楽寿院の待賢門院が始めたものが知られるが、それは、僧十二人、貴族三十六人が毎日番を結び行うものであって、結衆も少なく、貴族に支えられていたのに対し、極楽房のは人数も多く、わずかな寄進と施主の勧進によるものであった。また大念仏ともあるところからみれば、念仏の大合唱が行われたのであろう。さらに『建久御巡礼記』に、極楽房は「御輿遶オハシマシシ彼ノ道場也」とあり、『大乗院寺社雑事記』の文明十五年(一四八三)の記事ではあるが、この堂で、「後白川院七大寺巡礼之時当堂御行道」とあるように、遶堂念仏(行道念仏)の風もあったと思われる。

つぎに、この百日念仏講につき前章第3節で一言ふれたが、現元興寺本堂の角柱に寄進文が八通刻まれていて、そ

表6　極楽坊本堂柱刻寄進銘

年次	寄進主	寄進物件	場所	目的	寄進先
嘉応三年（一一七一）	僧慈経	水田三段	添上郡	師主慈恩院出離生死	百日念仏のうち五日五夜
建仁元年（一二〇一）	五師宗実	水田二段	添上郡	滅罪生善浄土往生	百ヶ日講経
元年	五師宗実	水田三段	十市郡	滅罪生善浄土往生	百ヶ日講経
承元三年（一二〇九）	大法師栄基	畠一段	高市郡	滅罪生善証大菩提	百日大念仏のうち一日一夜
建暦元年（一二一一）	鹿山一和尚玄恵	水田三段	(不明)	結良縁於□□大徳	一百日念仏のうち三日
貞応元年（一二二二）	僧有慶	畠二段半	山辺郡	滅罪生善出離得脱	百日講仏供料
天福元年（一二三三）	権寺主継春	水田一町	十市郡	滅罪生善	百日講経仏供并布施料

のうち七通が百日念仏のものであり、この資料から、この念仏講に加わっていた人やその目標や経済の一面が窺えるので、この刻銘の内容を表示しよう（表6。一六三頁、図29参照）。

表のうち、慈経は興福寺慈恩院の弟子とみられ、栄基は興福寺東金堂衆であり、玄恵は興福寺末の鹿寺の僧らしく、継春は興福寺転経院の権寺主と考えられるが、残る五師宗実と有慶はわからない。これらからみると、百日念仏講を構成していた者は、興福寺系の僧侶が中心であったと推定され、これに南都諸寺の僧も加わっていたもののようである。以上の柱刻寄進文のほかに、僧有玄の仁治四年（寛元元、一二四三）正月付の寄進状が『東大寺図書館架蔵文書』の中にある。それは、大和国添上郡壇安堵辺の水田二段半の地子一石四斗の中から、東大寺大仏殿に三斗、元興寺極楽房に六斗を寄進するというものであり、有玄についてはどの寺の僧かよくわからない。

百日念仏講には、その寄進者からみれば僧侶が多いが、相当数の結衆があったところからみれば、在俗の念仏者も参加していたであろうことは想像できる。それにしても、この極楽房の百日念仏講に興福寺僧が多くかかわっているということは、さきに述べた興福寺の菩提院と浄名院が猿沢池の東にあって、別所といわれていたことと無関係ではない。

極楽房が猿沢池の南にあって、元興寺の別所的な形をなしていたのであるから、この元興寺北辺と興福寺南辺とが相接する猿沢池の東南部一帯が、念仏者の集まる雰囲気をもった地域であったと思われる。極楽房はその中心となって、ここに百日念仏講が盛んになってきたのであった。

極楽房の改築と七日大念仏

現在の元興寺極楽坊の本堂は前章で述べたように、十一世紀の末には元興寺僧房の東室南階大房十二房中、朽損した部分の残りの八房のうち、東三房分を仏堂的なものに改装し、四房目は馬道とし、残る四房分と区切ったものであった。この仏堂的な堂は曼荼羅堂とも呼ばれていたから、智光曼荼羅がまつられていたはずであるが、十二世紀ごろの堂の内部のことはよくわからない。

昭和の解体修理の結果からみて、この堂は僧房より床を高くし、房境と室境の間仕切りを撤去して広い堂とし、中央の房の中央部身舎を内陣とし、ここに厨子を置いて智光曼荼羅を納め、まわりを行道できるようにしていたと思われる。ただ室町時代の史料のうち、『諸寺縁起集』（菅家本）には「口伝云、此堂者智光法師造レ之、其後破損間、西行法師勧二十方一建レ之云々」とあり、『極楽坊記』には「楽堂之天井ハ乃チ西行法師ノ再興也」とあって、僧西行（一一一八―九〇）がこの堂の改装のための勧進をしてこれを再興したことが伝えられている。西行は高野山に修業し、『撰集抄』にも春日社や東大寺に参詣したことなどを記しているので、この伝承は単なる伝説ともいいきれないが、そのまま事実と確認することもむずかしい。

僧房の東部三房が仏堂に改造されてから、十三世紀初頭のころに、僧房西部四房が禅室に改造されたと考えられる。その改造で、禅室は位置や大きさや一房の規模は旧僧房と同じであったが、室の分割方法が変った程度であったといわれる。その後に間仕切りがなくなり、西南隅の仏間を除いて空間となったようで、これが現在、禅室といわれてい

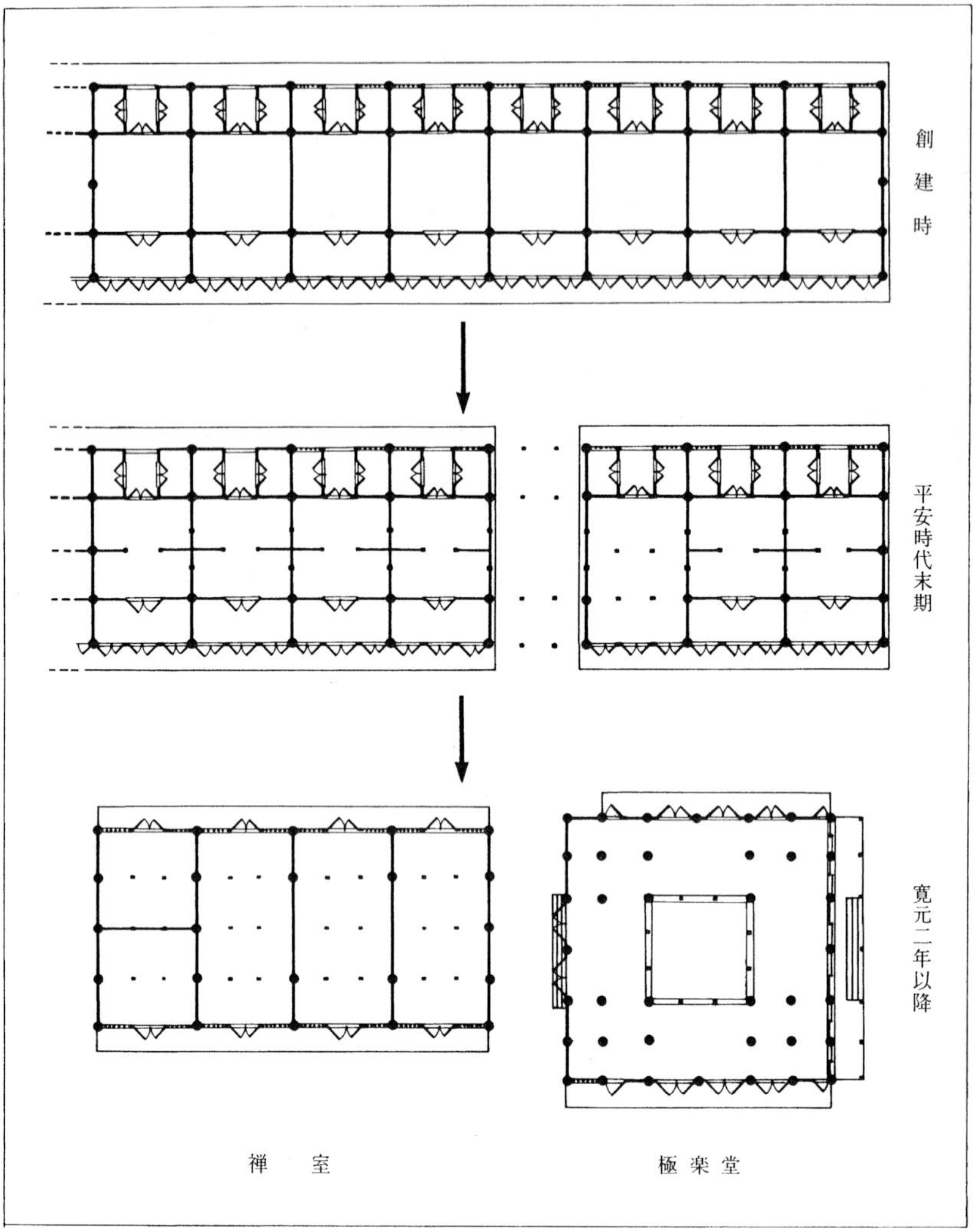

図 33　元興寺僧房から極楽堂と禅室へ

る建物である。

仏堂の方は棟札にみえる寛元二年（一二四四）に、これまでの仏堂を壊して現在の本堂のように再建された。その棟札には、

記録元興寺極楽坊造営事　寛元二年甲辰四月拾五日己酉柱立
　　　　　　　　　　　　　　　　六月二日辛未棟上

大勧進主　□□□□蓮□権律師西安　□□往生講衆一百余人
　　　　　□憲□□□真光　　　　　□結縁衆二百余人
　　　　　西念□□藤井行成
　　　　　証寂□已上

とある。また、現本堂の方斗に墨書の落書があり、改造時のものと思われる瓦に刻銘のあるものが五枚あって、この時の大改造を思わせる。この改築にあたっては、前の仏堂の内陣をそのままにして、その四隅に円柱をたて、その間を角間柱で三分し、その周囲を行道できる空間とした。屋根は寄棟造りで、棟は東西に伸び東妻が正面となり、屋根瓦は一部飛鳥からの瓦を用いて行基葺としている。

そしてこの改築を機に、旧来の極楽房が極楽坊にかわったと思われるが、それは棟札にみられるとおりである。またこの棟札に、極楽堂改築の勧進者として往生講衆とあるのは百日念仏講の結衆のことであろう。そしてそのほかに、結縁衆が二百余人とあるので、講に結衆以外の同調者すなわち僧侶以外の民衆の参加が急増していたと思われ、それ故にこそ、極楽堂の建て替えが必要となったのであろう。農村の有力作人層と商工業の発展を足場とする町の住人層が、庶民層の活動として史上に姿を現してきた時期が、この十三、四世紀であったことを考えると、極楽坊の成立した事情が理解できると思う。

この本堂の天井裏から、先年の解体修理の際に、彩色の板絵六十余点が発見された。これらの多くは、大改造後の極楽堂の壁面または長押などの面に釘で装着されたもので、おそらくこの堂が性格をかえた近世初期ごろに、取りはずされて天井裏に入れられたものであろう。その優れた図様からみて、多くは鎌倉時代後半期に興福寺復興に携わった絵仏師によって、堂内荘厳のために描かれたものと考えられる。

図 34　元興寺極楽堂内部

そのうち長形板絵は、断片を交えて四十二点あり、阿弥陀如来等の諸尊像や千体仏を、一段または数段に多数連坐させて描き、中には、裏面一面に南無阿弥陀仏の六字の名号を墨書したものがある。つぎに方形板絵は二十点ほどあり、四隅を丸くした、ほぼ正方形の板に、阿弥陀如来・地蔵菩薩等の独尊像や二尊併坐・三尊像等を描き、周辺に散華、裏面に五輪塔を描いたりしている。上下の穴からみて、絵馬のように掛けたり打ち付けたりしたものであろう。この種の中の獅子優塡王像の一面にある「□□己亥八月廿六日」の銘文の年次は正安元年（一二九九）であろうか。もう一種の小型長形板絵は六枚伝存するが、いずれも地蔵菩薩像を横に五体ずつ連坐させており、図様にくずれがあるので、時代は少し降ると思われる。

さて、さきにあげた極楽坊本堂内の柱刻寄進文のうち、年代の最も後の一通は文永二年（一二六五）のもので、伊王女が元興寺の東岩井辻子にある家地を、極楽坊七昼夜念仏五番衆に売却するというものである。柱刻寄進文では、天福元年（一二三三）で百日念仏が姿を消し、七

図35　堂内荘厳のための板絵

昼夜念仏のことはこの文永二年に始まる。そして、これは室町時代まで続き、『大乗院寺社雑事記』にしばしばみえるように、毎年三月十八日から智光の忌日と伝えられる二十五日にかけて、大念仏として行われている。

百日念仏講経が七日念仏に代った正確な時期を示す資料はないが、寛元の極楽房の大改築と関係していると思われるので、大体一二五〇年ごろとしておこう。そして、このように変化した理由としては、百日という長期間の講経を維持することの困難や、念仏講に参加する庶民層の増加に対応して極楽堂が改築されて、多数が参加し易い形となったことなどが考えられる。それ故、この念仏講が短期間になったことは、極楽堂の改造と相並んで、僧侶中心の講から民衆中心の講への変貌とみることができよう。

七日念仏を証明する資料は、この堂の解体の折に発見された六十五枚の番衆札である。前記寄進文に五番衆とあったように、七日念仏講では、講衆が当番をきめて講の運営にあたっていたようで、それを何番衆と呼び、その番を示す札が番衆札である。長方形で、縦一〇㌢前後、横二㌢余の大きさで、頭部に釘穴があるので、打ち付けるか掛けるかして当番を示していたと思われる。現存札では六番と七番のものが多く、年次では貞治五年（一三六六）から七年にわたるものである。人名は、○○女・○○房・○アミタフツ・タラウトノなど、俗人や入信者の名であり、アカネヤなど屋号もある。地名では、椿井・高御門・中院・辰巳辻子・城戸・北室・川之上・京終・新在家など、元興寺近辺から奈良南部が多く、七日念仏の講衆が多く、奈良の庶民層であったことを示している。

庶民信仰の資料 (一)――多人数の結縁――

極楽房本堂が、極楽堂として大改造されて極楽坊となり、貴族・僧侶中心の百日念仏講が、民衆が多く参加する七日念仏にかわり、極楽坊が、全体的に沈滞していく元興寺の中で活況を呈した堂舎となり、さらに、南都における庶民の浄土信仰の中心となってきたことは、元興寺の歴史の上で大きな変化であった。しかも、この庶民の信仰を物語る柱刻文や文献史料のほかに、厖大な量の資料が先年の当堂解体修理の折に発見された。

この類の中世庶民の信仰資料は、文献史学でも美術史学でも民俗学でも、これまであまり省みられず、多くは見過ごされたものであったが、このとき採集された資料が、量質ともに空前のものであることが明らかになったために、極楽坊はあたかも中世庶民信仰の代表的寺院であり、その類の資料の宝庫とされるに至ったのである。それら資料の全貌はすでに『日本仏教民俗基礎資料集成』として公刊されているので、詳しくはそれに譲り、本書では簡単にふれるに止める。すでに述べた板絵や番衆札を除き、この項では鎌倉時代を中心とし、多人数の結縁を物語る信仰資料を扱うこととする。

まず千体仏がある。そのうちの板彫千体地蔵菩薩像（口絵12）は、立像百十四体と坐像一体で、本堂軒裏から発見された。大体、一〇センチ前後の大きさで、どの像にも円孔があり、どこかに掛けられるか、打ち付けられるかしていたと思われる。彩色の技法などに前記板絵と共通する点があるので、鎌倉時代中末期の作らしく、数点の裏面には「勢至」「勢至丸」「南无地蔵菩薩」の墨書がある。つぎに、立体の木造千体仏は八百八十六体にのぼり、本堂天井裏や境内地中からも発見された。大部分は地蔵菩薩像で、いずれも一〇センチ前後の小像で彩色があり、これも板絵と同時代の作であろう。台座裏に法名や月日の墨書のあるものがあり、台座裏中央に竹枘のついたものと枘穴だけのものがまざ

図36 千体丸彫地蔵

る。十数段になった奉献台もあるので、これに立てて堂の一隅にあったと思われる。江戸時代の記録『和州志』の極楽院の条にこれが記されているので、そのころまでは奉献台上に並んでいたものであろう。

本来千体仏は、一度に千体をめざして造像されたものを一括して呼んだもので、平安時代中期以後にみられ、主に追善または逆修の供養を目的とし、多数作善の功徳をめざして行われたが、中世になると同じ目的ながら、多数作善のほかに多人数の結縁によって造立されるようになった。極楽坊の千体仏はそうした性質のものかと思われる。

つぎに、本堂天井裏から発見された印仏の類がある。そのうち、鎌倉時代のものと思われるものは彩色印仏（口絵12）で、薬師・阿弥陀・弥勒等の諸尊を横一列または数列に、一体一版の版木で下絵を墨で捺し、その上に筆で彩色したものである。彩色法等が興福寺三重塔の千体仏壁画に類似しているところから、板絵同様、興福寺系の絵仏師の手に成ったものと考えられている。これは多数作善の功徳としては丁寧すぎるので、多人数の結縁を示すものかもわからない。印仏はこのほかに多数存在するが、他はほぼ室町期のものと思われるので次章にゆずることとする。

つぎに、数万本に及ぶこけら経（口絵12）が発見されている。元来、善根を積む方法としての写経は、国家の安寧や先亡の追善菩提の目的から、自己の滅罪や後生安楽などの目的をもつようになり、この写経を信者大衆が、より軽易に数多く、短時間のうちに達成しうる方法として、こけら経は生まれたと思われる。その形は、細長い木簡か竹簡に一行ずつ経文を書写したもので、普通、二十本を単位として重ね合わせて下端をしばり、扇形に展開すると扇面写経と同様になるようにされたものであろう。またこれを多数まとめて、たがをはめたり縛ったりして、特定経巻の書写を仕あげた意味を示すものや、各木簡の上部を山形に切込んで塔婆の形にみなして、造塔の功徳を併せもたせたものもある。

極楽坊発見のこけら経では、二十本一把の標準的なものとこれに準ずるものが約二十五組ある。こけら経は一般に、平安時代末期から江戸時代初期にわたり存在するが、極楽坊にある紀年銘は、嘉禄元年（一二二五）・嘉元四年（一三〇六）・明徳四年（一三九三）・応永六年（一三九九）・天文八年（一五三九）以下、永禄・元亀・天正等、中世全期に及んでいる。経典では『法華経』が圧倒的に多く、『無量義経』や『地蔵本願経』等がこれにつぐが、法華経中心でありながら他の仏教信仰をまじえている点にも、当寺の庶民の信仰が窺える。また経中の一本に、落書風に「後生タスケサセタマエ」とあるもの、「そとハのおもてにかきくやうしまいらせ候ほけきやういちふ《（法華経一部）》　おなしくかきくやうしまいらせ候しやうとの三ふきやう《（浄土の三部経）》　あみたきやう《（阿弥陀経）》くしてのくやう」と読める願意のみえるものや、余白に名号や供養者の名前のあるものもある。つぎに、木簡に真言・名号・偈文などを書き、上部を塔婆型にしたものは、一応、こけら経と区別して笹塔婆とよぶが、これも非常に多数発見されている。

さらに極楽坊からは、こけら経写経用手本の経典が発見されている。そのうちの巻子本の梵網経には、「極楽堂写本也　弘長二年《（一二六二）》六月」の書き込みがあり、また二十行目ごとの行の肩に合点があって、二十本一把のこけら経手本であることを示している。そのほか、法華経には「四束七本」等の記入があるものがあり、また他の法華経は奥書によ

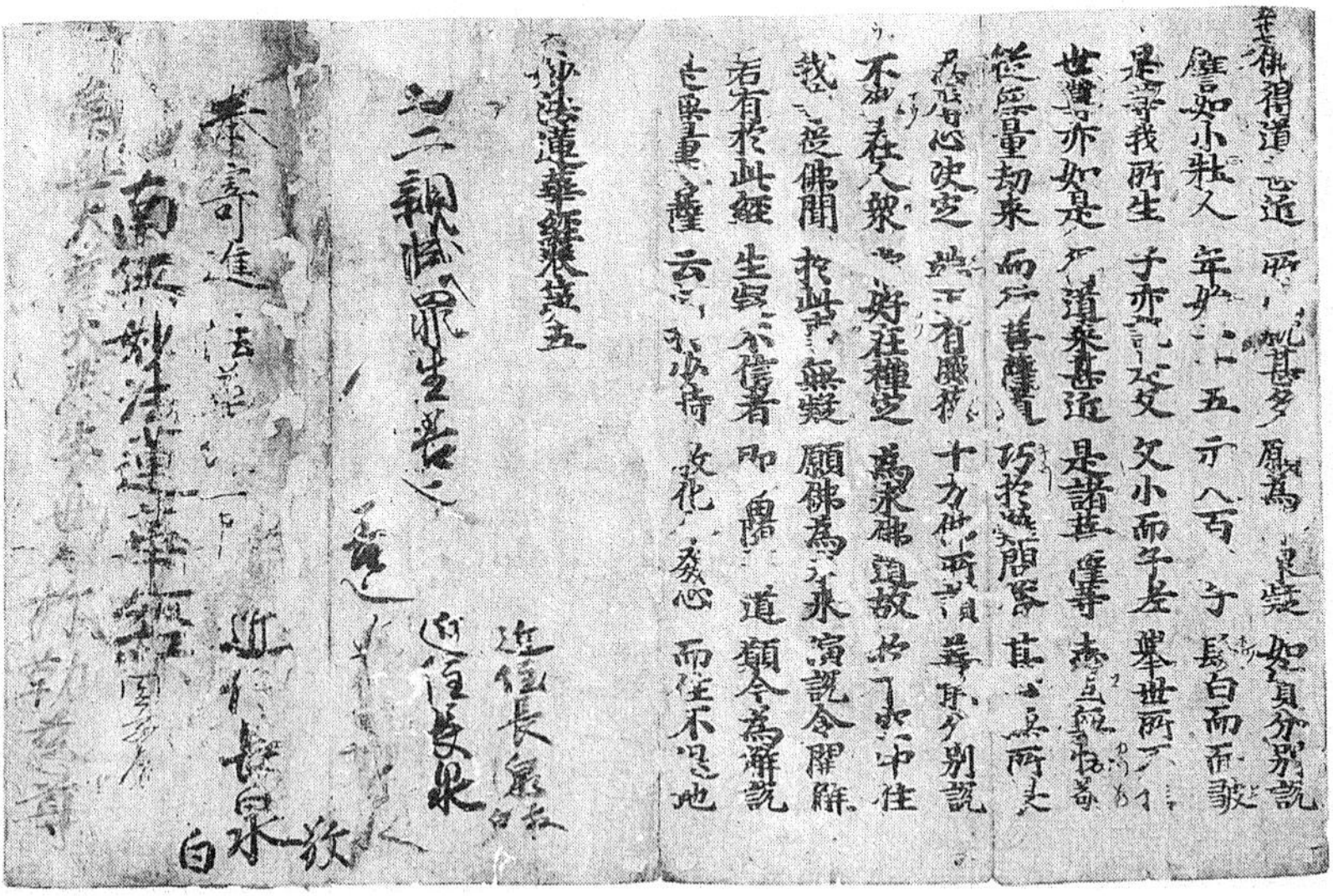

図 37　こけら経手本経典

って、明応八年（一四九九）ごろ、美濃で、逆修のために印写された一巻であることがわかるものもある。以上はみな印写本で、こけら経の手本であったが、さらにそれが、明らかな折本切断経の形の法華経がある。これは経典を二十行ずつに切断して、それぞれに表紙をつけて一帖としたもので、この裏文書によって、もと東大寺の宝珠院にあり、東大寺と白毫寺との千部経で用いられたものであったことがわかる。このように、極楽坊から多数のこけら経や手本の経典が同時に発見されたことによって、その製作から目的や保存の仕方まで、一貫して解明することができたのである。

つぎに、総数二万千余点に上る小型五輪塔として一括されている遺物群がある。他にあまり例がないが、室生寺の籾塔や六波羅蜜寺の泥塔とも関わり、多数作善の思想による小塔供養とみるのが普通で、平安朝末期以来中世を通じて多かった八万四千基塔の一種とも考えられる。極楽坊のそれのうち、大多数は柳材及び欅材の小型板五輪塔で、主に、表面に五大種子を墨書しているが、その書き様からみて、庶民層に関係が深いようである。しかし同時に、これは亡者に対する追善供養の笹塔婆的なものや、逆修会の写経と結びついている面もあると思われる。極楽坊で発見された板宝塔の百余点には、人名と思われる墨書のあるものがあり、少し大形の板五輪塔もあって、総じて桧材のものである。おそらく亡者の追善供養の目的の明らかなものと思われる。その他、方形小型五輪塔や小型笹塔婆の類もこの小型五輪塔の一群として扱っている。製作の年代は、小数は鎌倉時代に遡るが、多くは室町時代のものであろう。

その他、仏教信仰関係の遺物としては百八堂マイリ札が二十九点ある。縦一〇㌢前後の小札で、表に「百八堂マイリ一人」、裏に「ナムアミタフ」と記されているのが大部分で、百八煩悩の消滅を願って、堂舎をめぐる時に用いた札であろうか。また仏具としては、弘長三年（一二六三）の慈父らの成仏を願うという銘のある献供板といわれているもの、「閼伽折敷也」とある方形の板、花瓶数点も他の資料とともに発見された。

庶民信仰の資料（二）――雑信仰――

極楽坊には、必ずしも仏教信仰に直接結びつかないが、ここに集まった中世庶民の信仰生活を示す資料として、和讃と祭文とがある。

和讃は、貞応三年（一二二四）四月に書写された「荒神和讃」で、首部を欠くが、七五調四句ごとに一節をなして十二節続く。荒神とは、密教僧か修験者、あるいは陰陽家によって唱えられた神で、日本の荒ぶる神と仏教の障害仏とが習合した神であるとされ、火伏せの神または屋敷神として信仰されたものである。この荒神和讃の大意は、荒神尊に帰依すれば、その加護によって現世・来世の所願が成就されることを讃嘆している。例えば、「福智官釈饒財宝　何レノ願ヒカ不レ満ラム　愛敬容皃《エウメウ》長寿楽　心ノ所求ニまかせた里《リ》」とあるように、現世の福寿を充し、さらに来世の利生を望み叶えられたいという願いであり、それは庶民の普通の願望であった。事実、中世文献にも「荒神供」「祓荒神」としてしばしば記されている。

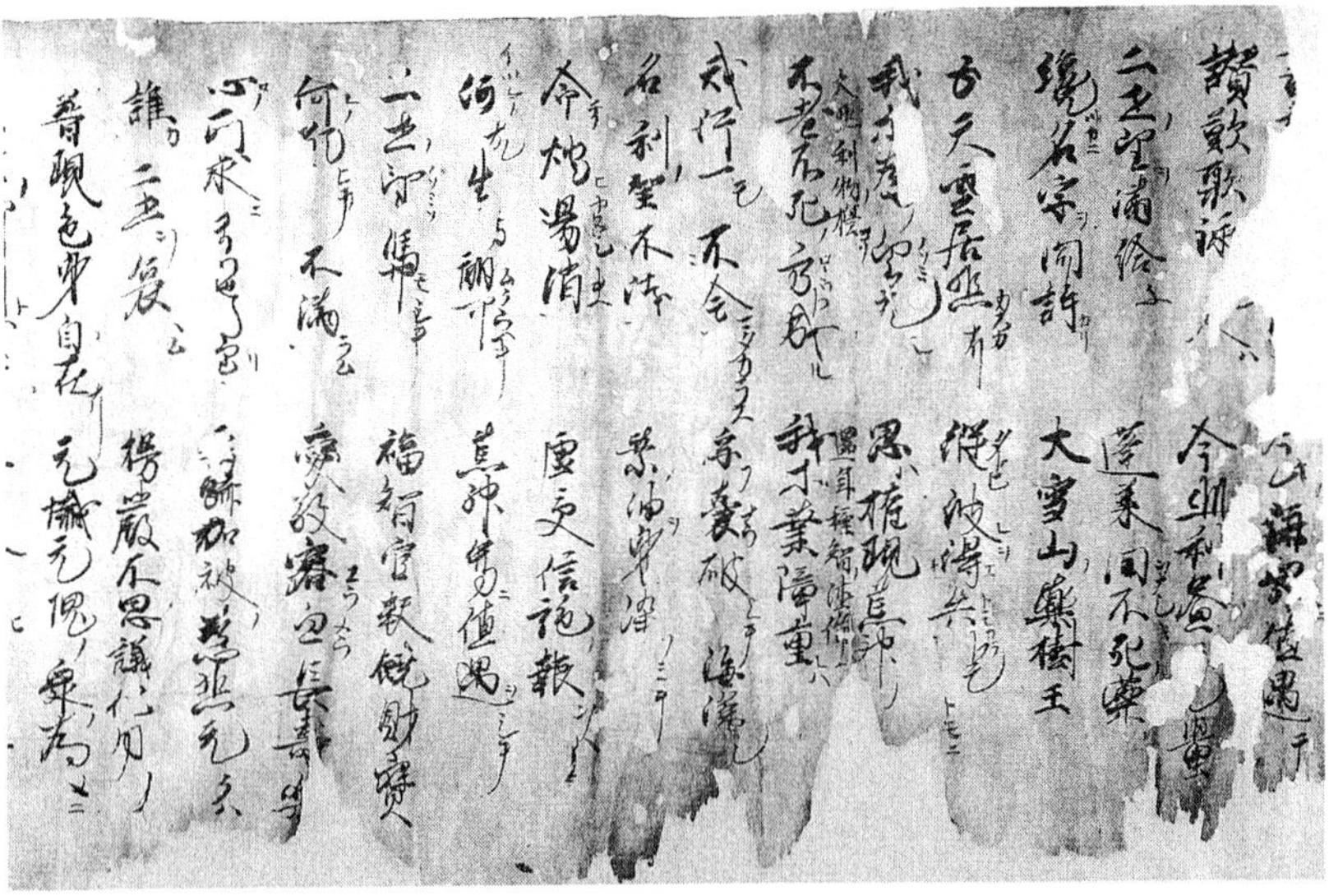

図 38　荒 神 和 讃

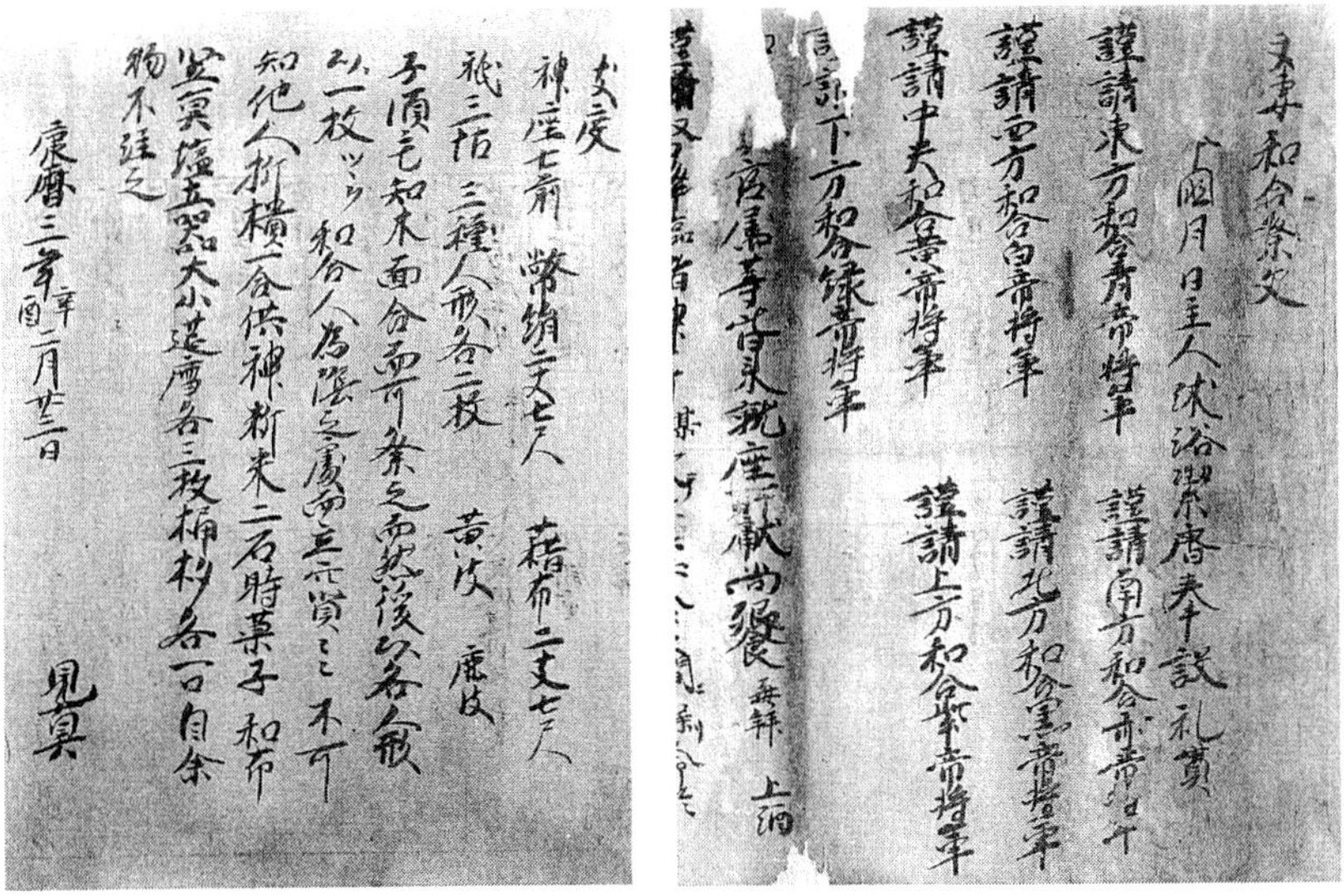

図 39　夫婦和合祭文

祭文は「夫妻和合祭文」と「離別祭文」の二通で、ともに康暦三年（一三八一）二月二十三日付で、見真の書写とあるが、見真については他に所見がない。前者は、妻を捨て他の女に心を寄せる夫を再びもとへ帰らせようとする妻の所願を記し、後者は、夫の虐待に堪えかねて離別を望む妻の願意を述べて、ともにそれぞれの願いをはたすための祭の用意を詳しく書いたものである。この祭文はおそらく陰陽家によって作られたものに違いないが、ここにいう東方和合青帝将軍以下六方の和合将軍の名は、離別祭文の七将軍の名とともに、従来ほとんどその例をみないものといわれ、新たに創案されたものではなかったかとされている。とにかく、極楽坊の念仏僧は庶民の願いにこたえて、このような祈禱をしたのであろう。

なおここで、同じく発見された暦について記しておこう。前記祭文の紙背は康暦二年の具注暦である。そして極楽坊には、別に具注暦の断簡があり、年次の部分がないが、その暦日等からみて、久寿二年（一一五五）か弘安二年（一二七九）のものと思われる。これは、紙背に「真言付法伝」が記されているので、当寺における弘法大師信仰の様子を示す資料でもある。具注暦とはその名のように、月の大小から毎日の干支・七曜や、その日の吉凶禁忌などを詳しく注記した暦であるが、これは庶民にわかりにくく、入手し難いものであったから、別に庶民向けの仮名書きの暦があって、これを仮名暦といった。極楽坊には印仏の紙背をなす応永十四年（一四〇七）の仮名暦が残っている。この暦は奈良で作られたので奈良暦といっているが、その作成は元興寺に近い陰陽郷（現在は町）の陰陽師によってなされてきたもので、この応永の暦は古い仮名暦を知る上で重要な資料である。極楽坊周辺が南都庶民の活発な生活の場であったことが窺えると思う。

つぎに摺札の中に、室町時代のものであるが、「瓶塔形血盆経」が三枚ある。相輪のある瓶塔に経典文字がつめて書かれている。「仏説大蔵正教血盆経」という俗経典の一種で、目連尊者がみた地獄は女人だけが罪を受ける血盆池地獄であった、これを離脱し仏地に至るには、地盆斎を持し血盆勝会を結び、この経典を持誦すべしと説いている。

これは、血の穢れに対する民俗的禁忌と女人不浄観とから生まれた俗信仰であろう。作られたのは北宋時代かといわれ、日本には中世に入ったと思われる。経文のほかに「願以二此功徳一普施二諸女人一□出二血盆池一往二生安楽国一」という願文も記されていて、女人救済の俗信仰も極楽坊にあったことを示している。

智光曼荼羅とその伝説の流布

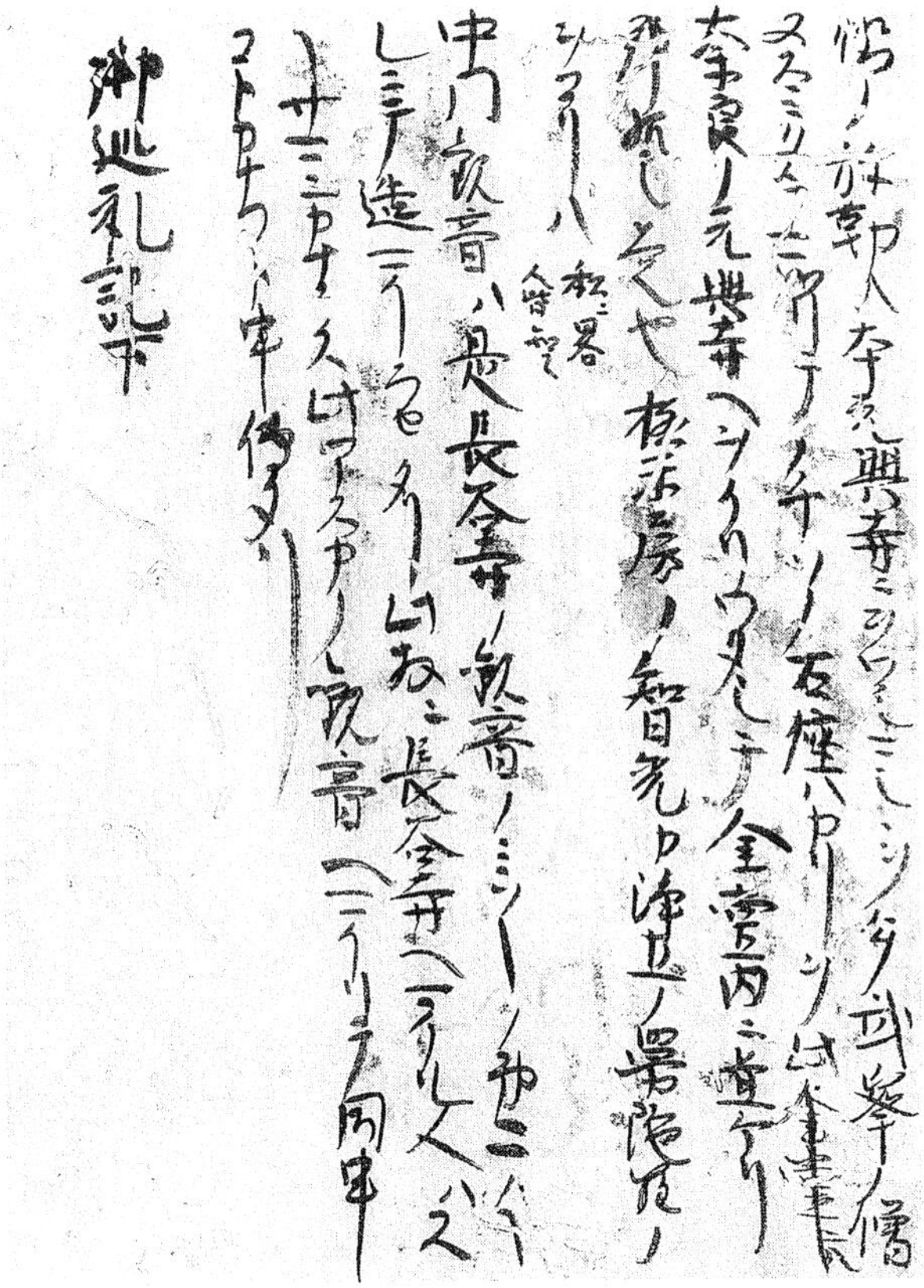

図 40　尊経閣文庫本『建久御巡礼記』

極楽坊で念仏講が盛んになったことは、その講の本尊である智光曼荼羅をますます有名にしたことである。前章では、智光曼荼羅に原本系と流布本系の二種類があること、また京都貴族の間でもすでに知られていたことを述べた。十二世紀の末には元興寺別当であった範玄がこれをみせ、覚禅がその原本を写していたし、法然はこれを世間流布の本尊とし、その因縁はいう必要がないとしていた。『讃仏乗抄』の極楽坊願文の書き出しにも、「此院本縁世皆知レ之、始述不レ及」と述べている。さらに『建久御巡礼記』（『南都巡礼記』、大東急記念文庫本）には智光曼荼羅につき、智光と頼光との説話を要領よく記しているが、乾元二年（一三〇三）に英範が筆写した尊経閣文庫本には、「極楽房ノ智光カ浄土ノ曼陀羅ノヲコリハ私ニ略、人(現)皆知レ之」とある。元亨二年（一三二二）に成った『元亨釈書』にはこの浄土変相の成立縁起について述べ、「其図見在二元興寺一、世争模レ之」と書いている。多くの転写本ができたであろうことが察しられる。伝来は不明であるが、十四世紀の転写とされる『国華』一〇一三号所収の智光曼荼羅がそれにあたると思われるが、この図は前記二系統のうちの原本系の図でありながら、二比丘を書き加えた図像になっている。

智光曼荼羅が有名になるとともに、智光への思慕が深くなり評価も高くなる。東大寺戒壇院の円照（一二二一—七七）が没する際の様子を『本朝高僧伝』は、「謂二左右一曰、元興寺智光禅林寺永観倶生二安養一、西方浄土切須二欣求一、静坐念仏及二明相現一安痒而逝、住世五十有八、歴臘四十有八、建治三年十月二十二日也」と記している。また東大寺の凝然は先記の戒壇院で、応長元年（一三一一）に『浄土源流抄』を著し、智光を日本における浄土教の第一祖としている。智光への評価が高まると、その曼荼羅出現の縁起である智光・頼光の説話や、智光と行基にかかわる説話もそれぞれ流布され、また内容も変化していった。『建久御巡礼記』では、智光は南大房に住み、頼光は北小子房に住み、共に極楽を願いながらその勤めぶりは違っていたと書き出して、そのあとは原形とほぼ大差なく、今の極楽房はその昔の跡であると結んでいる。智光曼荼羅の縁起はその後、大きな展開はないが、平康頼の作といわれる『宝物集』では、「善知識に値ひて仏に成るべし」ということについて「南都の智光・頼光なんどこそは加様の契にて侍りけん、かまへて善知識に値はんと思ふべきなり」とあって、この二人の有名さを示しており、『十訓抄』ではこの二人の話を、よい朋友をえらぶべき例として教訓的に取り扱っている。

つぎに、智光と行基との関係と、真福田丸の説話についてみよう。建久八年（一一九七）にできた藤原俊成の『古来風体抄』では、行基の若い時に智光に論議をしかけたが、智光が嬌慢で若い僧を無視したので、若僧は「まぶくだが」の歌をよみかけたとして、『奥義抄』系の話を綴り、終りに、智光は娘が行基であることを知って恥ずかしく思ったといい、この智光こそ智光曼荼羅を感得した人であるとして、三系統の説話をまとめている。歌学書としては、上覚の『和歌色葉』にも『奥義抄』の話が引用され、『夫木和歌集』の袴の部には「まふくたが修行に出しかたはかま我こそぬいし其かたはかま」と、例の歌を少しかえて行基の作として載せている。その後、室町・江戸時代の諸書には、多く『奥義抄』系の話が採られ、『花声』には芭蕉の句として、「まふくだが袴よそふかつくづくし」をあげている。歌の世界ではよほど有名であったに違いない。

この話が歌学書に取り入れられたのは、元来、献芹の話の解釈としてであり、『今昔物語集』にある「まぶくだが」という歌が行基の作とされ、そのため『古来風体抄』に、「このくにゝむまれもしきたりもする人は、権者も正者もみなうたをばよむ事となれるなるべし」といわれるように、和歌が歌学として形成されていく過程で、仏教がこれに影響していく様がよみとれる。つぎに、智光が行基の出世を妬んで地獄行きとなった話も中世以降有名になり、諸書により多少の変形は加えられているが、大筋に変化はなく、教訓化されても「口は禍の元」であるとか、「改むるにやぶさかなること勿れ」という程度のことである。

さらに智光と行基との説話につき、建治二年（一二七六）の著という『聖誉鈔』では、まず『奥義抄』系の説話を記し、河内国での法会の席での話を、行基が講師となり、智光が問者となって、天皇の前で論義をする時の話とし、智光が先年の娘が行基であることを知って論議をやめたが、なお行基が智人とは信じなかった。やがて智光は没して、例の地獄行きの話となり、生きかえって、はじめて行基のもとで謝ってその弟子となった。そして終りに、「智光ハ鋤田寺ヲ作ル、是安宿郡亀瀬ノ西シナトノ頭《ホトリ》ニアル鋤田寺是也、又其頭ニ文殊ノ墓トテアリ、是郡士ノ女ノ墓也、又文殊寺ト云寺アリ、是彼郡士ノ女ノ為ニ所レ造寺歟、此智光ハモト元興寺ニ住シ兼テ鋤田寺ニ住ス、俊厳記ニ云、聖武天皇ノ時行基菩薩名二愚僧一智光禅師称二無智僧一是也」と結んでいる。

5　観音堂・吉祥堂と禅定院

中門観音の信仰

智光曼荼羅のある極楽坊のほかで、元興寺内で民衆の信仰を集めていたものに中門観音がある。第三章で述べたように、元興寺中門には霊験のある二天・八夜叉があったが、そののち十一面観音が安置されてからは、広く観音信仰が高まるにつれて、中門観音として信仰を集めるようになった。『七大寺巡礼私記』には「高名霊像」とあり、『建久御巡礼記』には「中門観音ハ是長谷寺ノ観音ノミソキノ第二ノキレニテ造マイラセタリ、此為ニ長谷ヘマイル人ハスキサマニカナラス此アスカノ観音ヘマイリテ、同申コトカナフト中伝タリ」と述べ、建保四年（一二一六）に成ったという『諸寺建立次第』では、この因縁を要領よくまとめている。

この観音への信仰が高まるなかで、やがて三十三観音の中に数えられるようになった。建武二年（一三三五）二月に中宮恂子内親王御産の祈禱として、三十三観音寺院に誦経を命じられた際には、南都では、興福寺南円堂・同西金堂・東大寺法華堂とともに、元興寺が二十八番目にあがっている。この元興寺観音とは、おそらく中門観音であったと思われる。また、十四世紀中ごろまでにはできていたといわれる、洞院公賢抄記『拾介抄』にみえる三十三観音の中にも元興寺観音が入っており、そのことは、近世の『塩尻』や『閑田次筆』にも中門観音として扱っている。しかし、現在に伝えられる西国三十三所の観音霊場は十五世紀ごろに定着したもので、そこでは、もちろん元興寺は含まれず、南都では興福寺南円堂だけがこの中に数えられるようになっている。

この観音像は、初めは中門にまつられていたであろうことは、『七大寺巡礼私記』に「中門観音、件像安二中門一故号二中門観音一」とあり、『諸寺建立次第』に「中門内安二置十一面観音像一」とあることによって明らかで、中世初頭ごろまでは中門にあった。ところが室町時代の記録によると、『諸寺縁起集』（菅家本）をはじめ、諸文献に観音堂とあるので、中門観音像の信仰の高まりに応じて、この観音像のための堂が別に建てられたことは確かである。『大乗院寺社雑事記』にも、「此本尊初ハ安二置中門一歟、当堂建立ハ以後也、本御願人可レ尋レ之」と記している。

その時期は、観音堂の前にあった石灯籠が正嘉元年（一二五七）四月の銘をもっていたことや、つぎに記す中門堂掛板のうちの最も古いものの年号が宝治二年（一二四八）であることなどからみて、十三世紀の前半ではなかったかと推定する。ただし近世中期の『奈良坊目拙解』には、この観音堂についての項に、「（此像）安二置之於中門廊泊一乎、延喜年中別当義済別造二仏舎于大塔院内一、遷二奉置件本尊一者也云々、或説起レ自二宇多法皇御願志一、延喜三年五月廿一日院宣云々、今観音堂是也」と記していて、観音堂の建立は、延喜三年（九〇三）の院宣によって義済がしたとしている。この説は『本朝仏法最初南都元興寺由来』にもみえるが、これも近世の文献である。しかし、この延喜建立説は他にこれを証明するものがなく、あるいは、これは観音像の造立年代を示すものかもしれない。やはり、中世に入って観音堂ができ、この堂と中門衆のための房舎とで、大塔の傍に一画が形成されたというべきであろうか。そしてここが、やがて東金堂といわれたほど民衆の信仰を得ていたのである。

前記『奈良坊目拙解』には、「元興寺中門堂懸板銘」として、十余点の寄進状が収載されている。この書は近世の編纂物ではあるが、引用史料は割合に確かで、この懸板についても「今猶有二元興寺観音堂内一」といっている。この観音堂は近世末期に焼失したので、懸板も今はみることができないが、ほぼ同時代に、前記極楽坊の柱刻銘があり、また当麻寺の供養料寄進文の銘文や、若狭の妙楽寺・飯盛寺・羽賀寺・明通寺の如法経料足寄進札の例もあるので、これをひとまず史料として用いることとする。ただこの記録は原文書の完全な形の写しでなく、相当の省略があるので、十全な史料でないのはやむを得ないが、これを表示する（表7）。

表7　中門堂懸板寄進銘

年次	寄進先	寄進物	寄進者	場所
宝治二年（一二四八）	例時田	水田	定凡	左京五条二坊十二坪（西京終）
建長五年（一二五三）		屋敷	中三子	甲斐塚（肘塚）郷内今窪
建治元年（一二七五）	毎月壇供料田	水田	隆全	南大門前中門堂湯屋跡
弘安七年（一二八四）		屋舗	阿願	元興寺西阿知麻目（阿字万字）南辺
嘉元二年（一三〇四）	中門堂地蔵供料	屋舗	継実	中院北辺
四年（一三〇六）		屋敷	善寂	辰巳辻子南花園
徳治三年（一三〇八）		水田	妙法	左京五条一里二十六坪
三年	（買取）	屋敷	売人、勝善	東寺林辻子東辺南辺
延慶四年（一三一一）	夏始料所	屋敷		元興寺南大門前花園
元亨三年（一三二三）	灯油料所	畠地	藤原氏春日女延実	添上郡廓辻子奥東辺
元徳二年（一三三〇）	鐘楼在地所当	屋敷所当		
三年（一三三一）	（買取）	家地		元興寺東郷十輪院の間

（『奈良坊目拙解』による）

この懸板が中門堂（観音堂）にかけられていたところからみれば、寄進文に明記がないけれども、この寄進や買得は元興寺全体へのものとは考え難く、少なくも、大部分は観音堂の中門観音の供養に対するものと思われる。その上、寄進された屋敷や水田畠地が割合に小さく、元興寺周辺の地であるところをみれば、やはり元興寺周辺庶民の、現世の利益を願う観音信仰の現れとみてよいであろう。

吉祥堂と小塔院

元興寺内で、極楽坊と観音堂のほかになお民衆の信仰を集めていた堂といえば、小塔院の吉祥堂であろう。すでに、奈良・平安時代の吉祥堂にまつわる信仰についてふれたが、ここで、中世の吉祥堂のことをまとめておこう。

長元八年（一〇三五）の『堂舎損色検録帳』には他の諸堂とならべて西小塔院をあげ、「件堂五間四面南礼堂也」として、この本堂の相当の損傷を記したつぎに、東屋・北屋・三間桧皮葺屋・門屋各一宇をあげている。

つぎに、嘉承元年（一一〇六）の『七大寺日記』には詳しい記述があり、実情がよくわかるので、長文であるが引用する。「吉祥堂ハ金堂ノ坤角ニアリ、三間四面之堂也、内ニ五枚障子之絵仏アリ、吉吉可レ見、其中飛天絵様妙也、正了知大将之曼荼羅アリ、毗沙門吉祥天之像一補(舗)ニ図セリ、背之障子ノ絵像ナリ、東端金色仏像アリ、頂上天蓋アリ、仏背ヨリ竜飛登テ蓋クエリ、可レ見、辰巳角西向等身比丘形アリ、是護命僧正ノ影也、甚妙造様可レ見、世人伝云、只一度ニ僧正ニ被レ補云々、可二尋聞一、丑寅角轝(輿)アリ、件僧正ノコシナリ、可レ見」。

つぎに保延六年（一一四〇）の『七大寺巡礼私記』では、吉祥堂のまたの名が小塔院であるとし、前の記述を簡単に記した後で、「光明皇后御願也、安二置八万四千小塔一轆轤曳高七寸許、故号二小塔(院)一、此塔各無垢浄光陀羅尼経五真言之内納二其一本一云々、仁和寺勝定房阿闍梨説云々」を書き加えている。中世になってからも小塔院吉祥堂に関する記述は、『諸寺建立次第』、『諸寺縁起集』（護国寺本）など、ほぼ、上記平安朝末期の伝をうけている。

その他に、小塔院または吉祥堂の名でみえるものは、文永十年（一二七三）に、釈迦如来像五体（口絵9）が元興寺金堂の棟木で作られた時の開眼供養が小塔院で行われたこと（口絵9）、文保二年（一三一八）に、一乗院の良信が寺門繁昌のため末寺の僧らと大般若経の写経をしたが、その中に小塔院の僧があり、また小塔院で書写されていること、また正平八年（一三五三）には、小塔院で権僧正融円が『六一秘記』を書写していること、叡尊系の律僧順忍が小塔院の住持をしていたことなどである。

そして『大乗院寺社雑事記』の文明十五年（一四八三）の記述では、小塔院の内容説明には以前のものと大差がなく、堂前の井戸は護命の掘るところとする記事がふえているだけであるが、注目すべきはこの項の初めに、「西金堂、五間四面、此堂号㆓小塔院㆒」と書き出していることである。中門観音堂の東金堂に対し、これを西金堂とすることは、「本尊吉祥天女・毗沙門天」とあるので、福徳を授かりたいという現世信仰の大きかったことを示すといえよう。

しかし他方で、この『大乗院寺社雑事記』の前記の記録のあとに、別に「小塔院ハ吉祥堂之別院也」という文がある。その後、中近世の諸文献によると、吉祥堂と小塔院を別に並列して述べる所が多くなってくる。諸史料の表現に理解し難いところが多いが、吉祥堂すなわち小塔院とする記録は、古代並びにこれに倣っている文献に多いように見受けられるので、中世の何時のころにか、吉祥天画像（?）は吉祥堂を作って移され、もとの堂が小塔院の名で呼ばれていたのではなかろうか。それが近世文献に、別の堂として扱っている所以ではないかと推定してみるのである。

禅定院の受難

元興寺の別院禅定院は、興福寺僧の力によって元興寺の東側に復興し、治承の兵火後の興福寺復興の中で、興福寺寺中に擬せられ、大乗院主が、この禅定院と竜花院との院主を兼ねることになった。従って大乗院主にかかわることは、必然的に禅定院に影響することになる。それ故、まず尋範（?―一一七四）以後は、大乗院主で同時に禅定院主でもある僧侶の系譜と、大乗院主を出した藤原摂関家の系図を、次頁にあげておく。

このうち、院政が始まるころの覚信・尋範以後の一乗院と大乗院の院主は、引き続き多くこの藤原摂関家の子息たちが継ぐようになった。いわゆる貴種の入寺であって、両院家が摂関家と結びついてその勢力が増大したこと、院主職を継ぐことは荘園等の財産の相続を伴っていたため、摂関家内部の相続争いを生じたこと、さらに、実尊（?―一二三六）あたりからは両院門主ともに、順次、興福寺の別当に補せられることが多かったので、その点でも権力の増大と、その補任をめぐる争いがあったことなどが注目される。しかも興福寺は、春日社と一体になって大和を支配し、十二世紀から十四世紀のころが全盛期とされているので、鎌倉時代は一層その権威が目立つとともに、権力争いも熾

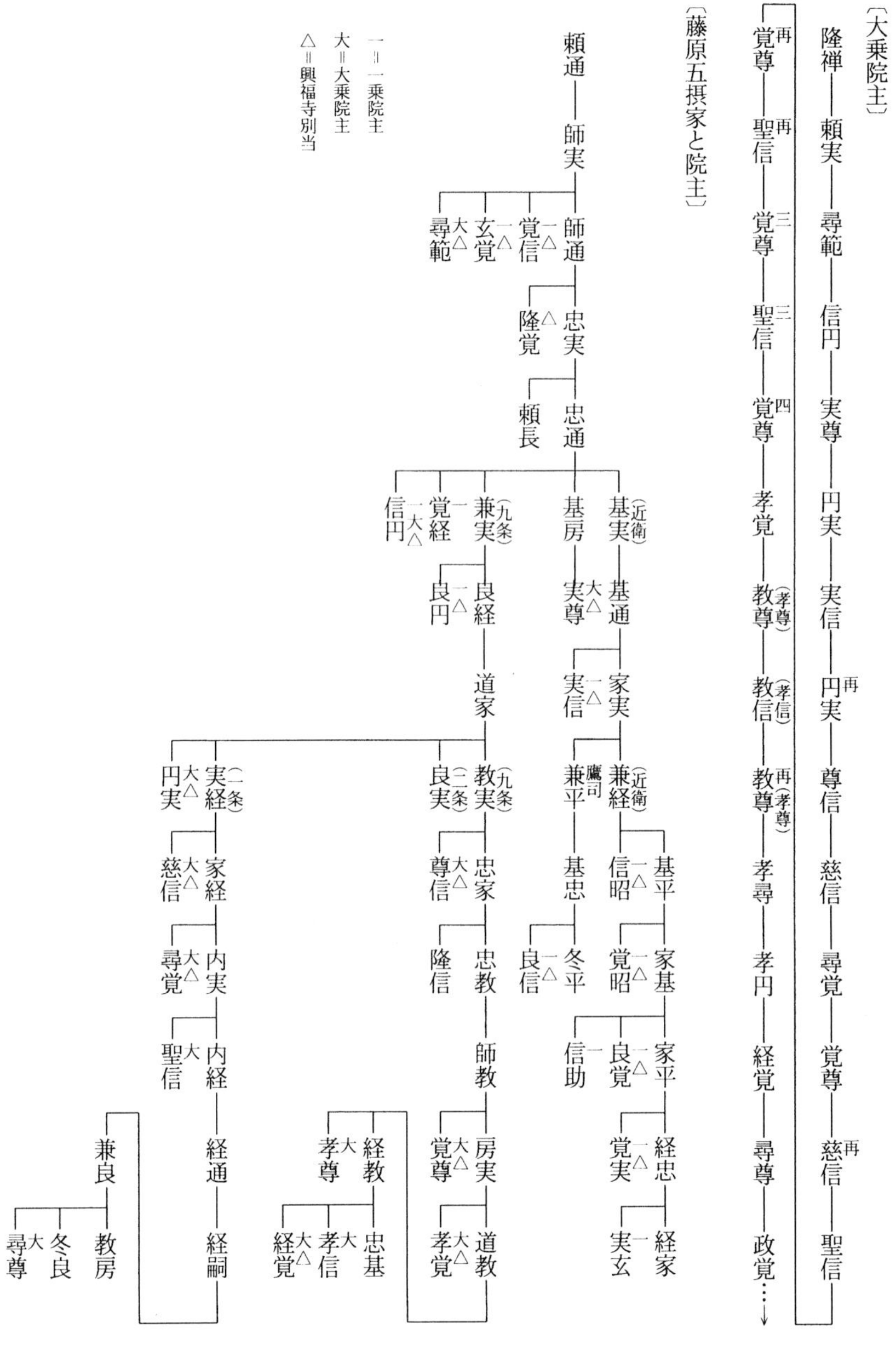
〔大乗院主〕
隆禅—頼実—尋範—信円—実尊—円実—実信—円実再—尊信—慈信—尋覚—覚尊—慈信再—聖信—覚尊再—聖信再—覚尊三—聖信三—覚尊四—孝覚—教尊（孝尊）—教信（孝信）—教尊再（孝尊）—孝尋—孝円—経覚—尋尊—政覚……
〔藤原五摂家と院主〕
頼通—師実
師通 一△覚信 一△玄覚 大△尋範
忠実 △隆覚
忠通 頼長
基実（近衛） 基房 兼実（九条） 一覚経 一大△信円
基通 大△実尊 良経 一△良円
家実 一△実信 道家
兼経（近衛） 鷹司兼平 教実（九条） 良実（二条） 実経（一条） 大△円実
基平 一△信昭 基忠 忠家 大△尊信 家経 大△慈信
家基 一△覚昭 冬平 一△良信 忠教 隆信 内実 大△尋覚
家平 一△良覚 一信助 師教 内経 大聖信
経忠 一△覚実 房実 大△覚尊 経通
経家 一実玄 道教 大△孝覚 経教 大孝尊 経嗣 兼良
忠基 大孝信 大△経覚 教房 冬良 大尋尊
一＝一乗院主
大＝大乗院主
△＝興福寺別当

烈であった。以下、その動きを禅定院にかかわるものだけを略述しよう。

そうした事件の最初のことは、尋範が大乗院主のときからであろうか。尋範は関白藤原師実の子で、保元の乱で敗れた上皇方に味方したために、乱後一時解官され、東小田原山寺に籠居の身となった。しかし、後に許されて興福寺別当になったが、前別当であった一乗院の覚継が尋範を除こうとして、仁安二年（一一六七）に凶徒を寺内に入れたので、覚継が伊豆に流された事件があった。この時、禅定院と大乗院が災を蒙ったといわれるが明らかではない。つぎにあげられるのは、事情はよくわからないが文永三年（一二六六）の一件である。弘長元年（一二六一）に、大乗院主円実は尊信（一二二六―八三）にその職を譲ったが、文永三年になって、円実の計による禅定院乱入のことがあった。このため尊信は辞職し、円実は丹波国に配流されている。

一乗院と大乗院の両門主間の争いが、やがて大事件となった。ことの起りは、一乗院主覚昭とその弟子信助の不和による武力衝突があり、大乗院主慈信が信助を助けたことがもとで、永仁元年（一二九三）から同五年にかけて、一乗院家と大乗院家の間の戦いとなった。『一代要記』の永仁元年の項に、「十一月十七日行レ之(春日若宮祭)、祭中間数千騎軍兵馳集、一乗院衆徒又帯二甲冑一入二集大湯屋一、忽始二合戦一及二夜陰一衆徒引二籠菩提院一」とあり、十一月二十日にも菩提院で合戦があったという。さらに永仁四年十月九日の『続史愚抄』には、「南部大乗院僧徒引二籠菊(鬼)園山一、今度勅裁之中禅定院僧正某勅勘、及召二河口庄一被レ付二東北院一鬱訴二云」とあり、『春日社司祐春記』の十一月十四日の項にも、菊園衆徒が大湯屋に打入ったと記している。

この争いは禅定院の周辺鬼園山等が戦いの場になり、幕府の介入があったりしたが、結局、大乗院の慈信は勅勘を蒙って、一条家経の子尋覚があとを継ぎ、一乗院の覚昭も、その次の覚意も改補されて鷹司基忠の子良信が門主となった。このような両院家の対立の裏には、越前国河口荘を供料としてもつ春日社一切経検校職を、東北院から奪おうとした大乗院家に対し、一乗院が東北院を助けたことや、竜花院や宇野荘の争奪などがあったといわれる。この争いを永仁の闘乱といっているが、この争い以後、一乗院家は基実を祖とする近衛・鷹司家流が、大乗院家は兼実を祖とする九条・二条・一条家流が相承するようになった。

永仁の事件後、大乗院家では九条家と一条家の間で門主争奪の争いがおこった。慈信のあと一条家出身の尋覚が門主であったが、つぎに九条家出身の覚尊が入室し尋覚没後門主を継いだ。この覚尊に対立した一条家出身の先々代門主慈信は強引に門主に復帰し、後継者として一条内実の子聖信を入室させた。しかし、慈信が正中二年（一三二五）に没すると、覚尊は後を嗣いだ聖信を追放し、実力で門主に復帰した。『花園天皇宸記』の正中二年六月二十三日の記事に、「伝聞、大乗院先門主覚尊僧正以二大勢一押二入南都一、当門主某禅師雖二相禦一不レ勝而被二追落一云々、事々乱悪不レ可レ謂歟」とあり、『大乗院日記目録』の同年七月十八日の項に、「或記云、七月聖信焼二払禅定院堂塔以下一」とあるが、禅定院焼き払いのことはうわさに止まったようである。

ついで嘉暦二年（一三二七）三月には大規模な両者の衝突があり、興福寺金堂以下諸堂が焼失した。『大乗院日記目録』の三月八日の記事に、「聖信之坊人閉二籠于金堂一之故、自二覚尊僧正門徒方一押二寄金堂一致二合戦一火事自然出来、聖信方打負了」とある。聖信は一乗院主良信の支援を受けたが敗れ、金堂焼失の責任から隠岐に流され、以後当分、九条家が大乗院を支配し続けた。興福寺金堂等炎上のためか、この翌年三月に、禅定院釈迦堂で本経講と本論講が行われている。

その後、南北朝期に入り、建武五年（一三三八）に大乗院主覚尊が武士団の攻撃を受け、捕えられて淡路に流され、九条家の孝覚が門主をついだ。一方、観応二年（一三五一）には一乗院主の覚実が没し、南朝に仕えていた近衛経忠の子実玄が院家を継いだ。ここで、北朝側の大乗院主孝覚と南朝側の一乗院主実玄が対立抗争し、合戦に及んだ。『大乗院日記目録』のこの年七月三日の条に、「大乗院大僧正孝覚与二一乗院禅師実玄一両門確執事出来、日々及二合戦一」とあり、『細々要記抜書』には、「七月四日ウチアカシニ両院家ノ合戦ハシマル、九月今度両院家合戦、去七月四日始テ以来、至二今月今日七日一之内二、七月廿二三両日ハ射合モナシ、其外ハヲコタラス毎日合戦アリ、其内大ナルハ七八ケ度也」とある。そしてそのために、この年十二月十六日には、禅定院丈六堂で向淵御講が行われている。この戦で一旦は没落した実玄方が、延文二年（一三五七）十月に南都に乱入し、禅定院等を焼き払ったのである。大乗院門主尋尊は文明七年（一四七五）の記事の中で、この争いを「実玄禅師就二毎事一非レ器之間、孝覚大僧正可レ相二計彼門跡一之支度ヨリ大乱ハ起了、（中略）寺門滅亡初也、已来無二正躰一者也、両門院領悉以成二国人等自専一了」と述べている。権門寺院の没落と国人らの武力が解決力であることが明らかになったのである。

応安元年（一三六八）に孝覚は没して、教（孝）尊が大乗院門主となり、同二年には禅定院の再建の上棟があり、同五年には同院の丈六堂と釈迦堂と天竺堂が再興し、三堂供の供料も「山内七ケ所等負所米」と定められ、ここに禅定院の再興をみたのである。『興福寺別当次第』によると、永徳三年（一三八三）十月に禅定院領外河荘の違乱により衆徒が罪されたとあるが、外河荘とは大和国添下郡（現在、大和郡山市）にあり、元来、大乗院の荘園であったから、この時分に禅定院に寄せられていたのであろうか。また両門主の争いは『大乗院日記目録』の永徳二年五月の条に、「武家使者両人下向、六方衆徒和与、前両門主上洛、寺門無為、六月上旬和与也、十三日両門主良昭孝尋帰レ寺、」とあるように納まった。

6　中世仏教信仰の拡大と極楽坊

祖師信仰の展開 (一)——太子信仰——

本章の初めに述べたように、中世初頭には、南都仏教を代表する貞慶や高弁によって釈迦信仰・舎利信仰・弥勒信仰が盛んに唱えられた。これは、叡山の仏教が釈迦の教えを記した『法華経』によって立ち、これを信仰の中心に据えているのに対して、これに劣らず、南都仏教も釈迦に直接しようとするものとの意識があってのことかとも思われる。とにかく、この仏教の開祖たる釈迦に帰ろうとするこの運動は、日本における仏教の始祖への回帰に連なるものであった。わが国の仏教の始祖といえば、まず、仏教受容を決意し、寺院建立の道を開いた聖徳太子である。太子への信仰はすでに貴族社会内に広まっていたから、南都仏教においても、ただちにこれが高唱されるようになったのである。

聖徳太子への尊崇は、すでに早く八世紀初めの『日本書紀』成立のころから現れていた。そこでは太子を超人的能力の人とし、死後は浄土にある人としてみていた。ついで南岳慧思禅師の後身とされ、また『法華経』の将来者として、あるいは教学の始祖として崇拝され、やがてその伝記は『聖徳太子伝暦』（九一七年撰）に至って集大成され、太子信仰ができ上ったのである。ここにおいて太子の生涯は、金色の僧の夢、厩の傍での誕生から、二歳での南無仏の唱え、丁未の乱、十六歳の時の孝養、四天王寺建立、法華経の感得、三経義疏、片岡山飢人の説話となり、救世観音の化身とされ、太子建立の寺院の数も、はじめの七寺からその数が増加している。やがて、太子を仏とまで崇めるようになり、太子建立の四天王寺・法隆寺や、磯長の太子廟が太子信仰の中心となった。中世になるとその信仰はさらに高まって、上下全階層に広まり、太子の予言や廟所破りなど奇異の風聞をもまじえて、末法故の祖師思慕へと展開していった。

聖徳太子の建立と伝える寺院が増加していく中で、太子と蘇我馬子とが政治的にも深い関係にあったから、馬子の建立した法興寺の後身の元興寺も、太子建立寺院の一寺に数えられるようになったのは当然かもしれない。それ故、太子信仰が高揚する中で、元興寺ではこの伝を宣伝したであろうが、現実に、この寺の中で太子信仰の高まった証しを示しているのは極楽坊であった。

その一つは、一面六臂の如意輪観音菩薩坐像の印仏の存在である。一枚の紙に、像と表装とを同一板木で摺ったものので、上部にある讃文は磨滅して判読できないが、裏には「貞応三年　六月日　女竹」の墨書があるので、この像の制作年代の下限を貞応三年（一二二四）とすることができる。図柄からみて、宋代版画の要素が濃いといわれる作であり、同寺にある他の多くの印仏とは異なる性質のものである。おそらく、聖徳太子の本地を如意輪観音とする太子

図 41　如意輪観音印仏

信仰関係の資料というべきものである。極楽坊が庶民に支えられつつ寺勢を増大していく中で、太子信仰の興隆に呼応して、寺側が太子との縁を唱えることによってその信仰を鼓吹していったと思われる。

このことをさらに強く示すものは極楽坊にある二体の聖徳太子像である。『聖徳太子伝暦』によって有名となったその伝に基づいて、中世には、二歳の南無仏太子像と十六歳の太子孝養像が最も多く製作された。現在わが国で彫刻の南無仏太子像は六十余体、同じく孝養太子立像は八十余体が知られており、極楽坊にはこの両像が所蔵されている。極楽坊の木造聖徳太子孝養像（口絵10）は鎌倉時代作の優秀な像として知られていたが、多数の像内納入文書が発見されて諸事情が判明したことで、さらに有名になった。

(1)造　立　記　善春を筆頭とする木仏所名と慶尊らの画所名と塗師能舜の署名があり、「文永五年三月十一日木造同廿五日色取」とある。文永五年（一二六八）の制作は、同種類像の中で、埼玉県天洲寺蔵の寛元五年（一二四七）作の像につぐ古い像であること、仏師善春は叡尊に近い西大寺系仏師の一人であることが注目される。

(2)眼清願文　表に如意輪観世音陀羅尼、裏に四月六日付の眼清の願文と眼清の縁者名がある。

(3)太子供養御仏供敬白文　在家出家道俗男女の微少の供として、米や穴あき銭を供え、所願円満法界平等利益を願う文。

(4)道忍寄進状　彩色のための丹二両を寄進するというもの。

(5)結縁交名状　表紙に「太子結縁人名帳文永五年二月ヨリ於元興寺極楽坊勧之」とある二十紙の一冊をはじめ、同年三月二十五日勧進とある巻子装一巻、ほかに、一紙あるいは数紙からなる二十余の結縁交名状があり、中には、死没者の交名が過去者として含まれる。その他、一流・親子などとある表記もあるが、大部分は松石丸・三郎・春女・松女等の庶民の名が連ねられ、合計約五千余名に及ぶ。この聖徳太子像が、いかに多数庶民の志によってできたかを示している。

(6)聖徳太子摺仏（口絵10）十四枚　太子の姿は孝養像で、画面上部に「救世大慈観音菩薩妙教流通東方日国」とい

図42　南無仏太子像

う讃文があるが、この文は『聖徳太子伝暦』にある百済阿佐王子が太子を拝して述べた章句である。このうちの一枚には、欄外に眼清ほか三十一名の結縁交名と文永五年の年紀が記されているが、眼清ほか六名は前記(2)に名を連ね、他の人々も交名状の初めに名を止めているので、この人たちは五千名をこえる結縁者の中でも、特に力を尽した人々であったと思われる。この摺写はいずれも汚れやずれなどがあって完好品でないので、結縁者に金品と引き換えに渡したうちの失敗品と考えられる。

(7)太子千坏供養札六百五十一枚　短冊形の紙に「太子供養御仏供一升一千坏之内卯月八日」と摺り込んであり、そのうち三百余枚の裏面には、これに金品をそえて寄進した人々の名や金品の額、あるいは願文などを記している。この墨書は書き手が一様でないので、結縁者の自筆かと思われ、「くわこあこほかいすしやう」(過去吾子法界衆生)のためとか、「為㆓慈父尊霊往生極楽、兼自身滅罪生善心中所願決定円満㆒」、あるいは「すわうによ、かならすたいしにみちひかれまいらせ候也」などがあって、その願意がよくわかる。聖徳太子信仰はこのように拡大したのである。

この像にはその他に、落書・書簡断片・木製五輪塔等も納入されていた。また文永九年が太子六百五十年遠忌になるので、これに対しての造像勧進ではなかったか。いずれにしても、この像内の納入文書は、当時の庶民信仰の実態を示すものとして誠に注目すべきものであった。

つぎに、極楽坊には非常に勝れた木造南無仏太子立像がある。その製作年代については諸説があるが、ここでは鎌倉時代ということにする。同像はレントゲン写真によって、その右足の内部に五輪塔が納入されていることがわかるので、他にも納入品があると思われるが、現在は何ともいえない。とにかく、極楽坊に早期のすぐれた太子孝養像と南無仏像とがあることは、太子信仰史上、そして元興寺の歴史の上でも非常に注目に価すると考える。なお極楽坊には、鎌倉時代末期作かといわれる如意輪観音像があるが、これも太子信仰と結びつけることができよう。

祖師信仰の展開 (二)――行基と大師信仰――

祖師信仰として、聖徳太子についであげるべきは行基信仰である。行基は生前から行基菩薩と崇められ、ついで文殊菩薩の化身とされ、文殊信仰と一体になって行基信仰は広まった。中世に入ると、文暦二年（嘉禎元年、一二三五）に生駒の竹林寺の僧と信徒らが託宣によって行基の墓を掘り、銀瓶に納められた舎利と「大僧正舎利瓶記」を発見した。このことは、僧寂滅が本寺唐招提寺へ報告した「注進状」と「舎利瓶記」、ならびに嘉元三年（一三〇五）に凝然が行基の墓を調査して記した『竹林寺略録』によって明らかであり、これを契機として行基信仰はさらに高まった。この舎利発見を齎した託宣と発見の一件は、実に中世初頭からの、祖師追慕や舎利崇拝の一環をなすものであることは見逃すわけにはいかない。

行基は、元興寺とは直接の関係はないが、全く無関係ともいえない。行基は、元興寺の前身法興寺の禅院を造った道昭について出家し、その後のかれの社会事業的活動も、この方面の先駆者であった道昭から学び引きついだものといわれている。つぎに元興寺智光に関する説話の中で、智者としての智光に対し聖者としての行基という形で語られ、それは智光の地獄めぐりの物語や真福田丸説話となっている（第二章第4節）。また行基を文殊菩薩の化身とする『日本霊異記』以来の考え方は、天長五年（八二八）二月に元興寺僧泰善の主唱によって始められた文殊会によって、さらに増幅されたといえる。

行基についで、祖師として信仰された人といえば空海弘法大師であろう。空海は日本真言密教の樹立者であり、その業績は仏教界だけでなく、土木事業や書芸など多彩なものであったから、早くから大師信仰は生まれていた。かれの没後、貴族たちは東寺で灌頂を受け高野詣でをして、かれを慕ったが、十一世紀の末ごろ以後は、空海は聖徳太子の再来とされ、高野聖が活動し、中世には、社会の各層や日本の各地に大師信仰は広まった。寺院の創建や再興、堂塔の建立、仏像の造立・筆画、諸寺院の大師堂や御影堂から、井戸・泉・動植物に至るまで、その信仰からくる伝承は広まっている。中世南都における真言密教は、東大寺派・興福寺派・西大寺派・唐招提寺派などがあり、いずれも醍醐寺三宝院の流れをくむといわれるが、南都における密教、ひいては大師信仰の中心が東大寺真言院であったことは明白であろう。

元興寺でも早くから密教は流入し、この派の僧侶を輩出してきたが、中世において大師信仰のあったことを示しているのは、金堂等、寺の中央部を失っているためでもあろうが、現在ではやはり極楽坊だけである。ここには優れた木彫彩色の弘法大師坐像（口絵11）がある。この像はその彫刻技法的には、さきの聖徳太子像の作者善春派のそれに近いとされ、年代的には、大師の四百五十年遠忌にあたる弘安七年（一二八四）ごろの作かといわれている。そして、この像にも像内納入経典や文書等があった。

(1)像内朱書『理趣経』　経文に廻向文が付加され、五仏の種字と珠禅の敬白文が書かれている。

(2)頭部に納められていた珠禅の敬白文と五色舎利と愛染明王像の朱印仏（口絵11）四十二枚　愛染明王は理趣経の総主といわれ、印仏は千体または万体を目的に捺した日課印仏らしく、この印仏紙数枚で舎利が巻きこまれていた。この部分の納入品は、この像のできたときの納入とみられる。

(3)頭部納入物を支える形で頸部にあった『観音経』一巻　丁寧な写経で、納入は本像造立の時であろうか。

(4)結縁交名状断簡と経巻を一包にしてこよりでしばった形で胸部に棒で支えられたもの　経巻は『妙法蓮華経』八巻、『無量義経』一巻、『観普賢経』一巻、『般若心経・阿弥陀経』一巻、『一切神分般若心経』一巻で、各巻の奥書によって、いずれも正中二年（一三二五）五月十五日から十九日の間に、般若寺松林院庵で頓写されたことがわかる。このうち、『法華経』巻一と『観普賢経』の前文が血書経であり、『一切神分般若心経』の廻向文に「心中大願決定成就」とあり、筆者は浄高・長契・了行・証恵等皆別人である。正中二年ごろの追納であろうか。

(5)膝部納入の康永四年（一三四五）の結縁交名状と神符　おそらく、修理時の追納であろう。

この弘法大師像のように、数多くの納入品がある大師像はその例が少ないとされているが、とにかくこの像によって、極楽坊に庶民の大師信仰の広まりのあったことが証明される。つぎに経巻のうち、次章で扱う千部経に用いられる『法華経』は別として、注目されるのは『観音経』が納入されていることである。春日社の第一殿の本地仏が不空羂索観音とされ、それが興福寺南円堂の本尊でもあることから、中世では、南円堂観音信仰が春日大明神信仰と結びついて盛んであった。

南円堂は、建立の際の最初から空海がかかわっていたとされるので、大師信仰は南円堂を介して春日信仰と結びついており、そこに『観音経』存在の理由があると思われる。事実、永正十二年（一五一五）の『極楽坊記』には、極楽坊の禅室の西端に春日明神影向の間があって、毎朝、春日明神が白鹿に乗って影向して、智光曼荼羅と舎利を守護するので、弘法大師はここに春日明神を勧請し、影向曼荼羅を画いたと伝えている。そして室町時代には、禅室影向の間に、次章で述べる厨子入り智光曼荼羅（口絵4）と春日曼荼羅と大師像がまつられていたのである。『大乗院寺社雑事記』の長禄三年（一四五九）三月十二日の記にも、「為二花一見一極楽坊ニ行向、次春日万陀羅拝見了」と尋尊が述べている。

律宗僧の活動

末法の世の中で、浄土教の興隆と祖師信仰の高まりがあったが、さらに南都復興に伴う南都仏教興隆の一つとして、律宗の復興がある。戒律の実践によって末法を克服しようとしたのであろうか。南都における律の復興は、中ノ川の実範（?—一一四四）に始まるといわれる。かれは、永久四年（一一一六）に唐招提寺に入って戒律の興隆につくした。その弟子覚憲（一一三一—一二一二）の門下に出たのが、南都復興の先駆者貞慶で、律の鼓吹でもその先達であった。そのころ、貞慶に対し、京都にも泉涌寺開山の俊芿（一一六六—一二二七）があって、律学を興していた。かれは律の衰微を嘆いて、正治元年（一一九九）に宋に渡り、律のほか、天台・禅・浄土をも学んで帰国したが、この俊芿の伝えた宋の新しい律を北京律というのに対し、実範・貞慶から展開する南都の律を南京律といっている。

貞慶の意を受けて、その弟子覚心が建暦二年（一二一二）に律の道場として、興福寺に常喜院を建てた。やがて嘉禎二年（一二三六）の秋に、常喜院の覚盛・円晴・有厳の三人と西大寺の叡尊とが東大寺大仏殿で自誓受戒を行って、具足戒をもつ比丘となったが、このことは、南京律にとって画期的なことであったといわれている。凝然も『三国仏法伝通縁起』の中で、「自レ爾已来如法持戒如教持律、次第相承充二満諸方一不レ可レ知レ数」と述べている。覚盛（一一九四—一二四九）はその後、鑑真への復帰を志し、寛元元年（一二四三）に唐招提寺に入ったが、時の人はかれを鑑真の再生といったといい、天皇から大悲菩薩の号を贈られた。円晴（一一八〇—一二四一）は受戒後、南都不空院に入り、のち洛北雲林院に一宇を設け、嵯峨の寺で没した。有厳はのち宋に入り、帰国して唐招提寺に西方院を建てたが、「杜二絶人事一習レ禅危坐、臨レ亡坐レ椅結二外縛印一向レ西而寂」と伝えられる。

叡尊（一二〇一—九〇）思円上人は興福寺僧の子で、初め真言を修め、ついで貞慶の弟子戒如から戒律を学び、受戒の後、西大寺に入ってその復興に勤めた。また広く戒律の功徳を説き、特に梵網戒（大乗戒）を道俗共通の戒として、戒律の大衆化に勤めて多人数に受戒し、「済度群生ヲ修行ノ根源ト為ス事」（『興正菩薩御教誡聴聞集』）として窮民の救済に勤めた。また常に真言を唱え、光明真言を西大寺の行事とし、文殊供養を行い、般若寺をはじめ諸寺の復興に努力した。その活動は驚異的なもので、叡尊一代の間に菩薩戒を授けた者九万七千七百十人、講席を開くこと一万七百二十一座、殺生禁断一千三百五十六箇所、寺院の新建一百余所、その修造五百余所、西大寺の末寺と称したもの千五百余、新たに戒壇を設けた寺は西大・家原・海竜王・法華・浄住の五寺であったという。このような行績に対し興正菩薩の号を贈られた。叡尊の活動をその弟子忍性（一二一七―一三〇三）が継いでいる。

この南京律西大寺派の活動は、浄土教による仏教庶民化の道とは異なった形での民衆への宗教運動であって、鑑真においては、比丘戒に対して副次的な意味しかもたなかった大衆戒を、真の意味で大衆化し、実践したものであった。それと共に、この西大寺派律僧の活動は南都の諸権門寺院の私的対立を超克し、諸寺の復興に力を貸したものであった。

この西大寺派律僧の南都における活動はめざましいが、元興寺との関係は如何であろうか。一つは、先記極楽坊の聖徳太子孝養像で、その造立記にみえる仏師が善春であることとである。善円・善慶（一一九七―一二五八）・善春と続く善派の仏師は奈良で活動し、特に叡尊をめぐる仏師として知られている。しかも、善春は西大寺蔵の叡尊の寿像の作者であることと、この両像の結縁交名の中に共通する結縁者多数を見出すことは、叡尊と極楽坊の間に相当密接な関係があったことを窺わせる。もう一つは、忍性の直弟子で、鎌倉の極楽寺の三世となった順忍（一二六五―一三二六）である。順忍は善願上人といい、近年、かれの蔵骨器が額安寺の五輪塔から発見された。その銘文に、「（前略）卅五歳南都元興寺小塔院住持、四十一歳関東多宝寺管領、（下略）」とあって、壮年のとき小塔院にいたことがわかる。

南都の律僧として、つぎに注目すべきは、東大寺戒壇院の僧円照で、さきに、かれが元興寺僧坊を修復したことを述べた。『円照上人行状』によると、法相を宗とし、律・禅にも詳しかった興福寺の良遍（一一八四―一二五二）に師事し、さらに叡尊に律を、京都東福寺の円爾弁円（一二〇二―八〇）に禅を、俊芿の高弟定舜（?―一二四四）に北京律を学んだ。正嘉元年（一二五七）に造東大寺大勧進となって、僧房・二月堂・法華堂や元興寺の僧房を修造し、弘長三年（一二六三）には、行基の舎利供養を東大寺で行っている。そういえば、行基の墓の発掘にあたったのは、寂滅を中心とする律僧たちであり、やがて、この円照が竹林寺を再興している。律僧は、勧進聖や三昧聖を含む斎戒衆という下級僧を組織し得た人たちであった。

つぎにあげるべきは、極楽坊が律院となったことである。『大乗院寺社雑事記』によると、応安元年（一三六八）以前の極楽坊が、「元是白衣止住坊也、剰妻帯輩令㆓居住㆒」状態であり、事実、『中臣祐賢記』の文永十二年（一二七五）二月の項に、春日社を汚した伊賀国の住人が、極楽坊を宿所としていたという話をのせている。この極楽坊を明教法橋が質物に取って、時の大乗院門主孝覚（一三一九―六八）に進上した。孝覚僧正は、大安寺に己心寺を隠居所として建てていたので、己心寺殿ともいうが、この時以後、極楽坊は己心寺の末寺になっている。そして孝覚は、自分の戒師であった律僧道種を極楽坊に住持させたので、以後、極楽坊は律院となったのである。この道種については『律苑僧宝伝』に、「字光円、不㆑知㆓何許人㆒、習㆓戒律㆒包㆓括幽奥㆒、芳風令徳時人宗仰、応安初主㆓南都極楽院㆒、播㆓揚律風㆒震㆓撼朝野㆒、極楽律学之行者皆推㆓功於師㆒焉、後不㆑詳㆑所㆑終」とあって、かれが独特の風格をもっていたことと、極楽坊が律院として面目を改めたことが窺われる。

極楽坊が智光曼荼羅を本尊として、南都浄土教の中心となり、ここに集まる庶民が、聖徳太子や弘法大師への信仰にも導かれて極楽往生を望んでいたのであるが、他面では雑信仰もまざった場となり、宗風の乱れをきたしていたことも否めなかった。これに対し、戒律によって極楽坊の寺風をたて直すことになったのであろうが、それが可能であったのは、南京律が民衆の中に入り、大乗戒によって人々を救うことに努め、下級僧を組織し得た庶民性を持っていたからであろうか。とにかく、この後も極楽坊は庶民信仰の聖地として繁栄を続けるのである。

つぎにあげるべきは、極楽寺三世の順忍が小塔院住持であったことである。後に小塔院は叡尊との関係から律宗となり、西大寺末寺になったといわれるが、叡尊との直接関係はわからないが、少なくとも、順忍の時から律宗となったといえるであろう。

『本朝高僧伝』の定舜伝の中に、「嘉禎之間、両京律盛、当二是時一鳩《アツマル》二群英一」とあるように、鎌倉時代中期から南北朝、さらに室町時代にかけて、律僧の活動は盛んであった。この戒律の復興は、もちろん体制派仏教の中から生まれただけに、いわゆる旧仏教系の在来寺院と関係が深く、その上、南京律とくに西大寺派による南都諸寺院の復興はめざましかった。そのような状況に加えて、旧諸宗間の独自性は薄くなり、諸宗派の信仰の混淆の姿も見られ、律宗が旧宗派や浄土教や禅宗にも通じた例もあり、律宗を旧仏教派として扱えなくなってもいた。『建武年間記』の中の、二条河原の落書の「都にはやるもの」として、「自由出家」とか「禅律僧」とあるのも、これを語るようである。そしてその根底には、さきにみた庶民の台頭、すなわち下剋上的、一揆的な動きがあったのである。

地蔵信仰の興隆

平安時代後期になって貴族社会が斜陽化し、浄土教がおこり、末法思想や無常観が広まってきたが、中世になると、さらにこのような思想は広く民衆の中にも浸透した。浄土教は現世よりも来世を語る宗教であったから、自然六道思想のうち、来世の極楽と対極をなす地獄が最も多く説かれている。それは人間が死後、冥土で十王から裁判を受け、その結果によって、極楽か地獄か、行き先がきまるとされるので、人々に堕地獄の恐怖を教えて、善根を積ましめる意味で、地獄が語られたのであろう。こうして地獄草紙が画かれ、十王の中でも閻魔王や太山王の彫像が作られた。中世初期の南都でもこの思想は広まっていた。元興寺に割合近い正覚寺や白毫寺には、それらの像が現存している。

この六道十王思想と同様に、浄土教思想の興隆のもとで信仰が広まったものに、地蔵菩薩の独尊的信仰がある。地蔵菩薩は、大地の徳の象徴とされるインドの神が仏教にとり入れられたものといわれ、その功徳は、仏滅後弥勒仏が下生するまでの無仏世界の救主として、また地獄での抜苦をもたらす仏として信じられていた。それ故、来世を信じ、極楽往生を願う浄土教が展開する以前には、地蔵菩薩の信仰はあまりなかった。それが、十一世紀中期以後になって『地蔵菩薩霊験記』ができ、『今昔物語集』には地蔵菩薩の功徳の話が多くなり、浄土教が広まるにつれて、阿弥陀如来は浄土にあって念仏する衆生を救うのに対し、六道を住み家とし、罪深い人間を間近で救うのは地蔵であるとの信仰に進んだ。こうして中世にかけては、末法の世の庶民に最も縁の深いのは地蔵菩薩とされ、ひとえにこれに帰衣すべしとする信仰に成長し、阿弥陀の浄土への往生を願う念仏と併存しながら民衆の中に広まり、やがて民衆の苦悩を救う最も手近の仏として、ときに現世利益的要素さえも持ち始めるのである。

このような思想は、無住（一二二六―一三一二）の『沙石集』にも示されていて、かれは当時、南都に広まりつつあった地蔵信仰に注目し、「南都に地蔵の霊仏あまたおわします、知足院・福智院・十輪院・市の地蔵など、とりどりに霊験あらたなり」といっている。知足院は東大寺の一子院であるが、福智院と十輪院は元興寺に近い。福智院の地蔵菩薩像は寄木造の丈六坐像で、地蔵像としては最大であり、千体地蔵をつけた光背があり、像内銘文によれば、建仁三年（一二〇三）に僧定心の勧進により造像されたもので、建長六年（一二五四）ごろに現在地に移されたといわれる。十輪院は、奈良時代に朝野魚養の開基にかかるといい、また元興寺の子院とも伝え、空海あるいは聖宝の開創説も伝えられる。鎌倉時代造立とみられる石仏龕の奥に地蔵像があり、左右壁に十王像がある。その他、伝香寺にも安貞二年（一二二八）造立の地蔵像があるが、これはもと興福寺延寿院にあったという。

以上のように、南都では元興寺近傍に、鎌倉時代に地蔵信仰が高揚していた。このことは、元興寺極楽坊が極楽と考えられたことと併せ理解すべきであろう。

極楽坊における地蔵信仰を直接現すものは、さきに記した千体仏であろう。百余体に及ぶ板彫の彩色地蔵菩薩像と、奉献台上にならべられたかと思われる八百余の千体地蔵像が現存し、板絵や印仏にも地蔵像は多い。また、こけら経の手本となった経典の中に『地蔵本願経』がまざっていた。さらに、現在は元興寺周辺の町の所有となっているが、元興寺と関係深い地蔵菩薩立像がある。その一体は鵲町所蔵の像で、像内納入の願文によると、この像は、延応元年（一二三九）に元興寺僧常行房行増が、「无量ノ身ヲ現シテ一身コトニ无量ノ衆生ヲ導テ令㆓成仏㆒」める目的で修造した三十余体の地蔵の一体である。この像には、永仁二年（一二九四）に元興寺鳴河□の沙弥香阿弥陀仏が修理したという銘文も入っている。その二は、同じく元興寺近傍の地蔵町に現在所蔵されている地蔵菩薩立像で、善春派の作風を思わせる十三世紀中ごろの作といわれている。

なおここで、室町時代の資料をあわせ記しておこう。極楽坊発見の庶民信仰資料のうち、印仏の中に地蔵像を捺したものが相当数あり、また天文十五年（一五四六）の造像銘がある、南都宿院仏師定正作の地蔵菩薩立像がある。元

図 43　地蔵菩薩立像

興寺に近い西光院には、天文十三年宿院仏師源次作の地蔵立像と、天文十七年に制作され、頭部内に結縁者十数名の名が記されている地蔵半伽像があることも付加しておく。このような地蔵信仰の広まりは、春日社第三殿の神の本地仏が地蔵菩薩とされているので、前項でみたように、中世に盛んであった春日明神信仰と関連しているかもしれない。

六　元興寺の分断

1　大和国人層の動きと南都

南北朝からの動乱期

元弘三年（一三三三）鎌倉幕府が倒れ、後醍醐天皇を中心とする建武中興の政治が始められたが、間もなくこれは失敗し、足利尊氏の挙兵によっていよいよ本格的な動乱に突入した。後醍醐天皇は一旦、比叡山延暦寺に難を避けたが、建武三年（延元元年、一三三六）十二月に吉野に遷幸になり、足利尊氏は別に京都に持明院統の光明天皇を擁立した。ここに南北両朝廷の対立が始まり、明徳三年（一三九二）の南北両朝の合体まで約六十年間抗争が続く。この間に、足利氏は京都に室町幕府を開いている。

この南北朝の動乱は、以前は名分論・正閏論で解釈されることが多かったが、この大争乱はそれでは説明しきれないものである。事実この間、国内各地に動乱が広がり両派に分かれて戦ったようにみえるが、武士団の中には一方に常に属した者もあり、中には、叛服常なく行動する者や一族両派にわかれる者もあり、「犬とも云へ、畜生とも云へ、勝つことが元にて候」といった戦乱であった。

このような長期間にわたる動乱が続いた理由の一つは、惣領制の崩壊である。同族意識をもつ疑似的血縁的共同体がくずれて、より小さな地域的共同体に解体して、互いに抗争するようになったもので、この現象は、地方によっては十二世紀ごろから現れていたが、十三世紀にはこの現象が目立ち始め、さらにこの動乱の中で、それは各地方に根深く進行した。この戦乱の中で、かれらは一族の存亡をかけて必死の戦いをしていた。

理由の第二は、在地の有力土豪名主たちが武士化して武士団に編成されていくにつれて、農村にあって現実に農耕に従事し、その経営に努力する立場になった農民層が新たに形成されてきたことで、かれらは自ら村を守り生産物を確保し、一揆的な結合をして野武士的活動をする者も各地におこってきたことである。それは村の治安を守るために自治的な組織をつくり惣村を形成する場合もあり、また、一揆的野伏勢力として戦場で活動する場合もあった。こういう武士団の再編成と新しい村の形成が、南北朝の動乱から次の時代にかけて展開していたということができる。

南北朝が合一し、室町幕府の権威が確立したからといって、ただちに平和がきたわけではない。南北朝の末期、明徳七年（一三九〇）には将軍家に対する美濃の土岐一族の乱があり、その翌年には山名氏の明徳の乱があった。南北合一後の応永六年（一三九九）には、大内氏が関東管領と結托して幕府に盾ついた応永の乱があり、同二十一年には関東で上杉禅秀の乱がおこっている。ついで、正長元年（一四二八）には土一揆が近畿一円に広まり、永享十年（一四三八）には足利同族内の争いである永享の乱があり、嘉吉元年（一四四一）には赤松氏が将軍を殺した嘉吉の変や関東の結城合戦もあった。またこの間、断続的に大和を中心に、後南朝関係の動乱があった。そしてついに、応仁元年（一四六七）に、応仁・文明の大乱が京都に勃発し、約十年、これが続くうちに騒乱は全国に及び、やがて約百年の間いわゆる戦国時代となる。

こうしてみると、十四世紀の前期から十六世紀の後期に至る約二百五十年の間は、日本は動乱に明け暮れたということができる。さきにみた名主的土豪武士や作人層の下剋上する動きが、いかに深刻であったかを示している。

この長い動乱期を別の見方からすれば、荘園制の崩壊期ともいえよう。古代衰亡過程で生まれた貴族・社寺の大土地私有制である荘園体制は、この動乱の中でついに、ほとんど消滅し去ったといえる。かつての荘園領主であった貴族の没落ははなはだしく、荘園に期待できなくなった社寺は、もっぱら民衆への布教勧進にたよるようになった。

これに代って、荘園内から年貢未進など、体制を蝕み崩して武士化した名主層とその一党は、戦乱のうちに優勝劣敗を重ねて、新たな主従関係を成立させ、下剋上の末に、その中から戦国大名を発生させた。惣村制も先進地域ではさらに近世村落へと姿を整えつつあり、社寺の前には門前町ができ、大名の城下や物資輸送の要衝である所にも商工業者は成長してきていたのである。

衆徒・国民の争いと鬼薗山城

この未曽有の動乱の中の寺院、ここで元興寺について考えるためには、その背景をなす以上のような全国的情況に留意すべきは勿論であるが、さらに大和という地域の特性を省みなければならない。惣領制が崩れ、在地土豪が武士団を形成していくとき、かれらは、何らかの縁を求め権威に結びついて団結していったが、それら武士団を一般に、国侍とか国人とか国衆などと呼んでいる。大和の場合は結びつく権威が興福寺と春日社であって、かれらを衆徒・国民と呼んだ。

衆徒とは興福寺に属した僧体の大衆のことで、寺の雑用を勤め、地域の警察権をもち、僧兵団を構成する者で、主として大和北部出身の在地土豪から成っていた。国民とは春日社神人として扱われ、中に春日末社の神主職をもった者もあったが、総じて俗体の土豪上りの武士で、実質的には衆徒とかわらない者であり、主として大和南部出身者であった。なお、興福寺三千の衆徒を六方衆ということがあるが、それは衆徒の若衆を地域的に組分けしたもので、興福寺の寺中寺外の堂塔宿坊等を方角によって分けた戌亥方・丑寅方・辰巳方、未申方と、寺外の菩提院と竜花院の両別院方の六つを単位として組織したものである。また中世には、衆徒の中には官符衆徒といわれる者があった。これは太政官符によって任命される興福寺の別当・三綱の被官という意味で、衆徒中から選ばれて寺内に住み、地域の検断権を与えられ春日若宮社祭礼と興福寺薪能を主宰した。

衆徒の主な者は、筒井・古市・豊田・小泉・竜田・菅原・秋篠らの諸氏であり、国民には越智・十市・箸尾・万歳・高田・楢原ら諸氏があった。そして、中世興福寺が事実上、一乗院と大乗院の両門跡によって支配されていた実情に応じ、衆徒・国民もまた両者に分属していた。一乗院は近衛・鷹司家から門主が入り、南北朝の争いには南朝方にくみしたが、衆徒では筒井氏がその盟主となり、国民では越智氏がその中心であった。大乗院は九条・一条・二条家から門主が入り、南北朝では北朝方に立ったが、この方の衆徒の代表は古市氏であり、国民の代表は十市氏であった。

南北朝の争乱自体が両者截然としていなかったように、大和における衆徒・国民も、必ずしも組分けどおり所属どおりに動いたとは限らず、交錯した争乱をくり返していたのが現実であった。しかし前章で述べたように、両門主の争いに、常にその武力の中心となったのは衆徒・国民の兵力であり、かれらは、やがて争いの決定権をもつようになり、独立化していった。

南北両朝合一の後、将軍足利義満は大和の武士団を掌握しようとし、衆徒・国民の私闘を禁じ、紛争が生ずれば、まず興福寺の裁許を仰ぐべしと命じた。しかし争いは絶えないので、応永二十一年（一四一四）六月に、幕府は興福寺に命じて衆徒・国民二十六名を上洛させ、私闘を禁じ、相論あれば直接幕府の成敗を仰ぐべきこと、合戦をする者は理由の如何を問わず国外に追放すること、両門跡の下知でも京都の許しがなければ戦うべからざること、一族内で危急の時は京都に上申することを命じ、以上の起請文を徴した。ついで十月にも、学侶・六方衆を上洛させて厳命している。室町幕府は興福寺の頭越しに衆徒・国民に命令を下したわけで、興福寺の勢力の後退が明らかになった。ついで、永享元年（一四二九）九月の春日祭に将軍義教が社参したときにも、また衆徒・国民を戒めている。しかし、大和は後南朝関係の動きもあって、依然として争乱状態が続いた。

　幕府は後南朝の動きを抑えようとして、衆徒の筒井氏を支持し、筒井氏を官符衆徒の頭梁にして、南都の検断権を認めた。しかし、国民の雄である越智氏はこれに反発し、豊田氏と井戸氏との争いが発火点となって、大和武士団は南北に分れて戦った。いわゆる大和永享の乱で、永享二年（一四三〇）から同十一年ごろまで約十年に及んだ。越智・箸尾・万歳・沢・秋山の諸氏は豊田方につき、筒井・十市氏らは井戸方にくみし、幕府がこれを助けた。この間、勝敗があり、筒井氏が南都を失って、越智氏がこれに代ったときもあったが、永享十二年に筒井順弘が幕府に助けられて南都を回復し、戦の責任を問われて、一乗院門主昭円と大乗院門主経覚の両者は隠居を命じられた。

図44　鬼薗山（右）と西方院山（左）

　大和永享の乱の後、筒井氏では内紛ののち、順永・光宣が力をもつようになったが、嘉吉三年（一四四三）に、筒井氏は古市・豊田・小泉氏らに攻められ、南都は幕府の指示により、大乗院の経覚のもと古市氏らの支配下に入った。経覚は古市氏のほか、越智氏らの国民に命じて筒井氏を攻略させ、文安元年（一四四四）には、禅定院内の鬼薗山（現在、奈良ホテルのある丘）に城を築かせて筒井氏に備えた。『大乗院日記目録』の同年六月五日の条に「禅定院之内鬼薗山被二城構一、奈良中不レ謂二自他門一人夫悉以被レ催レ之数千人罷出、六方・学侶并衆中沙汰也」、二十一日の条に「自二鬼薗山城一令レ発二向池田・今市・窪城一了、竹木等為二城構一寄レ之、奈良中人夫数千人罷出了」、八月十日の条に「前大僧正御房鬼薗山城御移住」とあって、その築城と軍勢の動静を知ることができる。

そして、大和国人衆は経覚方と筒井方にわかれ、鬼薗山城をめぐって攻防を重ね、同二年九月には城はいったん陥り、筒井方はこの城に入って再築城し、経覚は古市城に遁れた。同日記の九月十三日の条に「暁鬼薗山城自焼、悉以没落不レ知二行方一（中略）当方失レ力得二筒井方力一間迷惑歟、自焼了、遁二禅定院火難一了」、十九日の条に「光宣率二大勢一罷上、為二用心一鬼薗山城又構レ之、筒井順永官符如レ元、五ケ関所光宣知行事如レ元、勅免綸旨後々日到来、（中略）以後十余年之間、日々夜々古市与二鬼薗山一及二合戦一了、南郷在々所々放火」と記されている。

こうして、大和国衆同士の争いが続き、享徳二年（一四五三）三月十二日にも「於二鬼薗山一合戦、於二大鳥居前一尊覚宗舜房律師被レ打了」と、同記録にみえる。その上、康正元年（一四五五）になると、室町幕府の管領である畠山氏の内訌、すなわち義就と政長の争いが大和に波及し、これに国衆もからんだため、興福寺の大衆が蜂起して七大寺を閉門し、鬼薗山城も大乗院に没収した。そのことは『大乗院寺社雑事記』の康正元年八月十九日の項に、「鬼薗山城此間光宣住了、退散上者門跡ニ破取了、彼山者院中之故タル間也」「廿日、同城破取了、廿一日、自二学侶集会一奈良中ニ令二下知一テ城之堀共ウメ了」とあり、長禄二年（一四五八）九月十日の条に、「古市来、鬼薗山城悉以破ノクヘシ云々、珍重事也、誠ニ無益事也」とあり、ついで「十月八日、鬼薗山城又崩レ之、奈良中人夫大略出了、九日、城如二昨日一、（中略）十四日、鬼薗山ノ堀以下為二衆中一悉以ウメ了、為二見知一予登レ山処、西山分為二吉祥院沙汰一垣ヲ令二沙汰一之間、以二北面一問答了、則垣ヲ破了、当山ハ門跡ノ院中也、北ノツヽミヨリ南ハ山、北ハ荓院ノ坊後也、西戌亥ハ古廟并慈恩院ノ垣ヲ切也、艮ハ荓河ヲ切也、成身院南東ハツンコエノ道并至二天満社一者也」とある。

鬼薗山城をめぐる戦いはようやく終ったが、大和国衆の動乱は管領細川氏・畠山氏の党争とからみ、やがて応仁・文明の大乱（一四六七―）から、戦国時代に突入するのである。この項、元興寺と直接かかわらないようであるが、同寺別院の禅定院の鬼薗山城をめぐる争いとなっているので、詳しく記した次第である。

南都の郷と市

大和の国人衆の動きについで考えるべきは、南都の近郊農村のことである。先進地域である畿内では、かつての在地土豪名主層の武士化につれて自営農民層が広般に成長し、郷村制が形成されつつあった。奈良付近は、大和の領主ともいうべき興福寺の膝元であったがために、その威圧を受けることが多かった反面、衆徒・国民の動きもはげしかったから、村のおとな衆の成長も順調とはいえないまでも、ある程度に進み、荘民が村民化する傾向を示していた。従って、これら新農民層も元興寺をとりまく庶民信仰の荷い手であった。

つぎに問題とすべきは、南都の奈良町への発展である。南都が諸大寺の門前町的様相を示してきたのは平安時代の末期ごろからであって、七大寺巡礼の流行はさらにこれを促すものであった。ついで、寿永兵火の後の東大寺・興福寺を中心とする南都の復興が、この門前町的発展をさらに刺戟したことはいうまでもない。すなわち、南都諸寺の門前や近傍には、寺院の消費生活に応じて、物資を製造、運送する者や、巡礼者を相手とする商工業者が住むようになる。ここにいわゆる門前町ができるわけであるが、南都諸寺とくに興福寺は、こうしてできた門前町を寺の境内地の延長としてここに支配権を押し及ぼして、これを境内地化した。これを門前郷と呼び、本所である社寺は、ここに課税権・人夫徴用権・裁判権を確立したのである。

このような門前郷は、すでに十二世紀末ごろからでき始めたといわれ、中世を通じ発達していった。何しろ、これは寺院の支配力の拡大した体制であるために、興福寺・東大寺・春日社・元興寺らの位置や勢力関係、ことに興福寺内の複雑な構造等のために、その支配形態は入り組んでいた。すなわち、各地域に生じた小郷を、支配の上から地域的に集約化した集団に編成した形をなし、そういう大郷の下に多数の小郷を含む形態をなしていた。そして、その小郷の名称の多くが現代も奈良市街地の町名として伝えられている。

南都のそれら大郷のうちに、いわゆる南都七郷がある。これは寺門郷ともいい、興福寺別当の支配下にあり、興福寺を囲む地域を占めており、これを地域的に、七集団に編成したものであった。すなわち、南大門（食堂）郷・新薬師（塔）郷・東御門（金堂）郷・北御門（講堂）郷・穴口（北円堂）郷・西御門（西金堂）郷・不開門（南円堂）郷の七郷で、それぞれにいくつかの小郷が含まれる。春日社の郷として高畑・野田の二郷が発生したが、これは以上の寺門郷に含まれた。この南都七郷のほかに、南都の主として北西部を占める一乗院門跡郷、主に南部を占める大乗院門跡郷、北東部を占める東大寺郷と東南院門跡郷があった。大乗院門跡郷はさらに、本郷と寄郷と元興寺郷にわかれ、以上すべての郷の下に小郷が含まれていた。

このうち、元興寺域に近い小郷をあげてみると、寺門郷の中の南大門郷に含まれる城戸・脇戸、鳴川・花園・井上などがある。大乗院門跡郷は元興寺に近いので、ほとんどをあげておく。本郷の南市・岩井・鵲・公納堂・川上・辰巳小路・法乗院・野田、寄郷として東中院・桶井・窪・十輪院・幸・宮馬場・松谷・今辻子・春日見・御所馬場・毘沙門堂・極楽坊・不審辻子・光明院・瓦堂・木辻子、元興寺郷として東鳴川・蔵下・高御門・寺林・辰巳辻子・無縁堂・南室・北室・小南院・中院・極楽坊辻子・今御門である。

以上のうち、元興寺郷は本来は独立していたであろうが、大乗院門跡郷に含まれるようになったものと考えられる。そのためか、『大乗院寺社雑事記』の長禄四年（一四六〇）正月九日の条に、「元興寺郷事ハ、衆徒ト門跡ト彼寺別当ト、使者ノ入カチニ令₂検断₁故也」とあり、他の箇所にもほぼ同様の記述があるように、元興寺郷の検断権など支配関係は、興福寺衆徒と大乗院門跡と元興寺別当の三者のうち、それぞれの使者が現地に入った時の早い者勝ちという、複雑なまた便宜的な形になっていた。

つぎに、寺門郷・大乗院郷のうちの小郷が小五月会の費用を負担する郷として、小五月郷と呼ばれる場合があった。これは大乗院の地主神瑜伽山天満社の祭礼費を支出する郷のことで、大乗院郷は、本郷・寄郷・元興寺郷ともほぼこれに重なっている。瑜伽山は鬼薗山の東に続く丘陵で、興福寺の付属地といわれる東野の南にあり、竜華樹院があった。興福寺六方の竜花院方の地域であり、この院はすでに述べたように、大乗院三箇院家の一つである。また、猿沢池の東方には菩提院方の坊舎があり、元興寺は北と東とを興福寺両院家に囲まれた形となり、元興寺郷は寺の周辺、ことに西南部のわずかの範囲に止まっていた。ここに、『大乗院寺社雑事記』にみえる元興寺郷または小五月郷に関する記事の二、三をあげると、康正三年（一四五七）には元興寺郷に京上人夫を命じ、長禄四年（一四六〇）には大乗院郷と元興寺郷に地口銭を課し、寛正六年（一四六五）には同じく両郷から有徳銭を、小五月郷から臨時の小五月銭を徴発している。

その他、京上、または土木工事・清掃にあたっての人夫徴発、喧嘩や盗賊にあたっての処置などは枚挙に暇がない。南都の諸郷、とくに元興寺周辺は郷民の商工活動の発展著しい地域であり、諸支配を受けつつも、やがて町民化していこうとする民衆の活力があった。それら郷民こそ元興寺極楽坊をとりまき、多くの庶民信仰資料を残した人たちの大きな部分を占めていたのである。

郷民の成長していく過程で、寺社関係の消費生活や需給関係にかかわる商人の活動を考えるとき、市のことがある。南都の中世の市は、鎌倉時代中期に、一乗院が一乗院郷の一部に開設した北市が初めであり、これに対し、大乗院門跡によって鎌倉時代末期に、紀寺郷に開設された南市があった。やがて、応永二十一年（一四一四）に興福寺六方衆が、その支配下の郷の子守社の近くに中市を開いた。以上、三市はしばらく繁栄が続いたが、室町時代の中ごろからは漸次、衰退に向かい、やがて北市と南市は廃絶し、中市は天文元年（一五三二）の一向一揆によって焼亡した。

この三市の衰亡した理由としては、まず第一に、本所である寺院側の賦課が過重で、これを免れようとしたこと、また寺門や門跡の力が、十五世紀も後半期になると総体的に衰え、また支配政策も無力となっていったこと、さらに決定的には、市座の人々の内外から店舗業者化する者、換言すれば、商工業者が町民化する傾向が現れてきたことなどが考えられる。それらの動きの中で、戦国時代にまた市もできるが、総じて町が成立していくので、これは本章の

第5節で改めて述べたいと思う。

とにかくこのように、南都の商工業者が奈良町を形成していくのであるが、それが元興寺極楽坊をとりまく人々でもあるのである。

2　元興寺の炎上と復興

土一揆による元興寺の罹災

興福寺をはじめ、南都諸大寺がしばしば火災にあっている中で、元興寺は幸にこれまで火災を免れてきたのであるが、ついに宝徳三年（一四五一）に、土一揆によって金堂等が炎上した。

土一揆とは土民一揆のことで、この時代、貴族・僧侶らの支配階級側が下級武士を含め、いわゆる庶民層の民衆を土民といい、その民衆が上層部に対し、年貢の減免や夫役の軽減や高利貸借の破棄等を要求して、集団的に蜂起した運動のことである。室町時代が前節で述べたように、武士階層の大きな変動による動乱の中で、荘園領主たる貴族や社寺が衰退、混乱し、幕府の統制力も弱体であるという時代であったが故に、土一揆は、この時代の特徴的な社会問題であった。ことに近江・山城・大和などは、荘園領主の地元であるがために、一方では領主の圧力を直接に受けつつ、他方では領主社会の消費生活に伴う商工業の発達があり、酒屋・土倉や寺院などの高利貸まであったから、土一揆はとくに多く発生した。

大規模な最初の土一揆は、正長元年（一四二八）に近江の馬借の動きが口火となっておこり、京都や南都では、寺院や土倉などを襲った。『大乗院日記目録』のこの年九月の条に、「凡亡国之基不ㇾ可ㇾ過ㇾ之、日本開白以来土民蜂起

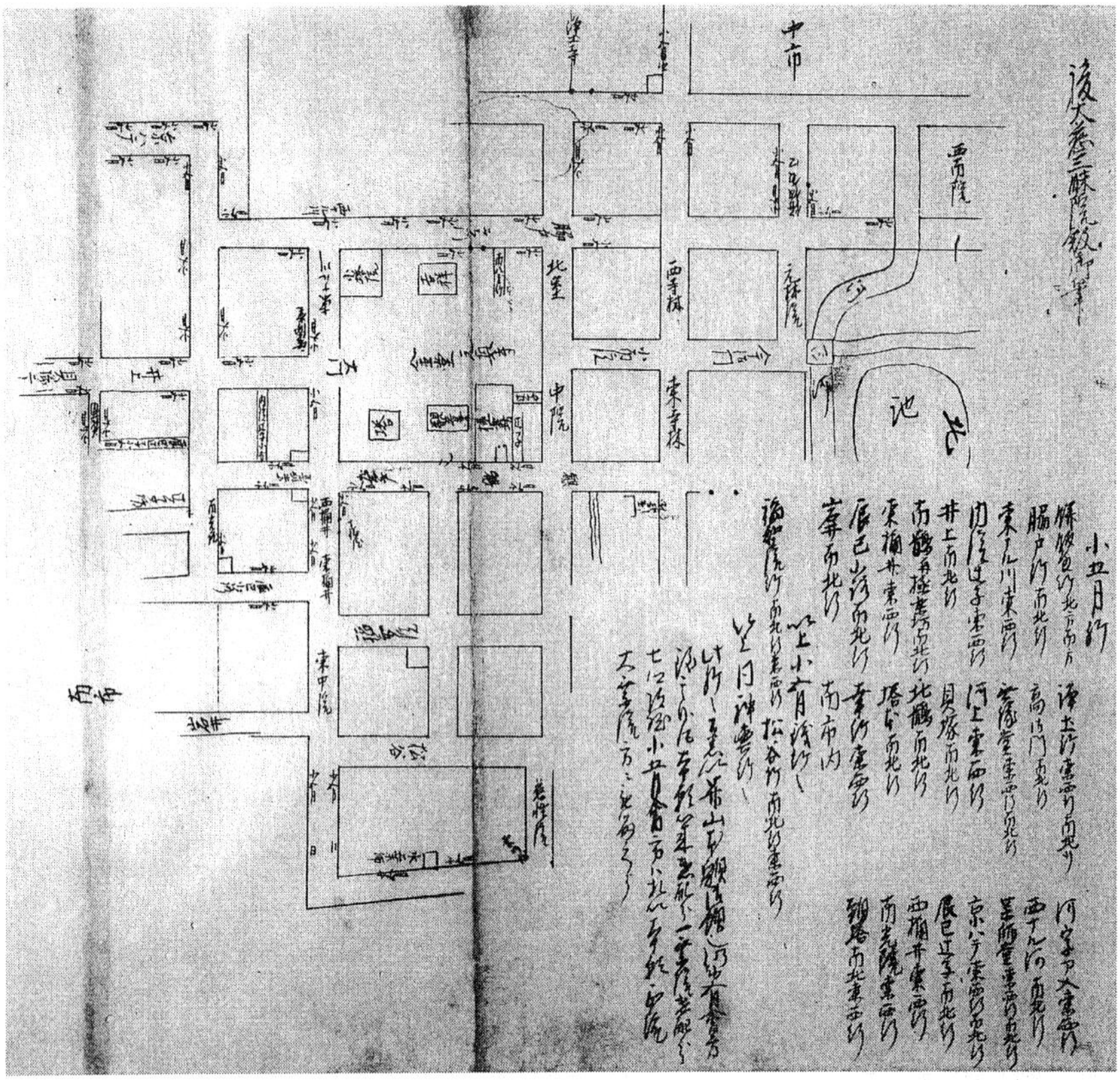

図 45　小五月郷図写（元興寺を中心に）

是初也」とみえる。支配者側の衝撃の大きさが察しられる。ついで永享六年（一四三四）十一月には、南都南方に一揆がおこった。『大乗院寺社雑事記』のこの月の十一日の条に、「土民蜂起、号㆓四十八ケ所御領㆒於㆓岩井河辺㆒群集云々、筒井折中種々取申入之」とあり、『同日記目録』の同日の項にも、「大乗院領四十八ケ所土民等蜂起、依㆓渡唐反銭事㆒也」とあって、渡唐船のための反銭賦課に反対のためであり、この時は筒井氏が仲介に入っている。また嘉吉元年（一四四一）にも、嘉吉の変に乗じ、徳政令を要求して目的を達している。そのつぎに起こった大きな土一揆は宝徳三年であった。『康富記』の宝徳三年の記録を

みると、「十月十四日、後聞、是日南都元興寺金堂弥勒炎上寺中残所在レ之云々、余煙及二大乗院御門跡一、院家内炎上云々」「廿二日、後日聞、今月中旬比不レ知レ日奈良辺土一揆令二蜂起一、称二徳政一乱二入処々一間、押二寄元興寺近辺一放火欲レ焼二払小家一之処、折節悪風起猛火吹二付元興寺一々々金堂焼失、其余煙及二大乗院殿一即大乗院殿門跡炎上云々」と、当時の情報を伝えている。『大乗院寺社雑事記』ではこの年十月十四日に、「自二小塔院一火出、元興寺金堂悉以炎上了、宝亀二年建立以後炎上始之也、依二余炎一当坊禅定院炎上了、弥勒御堂并西門三（マヽ）者相残者也、就中極楽坊之智光法師之西方万陀羅於二禅定院一焼亡了、予坊官所成就院ニ移了、（中略）火事号二徳政一土民蜂起故也」と記している。

以上の記録から明らかなように、土一揆の放火によって、小塔院と金堂、さらに飛火して、大乗院の入っていた禅定院が炎上しており、智光曼荼羅もここで焼失したのである。なお『興福寺濫觴記』の禅定院の項には、「本願権少僧都成源、元興寺別院也、宝徳三年十月十四日焼失、丈六堂本尊弥勒、天竺堂本尊釈迦炎上已後奉レ入二福智院一今在レ之、多宝塔阿弥陀炎上已後奉レ入二極楽坊一今在レ之」とあって、禅定院の釈迦像と弥勒像は福智院に、阿弥陀像は極楽坊に移されたことがわかり、かつ、この記録の成立した江戸時代に、それらの像がなお各寺院にあったことを示している。

元興寺復興への努力 (一)——禅定院——

宝徳三年（一四五一）の炎上後、禅定院は大乗院門跡の本拠であっただけあって、罹災の翌年に早速、復旧に着手している。以下、『大乗院寺社雑事記』『経覚私要鈔』『三箇院家抄』等によって、その次第をたどってみる。

宝徳四年（享徳元）二月十四日には禅定院事始めがあって、奉行は泰祐と降舜、大工は小法太郎であり、同年九月二十二日には禅定院地引があった。ついで同年十一月三十日には禅定院弁天社事始めがあり、翌二年四月十六日には「禅定院常御所今日建立」とあり、その翌三年（一四五四）六月十四日には、尋尊は早くも仮住居から新造禅定院に移っている。そしてこの年十二月二十九日の条には、尋尊が用途千疋を持ち来り、その翌年には風呂部屋の工事を始め

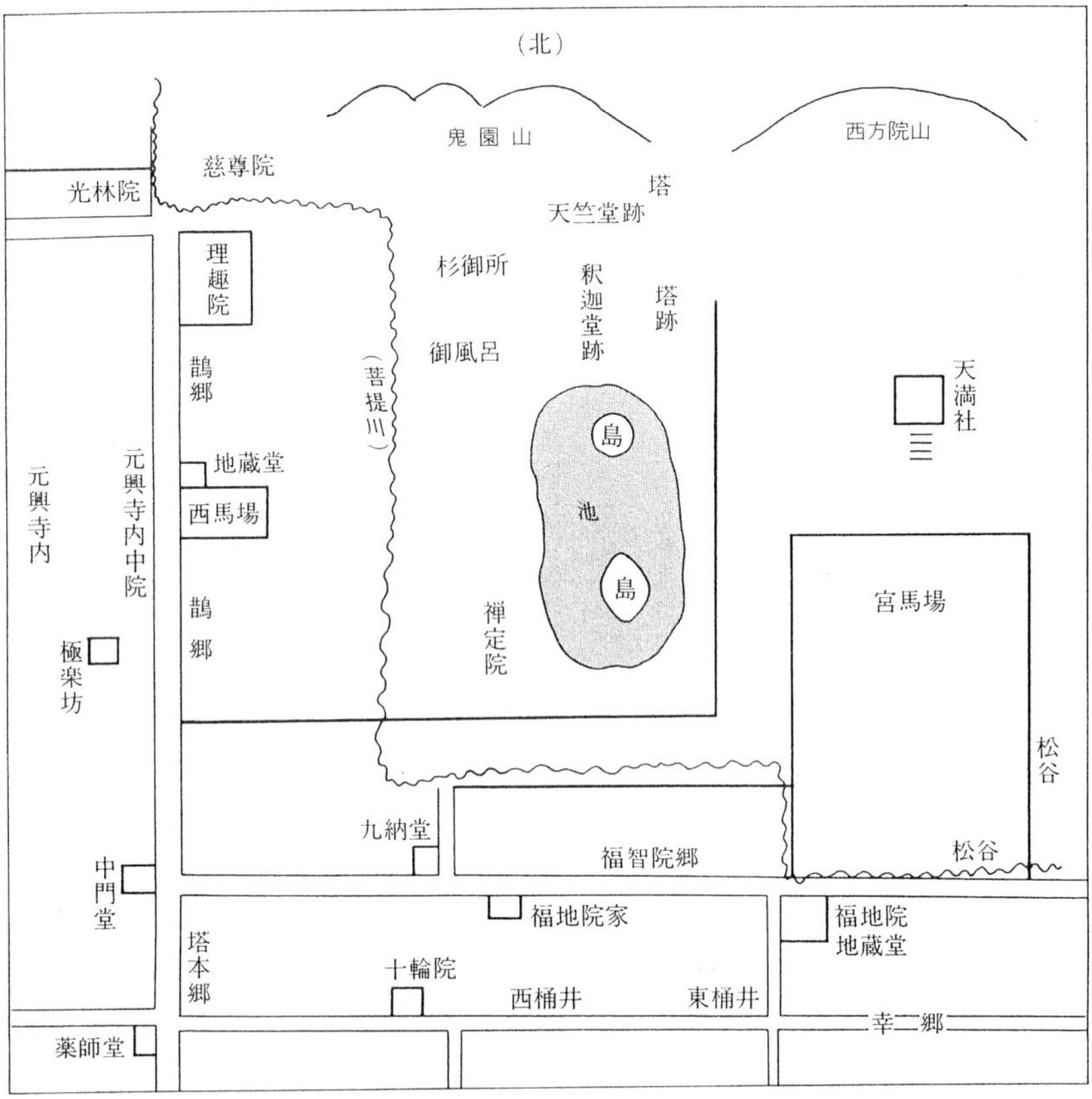

図46　小五月郷図より禅定院を中心に作図

ている。ついで康正三年（長禄元、一四五七）正月からは、衆徒の豊田頼英を頭として禅定院の築地を築き始め、以後ほとんど連日、その工事が続けられ、衆徒の古市・小泉・福智堂・奄治・番条、国民の立野・楢原・楊本等、大乗院の諸武士団がこの工事に協力し、同年三月には庭造りも始められた。

禅定院もこうして復興してくると、大乗院の諸行事も多くここで行われ始めた。康正二年正月には講問があり、講師俊深、問者と唄は定清、散花は尋雅がつとめ、題は「捨不放遥倶起約入仏法」であった。同二月には舎利講があり、五月には七箇日の『大般若経』の真読が行われ、翌三年二月には新供同音論が読誦され、同八月には千巻心経があって十四人が勤めた。長禄二年（一四五八）七月には前大乗院主尊信忌日の大般若会が勤修され、翌三年五月には新供講問が行われ、同四年二月には連歌会が催された。ついで、寛正二年（一四六一）四月には三蔵会が、同年十二月には慈恩会があり、以後も慈恩会はしばしば行われている。

また寛正四年正月六日の『雑事記』の記事に、「御堂十一面観音自二今日一奉二修理レ之、絵所春松丸参仕了、仏師下行且五百足給レ之了」、十三日の条に「十一面観音修理事、椿井舜覚自二今日一沙汰之」、二月晦日の条に「椿井仏師春慶舜覚房叙二法橋一了、予申沙汰口宣今日給レ之了」とある。この御堂の観音像とは、同記録の文明十五年（一四八三）九月の、元興寺の全貌を記した中の禅定院の項に、諸堂の一つとして観音堂をあげ、本尊十一面としているので、この禅定院の観音像のことであろう。この椿井仏師春慶は、この年さらに大乗院の大黒天像（長さ七寸）を新造しており、その供養は極楽坊で行われている。なお、この仏師春慶は明応八年（一四九九）八月に没した。

また文正元年（一四六六）六月には禅定院の弥勒法楽として講問一座と『深密経』の転読があり、尋尊は翌文正二年正月十七日の項で、禅定院における大乗院門跡の厳修すべき御願仏事の目録を書いている。その中には、春日社毎日不退一切経のように大乗院の行事もあるが、禅定院の二季新供や諸堂の供えものをもあげている。その後、文明五年（一四七三）六月には、禅定院で一条兼良が出家しており、この年十二月には研学祈禱のため百座仁王講が行われ、同十五年十月には十六人出仕しての大供があった。

以上のように、禅定院は大乗院門跡の力のもとで、罹災後の早い復興をはたし得たのであって、『大乗院寺社雑事記』の文明十五年（一四八三）九月の元興寺全貌についての記録の中で、禅定院についてつぎのように記している。丈六堂は二重閣で、本尊弥勒如来像は元興寺本尊の写しであり、脇侍三蔵大師と慈恩大師のうち、慈恩大師像は放光院に移され、等身の浄名・文殊像のうち、浄名像は一旦は福智院に移されており、ほかに四天王像がある。天竺堂は本尊が等身釈迦如来像で、火災後、福智院に移されたままであり、八角の多宝塔は本尊は阿弥陀如来像であるが、火災後、極楽坊に移されたままである。釈迦堂があって、本尊は釈迦如来像であり、弥勒堂一宇とその本尊弥勒菩薩像は今はなく、観音堂があり、本尊は十一面観音像である。

禅定院は元興寺別院であるが大乗院兼帯となり、治承の兵火後、興福寺内に擬されており、維摩会以外の興福寺の大会は多くここで行われた。また宝徳の元興寺炎上後は、寺内の在家すなわち元興寺郷は禅定院の知行であったと述べている。それが前節で述べたように、実際は大乗院門跡郷に含まれ、興福寺衆徒と門跡と元興寺別当とが、早い者勝ちに支配するようになったものである。

元興寺復興への努力 (二)――金　堂――

つぎは、宝徳の炎上による金堂の再建である。以下『大乗院寺社雑事記』によって、その次第を述べよう。

寛正三年（一四六二）五月十一日の項に、「近日金堂如レ形造作云々」とあり、同月十六日の条には、金堂修造用の柱が一本不足したので、大乗院の池の東の松の木を寄進したことを述べている。同年七月五日には立柱上棟の運びとなって酒肴の祝があり、「道俗参詣云々、為二大工沙汰一十方勧進取二立之一、神妙々々」といい、寛正五年六月十五日の項には、金堂勧進のための久世舞が始められたといっている。形の如く造作といい、柱一本が不足したなど、この再建はさほど大規模なものではなかったらしく、勧進久世舞によってその費用を捻出している。久世舞（曲舞）とは正舞に対する語で、鼓を用い、節にあわせて歌い、簡単な舞をする叙事詩的な歌謡であるという。そして寛正七年二月二十五日には、「元興寺金堂新造弥勒仏、自二椿井仏師春慶法橋一所レ奉レ入二金堂一丈六仏也、御霊神主勧進云々」とあって、御霊社神主が勧進し、先記の椿井仏師春慶が造像にあたったことがわかる。炎上後、約十年して再建に着手し、約五年間で本尊と本堂ができたのであった。

ところが、文明四年（一四七二）七月二十一日の前夜に大暴風があり、禅定院も所々吹き破られたが、折角の金堂と本尊は、造立後わずか五年で崩壊してしまった。「元興寺之新金堂顚倒、新仏破損」と記されている。しかし早速、復旧にかかったようで、文明七年二月十八日の条に、「金堂新仏先年大風ニ崩失了、仮堂同顚倒、去年又取二立之一、本尊ニハ丈六計之菩薩像一躰令二案持《(安置)》一之、何仏哉」と記されている。仮堂を建てたといい、本尊も何仏かというところからみて、相当、粗末なものであったのではなかろうか。また、その再建のための勧進であろうか、文明六年閏五月二日の条や、同九年五月二十七日、同十一年五月六日の条等に、元興寺で久世舞があったことがみえる。しかし同十五年七月一日の記事に、「元興寺元金堂十五ケ日説法初レ之、各結衆在レ之、甲乙人結集」とあるほかには、その前後の時期に金堂に関する記録はみえない。再建への努力は続けられたに違いないが、ついにそれは成功しなかったのではなかろうか。そしてその後も、金堂に関する記述はみえない。

『多聞院日記』の永禄十三年（一五七〇）正月二十八日の記事に、「元興寺弥勒堂ノ跡ヨリ石ノ櫃ホリ出、金数多在レ之、人夫三人シテ取逃了ト、実否ハ不レ知ウソ也」とあって、それが誤報であっても、このうわさが流れたことは事実であろう。この弥勒堂とは、おそらく弥勒像を本尊としていた金堂のことに違いないから、この話からも金堂跡の荒廃は察しられる。やがて、その金堂の場所に町屋が進出している点からみて、金堂はついに再建されなかったのである。

3　中世後期の元興寺

南都七大寺とその別当

元興寺は宝徳の火災によって大きな打撃を受けたが、他の南都諸大寺もこれまでにそれぞれ災禍を受けたものが多く、また古代統一国家の崩壊後、年を経たために、大寺という称も形式だけが残る状態になっていた。しかしなお南都七大寺の称は室町時代までは残存しているので、その形での資料をまとめておこう（表8）。

つぎには、興福寺の要求貫徹の手段としての七大寺閉門のことを集める（表9）。

その他、七大寺として記述されたものの中に、応仁二年（一四六八）に七大寺大徳の交名を注進したことが、『大乗院寺社雑事記』のこの年十一月十三日の記にみえる。その交名を注進したのは大乗院の政覚で、興福寺三名、東大寺二名、元興寺二名（延恵律師・実仙律師）、招提寺・法隆寺・薬師寺・大安寺各一名の名が記されている。また文明十年（一四七八）九月には、興福寺から越智氏に対し、七大寺領に課税しないよう申し入れている。

表8　室町時代中後期の七大寺

年次		法会・祈禱等の理由	七大寺等
正長　元年（一四二八）	三月	足利義宣（将軍義教）のため	七大寺諸寺
文安　六年（一四四九）	六月	悪疫流行、飢饉	諸社、七大寺等
康正　二年（一四五六）	一二月	天変地震、後南朝の乱	七大寺等
三年（一四五七）	七月	彗星	七大寺、諸寺
長禄　二年（一四五八）	七月	任大臣大饗	七大寺（元興寺含まず？）
寛正　三年（一四六二）	六月	天変、悪疫	七大寺（？）
三年	一〇月	天　変	七大寺（？）
文明　二年（一四七〇）	六月	動　乱	七大寺
三年（一四七一）	正月	地　震	七大寺
三年	三月	月　蝕	七大寺
文明一四年（一四八二）	八月	風　雨	春日社、七大寺
延徳　元年（一四八九）	八月	地震、将軍足利義政病気	七大寺
弘治　二年（一五五六）	三月	彗　星	諸社、諸寺、七大寺

表9　七大寺の閉門

年　次	閉門の理由	期　間
応安　五年（一三七二）	幕府調伏の祈	一〇月九日〜
嘉吉　二年（一四四二）	川上五ヶ所関年貢不沙汰	一一月朔日〜二七日
文安　三年（一四四六）	兵庫関	七月二五日〜八月一一日
宝徳　三年（一四五一）	兵庫南関	八月一七日〜一一月一九日
康正　元年（一四五五）	畠山義就・政長の乱波及	七月二六日〜
寛正　二年（一四六一）	春日社領六車庄のことなど	七月一七日〜
四年（一四六三）	兵庫関、その他寺領	一二月一二日〜翌年四月一三日
文亀　二年（一五〇二）	赤沢朝経の大和乱入	七月一九日〜
天文一一年（一五四二）	六方衆と中坊駿河守との対立	三月一五日〜二五日
永禄一一年（一五六八）	一向宗道場建立	二月一一日〜八月一九日

以上が、七大寺として記されている史料の主なものであるが、この七大寺について疑問がある。同記録の寛正五年（一四六四）十二月二十七日の条に、「南都七大寺者、東大寺、興福寺・元興寺・薬師寺・大安寺・法隆寺・西大寺是也、興福寺方ニ七大寺別当と云ハ、清水寺・法花寺加レ之、上古公家南都七大寺巡礼ニ下向ハ、東大寺・元興寺加レ之、招提寺・法花寺ハ十五大寺之内也云々、就二七大寺一テ意得大ニ可二相替一者也」とある。興福寺方で七大寺というときは、清水寺・法花寺が入って、東大寺・元興寺は入らないということである。それは、各寺の別当を興福寺から出す七寺を興福寺方の七大寺というのであって、別当が東大寺から出る東大寺と元興寺は除かれるということのようにみえる。

それ故、史料中に七大寺とあるとき、いずれの七大寺かを注意すべきである。この項では一応採録したが、元興寺を考える場合は特に問題になるであろう。たとえば同記録の寛正四年十一月二十五日の条に、「七大寺東大寺以下」

とあるような記述の場合は興福寺方七大寺として扱うべきであろう。

さて、いま別当のことにふれたが、七大寺等の堂塔伽藍の維持復興は、さきに述べてきたように、十一世紀ごろからは別当に任じられた僧の仕事であった。しかし、前節で記した元興寺金堂等の修復については、別当のかかわりが史料に見えないのは何故であろうか。そこでここに、室町時代の元興寺別当について考えてみたい。

元興寺別当は、これまで東大寺と興福寺から、適宜、選任されていたのであるが、『大乗院寺社雑事記』の文明十五年（一四八三）九月十三日の記事の中に、「元興寺別当者、興福寺東大寺両寺之間、僧綱次第ニ被レ補レ之、自二応永初比一一向東大寺方僧綱補レ之」とあるので、十四世紀の末期からは、元興寺別当はもっぱら東大寺僧が任じられるようになったことになる。『実隆公記』の延徳三年（一四九一）六月の記事によると、東大寺普門院秀経が応永年中に元興寺別当になっているので、この時から、もっぱら東大寺から出ることになったのであろうか。

その後、嘉吉二年（一四四二）には、『東大寺雑集録』に「元興寺執行、初補二任円良房一、大任料式貫文、別当東室殿へ沙汰ス」とあり、尋尊の前掲書の長禄三年（一四五九）三月十五日の記事に、「近来ハ別当一向東大寺方ニ補レ之、自二当寺一無二所望一故歟」とあり、また同記寛正五年（一四六四）十二月二十七日の項には、元興寺別当は以前興福寺から出たので、興福寺内の法会等の廻状に元興寺法印とか、元興寺僧都などと書いてあったが、近来は「一向東大寺方ニ被レ定歟、不レ得二其意一事也」と記している。前節で用いた『春日大社文書』の長者宣は、その一例であろうか。その後、延徳三年には『実隆公記』によると、公覚が元興寺別当となっている。東大寺僧がこれに任じられた記録は以上のようにあるが、元興寺の堂塔修復のことはみえない。

このほか、尋尊の記録には元興寺別当領として奈良田六段があったこと、そして明応七年（一四九八）二月には、故西室公恵が別当得分田地を質入して、問題を生じたことが述べられている。しかしこれ位で、元興寺別当について取りあげるべき史料はほとんど見あたらない。それはすでに述べたとおり、元興寺郷に対する支配力でも、大乗院門跡と興福寺衆徒と元興寺別当とが入り勝といわれたほどであるから、元興寺別当が有名無実化しつつあったことの現れではなかろうか。

それはともかくとして、元興寺別当が応永ごろからもっぱら東大寺から出るようになったことが、後世、大塔と観音堂がひとり元興寺の名のもとに、東大寺の末寺となっている所以であろう。要するに、興福寺が要望しなくなったくらい、元興寺別当には魅力がなくなったということであるが、大寺の別当の無力化の傾向は元興寺には限らない。大寺そのものの形骸化とともに、その別当もまた無力化したというべきであろう。

元興寺の堂塔　(一)――南大門・大塔・観音堂――

大寺が名目化し、別当も形式化したこの時代に、元興寺では禅定院が大乗院と一体になり、金堂は炎上後の復興がはかばかしくない状態であったから、元興寺内で残る主な堂宇は、南大門・中門のほか、五重大塔と観音堂と吉祥堂・小塔院の一廓と、極楽坊ぐらいであったと思われる。

まず南大門については、『大乗院寺社雑事記』の寛正三年（一四六二）三月二十八日の項に、「昨夜南都元興寺二王西焼亡、希代次第也云々、如レ形相残了云々」とあり、経覚の記述には「自二南都一申上云、元興寺南大門西ノ二王今朝自二御足一火出燃上候間、以レ斧御扉ヲ破テ水ヲ奉レ懸火ヲ消云々、吉凶太不審也」とあり、四月十六日の記には「次元興寺二王躰被レ出見レ之候、いたわしき式候」とある。尋尊は四月十二日の条に、「此二王者日本国之二王之初也、藤木之池ニ御影ヲ現給以レ其作レ之、希代本尊也云々、然而如レ此焼亡時剋到来者歟、但如レ形相残条可レ悦々レ々」と記し、五月十一日には、その修理の様を見聞に行っている。極楽坊発見の摺札に、「元興寺南大門万坏供養之内、七月十四日」というのがある。あるいは、修復の際に勧進をした供養札であろうか。なお南大門周辺については、文明十七年（一四八五）七月に、古市澄胤がこの門前で馬市を開いており、長享二年（一四八八）十一月には、門前で筒井と古市との争乱があり、明応六年（一四九七）九月には、南大門内で猿楽が催されているので、南大門の周辺は群衆の集まる空地であったのであろう。

五重大塔については、尋尊が文明十五年（一四八三）に、元興寺内の大勢を記した中で述べていることは、「四方浄土像、脇士各二躰、井天衆等済々有之」というように、『七大寺巡礼私記』の記述を受けているので、別に改めて新しく記したとは思われない。尋尊のこの記録以前の長禄三年（一四五九）に、この塔は修理工事が加えられた。『大乗院寺社雑事記』によれば、この年七月十七日の条に「六方集会、奈良中番匠共元興寺塔修理事取立之、仍針《(釘)》代奉加事十方ニ令レ申、六方千疋可レ出云々、尤以可レ然事也」とあり、翌十八日の項に「以二木阿弥番匠次郎一塔婆修理事伺申入、不レ可レ有二子細一旨仰了」、同二十四日の条に「一昨日元興寺塔婆勧進加判了、奉行清賢寺主」、八月十七日の条に「元興寺塔婆奉伽銭百疋遣レ之了」とあって、相当、大規模な修理工事が進められたことがわかる。

ついで文明十九年（一四八七）二月十四日には、五重塔の二重目の東南の隅が崩落したので、尋尊は衆徒の古市に命じて修理させ、三月十七日にそれは竣工したが、数十貫文の大儀であったと述べている。なお明応二年（一四九三）十月には、この塔に怪火が出現したが、これを猿沢池の水の変色とともに、凶事として勘申がなされている。その後、天正十三年（一五八五）八月に修理が行われた。『多聞院日記』の同月十七日の条に、「元興寺ノ塔ノ修理、依二紹巴申勧一、覚勝房本願トシテ昨日ヨリ取付沙汰之、一段〻〻興隆之専一也、方〻勧進、且五十石計在レ之云〻」とあり、閏八月七日の項に「元興寺ノ塔第一ノ重、今日ニテ大旨出来歟、事〻敷造作也」とある。連歌師紹巴の発議により実施されたが、方々からの勧進による相当大規模な修理工事であったようである。

なお、この大塔についての一挿話を書いておこう。中山三柳が寛文十年（一六七〇）に序を書いた随筆『醍醐随筆』に、松永久秀が多聞城にいた時分（本章第6節）の話として、「元興寺の塔へいづくよりかのぼりけん、九輪の頂上に立居て衣服ぬぎてふるひ、又うちきて帯しめて頂上に腰かけて、世上を眺望して下りたるとぞ」を記している。

つぎに中門については、応仁元年（一四六七）五月十六日に落雷にあっている。尋尊の記録に、「今暁大雨雷光、電(雷)元興寺ニ天ニ洛(落)懸了、天王像破損了」とある。なお、中門にあった観音像は前章で述べたように、別に観音堂を建立してここにまつり、その因縁によって中門観音と称していた。そして、その観音堂には「四大天王」もあり、衆庶の信仰を集めて、東金堂と称されていた。この堂について知られているのは、千部経が恒例となって、七月一日から行われていたことである。

千部経は千部会ともいい、『法華経』十巻を一部として、これを千部書写または読誦する多数作善の法会で、先亡者の菩提追修や、自分や一族の逆修のために行うものである。室町時代には南都の諸寺でも行われていたもので、さきにあげた極楽坊所蔵のこけら経用の手本として用いられた『法華経』の巻末や裏打紙に、「白毫寺千部経」の墨書や「大仏殿千部経」の朱印があるのはその例である。出仕僧が百人をこえる場合もあり、民衆を集めることができた法会であったようで、寺の復興修理などの財源を得るために催されたこともあり、時には余興として、久世舞をしたことがあったといわれる。いま観音堂には「元興寺千部経方納帳」が、永正五年（一五〇八）を最古とし、天文十年（一五四一）までの分八冊が伝存しており、『寺辺の記』には天正六年（一五七八）七月の項に、恒例千部経があったと記している。この行事はおそらく永正五年以前から始められ、天正六年以後までも、重要な年中行事として行われたのではなかろうか。またこれに参加した僧は、東大寺法華堂・中門堂衆、興福寺東金堂・西金堂衆、元興寺吉祥堂・観音堂衆の人々であった。観音堂ではまた八日経が行われたようで、その収納帳が永禄十一年（一五六八）のもののほかに、同十一年・天正五年・同六年のものがある。八日間にわたる法華経読誦の仏事であろうか。

つぎに、『多聞院日記』の天文十九年三月二十七日の条に、「従二今日一元興寺於二観音堂之前一江州猿楽」とあり、これは御霊社造営のために春円(延)法師が催したものであった。これは別の記録には手猿楽ともあり、大夫は十四、五歳の若衆数人であって、「音声勝レ所作又勝タリ、狂言十一、二ノ物也、是又見事也」とあり、四月四日まで興行された。

元興寺の堂塔 (二)――吉祥堂・小塔院――

宝徳の火災にあったといわれる小塔院の情況は詳しくはわからないが、金堂のように全壊消滅というほどではなかったと思われる。以下、『大乗院寺社雑事記』を主として、同院の様子を考えるが、「小塔院ハ吉祥堂之別院也」とあるので、吉祥堂と小塔院（堂）は前代を受けて別の堂としておく。元興寺の西金堂といわれた吉祥堂については、寛正三年（一四六二）四月十一日の記に「中院郷ニ元興寺之古大釜在レ之、掘出て為二吉祥堂修理一成二代銭一云々、郷民等所行也、四五十人シテ引出了、元興寺竃殿釜歟云々」とあって、吉祥堂の修理が必要であったことがわかる。また修理代の捻出に、郷民がこのような形でかかわっていることは、この堂が民衆の信仰を集めていたことの証しであろう。

ついで文明十五年（一四八三）四月には、「四日、元興寺吉祥堂旧（朽）損以外也、令二勧進一近日上葺事及二其沙汰一云々、珍重事也、自二朔日一久世舞在レ之云々、六日、金剛大夫社頭法楽云々、仍吉祥堂舞無レ之」とあるので、このころ、ようやく復興したのであろうか、長享二年（一四八八）六月に「元興寺吉祥堂開帳」と、『政覚大僧正記』にある。なお延徳四年（一四九二）四月にも、吉祥堂前で連日久世舞があったが、これも勧進のためであったであろう。

小塔院も宝徳の火災で全焼したわけではなかったようで、長禄四年（一四六〇）にはここで風雨の祈禱が行われており、そのころから文明年間（一四八〇ころ）にかけて、大乗院の尋尊に対して、祈禱の巻数や茶・筍・瓜・蜜柑等の贈物をし、尋尊も時々、小塔院に参詣している。延徳四年（一四九二）四月には逆修会が始められ、明応二年（一四九三）八月には手猿楽が六日間催され、翌九月にも同じく興行された。明応四年三月には十万枚護摩が四日四夜にわたり行われ、同六年五月にはまた勧進猿楽があった。さらに同年八月には松南院座の絵師太郎左衛門筆の小塔院先徳の絵像ができ、翌明応七年六月には護命僧正の絵ができて、開眼供養があった。護命は小塔院で没した先徳（第三章）であったため、絵図だけでなく木像もあった。永正二年（一五〇五）五月四日の条に「御影供事（中略）護明（命）僧正影吉祥堂木、小塔院絵」とあって、木像は吉祥堂に、肖像画は小塔院にあったことがわかる。

さらに明応九年六月には、橘寺の本尊を小塔院で造り始めている。また『多聞院日記』によると、その筆者英俊は永禄十年（一五六七）から文禄二年（一五九三）までの間に、しばしば小塔院へ墓参に行っている。中世末期には、小塔院はある程度、活気をもっていたと想像できる。

なお小塔院が律院となり、西大寺末寺となったことについては、『大乗院寺社雑事記』の文明十五年の記事の中に、「小塔院（中略）一乗院寿光寺僧正之時、被レ渡二于興正𦬇一以来為二律院一了、西大寺末寺也」とあるが、他にこれを示すものがない。前章で述べたように、忍性の弟子の順忍が当寺にいたことがわかっているので、そのころから律院となったのであろう。しかし同院は極楽坊と同じく、力関係によって大乗院の末寺的な形で、中世末期を過ごしたのであろうと考える。

つぎに述べる極楽院はとにかくとして、元興寺は総じて没落してゆく大寺であって、文明三年（一四七一）七月には、元興寺の礎石を興福寺中院の庭石にするのに、六方衆が押し取ったという記事もある。宝徳の火災後、大乗院と一体であった別院の禅定院は別で、大寺元興寺の面影は、全体的に傾いていった様がうかがわれる。ことに金堂は、文明年間以後はついに復旧せず、次項で記す極楽坊と、大塔・観音堂と、吉祥堂・小塔院との三部分が、それぞれ独立化の道を進み始めたということができる。

4　極楽坊の独立化と智光曼荼羅

極楽坊の整備

前章の最後で述べたように、極楽坊には応安（一三六八―）の初期に律僧道種光円が入寺して、この寺を律院としたが、『律苑僧宝伝』の光円伝によると、光円のあと、重然・道喜・元清・呼戒・元順・順円と、相ついでこの寺に入寺し、極楽坊に律宗寺院の伝統を伝えたと記している。後にふれる『極楽坊記』によれば、このうち、道喜は字は覚潤、呼戒は字賢聖、そして元順は字尊琳といって、大安寺長老となり、文正元年（一四六六）に没している。順円は良堯房といい、この寺の堂宇の修復に勤めた人で、現在、元興寺（極楽坊）にかれの五輪塔碑があって、永正十五年（一五一八）七月十四日に没したことがわかっている。そのつぎの住持は順識で、字は堯光である。

極楽坊はもともと、自力学問寺元興寺の僧房の一部であり、「本来聖道ノ住持ノ在所」であったが、中世に入ってからは、その曼荼羅堂が念仏の場として繁栄してきた。しかも宝徳三年（一四五一）の火災によって、元興寺は金堂と別院の禅定院を焼き、元興寺全体としては大きな打撃を受けたが、極楽坊は幸に火難を免れ、智光曼荼羅の原本は失ったが、焼けた禅定院多宝塔の本尊阿弥陀如来坐像を受け入れ、独自の発展を続ける形となった。従って、室町時代を通じて極楽坊は整備され、金堂の復興もままならぬなかで、より独立化したともいえるし、他面あたかも、ここが元興寺の中心でもあるかのような姿となった。

宝徳の火災以前にも、極楽坊では、その堂宇等の修復はなされていた。南北朝合一以前の嘉慶二年（一三八八）には、極楽堂の須弥壇を造り替えている。同壇格狭間羽目板の裏に、「当堂仏壇□（造替）事、嘉慶二年戊辰卯月十一日始レ之、勧進（中略）、右衛門当知事小比丘永□　当住持南山宗沙門重然」という墨書銘がある。極楽律院二代重然のときの、仏壇の造り替えである。

つぎに、極楽坊に太子堂が建てられ、東門が建立されたのが応永初期（一四〇〇ごろ）のことであった。『大乗院寺社雑事記』の文明七年（一四七五）の太子講の記事の中に、「元興寺者太子四十八ケ之内也、（中略）極楽坊太子ハ本万陀ラ堂ニ御座、当寺本願之故安二持（置）之一歟、太子自御作二云々、太子堂ハ応永年中建二立之一、当坊ハ西方有縁之地也、可

図 47　元興寺（極楽坊）東門

レ仰可レ信」とある。法興寺が聖徳太子建立寺院の一つであること、前章で記した聖徳太子像は御自作と伝えられ、これまで極楽堂にあったこと、太子堂は応永年中に建立されたことを語っており、また別の箇所に「応永年中当室僧勧進建立了」ともあるので、この堂は大乗院の僧の勧進によって成ったこともわかる。極楽坊に現在、聖徳太子立像版木断片があるが、台座に「太子堂　極楽堂　勧進」とあり、この時のものであろうか。

この太子堂は現存しないが、その場所は、現元興寺（極楽坊）境内の東北隅と考えられる。またこれも今はないが、「元興寺極楽院太子堂常住也」「文明三年辛卯四月三日住持比丘順円」の銘文のある鰐口がかつてあったという。そしてそのころには、毎年正月二十二日に牛玉と花餅を進める修正会が太子堂で行われた。また『大乗院寺社雑事記』の文明五年二月二十二日の条には、「極楽坊四季太子講今日始行、講問也、唐院長老出仕云々、予太子伝自二極楽坊一借用了」とあって、太子講が行われており、この行事は『西大寺日記』によると、元禄年間（一七〇〇前後）にも恒例として実施されていた。

つぎに同じく『大乗院寺社雑事記』の文明十五年九月十三日の条に、「東四足応永年中東大寺之西南院門引二立之一」とあって、現存する元興寺（極楽坊）の東門が応永のころ、東大寺から移し建てられたことがわかるが、昭和の修理によってもこのことは確かめられ、その棟瓦に「応永十八年六月」の刻銘がみつかった。この門は極楽堂に対して、極楽の東門を意味するものであったと思われる。

また以前に、「元興寺極楽院曼陀羅堂常住也」「応仁二年戊辰卯月廿八日住持比丘順円」の銘文のある鰐口があったことがわかっている。丁度このころから、極楽坊では本堂の修理が行われたことが尋尊の記録に見える。すなわち、応仁二年（一四六八）十月十八日の条に「行二向極楽坊一畢、修理之趣一見了、近比見事也、興隆之当住也、為二門跡一可レ悦々レ々」、文明六年六月四日の項に、「極楽坊作事一見了」、同年七月十一日に「極楽坊ニ参詣、仏壇金物新調之」とある。現本堂の連子窓框にも、「文明六年甲午潤五月九日造レ之、住持比丘順円」の墨書銘が残っている。

以上でみると極楽坊は、応安の初期（一三七〇ころ）に律院となり、応永年間（一四〇〇前後）に堂宇が充実し、文明初年（一四七〇前後）の順円が住持の時代に極楽堂の修理が行われ、ここに極楽坊は整備されたといえる。そしてそれらには、大乗院が相当にかかわっていた。実は応永三年（一三九六）に、大乗院門主孝尋（後己心寺殿、?―一四二八）が結崎の狭竹荘の内三段を極楽坊に寄進したが、どういう事情があったかわからないが、これは、康正三年（一四五七）に大乗院に返進されている。

とにかく、大乗院と極楽坊との関係については、『大乗院寺社雑事記』の応仁二年十月十八日の条に、「当坊《(極楽坊)》ハ当門《(大乗院)》跡別相伝地也、己心寺《(孝覚)》法務大僧正御相伝也、初而被レ成二律院一以来為二己心寺之末寺一、開山光円房上人末葉相伝者也、悉皆当門跡自専也、光円房ハ法務大僧正御信仰仁也、真言并戒律師匠也」とあるように、律院となって以来、特に深い本末的な関係があった。この両者の関係にふさわしく、同記録には大乗院門跡と極楽坊主との往来の記事が多く、同道しての社寺参詣や花見のことや、極楽坊からの贈物のことが頻繁にみえるのである。

極楽坊が、大乗院または己心寺と本末的な関係にあったことをみたが、永享八年（一四三六）の『西大寺末寺帳』に「南都元興寺極楽坊」の名がみえる。実は西大寺に、明徳二年（一三九一）の『諸国末寺帳』があり、その中に「元興寺中極楽院第九長老御時」とあり、第九長老真湛の時に末寺となった旨の記録であって、まさにその年代は、光円が入寺して極楽坊が律院となった時代であるが、極楽院の称は後世のものであるから、これは後からの記入であろう。いずれにしても、西大寺が叡尊以来、律宗の中心寺院として著しい活動を展開していた関係で、極楽坊が律院となったがために、永享のころに末寺の列の入れられたのではなかろうか。

般若寺など南都の諸寺の中には、直接、叡尊の活動によって復興し、その結果、西大寺と本末的関係になった寺院もあるが、極楽坊は叡尊との直接的な関係は見出せない。しかし、さきに聖徳太子像の造像でみたように、叡尊とはある種の親近な関係があったらしいことも見逃せない。しかし室町時代には、現実に大乗院の末寺的な位置にあったことは否定できない。

つぎに、極楽坊での行事の二、三について記しておく。ここでも千部経が行われていた。『大乗院寺社雑事記』では、文明十三年二月八日と同年六月二十六日の条に、曼荼羅堂で千部経供養があり、六月の分は願阿弥の勧進であったことが記されている。また『多聞院日記』には、永禄十二年（一五六九）四月十八日に、極楽坊で千部経があったと記し、天正八年（一五八〇）三月十四日には、筒井順政の十七回忌に、その母がこれを催したことを述べている。筒井順政は順慶の叔父で、永禄七年に堺で客死している。なお、墓地が極楽坊にある丞阿弥の七々日仏事が白毫寺千部経にあわせて行われたことを、尋尊は文明六年五月二十四日の条に、「丞阿弥四十九日也、仏事於二白毫寺一千部経之砌致二其沙汰一」と記している。

その他、恒例として行われたものに逆修会があった。記録としては『大乗院寺社雑事記』に、応仁三年（一四六九）以後、二十回近くあげられている。期間は七日間で、大体、正月から四月ごろの間に催されたが、同記録の明応五年（一四九六）三月十七日の項には、「極楽坊逆修初レ之、大念仏中也、不レ得二其意一、近年如レ此」とあって、大念仏と重なることを注目している。文明十二年五月二十二日には、百余名による同音法華があり、長享二年（一四八八）二月には、太子堂で例年通りの律僧の講問があった。

また同年七月には、古市の沙汰として二十五日から五日間、幸若大夫の曲舞があり、その二日前から舞殿を立て、当日は学侶・六方も見物したが、「連雨之間迷惑」という工合であった。ついで、元亀二年（一五七一）四月十三日から六日間の勧進女舞狂言があって見物人が多く、天正六年（一五七八）三月には女曲舞があり、諸人群集し、同八年四月にも女舞があった。中世末期の十五世紀ごろから以後になると、勧進の曲舞・猿楽が盛んになり、桃山時代の明るい世相に近づいていることが注目される。

曼荼羅堂と念仏講

ここで、さきにふれた『極楽坊記』について記しておく。いま元興寺（極楽坊）に所蔵されている『極楽坊記』は、河南の僧投李が、永正十一年（一五一四）に杖をここに留め、その翌年に極楽坊のことを記したものである。表紙には、時の住持順識が「当寺之秘書也、必々他見他聞堅可レ慎者也」と記し、当時の寺の縁起などを秘事扱いする風習の一端を示している。

この記録には、聖徳太子と蘇我馬子が飛鳥に法興寺を興し、平城にこれを移して元興寺としたこと、この寺の極楽坊につき、智光・頼光の説話から曼荼羅堂に至る所以を述べ、さらに曼荼羅の焼失、大念仏と太子堂、南庭の池の毒蛇の伝、西行による再興、堂の西端の春日明神影向の間のこと、元興神のことなどに及んでおり、十六世紀初期における極楽坊の状況と諸伝承がよくわかるのである。中でも注意される記述としては、この寺が律院となった当時は、「一百年前、室中空虚而無二衣鉢一、多為二百工之肆一」という状態であったと住持が語ったこと、前住持の順円は、こ

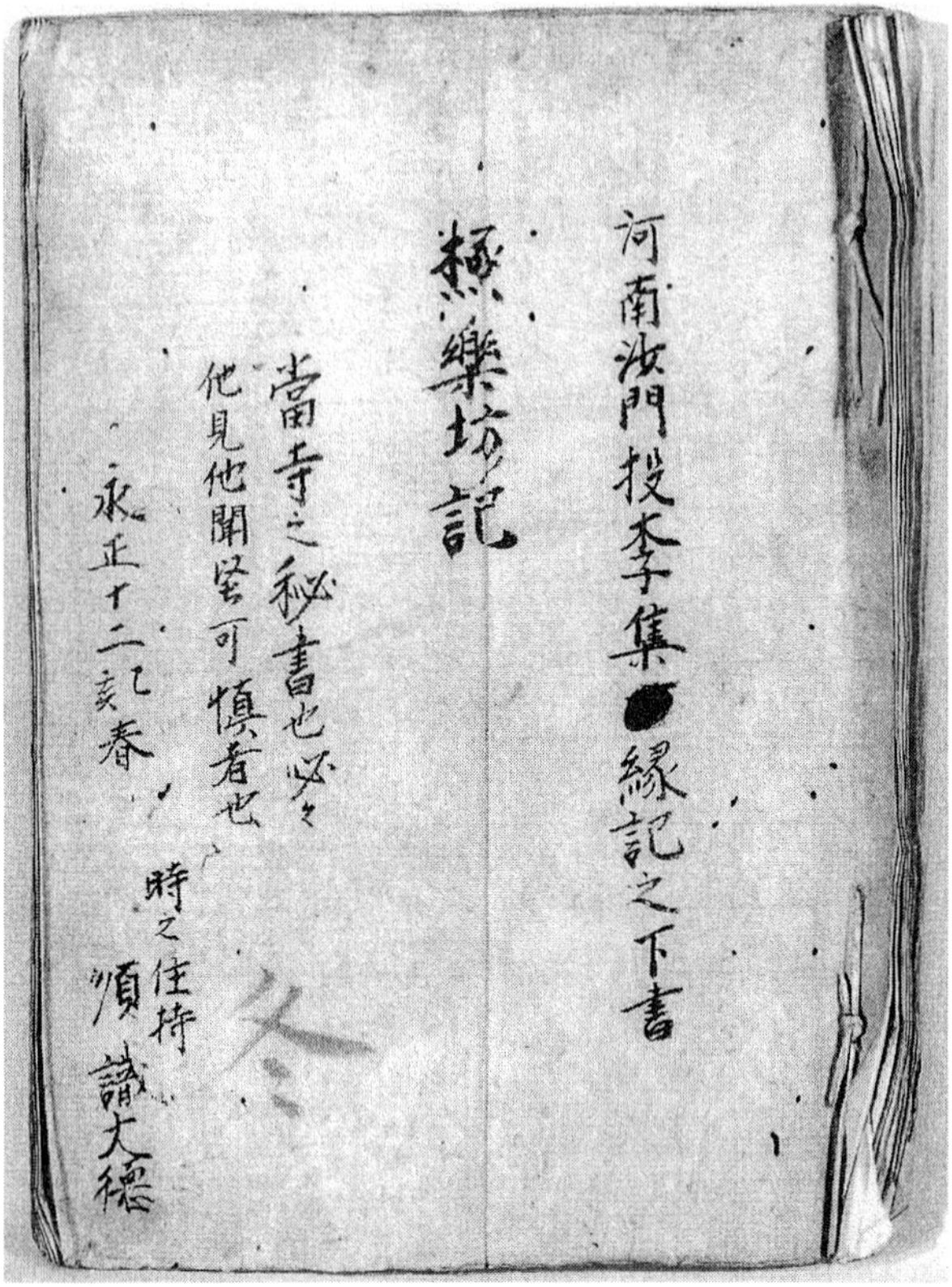

図48『極楽坊記』

の記録者が訪れた時には八十八歳であったが、かれの時、「楽堂鴛瓦傾頽年久」しい状態であったのを再興したと語ったことなどである。

　しかし、さらに同書の中の重要な記述は、「彼曼陀羅現今図二于極楽堂一者是也、堂之縦横六間也、中央方一間四面各図二安養一、中心有二石浮図一」と、極楽堂内の模様を述べていることである。内陣の中央には、石の五輪塔があったわけで、そのことは舎利塔を重んずる律院にふさわしく、またこの堂が納骨堂であったことを示している。このことは、大乗院の尋尊の筆かといわれる『諸寺縁起集』（菅家本）の元興寺極楽坊の項に、「堂一宇号二曼陀羅堂一、在二四方ニ極楽万陀ラ一」とあって、先記の「四面各図二安養一」という記述とも一致する。この書に、極楽堂の本尊仏についての記事がないことも注目される。

　しかしこの堂には、近世以来昭和の大改築まで、本尊として、平安時代作かといわれる優れた丈六阿弥陀如来坐像（口絵7）があった。この像はおそらく宝徳の火災の後、禅定院多宝塔から移された像かと思われ、尋尊が「于レ今在レ之」といっている。従って、その日記の寛正三年（一四六二）三月の記事に、曼荼羅堂後戸にあった丈六阿弥陀像を、十市の正覚寺の本尊に譲ることに同意したというのは、正覚寺が現在廃寺となっているのでよくわからないが、譲渡のことは実現しなかったのではないか。そして近世になって、この堂が納骨堂でなくなったために、この像がこの堂の本尊とされたのではなかろうか。現在、元興寺（極楽坊）では中世にならってこの像は収蔵庫に納められ、本堂の内陣四方に智光曼荼羅がかけられている。

さて、智光曼荼羅を本尊とする極楽坊では、初め百日念仏が行われて、これに適するように堂宇が改造され、中世になって大改築されて、七日念仏が盛んになり、多数庶民の浄土往生を願う信仰の堂となったが、その七日念仏は、大勢が大声で唱える大念仏として行われていたと思われる。史料としては『大乗院寺社雑事記』に、長禄二年（一四五八）以後、ほとんど毎年三月十八日から智光の忌日まで七日間大念仏があり、永正二年（一五〇五）まで記録されている。その表現が、「極楽坊大念仏始レ之云々」という形が大部分であるところからみても、上記年次の前後においても、七日念仏が行われていたことは明らかである。『極楽坊記』にも、「毎歳三月始レ自二十八日一七箇蓂、就二于楽堂一鎦白群集修二大念仏一、薦二蘋蘩於二光一又各自祈二冥福一也」と述べている。

念仏といえば、極楽坊では百万辺念仏も行われていた。『大乗院寺社雑事記』の文明三年（一四七一）閏八月八日の記事に、「於二極楽坊万陀ラ堂一百万反初レ之、今度腹・ハシカノ所労死去者不レ知二其数一、彼訪且又為二祈禱一云々、聖十五口請定」とあって、十五人の僧により、疫病のために特に実施されたことがわかる。また同記録の明応七年（一四九八）七月十五日の項に、「為二後長缶寺井一百万反念仏唱レ之、自二去九日一七ケ日也、以二此功力一可下令二成仏一給上」とみえる。これは、去る四月二十六日に没した大乗院若僧慈尋の菩提をとむらうためであった。

さらに極楽坊では先年大修理のとき、天井裏から『百万遍念仏引付』一巻が発見された。これは前欠で、弘治三年（一五五七）から永禄二年（一五五九）四月十九日までの三年間にわたる、四十五度に及ぶ百万辺念仏の引付で、敬白者は蓮阿弥と西云の二人である。おそらく、弥陀の四十八願にあわせた数であったと思われ、一行に一万が十個で、十行という形式で記されている。つぎに代表的な部分をあげる。

奉唱　弥陀名号百万返引付事

一万〻〻〻〻〻〻〻〻（中略）

右志者奉レ祈二三界万霊七世四恩六親眷属有縁無縁法界平等利益仏果菩提一者也

永禄元年戊午壬六月八日　蓮阿ミ敬白

この行事は割合に、一般的な目的のものであったことがわかる。

智光曼荼羅の称揚

七日念仏の流行をはじめ、極楽坊の整備発展のもとになったのは勿論、智光曼荼羅である。室町時代になってさらにこれを称揚したものに、酉誉聖聡の『当麻曼陀羅疏』がある。聖聡（一三六六—一四四〇）は浄土宗鎮西派の僧で、千葉氏出身、常陸瓜連の常福寺を経て、武蔵国の増上寺を開いた人として

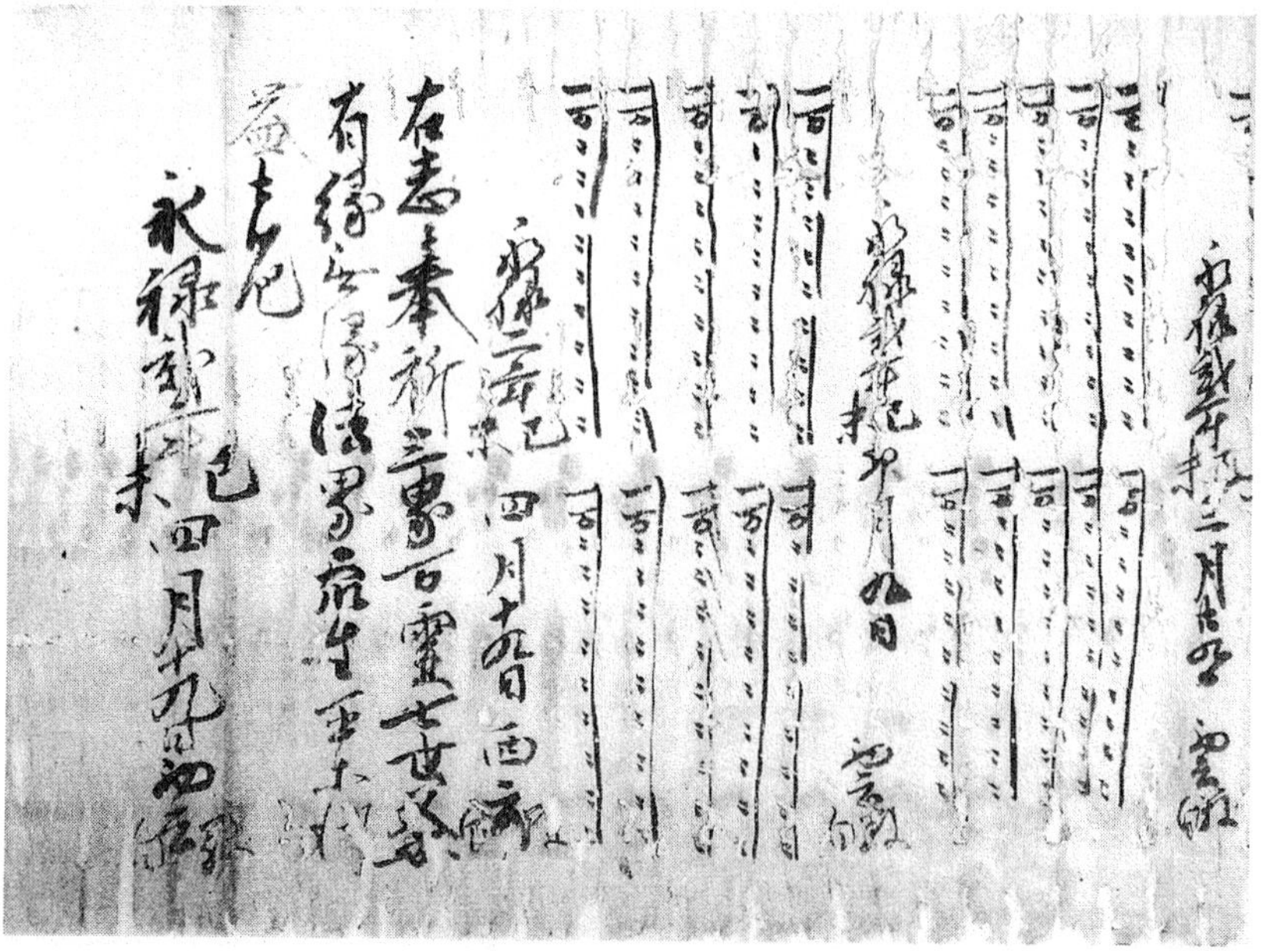

図49　百万遍引付

知られている。浄土宗では、西山派の証空が当麻曼荼羅を重んじ、その弟子証恵（一二〇五―六四）は絵解きでこれを宣揚し、ついで出た頓恵は曼荼羅講説の名手とされている。この西山派の当麻曼荼羅の尊重と宣布を受けて、同じ浄土宗の鎮西派もこれを布教に用いて、教線を関東や畿内に広めたのであって、この派の聖聡は当麻曼荼羅の説明から、さらに広く浄土変相全部に視野をひろげ、永享八年（一四三六）に『当麻曼陀羅疏』四十八巻を著し、この大著の中の第四巻を、智光曼荼羅の叙述にあてたのである。

聖聡はこの巻で、智光と行基とにかかわる説話を述べたあと、つぎのように記している。「彼智光曼陀羅事、予若年之時拾因所レ学之間雖レ承レ之正不レ拝二見彼一、自然歴レ年之処応永三十四年十月十四日尋二行元興寺極楽坊一悉聞レ之、長老出対面言、我坊是智光頼光共往坊也云々、聽二問曼陀羅事一拝見望至、時長老曰、此曼陀羅日本最初曼陀羅也、堅所レ秘、但七月十五日之外余日不レ出レ之、但遠国人於二拝見望深一可レ奉レ見被レ出レ之」。これによって聖聡は、永観の『往生拾因』でこれを知っていたが、応永三十四年（一四二七）に初めてこれを拝見したことと、当時の極楽坊における智光曼荼羅の扱い方を知ることができる。聖聡が訪れた応永の末年ごろは、極楽坊は律僧の努力によって太子堂が建ち、東門が移し建てられるなど、復興の気運のある時であった。

『当麻曼陀羅疏』の智光曼荼羅の項には、さきの文に続けて、曼荼羅の大きさは方一尺二寸の小型であったこと、絵師について尋ねると、長老は蓮糸の絹に十四、五歳の童子が画いたが、それは観音菩薩の化身であったと答えたこと、さらに長老は金蓮中に収めた舎利を出して、これが智光が頼光の案内で極楽へ行った証しとして、仏から賜ったものと語ったこと、曼荼羅の図様をみると、小型ながら当麻曼荼羅とほとんど同じで、中尊が小宮殿の中にいます点が違うだけだということ等を記している。

ここに注意されることは、この内容が、『日本霊異記』『日本往生極楽記』『奥義抄』等による諸説話や、『河内尸長戸寺縁起』、『了誉草』（了誉は瓜連の常福寺の僧）等をも引用し、智光曼荼羅をめぐる諸説話を集大成したように見えることであり、これまで語られてきた説話に、蓮糸で絹を織ったこと、画いたのが、もとは画工とあったのが観音菩薩の化身となったこと、智光がもらった舎利が重視されていることが加わっていることである。ことに、当麻曼荼羅の説話と同巧の蓮糸云々とか、観音の化身のことがとり入れられているとともに、聖聡も当麻曼荼羅と比較していることが注目される。当時は浄土宗西山派の僧によって、当麻曼荼羅が遥かに有名になっていたからであろう。そして聖聡は、善導の『観経疏』を中心に考えた人であるが、最後に、「於二日本曼陀羅一第一智光曼陀羅竟」と結んでいる。

この書は、日本における最初の浄土変相論の総論であるだけでなく、形式的には、曼荼羅講説のテキストの体裁をなしている点でも重要であろう。さらに注目すべきは、本書が智光・当麻・清海の三浄土曼荼羅を日本三浄土変相とする立場の最初の文献であることである。

『当麻曼陀羅疏』のほかに、室町時代に書写されたと思われる智光曼荼羅の縁起を書いたものに、『智光曼荼羅記』一巻（元興寺蔵）がある。しかしこれは、『疏』の中で、『往生拾因』や『了誉草』から引用したあと、「誠知師三世契云々事」以下に述べた文と全く同じものである。つぎに、亀田孜氏によって紹介された『亀田本無題巻物』（『東北大学文学部研究年報』二）も、『疏』の「応永三十四年」以下の文と同じである。総合された縁起説話がさらに書写されたことは、この曼荼羅の流布に役立ったであろう。

智光曼荼羅の転写

聖聡が『当麻曼陀羅疏』を著してから間もない宝徳三年（一四五一）十月十四日に、この智光曼荼羅は、さきに記したように禅定院で焼失した。しかも、この曼荼羅が禅定院にあった理由については、『極楽坊記』に「土一揆屯二于元興一放二火金堂及小塔院一、炎逼二極楽一、或人進捧二掌曼陀羅一遷二禅定院一今大乗院是也、而元興炎遥飛二東街一火二禅定院一、終失二曼陀羅所在一者也」とある。これによると、焼失を免れるために、これをわざわざ移したことが却って仇となった事

図50　智光（右）・頼光（左）像

情がわかる。このとき焼失した智光曼荼羅は、さきに第四章第3節で述べたところの、小型で中尊が合掌でなく、二人の比丘像が描かれていない正本の方であったと思われる。そして、極楽坊は類焼を免れ、流布本系の大型の板絵本等は無事であった。

さて、この焼失した原本の替りとして転写されたと考えられているのが、現在、極楽坊にある厨子入本の智光曼荼羅（口絵4）である。これはその法量が、『覚禅抄』や『当麻曼陀羅疏』に伝える原本の大きさに近く、絹本で板に貼られている。その上、『大乗院寺社雑事記』によってその制作の次第が知られるものである。すなわち、明応六年（一四九七）九月六日に「智光万タラ筆立了、大輔法橋」とあり、翌年の六月二十八日の項に「智光万タラ奉二図絵一大輔法橋清賢持参、三貫文下行、以前二貫下行、合五貫文也」とある。これによると、大乗院門主尋尊が松南院絵師清賢に五貫文で描かせ、明応七年にでき上がったことになる。その図柄は二比丘の描かれているいわゆる流布本系のものであるから、おそらく板絵本をもとにし、原本と同じ大きさに描いたものであろう。その厨子入りであるのは、智光が感得した舎利が当時重んじられていたので、その奉献のためであったかと思われる。ただその制作年代が、原本焼失後約五十年を経ていることについては、この時が住持順円の宗風復興の時であったからともいえよう。そしてこれが以後、原本扱いされて、春日明神影向の間におかれていたようである。

極楽坊には、さらに別の軸装本の智光曼荼羅が所蔵されており、これが尋尊のいう清賢筆の転写本とする説がある。しかしこれは、厨子入本より少し遅れた転写と思われるもので、図の大きさは原本より少し大きく、図様は本尊が合掌でなく、二比丘像の代りに比丘が往生して菩薩化したと思われる像であって、厨子入本とは系統が違う。おそらく、鎌倉時代を通じて描かれた原本系諸本を手本として描かれたと考えられる。事実、鎌倉時代作とされる『国華』所収本と比べると、二比丘像のあり方を除けば非常に近い図柄である。

この軸装本とほとんど同巧の図像が長谷寺能満院にあり、その箱書きに「智光曼荼羅　五幅之内　極楽院」とある。すなわち、軸装本と同じ系統のものがもと五幅あって、それが極楽坊にあったことになる。現在、極楽坊に中世末期作と思われる二体の木彫像智光像と頼光像がある。像高約八〇㌢の小型であるが、この両像が二比丘像を描かない軸装本智光曼荼羅の左右前方に配して、合せて一具とされたのではないかとの見方がある。またこの五幅のうちの数幅が、中央厨子の五輪塔の周辺（後壁を板絵とすれば三面）にかけられたという想像も可能であろう。

5　納骨寺院となった極楽坊

曼荼羅堂への納骨

死者を火葬にして、遺骨を処理する方法として、遺骨を容器に入れて埋葬する場合、これを蔵骨とし、容器を蔵骨器と呼ぶこととすれば、納骨とは、遺骨の一部や遺髪・爪などを、浄土と信仰された聖地に納置することということになるであろう。従って、納骨は死者の浄土への往生を現実化するための一種の呪術的な行為であり、納骨信仰ともいうべきものである。わが国では、古く山岳を浄土と意識するところから、その清浄の山に納骨することがあり、有名な高野山への納骨も、最初はそのような信仰によったであろうが、やがて堂内に納骨する風が広まったと思われる。この場合、その堂は納骨堂であるが、ここに納骨された死者に対する追善供養などの法会もこの堂で営まれ、死者の冥福が祈られるようになって、この信仰はより全きものとなるわけである。それ故、この信仰は浄土教が広まってきた中で、浄土への志向によって生まれたもので、この風習の始まりは十二世紀初頭まで遡り得ると思う。

念仏講として、極楽坊の先駆ともいうべき叡山の二十五三昧の講衆は、往生院とこれに伴う墓所をもち、講衆の中で他界する者があれば、講衆はその往生を助け、葬送には終夜念仏遶堂し、故人の忌日には、別に善根を修すべきことを定めている。こうして、法華三昧堂と往生院が融合し、納骨が行われ、ここで祭礼・追善供養、ときには逆修も営まれ、法華と念仏の三昧が行ぜられたのである。結局、講衆の納骨供養によって、故人は現実に浄土に永眠し、定期的かつ恒久的な供養を受けることになるわけである。

このような風習のあった寺院は、納骨堂あるいは納骨器の存在によって確かめられる。大和では、法隆寺・西大寺・円成寺・当麻寺・金峰山寺等で納骨器が発見されており、西大寺には骨堂も存在する。また奥州会津の八葉寺では、近代までもその納骨の風は続いている。

極楽坊の場合、その『元興寺極楽坊修理報告書』には、本堂の下の盛土の層に、少量ずつの納骨とみられる骨片が分布していたことを報じている。本堂地下への納骨は、盛土をしたかと推定される大改修の寛元二年（一二四四）以降のことであろう。またこのことは、嘉慶二年（一三八八）の本堂仏壇を造り替えた時の須弥壇格狭間羽目板の墨書銘に、「勧進□(申)并番匠等所□(願)併臈戸骨於此壇内㆒期㆓門生□(浄)土往詣㆒者也」とあることによっても証明されよう。そしてこの信仰は、その後ますます盛んになり、応永年中、極楽坊に太子堂や東門ができたころから、その全盛期を迎えるのであって、それは納骨器の存在が証明する。このことは文献の上からもいえるのであって、一条兼良の場合がそのよい例である。

応仁・文明の大乱にあたり、京都の公家は多く縁を求めて地方に疎開したが、この前関白もその子尋尊をたよって南都に来て、大乗院に身を寄せていた。文明五年（一四七三）五月には禅定院で出家し、同十三年四月に没した。『大乗院寺社雑事記』の、兼良の四七日に当たる同月二十九日の記事に、「御骨奉レ籠レ之、大安寺不退寺以西者自二法花寺殿一御沙汰也、御間《（眉）》寺極楽坊以東者自二此方一沙汰也、横坊明禅両人為二籠使一六ケ所也、極楽坊分者金之五輪キンハク也、代百文、六ケ所灯明六十、明禅布施五十文下行了、万陀ラ堂内陣西方長押打レ之」とあり、文亀二年（一五〇二）七月十三日の条に、「参二詣極楽坊後智恵光・後長岳寺・予石塔一、万タラ堂之内陣長押ニ金五輪在レ之、後成恩寺《（一条兼良）》之御骨也」ともある。

兼良の納骨は六ヵ所（法花寺・大安寺・不退寺・極楽坊・眉間寺・白毫寺？）にされ、西部は法華寺が、東部は大乗院がその世話をしたこと、極楽坊の納骨器は特に金箔の五輪で、極楽堂内陣の長押に打ちつけられていたことを語っている。兼良の極楽坊の納骨器が特に金箔であったことは、同寺が納骨寺院として最も重視されていたことを示している。それとともに、同寺が庶民大衆に支えられていたとはいえ、貴族たちにも支持されていたことは注目される。同時に一個現存する金の五輪は、時代的には適合せず、兼良のものとは考えられない。なお前記引用文にでてくる横坊は、別の箇所で「高野聖」とか「福智院坊主」になったとあり、尋尊のもとで雑用にあたっていたと同時に、三昧聖的性格の強い高野聖であり、福智院に入ったことがわかる。

そのほかに同記録によると、文明六年九月五日の条に「峯殿金舎利塔一基事、自二随心院殿一極楽坊御寄進了、予取継遣レ之者也」とあって、前摂政関白九条道家（一一九三―一二五二）の金の納骨五輪塔が、九条家と縁故深い京都小野の随心院門跡から極楽坊に寄進されている。前記の極楽坊に一基だけ現存する金箔納骨五輪塔は、その様式が鎌倉時代中期かといわれるので、あるいは、それは峯殿のものではなかろうか。また同九年七月十二日の尋尊が極楽坊墓地参詣の記事の間に、「後宝峯院（孝円）御骨之金五輪在レ之」とあるのは、墓のことを書いた文中に記されてはいるが、それは実は、堂内の納骨五輪塔かもしれない。さらに同日の記事の中に、「法務大僧正予五輪、極楽坊ニ在レ之、仰二付良堯房一奉レ切レ之了、為二現世安穏後生善所一也」とあるのも、尋尊自身の逆修の納骨五輪のことかと思われる。それは、墓のことは明応四年（一四九五）三月十日の条に、「予石塔逆修ニ立レ之、切立之由申之間、今日自二石切方一召寄運二置極楽坊一」とあり、また同記録の別の箇所に、同年二月二十四日付で「極楽坊予石塔立レ之」ともあるからである。

庶民信仰の資料 (三)——納　骨　器——

極楽坊で発見された納骨器としてまず注目されるのは、その数三千余基に上る納骨五輪塔である。元来、宇宙を構成する空風火水地の五大原素を、立体塔形の五輪塔に表現したのは日本においてであるという説が強いようであるが、その形は舎利瓶塔や宝塔からの変化かとも思われ、平安時代末期から現れている。成立の始めは、それは墓上に置かれてこれを象徴し、または遺骨を納入するものとされたようであるが、いまいう納骨五輪塔は、この時代の納骨思想と結びついたものと思われる。

極楽坊の納骨五輪塔は、大きさは総高二㌢前後の小型から、五〜一〇㌢前後の普通のもの、一〇㌢以上の大型のものまであり、形式としては、四面立体型と、一面が裏側で三面をみせる三面立体型と、板状型に分類され、納骨する穴では、底面にあるものと、水・地の部分の裏側にあるものがある。総じて、それらは年代的な変化と考えられるが、勿論、それは大体論であって厳密ではない。

すなわち、初期のものは堂内に置かれたと思われ、安定性が高い四面立体型で、穴も底にあるが、やがて納骨者の

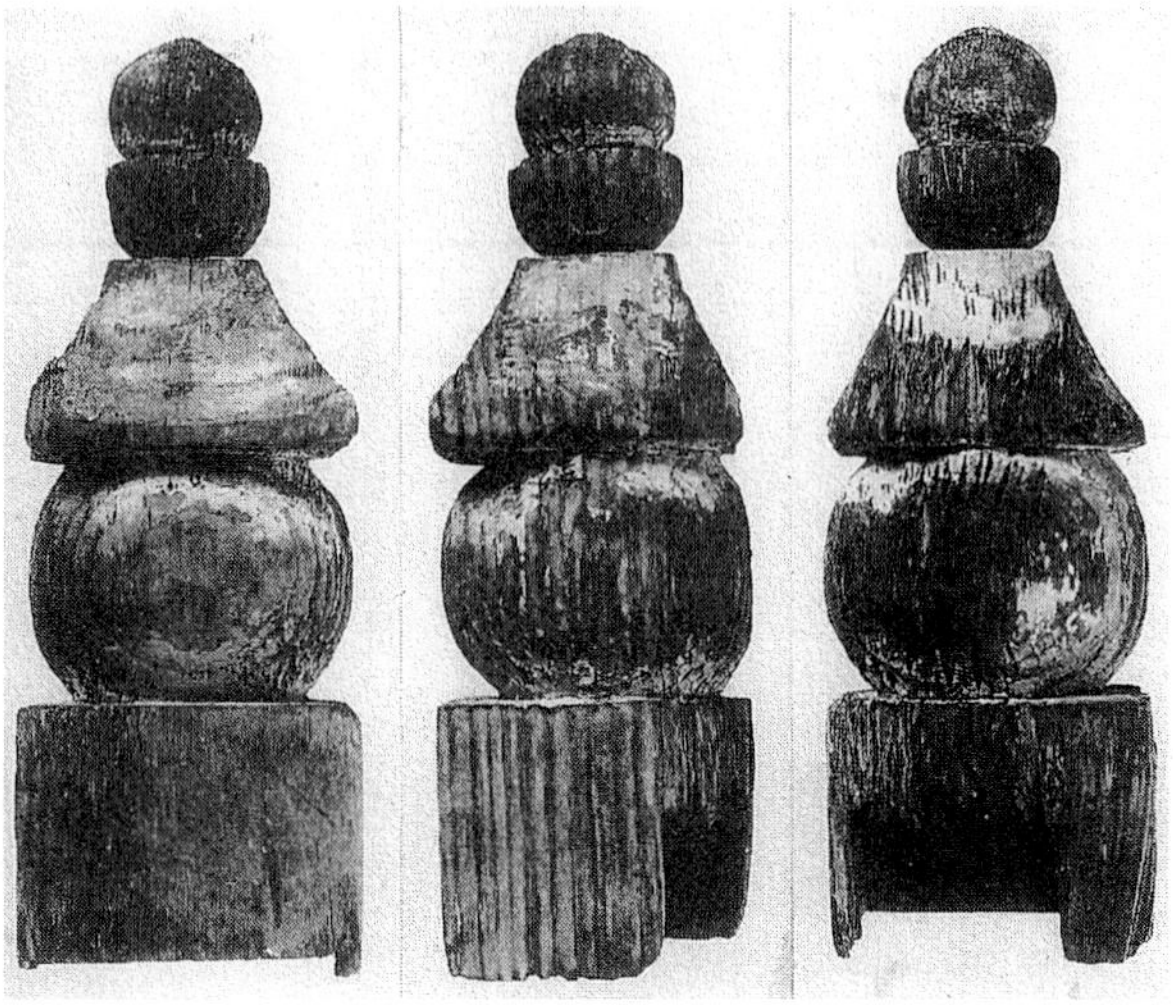

図 51　納骨五輪塔

増加に応じて、長押等に打ち着けられるようになると、釘穴をともない、三面立体型で裏面に遺骨片等納入穴の型式が多くなり、やがて板状型に簡略化されるようである。中には、空輪に黒、火輪に赤などの彩色のあるものがあり、また多数のものには、表面に五大や名号の種字があり、死亡年月・戒名、生前住居の地名等を墨書したものも少なくない。それ故、これによって、納骨五輪塔の編年も可能となる。形式的にみれば、総じて、年代が降るに従って空輪の先端が尖り、水輪が丸くなり、地輪が高く長大になっている。

　紀年銘のわかる最古のものは文安二年（一四四五）であるが、様式その他からみて、古いものは鎌倉時代に遡りうるがその数は少なく、最盛期は文明年間の終りごろ（一四八〇）から天正末年ごろ（一五九〇）の間、約百年程、あたかも戦国時代に相当し、紀年銘で最後の年次は寛永三年（一六二六）である。大略、十五、六世紀が極楽坊納骨信仰の盛んな時代としておこう。

　銘文の中で、戒名の判読できるものは八百余あるが、これをみると、少数の上級僧侶から、数多い禅門・禅尼など、受戒者や法名など広い階層の人達に及んでいる。出身地については、極楽坊・東大寺・菩提山寺・興福寺などの寺院があり、南山城の加茂・瓶原・田原や、大和の平松・法蓮・福井・西御門などの地名もあって、近傍の人たちの納骨がみられる。銘文の中には、「法界平等」「光明遍照十方世界念仏衆生摂取不捨」などと墨書したものもある。書かれた銘文の例を一つあげておく。

（右側）寛正六年十一月廿一日

（正面）□房尊霊

（左側）南無阿弥陀仏

つぎに、同一人の納骨塔が数基あるものがあるが、それは一条兼良の場合にもあったことで、複数基の納骨は別に珍しいことではなかった。また極楽坊にある石塔と、人物が一致する納骨塔が三例みつかっている。

五輪塔形の納骨器のほかに、宝篋印塔形のものが十九基、宝塔形の納骨器が四基、層塔形のものが十基存在する。総じて、その形式やこれから推定できる年代等は、納骨五輪塔の場合とほぼ同様といえる。なお、地蔵菩薩立像形の納骨器が一基あるが、穴は基台裏にあり、「天正七年」の墨書銘がある。

塔形の納骨器のほかに、竹筒を納骨器としたものが多く存在する。これは竹筒製の経筒との関係が考えられるもので、極楽坊のものは百数十個を数えうるが、その材質上完好な遺品は少なく、銘文もほとんどない。ただし、法隆寺発見の竹筒納骨器に応長二年（一三一二）二月の紀年銘があり、当麻寺のものに正応二年（一二八九）と延文二年（一三五七）の銘があるので、鎌倉時代中ごろ以降のものと考えてよかろう。その長さは三㌢から二〇㌢ぐらいであるが、三〜九㌢ぐらいの短いものが多く、形式としては、節を底とし、蓋または栓をしたものが主流で、小型のものには、節を利用せず、両方に栓をしたものがあり、中には、節下の部分を長く残して斜に切り、透き間等に差し込んだと思われるものもある。蓋は、中央に穴があって、紐を通してつり下げたと思われ、栓には色々の形があるが、宝珠または五輪型のつまみのあるものもある。

また、曲物の納骨器がある。勧進杓または経筒内容器からの転用とも、日用器具の使用ともいわれるが、極楽坊で発見された曲物納骨器は損傷のはなはだしいものばかりで、蓋板・底板等八十五点があり、その径は五㌢から二〇㌢

図 52　羽釜形納骨器

ぐらいである。墨書銘には、「極楽院太子殿」「極楽堂」「天文九年庚子六月十三日　死骨妙戒」「文明十二年二月日」「南无阿弥陀仏」等の文字がみられる。

つぎに羽釜形土器がある。これは蔵骨器としても使用されたようであるが、極楽坊出土の多くは納骨器かと思われる。これは、ほとんど極楽堂前の包蔵壙から出土しているが、この土壙は江戸時代初期に掘られ、本堂内にあった諸信仰資料をまとめ埋めた穴らしく、ここで発見された多くの羽釜形土器は、本来、土中にあった形跡がないからである。その出土品の数は、完形のものから復原できたものを合せると五十個ほどである。

それらの形式や他所から発見されたものから、編年もできており、当寺のものは、十三世紀後半から十六世紀初期の間のものと思われる。そのうち初期のものの中には、釜として生活に用いたものを納骨器に転用した跡が明らかなものがあり、後期のものには納骨を目的に作られたもの、形も壺様のものまである。また前期のものには墨書銘があり、「康永元年（一三四二）八月廿三日　酉時他界」「応永五年（一三九八）七月廿□　南無阿弥陀仏」等のほか、寛正二年（一四六一）、同二年、同三年、同四年、同五年の銘などがある。

いずれにしても、五輪塔形・竹筒形・羽釜形土器等の厖大な数は、貴族・僧侶から庶民に至る人々の、極楽堂によせる信仰の大きさを思わせる。

極楽坊境内の墓地化と蔵骨器

極楽坊が全体として極楽と考えられ、極楽堂が納骨堂となるにつれて、この境内に埋骨する風がひろまり、ここが墓所となってきた。そのことは『大乗院寺社雑事記』等の記録や、当境内が発掘調査された際に発見された多数の蔵骨器や石塔類によって証明される。

古代については、貴族・僧侶の火葬墓が知られているが、民衆の墓地のことははっきりしない。しかし、十一、二世紀ごろになると、墳墓堂をもつ豪族の墓地があらわれ、やがて墓を造る階層が広まり、送葬における仏教的要素が強くなってくるが、それは浄土教の展開と歩調をあわせている。しかし同時に、なお屋敷内に、数基の簡単な土壙墓があるという例も報告されている。ところが、十三世紀から南北朝のころにかけて集団的墓地が現れ、惣墓と呼ばれる墓地が顕著になってくる。それは村落の共同墓地的な性格を示すもので、地域的な共同体である中世村落の形成に相応ずるものであろう。

たとえば、さきに述べた行基の蔵骨壺の発見された奈良県生駒市の輿山には、往生院があり、これをとりまく墓地がある。往生院には内陣床下に五輪石塔があって、ここに納骨が行われ、堂の周辺につくられた墓地が共同墓地となり、その後、これを付近の八集落が使用している。行基の墓があったこの輿山は、元来、おそらくは近くの竹林寺の僧が来り、ここに小堂をたて、これを別所として同寺の念仏僧が集まるようになった所であり、この小堂の往生院を中心に念仏講ができ、堂内への納骨が始まった。やがて、これに在俗の農村名主層が加わり、これが村落における葬送や追善供養を行う互助組織となり、さらに、そこを中心に墓地ができ、これが惣墓として発展したものであったと思われる。それは在地農民層の社会的、経済的上昇なくしてはあり得ないものであった。

極楽坊における造墓も、まさに十三世紀以後の南都周辺の農村小領主層や南都郷民の成長に裏付けられたものであった。ただ極楽坊の場合は、この寺での造墓は、後に記す事情によって江戸時代初期まで、すなわち、十四、五世紀から十八世紀初期までであり、従って、蔵骨器も石塔類もこの期間に集中する。

極楽坊境内の墓地化について、『大乗院寺社雑事記』にみえる二、三のことを記しておこう。文明六年（一四七四）

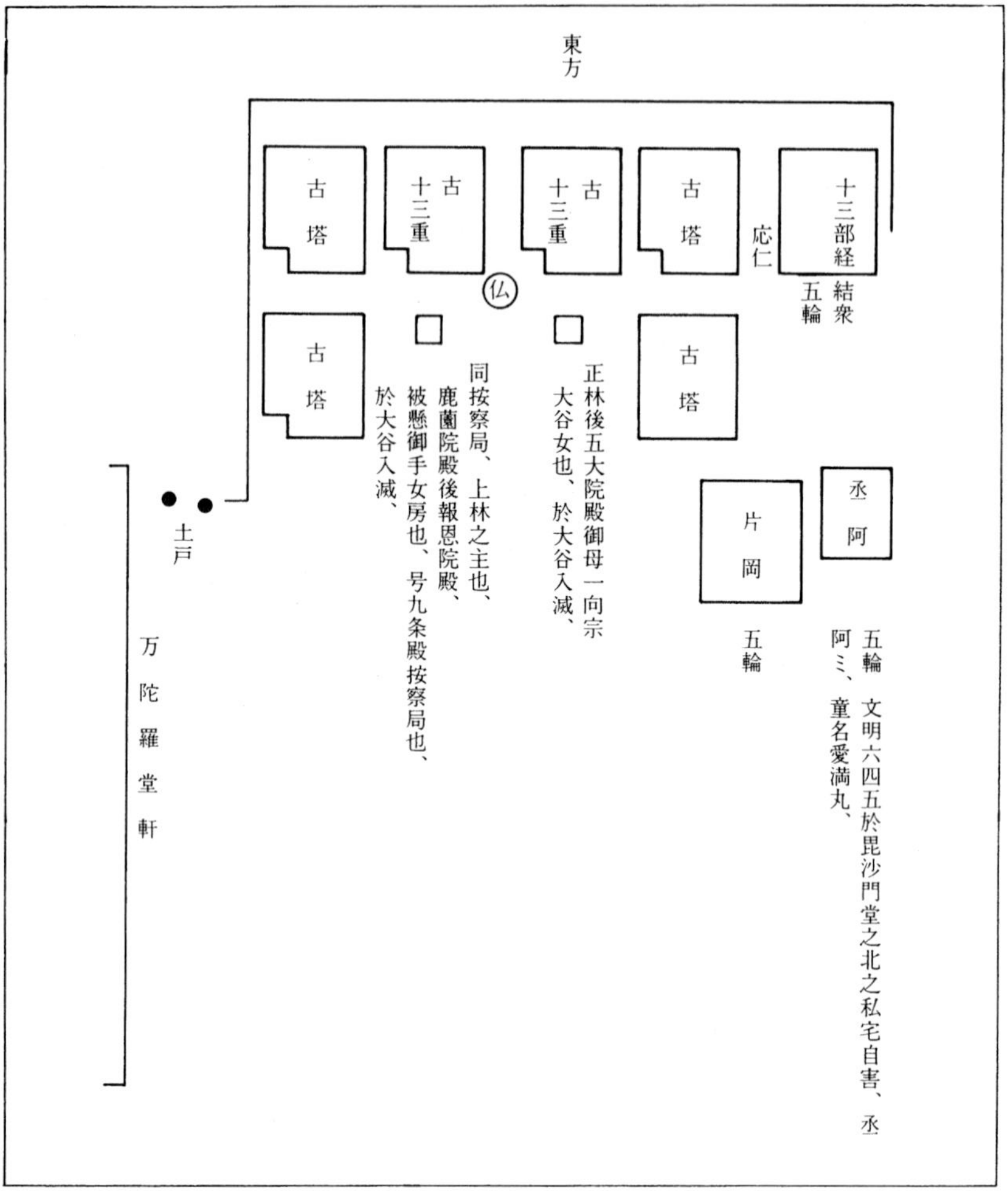

図 53　極楽坊墓地見取図（『大乗院寺社雑事記』文明 9 年 7 月 12 日条指図より）

四月五日に、長年、大乗院に勤めていた丞阿弥が長患のうえ自殺したので、尋尊はこの月二十二日に、石塔を曼荼羅堂の南に立てた。ついで同九年七月十二日にその墓に参詣し、当時の墓地の見取図まで描いている。曼荼羅堂の南側一帯が墓地であって、その図には前大乗院主経覚の母の墓があり、一向宗であったことがわかる。ほかに、講結衆の五輪塔もあったことを示している。

ついで、明応三年（一四九四）三月十六日には大乗院主政覚（後智恵光院）が没し、四月五日に墓所を定めたが、「万陀ラ堂之南西ヨリ東向ニ可レ立レ之、方七尺間ノ石壇可レ築之旨仰付之了」と詳しく書かれている。つぎに翌四年三月十日の条に、前者の北側に、尋尊（一四三〇―一五〇八）が自分の寿塔を逆修として建てたことを述べている。さらに同七年五月十九日には、四月二十六日に没した大乗院若僧慈尋（後長岳寺殿）の石塔をこの境内にたてた。大乗院門主が、墓地化し始めた極楽坊に、積極的に納骨し埋葬するようになったわけであり、庭聖がいたことも記録に見える。明応七年十月の記事に「率都婆十八本極楽坊ニ打之、番匠弥太郎」とあるのも、極楽坊墓地化の結果であろう。

墓地には遺骨を埋葬することになるが、遺骨を納める器が蔵骨器で、極楽坊境内の墓地跡から多数出土している。蔵骨器の歴史では、十四世紀以前は、貴族や僧侶らの大陸の影響の強い、特に用意されたものであったが、鎌倉時代末期以後になると庶民の蔵骨器が現れる。その蔵骨器は、初期には特にその目的のために作られたものではなく、日用の雑器や手近な材料によるものが主であったが、やがて専用の容器が使われ始める。

極楽坊出土蔵骨器として、前項に納骨器としてあげた羽釜形土器も用いられていたが、その主流は火消壺形蔵骨器であって、墓地跡から出土している。瓦質で約四十個あり、器の高さは二〇センチから三〇センチぐらいのものが多く、使用されたのは十六世紀とみられ、使用された期間は、長くは続いていないようである。その他には、壺形・鉢形・擂鉢形・小型羽釜形・小形香炉形・合子形などのものがあるが、多くは瓦質であり、墨書はほとんどなく、それらの使用年は十七、八世紀かといわれている。

庶民信仰の資料 ㈣——葬送関係遺品——

極楽坊本堂が納骨堂となり、その境内が墓地となり、庶民信仰資料として納骨器や蔵骨器が多く発見されたが、同時に葬送儀礼関係の遺品も多く存在する。

まず位牌が多数発見されたことも、他にあまり例がないので注目されている。位牌は葬送儀式における死者の霊の依代として、また追善儀礼の対象物として重要なものである。その起源は儒教の位牌がもとで、これを禅宗がとり入れてから仏教各宗派に広まったと考えられており、我が国では鎌倉時代末期から用いられ、室町時代以降に多種の位牌がみられるようになっている。極楽坊発見の位牌のうち、一群は、曼荼羅堂に納められたと思われるものが、他の諸資料とともに本堂前の包蔵壙に埋められたものであって、雲型位牌と白木位牌の二種にわけられる。他の一群は、堂内位牌が江戸時代初期に処分された以後に納められた同寺有縁の人のものであろうから、ここでは扱わない。

雲型位牌では、頭部・牌身・台座の揃った完形のものが一点で、表面に夫妻の戒名、裏面に応安四年（一三七一）と貞和三年（一三四七）の命日が記され、古例の一資料である。この型のもので、ほかには雲形のみが二点、牌身一点、台座四点があるが、総じて黒漆を塗っており、時代は南北朝から室町時代初期のものと考えられる。白木位牌は、完形から断片まで合わせて七十七点に及ぶが、生漆を塗ったもの六点を除き、多くは白木で、特に頭部がなく、牌身上頭部を圭頭状としたものが大部分であり、数点の一台座二牌身のものがある。牌身の銘によると貞和五年から永享年間（一四二九—四一）にわたる年紀があるが、応永年間（一三九四—一四二八）のものが特に多く、戒名は大体、一牌身一名である。以上のほかに角柱の位牌があり、八角のもの二、六角と方柱各一点がある。以上の位牌は、近世の庶民の位牌と比べると丁寧で、これらは僧侶や富裕者のものと思われ、供養などに付随して曼荼羅堂に納入されたのであろう。

つぎにあげるべきは物忌札で、三十六点があり、これも本堂前の包蔵壙から発見された。その大きさは、高さ四〇チセン前後、幅七チセン前後で、頭部を圭頭状にし、下部を尖らせた木札である。札面には上部に種字を記し、つぎに「物忌」とか「堅固物忌」と書き、その下に「急（喼）々如律令」と中央に、右に「九九八十一」、左に「八九七十二」と記してあるのが通例である。年紀のあるのは六点で、正平七年（一三五二）から文安二年（一四四五）までのものである。

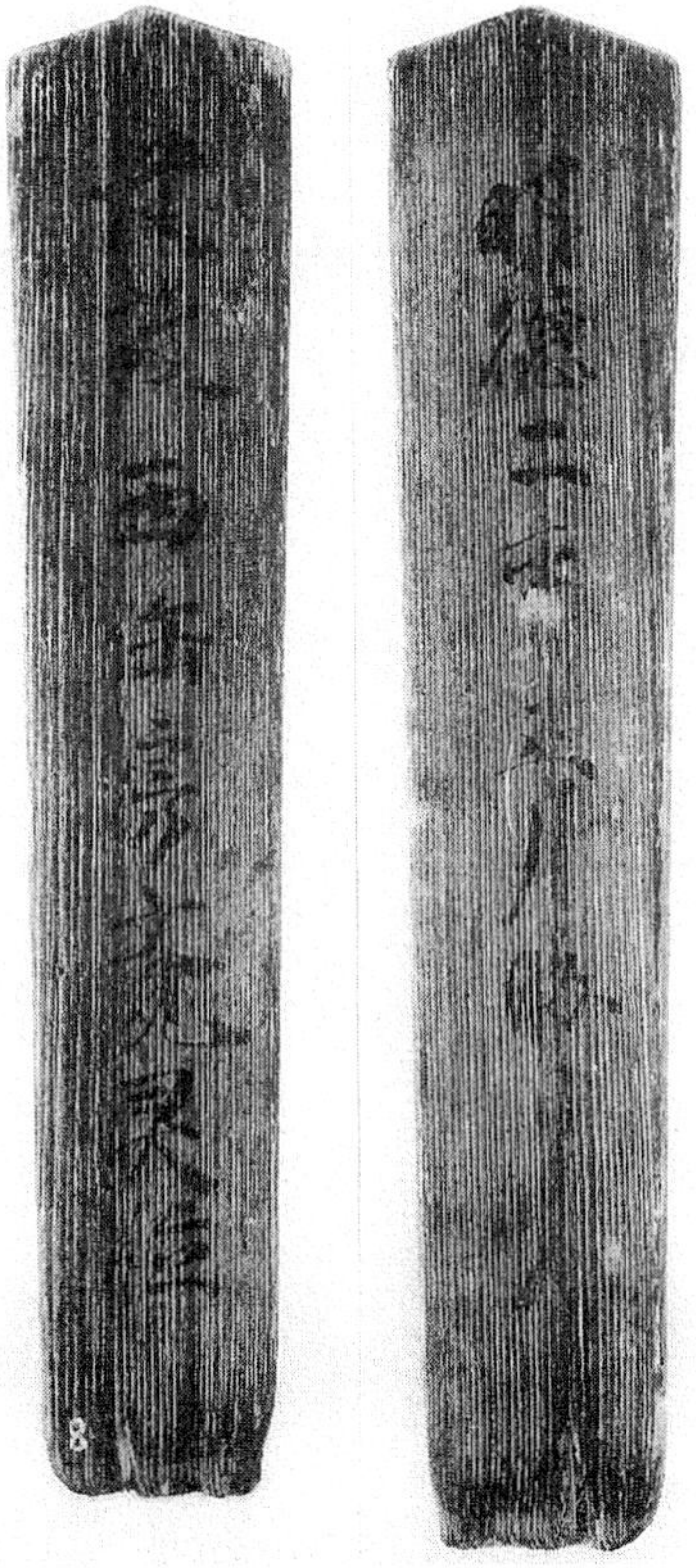

図54　位　牌

図55　物忌札

一般に物忌は、不吉が予測されたり不吉に遭遇した時に、これを忌んで謹む呪術、すなわち禁忌のことである。古くは、天の運行や方位観念の災異観念に基づくのが普通であるが、極楽坊のは人の死による物忌と考えられ、喪家の門口や死者の枕辺に魔よけとして置いた後、中陰明けなどに、位牌等とともに極楽堂に納められたものではないかと考えられている。この物忌札の呪力は、これに記された文言によって生ずるものであろう。

「急々如律令」の文字は、極楽坊

所蔵弘法大師像の胎内納入品や他の小形木札にもみえ、今日でも各地の民間信仰の上で、まじないとして生きている言葉である。本来は、中国で国家の絶対的な権威を示す用語であったものを、道教で呪文に転用したものとされ、これがわが国に伝えられて、道家の流れをくむ陰陽道にとり入れられて、呪力を呼びおこす呪句となった。また「九九八十一」と「二十七九八」とは、九は陽の極数で、八は陰の極数であり、八十一も七十二も合せれば、ともに九となるという数字の魔力を示すものであろうか。いずれにしても、これは死霊に対するまじないの木札とすべきであろう。

銭貨は包蔵壙の中から多く発見され、他の箇所、特に蔵骨器の中からもみつかり、総数は百六十余点に及ぶ。大部分は中世のもので、宋銭・明銭が多く、少数の寛永通宝がある。蔵骨器や墓地であった箇所から出たものはいわゆる六道銭であって、三途の川を渡る時の通行料といわれて、死体に副葬したものである。この風習は奈良時代から始まり、中世に墓地が増加し、火葬が普及すると、冥銭の出土も多くなってくる。

また包蔵壙出土品中に、土製で中央に小穴のある小型円板や、土器・瓦・石等を打割ったり磨いたりして、円形に加工した小型円板が百余個あり、大体、その直径は三㌢前後である。それは包蔵壙の上層に集中しており、寛永通宝とも伴出していて、そのもの自身も江戸時代前期の遺物とみられる。従って、本堂内の信仰資料を埋納して土を埋め戻した際に、何らかの役割をはたしたものと推定されるが、その用途、その他についてはなお不明という他はない。この種のものは全国各地からも出土していて、その用途について、冥銭説や遊具説などが唱えられているが、極楽坊の出土品は、それらの説によっては説明できないと思う。

庶民信仰の資料 (五) ——印仏類と石塔——

極楽坊の庶民信仰資料として印仏摺仏は、これまで各所でとりあげてきたが、そのほかに、故人の追善供養のために残された多くの印仏と、またこれを記録した文献もあって、それにあたるかと思われる印仏も残存しているので、

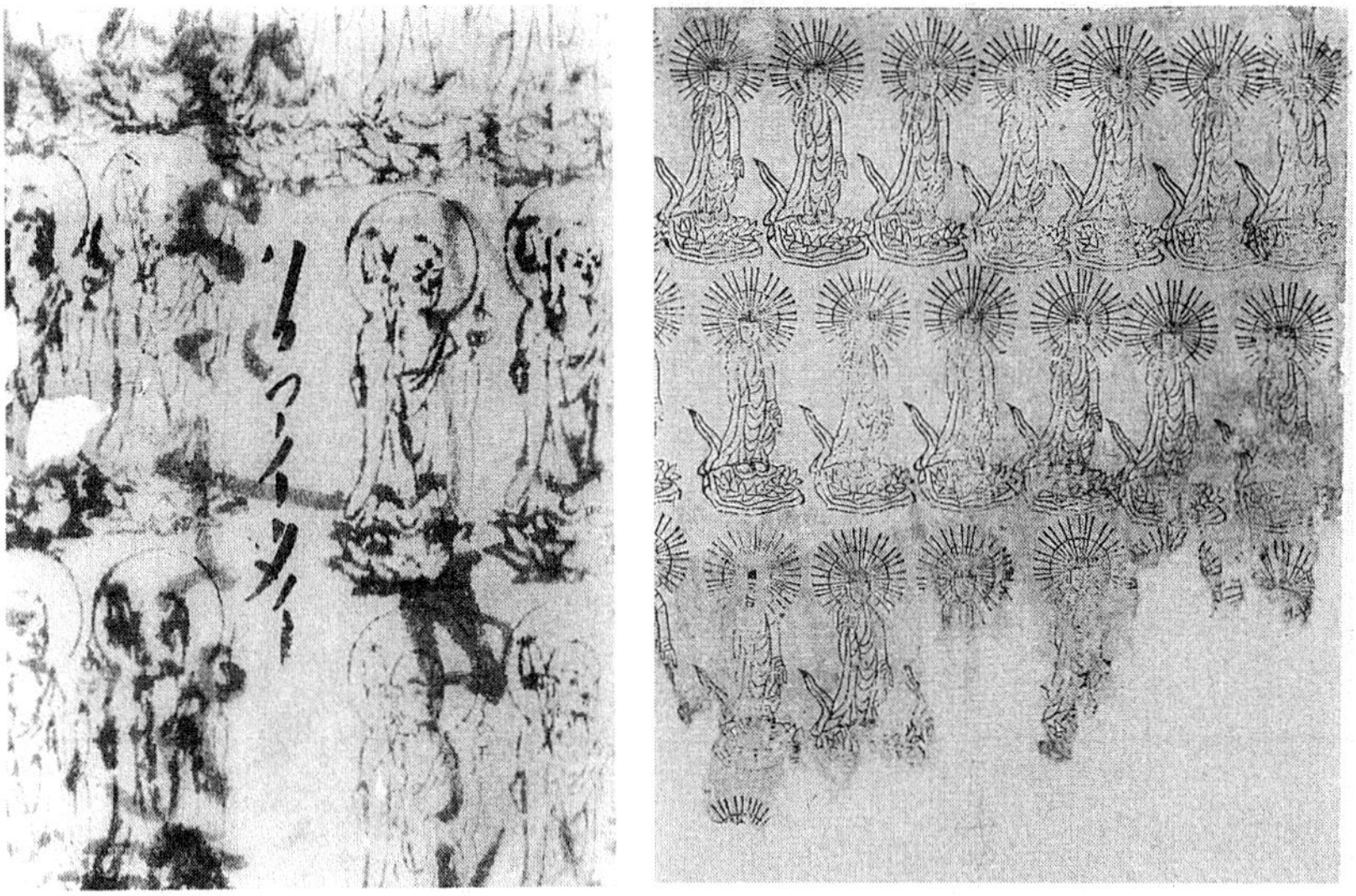

図 56　印仏（右・阿弥陀如来　左・地蔵菩薩）

仮にここで、印仏類を一括して記しておこう。

第一に文殊菩薩像の印仏があるが、普通のその像は騎獅像や坐像であるのに対し、この印仏は立像である。文殊信仰を高唱した叡尊関係の文殊像はおおむね前者であるため、極楽坊のこの印仏は別系統と考えるべきことが注意されている。しかしこれには、『大乗院寺社雑事記』の文明六年（一四七四）ごろの記事に、春日若宮の本地としての文殊像の印仏三十体ずつをしばしば刷っているので、極楽坊のこの印仏はそれにあたるかとも思われる。その他、雲座で放射光付頭光の来迎印阿弥陀如来像の印仏があるが、形式的にみて少なく、鎌倉時代末ごろのものかといわれる。また十一面観音像と宝篋印塔併置の印仏は、その紙が納骨器の詰に用いられていた。その他には、阿弥陀如来立像のもの、薬師如来・阿弥陀如来・地蔵菩薩併立像等の印仏があり、室町期作と思われるものがある。しかし圧倒的に多いのは、地蔵菩薩像と五輪または宝篋印塔の印仏であり、故人の消息や仮名暦等の裏面を利用している。

これらは総じて、故人の年忌等の機会に、追善供養として押印したものと思われ、文献には、つぎのように事例が多い

図57　石　塔　群（現状）

ので、現実的にそれらの中のものが含まれているかとも思われる。たとえば『大乗院寺社雑事記』の文明六年六月二十四日の条に、「為二丞阿追善一千躰地蔵摺写供養、以二彼書状裏一也」とみえる。その他、同書に、この年五月には、丞阿弥七七日にあたり、地蔵千三百四十九体摺写とあり、同年十一月十八日には、兼良の妻で尋尊の母にあたる小林寺殿一周忌には、「仏事於二極楽坊一修レ之、一石百疋下行了、八万四千基塔摺写之、被レ延二供養一了、夕方予《（尋尊）》極楽坊参詣了、地蔵千躰摺写之供養了」とある。また明応元年（一四九二）七月に、東林院の中童春菊丸が十六歳で没したので、眉間寺で葬礼、引導は小塔院坊主がしたが、八月十八日には、追善のため率塔婆五千六百七十本を立て、同三十日には「千躰地蔵奉二摺写一之延供養了」とあり、明応七年四月に、大乗院若僧慈尋の三七日には文殊図絵一千体、四七日には地蔵三千九百体、五月の月忌には地蔵六十体、七七日には薬師一千体、百箇日には地蔵一千体を摺っている。他にも、このような追善供養の例があり、当時、多数作善と追善供養が一体となって、多数の印仏摺写が行われたことがわかるのである。

極楽坊の印仏類としては、ほかに日課として捺印されたと思われる「南無阿弥陁仏」の六字名号の印版二十四枚があり、室町時代中末期のものかといわれる。さらに同寺には、五種類の版木も残存している。

最後に、極楽坊境内から発見された石仏・石塔について記しておく。この石塔群は、極楽坊境内が墓地化したことによるものが大部分であろうが、中には、墓標でないものや、他から持ちこまれたものがあるかもしれない。この石塔類は調査の上、石仏類・組合せ式塔婆（五輪塔と宝篋印塔）・圭頭状板碑・尖頭状塔婆板碑（舟型塔婆板碑・背光型塔婆板碑）・尖頭状板碑（舟型板碑・背光形板碑）・石碑状墓碑・自然石板碑に分類されるが、いずれにも刻銘が多いので、そのうちの有紀年銘のものによって、形式からその年代をほぼ推定することができる。

総数二千二百余基のうち、石仏類四百余基と組合せ式塔婆二百余基と圭頭状板碑約三十基は、十六世紀のものが多く大部分は花崗岩製である。つぎに圧倒的多数の千四百基近い尖頭状塔婆板碑は、堅い安山岩に五輪形が刻されたものが多く、十六世紀後半期から多くなり、十七世紀に全盛期を迎えるが、千七百年代の初頭で姿を消す。尖頭状板碑と石碑状墓碑と自然石板碑など計約二百基は、多くは近世、十七、八世紀に属し、石質も砂岩が多くなる。

総じて、石塔は造塔功徳をたてまえとするものから、漸次、墓標になっていったものであって、五輪塔は塔婆板碑となり、さらに石碑状墓碑となったと思われる。また石塔は、はじめは必ずしも墓の上になかったが、やがて、墓上に墓標として、石碑を立てるようになる。それは、逆修供養やこけら経・小仏造立供養等、多数作善等が姿を消していくのと反比例するもので、これらの現象は、中世末期から近世に移る時期の、寺檀制度の形成の姿であると考えるのである。

6　戦国時代と元興寺の分断

大和国人たちの戦国

本章第1節に述べた、畠山氏の義就と政長との相続争いと大和武士団のからみ合いは、その後も続き、文正元年（一四六六）のころには、畠山義就方には、越智氏が古市・吐田・曽我・小泉・高山氏らと共に主力となり、京都に出ていた山名宗全がこれを助け、畠山政長方には筒井氏を中心に、箸尾・布施・高田氏らがつき、幕府が暗にこれを助けていた。ところが翌応仁元年（一四六七）正月に、両畠山氏の京都上御霊社での衝突があり、これがもとで、同年五月からついに応仁の大乱に突入した。

東軍は将軍後嗣とされていた足利義視を擁し、管領家の細川勝元（一四三〇―七三）を盟主として、畠山政長・斯波義敏らと大和の筒井氏らが組み、西軍は足利義尚を助け、山名宗全（一四〇四―七三）を頭に、畠山義就・斯波義廉らに、大和の越智・古市氏らが加わっていたが、やがて西国の大内氏が上洛して、西軍の主力となった。この京都を中心とし、近隣の南山城・大和・河内にも波及した大乱は、文明九年（一四七七）まで約十年に及んだ。この間、大和では後南朝が活動し、七大寺へは乱鎮定祈願の綸旨も下され、同四年九月ごろには土一揆も蜂起して、「奈良中軍勢以外物忩（騒）」であった。

文明五年には、山名宗全・細川勝元の両軍主脳が相ついで没し、戦局は終結するかにみえたがなお続き、大和の国人衆の抗争はやまず、尋尊も同六年十一月二十二日の日記に、「於二当国一ハ衆徒国民何躰歟、対二寺社一無為躰有レ之哉、越智以下国中物共、多田以下山内物共、筒井以下戌亥脇物共、悉以背二寺命一躰共也」と述べ、興福寺の支配力の衰えを嘆いている。ついで同七年五月には、国人衆は春日社頭で争い、同九年には、両畠山勢の河内での争いに大和勢も加わっているが、この年、大内氏の軍が西国に帰ったため、応仁・文明の大乱は一段落した。しかし、各地武士団の争いはそれぞれの地方でやむことがなく、いわゆる戦国時代となって展開し、天正元年（一五七三）に足利幕府が滅亡するころまで約百年間この動乱は続き、この間に戦国の諸大名が各地で活躍するのである。

応仁・文明の大乱が一応終結しても、大和でも国人たちの争いは依然続いていた。文明十年（一四七八）のころには、南都では、古市澄胤が越智氏の力を背景にして官符衆徒の棟梁となり、筒井氏は山中に退き、両者間にゲリラ戦が行われていた。この状況下で興福寺の衆中は、さきの鬼薗山城の代りとして、その東方、天満社のある西方院山（瑜伽山）に築城し始めた。

『大乗院寺社雑事記』の文明十一年閏九月十六日の条に、「西方院山可二城構一沙汰事始在レ之」とあり、ついで同月十八日の項に、「西方院山自二今日一為二城構一掘レ之、人夫箸尾郷以下田舎夫也云々、奉行筑前守・山村・鹿野薗也、古市兄弟罷出令二一見一了、（中略）鬼薗山ハ可レ為二御所中一之間、色々自二去年一歎仰之間、如レ此西方院山致二用意一候也云々」とある。また同年十月二日の条には、「西方院山城自焼、古市矢負少々新宮辺ニ相残之間、筒井方責来テ追二払之一畢」とあって、この辺で小競合いがあったことを記し、同月十一日の条には「今度城構土公事ニ三党者共自二衆中一召仕之、古市沙汰也」と、古市派の指令のあったことを述べており、同記録の補遺には、同年八月二十六日の項につぎのように尋尊が城を見たことを記している。「西方院城構一二見之一、天満より西ニ堀二重在レ之、古堀也、加二修理一而サラエ畢、此東ノ端ヲ掘□リ東ハ天満社ノ防示（榜）也、南北行ノ堀也、竜王ノ社ノ南ニ至ル、此以西城構ニ沙汰スルナリ、新宮社ノ東南北行ニ堀切テ其以東則城内也、大儀ナル堀事也、田舎人夫共召上之堀レ之」。この城が堀をめぐらした塁という程度のものであったことがわかり、現在もその遺構が残っている。鬼薗山城に続いて、場所がこの城のことも詳しく述べたが、この城のその後についてはわからない。

古市党と筒井党を中心とする南都辺の争いは続き、これに土一揆もおこり、文明十一年閏九月ごろには元興寺南大門辺が騒がしかった。しかし、文明十九年ごろからはさすがに和議の気運があり、延徳二年（一四九〇）には将軍足利義政や畠山義就も没した。明応二年（一四九三）には越智家栄と風流大名といわれた古市澄胤が、畠山義就の子とともに幕府に出仕したが、その上洛の様は大名行列のようであったという。越智氏・古市氏の勢力はこのころを頂点とし、明応六年ごろからは筒井党がまた動き始めて、奈良周辺で合戦があった。やがて、同年十月二十六日の尋尊の記に、「当国越智・十市・筒井・成身院・楢原以下三十余人申二合和撲(睦)一、自レ他河州事不レ可二合力一、当国分ニテ如レ元可レ有レ之云々、珍重事也」とあるように、畠山氏のことにかかわらず、国人は和睦するという段階にまで進んだ。

ここで、元興寺辺をさわがせたおもな土一揆をあげておこう。宝徳三年（一四五一）の元興寺金堂を焼いた事件以後では、長禄元年（一四五七）末期の木津馬借によるもの、寛正三年（一四六二）十月の近畿一円に及んだ一揆で、筒井氏もその鎮圧にあたった一件、文正元年（一四六六）九月に起こり、福智院辺を荒らした一揆、文明四年（一四七二）秋の奈良の一揆、文明十二年九月に、京都で酒屋・土倉を襲い、奈良では興福寺を襲った事件、文明十七年七月から九月にかけて近畿に広まった一揆、延徳二年（一四九〇）十月南山城からおこり、興福寺が徳政令を出した一揆、明徳六（一四九七）、七年におこり、筒井氏と戦った一揆などがある。

他国勢力の南都進入

明応八年（一四九九）ごろになって、大和国人衆がようやく和睦して国人一揆が成立しようとした時、大和は新たに他の国の武力の侵入を受けるようになった。すなわち明応八年十二月、畠山義就の子と結んだ管領細川政元の部将赤沢朝経（宗益・沢蔵軒）の軍が筒井勢を攻めようとして大和北部に侵入し、南都西郊を焼き、古市氏に導かれて南都に入り、春日社・興福寺を掠奪し、元興寺辺を荒した。

尋尊の同九年五月の日記には「鳴川郷近日無二正躰一」とか、「南市辰巳小路以下御領内成二高野《(荒)》一了」とか、「奈良中物忿々」とあり、文亀二年（一五〇二）七月には七大寺が閉門されている。しかしこの年が飢饉であったためもあって、国人間に和議が進み、永正二年（一五〇五）には大和国人連合のような形もできたようで、この国一揆を『多聞院日記』の八月二十八日の記には、「国衆悉以上洛、於二中院拝殿一皓文《(告文)》沙二汰之一、（中略）已前之皓文一紙ニ連判沙汰了」とある。一国の国人たちの団結一揆の先例は文明十七年（一四八五）から八年間他国の武士団を拒否した山城国一揆がある。この大和国一揆は、このあと間もなく赤沢軍の大和通過に反対している。

ついで永正三年八月、細川政元の命を受けて赤沢朝経は大和国衆討伐のために再び大和に侵入した。古市澄胤を除いて大和国衆は抵抗したが、大和がほとんど赤沢軍に制圧され、奈良だけは興福寺と郷民の協力で礼銭を出して兵火を免れた。ところがその翌年八月に政元が横死し、朝経もやがて敗死したが、政元に代った細川澄元と朝経の養子長経らの京都軍が盛り返し、国一揆の抵抗を破って大和を制圧したので、『多聞院日記』も四年十一月十五日の条に、「今日も昨日之焼残一国悉以焼払了」と記している。ついで翌永正五年八月には赤沢長経が大和衆との小競合いの中で敗死したため、大和国衆と赤沢親子との約十年の抗争は終った。しかし大和国衆の一揆団結も崩壊し、将軍家と細川氏と畠山氏の各内訌が続く中で大和国衆の抗争がまたはげしくなった。すなわち、将軍足利義稙・細川高国・畠山尚順・筒井党と、前将軍義澄・細川澄元・畠山義英・越智党が対立する構図である。

この対立抗争は永正八年ごろからはげしくなり、前将軍義澄の死去にもかかわらず続き、同十七年奈良での衝突の後、三度目の国人衆和議が成立した。しかしただちに大和に平和がきたわけではなく、大永元年（一五二一）前将軍義稙と新将軍義晴の対立に国人衆はまき込まれ、多くは義晴方についたようである。その後、享禄四年（一五三一）になって、畠山義英の子義宣の被官であった木沢長政が主君を去って細川澄元の子晴元に属したため、晴元は長政を援助するために本願寺光教（光如上人）をさそい、光佐はここに一向一揆を起こした。天文元年（一五三二）の一向一揆は堺その他で勝利した。

この年七月十日には南都の中市郷の町人雁金屋民部・橘屋主殿助を主とする本願寺門徒の郷民らが、この機に興福寺六方衆の暴政に対して決起し、興福寺の寺内諸坊や菩提院方諸院を焼き、春日社頭を掠奪した。この一揆はやがて筒井氏らによって討たれたが、木沢長政は信貴山城を占めて筒井氏ら大和勢を制圧した。天文八年に大和にある興福寺荘園三十二ヵ所の年貢未進のことがあるが、それらの地の年貢は木沢の手に入ったと思われ、一時、木沢長政は大和の守護的な力を示した。しかし、天文十一年に木沢が河内で戦死すると、大和では国衆とくに筒井氏が台頭してきたのである。

天文年間の中ごろ（一五四〇）の南都はそれでも比較的静穏であったが、やがて細川晴元の家臣三好長慶とその部下の松永久秀が勢力をのばしてきたため、南都はまたその争乱にまきこまれた。永禄二年（一五五九）になって久秀は信貴山城を根拠地として大和に侵入し、村々や社寺を焼いて筒井軍を破り奈良を占領した。久秀はすでに京都と堺の代官となっていたから南都をも手に入れ、三都の富を掌握しようとしたのであろう。ついで翌三年、久秀は南都の北部の眉間寺山に築城し、多聞城と称した。久秀の南都支配は割合に穏やかで、社寺の領主権や徴税権を認めており、興福寺衆中の代表者である中坊氏も追放しなかった。

しかし久秀はその後、将軍足利義輝を暗殺し、その弟一乗院覚慶を幽閉するなど権力をふるい、もと同志であった三好氏とも対立した。そして永禄十年四月には、南都を中心に多聞山城の松永軍と三好・筒井らの連合軍が対陣するようになった。やがて五月には、三好・筒井方は鬼薗山・西方院山に陣し、東大寺大仏殿にまで進出し、松永方は興福寺や東大寺戒壇院に出陣した。当時、奈良の諸寺はほとんど軍勢の陣所となり、東大寺の寅清の『寺辺の記』には「諸堂諸社ニ陣ヲ取、両寺之滅亡此時也」と記している。ついで七月には南都七郷の中心部が焼け、十月十日夜には東大寺大仏殿も炎上した。これにより松永方は一時苦境を脱したが、なお両軍の対峙する形勢は続いていた。

永禄十一年九月に織田信長が入京すると、松永久秀は信長に降り、奈良代官となったが、元亀二年（一五七一）に離叛し、信長に帰属した筒井順慶と大安寺で戦って敗れ、天正元年（一五七三）十二月には信長に降伏し、久秀の子久通は多聞城をあけ渡し、南都の戦国は終ったのである。

信長は家臣明智光秀を城番として多聞城に入れ、天正二年三月には自ら南都に入り大和国衆を威圧した。南都からは大乗院門主をはじめ信長を迎え入れ、信長は三千余騎を率いて武威を示したが、町に暴力を加えなかったので、『多聞院日記』も「一段殷懃也」と特筆している。ここで興福寺の大和支配は終りを告げ、大和は信長の直轄領となり、越智・古市・十市らの国衆は没落して、筒井順慶ひとりが国衆を代表して信長に属し、やがて順慶は天正四年に大和守護職を与えられた。奈良の社寺や町人は国衆出身の筒井氏の守護に安心し、順慶は茶会を楽しみ、極楽坊で女曲舞を興行させたりし、翌年には郡山に築城した。なおこの年に多聞城は破却され、松永氏は滅亡している。

奈良惣中と元興寺境内の分断

南都の郷をこれまで支配していた寺院勢力が後退して、新しい武士団の権力者が支配者としてつぎつぎに交替進出してくる中で、南都を構成していた郷民は着実に成長していたのである。奈良の町屋は、中世を通じて発達してきた興福寺寺門郷、一乗院門跡郷、元興寺郷を含む大乗院門跡郷、東大寺郷などの門前郷の郷民の家が成長してできたものである。郷民ははじめは、それぞればらばらに主君たる寺院下にあって課役につとめ隷属していたが、しだいに寺社への隷属度が希薄化し独立化する傾向が生まれ、寺社もまた動乱にもまれる中で、漸次、実力を失い、両者の結びつきが弱くなった。寺社はかれら個々に課役を命ずる代りに、等しく地子銭を徴集したり委託したりするようになり、郷民は支配者側の姿勢に対応して横に連絡しあい、自治的な団結を進めてきた。このことは郷民の連合体である惣の成立を意味し、郷民が町民化してきたことを意味する。

図 58　旧元興寺境内周辺の町と町寺

一方、社寺が開設していた北・南・中の三市も戦国争乱の中で衰退し、座衆が自立性を強め店舗商人化する傾向にあった。興福寺の圧力に抵抗して起こった天文元年（一五三二）の中市郷に発生した天文一揆は、これを示す事件であった。一揆は結局敗北したが、新たに設けられた高天市や、猿沢池近くの南市を中心に商業地化が進み、中には富を蓄積して問屋化する者や、遠隔地行商を始める者もでてきた。このような状況のところに松永久秀の進入があったわけである。郷民側はこの新しい封建的武士権力に対し、各郷は各主君たる社寺の枠をこえて惣を組織して対応し、時には三条大路を境に南北に二分される形も生まれた。こうして郷民は、一方では自衛体制をかためし、他方には権力と適宜接触しつつ連合組織を強め、奈良惣中と称した。次章にみる織田信長の指出しにも惣中として応接した。

惣を構成した各郷は、その代表者として刀祢をえらび、自治のための寄り合い場所として会所を作ったが、そこでは時に仏像を守っていたようである。それは、かつて元興寺が三十三仏を各郷に委託したとの伝のある仏像や、何らかの理由で元興寺から流出した像を受け入れたものであったと思われる。このように、郷所有となった仏像が会所に作られた堂にまつられた歴史は、これもまた郷の町への成長を物語るとともに、元興寺を語る資料でもあるわけである。

そのうちの一つは、さきに地蔵信仰として述べた鵲町所蔵の地蔵菩薩立像（二三七頁、図43）である。この鵲町の地蔵堂のことは嘉吉三年（一四四三）の『大乗院寺社雑事記』にみえ、さらに康正二年（一四五六）十二月に地蔵堂の棟上げがあり、翌年三月二十七日の供養では「請僧十五口云々、導師ハ五智光院坊主、衆僧ハ新浄土寺・極楽坊・小塔院ノ僧」であった。その他、第三章であげた元興寺町有の平安時代作と思われる大日如来坐像（一〇三頁、図19）、地蔵町所有の十三世紀中ごろの製作と思われる地蔵菩薩立像、井上町所蔵の十一面観音立像、これは井上神社の本地仏が十一面観音である故と考えられ、十四世紀作と十六世紀作の像二体、毘沙門町所蔵で、もと中門堂観音像の後戸に安置されていたと伝えられ、明治時代に法徳寺に移された一般に深い信仰を受けている毘沙門天像、中院町所有でもと会所表にあったという薬師如来立像、薬師堂町所有で元興寺からと伝える薬師如来像等、その数は多い。なお、元興寺町には室町時代作の涅槃図があり、庶民信仰を示す図柄として知られている。

この町民化した惣の中心の一つは、大乗院郷とくに元興寺郷に近く南市も新たに開かれていた地域であった。元興寺境内では、さきにみたように再建された金堂が文明四年（一四七二）に倒壊した後はついに復興しなかったようで、十六世紀にはその跡地に町屋が進出してきた。現在の地名で、西新屋・中新屋・芝新屋・芝突抜等がそれで、明らかに周辺の他の町に対して新しくできた町であることを示している。ということは、その周辺の郷、すなわち寺林・今御門・鶴福院・中院、勝南院・高御門・鵲・毘沙門・納院・築地の内・元興寺・花園・鳴川等は、新屋といわれた町屋並よりは早く成立していたわけであり、寺林・中院・今御門・築地の内・元興寺らの名が示すように、それらの町屋は、すでにこの寺の外廓をなす築地塀をこえて元興寺境内地に進出し、これを蚕食していたことを示している。たとえば『大乗院寺社雑事記』の長享元年（一四八七）十一月二十四日の条に、「高御門郷ハ西頬七郷也、東頬元興寺々内也」とあるような形であったのである。そのことは南大門・中門はなお型のごとく存在したであろうが、講堂・食堂・鐘楼・大部分の僧房等は、金堂崩壊以前あるいは同時にすでに廃頽していたということになる。

従って、元興寺境内は周辺から町屋によって蚕食され、金堂跡などの中心部が十六世紀には町屋によって分断されたというわけである。寺院に隷属していた郷が惣をつくって、独立化して町へ成長し、郷民が町人へと変身していくとき、その過程の中で元興寺境内は分断されていったのである。そして、元興寺別院の禅定院が大乗院となって旧境内地の東側にあり、境内地の中には庶民信仰で賑う極楽坊と、大塔・中門、東金堂といわれた観音堂と、西金堂といわれた吉祥堂、小塔院の三部分が、それぞれ独立した寺院の形で鼎立した。ただ、鎌倉時代初期に復興した別院の玉華院についてはその後、記録にみえないので、何時のころにか廃絶したのであろう。

講衆団と浄土系寺院の進出

郷民が町民へ成長してゆくとき、かれらの信仰生活の形も自然その形をかえてゆくことになる。郷民が惣を組織し自治化が進むと、町民の集まりが宗教面にあらわれて、信仰集団として町有仏を守護するとともに、一結衆の形での念仏講や薬師講・地蔵講などが、地域的に形成されていったと考えられよう。このことを示す一つの資料は念仏講碑の類であろう。それは、農山村では村民の結合の関係からか、割合に早く、十四世紀ごろからみられるが、都市的または先進地といえる南都ではむしろ遅く、十六世紀ごろから現れる。元興寺に近い地域に関係のある名号碑をあげてみる（表10）。

極楽坊にこれまで盛んであった七日大念仏や納骨信仰をもっていた人々、またその境内に墓地を持った人々は、大体個人的な信仰の上にあったということができる。尋尊の極楽坊墓地の見取図（二八二頁、図53）に十三部経結衆の五輪塔がみえるのは、この新しい信仰集団が見え始めた例であって、各地域に講衆団ができ始めると、極楽坊を中心とする信仰は衰えざるを得なかったのであろう。そして、このような地域的な結合をしていた信仰集団は、やがて家

表10　念仏講碑（元興寺近傍）

名号碑	所在	年次	念仏講名
(1)地蔵石仏	白毫寺墓地	天文一九年（一五五〇）五月一六日	松南院地蔵講
(2)名号板碑	新薬師寺	永禄一一年（一五六八）一一月一五日	念仏講一結衆
(3)自然石名号碑	十輪院	天正五年（一五七七）八月一五日	東新屋念仏講衆（人名多数）
(4)自然石名号碑	小塔院	慶長一五年（一六一〇）二月	下高畑念仏講衆（人名多数）
(5)地蔵石仏	新薬師寺	慶長一六年（一六一一）六月二四日	地蔵講一結衆
(6)自然石名号碑	福智院	寛永二年（一六二五）二月	福智院町念仏講（人名多数）
(7)自然石名号碑	八軒町地蔵堂	二年　一〇月一五日	念仏結集（人名多数）

（所在地はもとの場所ではなく、寺などに移動している例が多い）

図59　名号碑（天正5年東新屋念仏講）

単位になっていく。いわゆる寺檀体制がくることになる。

元興寺に近い地域で、近世の檀家をもつ寺院をみると、多くは中世の末期にこの地域に進出したことがわかる。そして極楽坊に墓地を造った人々も、極楽坊がやがて朱印寺院（次章）になるに従って、新たに進出していた寺々と寺檀関係を、家族単位で結ぶようになったものと思われる。中世末期にこの地方に進出した宗派は浄土宗が圧倒的に多く、融通念仏宗が少し遅れて入っている。それらは念仏聖の活躍に負う所が多い。念仏聖は郷の会所に止宿して、郷民を教化したのではなかろうか。『蓮門精舎旧詞』等によって、元興寺に近い寺院の動向をあげておく（表11）。

表のうち、もと元興寺の一院あるいは別院等の伝をもつ寺は、光伝寺・金躰寺・興善寺・法徳寺・阿弥陀寺・西光院・徳融寺・聖光寺の諸寺であり、徳融寺・誕生寺・高林寺は、当麻曼荼羅の縁起にでてくる中将姫とその父藤原豊成ゆかりの寺といわれる（二九六頁、図58）。

表11 元興寺近傍の諸寺

寺名	宗派	開創・中興等の伝承
光伝寺	浄土宗鎮西派	天正年間団誉中興
金躰寺	浄土宗鎮西派	天正七年良誉開創、慶長三年の過去帳
興善寺	浄土宗鎮西派	天正一七年慶誉中興、寛永一八年の過去帳
法徳寺	融通念仏宗	慶長一〇年倍巌開宗、融通念仏大和十大寺の一つ
阿弥陀寺	浄土宗鎮西派	元興寺僧隠居所、慶長中寂誉改宗
西光院	華厳宗	弘法大師在住
十念寺	浄土宗西山派	開基叡尊愛染院、天正中浄土宗に改宗
安養寺	浄土宗西山派	興福寺宝蔵院末、近世に浄土宗へ
徳融寺	融通念仏宗	天文一三年興善再興、慶長中融通念仏宗へ
聖光寺	浄土宗鎮西派	建久年間聖光開基、永禄一二年応誉中興
誕生寺	浄土宗鎮西派	中将姫誕生の地と伝える
称念寺	浄土宗	重源開基、後世、頓誉が浄土宗の寺とする
高林寺	融通念仏宗	天文三年高御門の尼室を移す、元禄に融通念仏宗に改宗

七　幕藩体制下の旧元興寺

1　封建権力と寺院

織豊政権と奈良の社寺

織田信長の対都市政策はそれほど苛酷ではなかったといわれる。奈良において、奈良惣中の地子銭や夫銭等は旧領主の興福寺や東大寺に認めたが、屋銭や制札銭という名の臨時戦時税は徴集した。しかし、信長の中心的な政策は指出を提出させたことである。これは土地の面積や収穫高を申告させる申告課税であって、大和では天正八年（一五八〇）九月に奉行を入れて、国中の社寺・本所・国衆らにその提出を命じた。人々は「前代未聞無二是非一次第」と観念し、起請文を出して服従した。

この過程で、戒重・高田・吐田氏らの国衆が討滅され、筒井順慶は郡山城で二十万石を認められた。奈良では『多聞院日記』によると、「菩提山九百石、薬師寺二千石、東大寺千五百石、興福寺一万五千石、一乗院千三百石、大乗院九百五十石、神人九百石、社中五百石、奈良中地下三千石八百石」となっている。これは主なものだけの記録のようで、詳細はわからないが、奈良中地下三千石というのは広域奈良全部のことで、八百石とは奈良惣中の区域の意味と解釈されている。指出への対応は、奈良中心部では惣町組織でしたものであろう。

天正十年六月、織田信長は本能寺でその劇的な生涯を終えた。大和の守護筒井順慶は洞ヶ峠をきめこんだが、山崎合戦の後、結局、豊臣秀吉のもとに走り、大和の守護を認められて郡山に在城し、大名として二十万石を領した。順慶は、奈良には中坊氏を代官として置き、秀吉に協力の姿勢をとったが、天正十二年小牧・長久手の陣中に病んで郡山に没し、生母はその位牌所として奈良に伝香寺を建てた。順慶のあとは養子定次がついだが、同十三年大和から隣国伊賀に移封され、郡山城には秀吉の異母弟秀長が入城し、やがて大和大納言と称された。筒井氏の移封は、その興福寺と密着しているのを除くためであって、秀吉の寺社と在地勢力を切り離そうとする政策のあらわれであった。同時に、これによって秀吉は、大和の土地生えぬきの国衆を土地から一掃し、大和に対するその封建支配を確立したのである。

秀長は大和のほかに、和泉・紀伊を与えられたが、このことは、社寺と関係深い諸国が秀吉の支配下に入ったことであり、興福寺・高野山・根来寺の勢力を制圧したことを意味する。また、秀吉は大和の社寺に指出を命じたが、この時の興福寺の指出の石高が信長の時を上まわるものであったから、秀吉の怒りを買い、結局、八千六百余石と査定された。その他、大和では多武峯の内紛を機に郡山に新多武峯を造ったり、長谷寺を新義真言宗の寺として興福寺から独立させるなど、秀吉は社寺勢力の削減に努めた。秀吉の社寺政策はこのように、まず弾圧することによってその領主的性格を打破し、俗勢力との連携を断ち切り、その上に武家政権の権力を確立することにあった。それ故、社寺自体をつぶすのが目的ではなく、政教分離がはたされ、社寺が宗教活動に専念する限り、これに保護を加えるという方針であった。秀吉の政策で有名な刀狩りも、また社寺に対しては僧兵の武力を奪う政策であった。

刀狩りは天正四年ごろからすでに始めており、高野山などに対し、逐次これを実行し、多武峯では天正十三年閏八月に、一山の恐怖の中で武器の引渡しが行われた。奈良の諸大寺にもつぎつぎと武器の提出が命じられ、同十六年七月に至って、全国的に農民のあらゆる武器所有が禁止されたが、これは農民一揆などを抑える手段であった。『多聞院日記』のこの年七月二十二日の条に、「諸国刀ヤリ以下金具ノ分悉以カルトテ、ナラ中モサワク、大仏ノ釘ノ用ト、追日人ノ迷惑計也」とあり、京都方広寺建立のための釘にするという口実であった。

このとき、寺院も農民も所詮は新興武士政権に屈伏して武器を提出したのであって、これによって社寺は宗教活動に、農民は農耕に専念するように仕向けられた。このことは、それぞれの身分・職業を定めたことになった。秀吉は小田原征伐が終ると、全国統一の成果をより確かなものにするために三ヵ条の身分法令を出して、侍や小者などが新規に町人や農民になることや、農民が商売や賃仕事に従事すること等を禁じている。この段階で兵農分離は実現し、封建的身分制度と職業の固定と、その世襲はほぼ確立したということができる。

つぎに秀吉の仕事の総仕上げは、いわゆる太閤検地である。文禄四年（一五九五）、豊臣秀長・秀保についで増田長盛が郡山に入城すると、ただちに大和に検地を始めた。いわゆる文禄検地であって、数度の指出ですでに用意されていた土地台帳を、大略において承認する形で行われたものといわれている。よく知られているように、太閤検地は全国一律に六尺三寸の一間竿を用い、一段三百歩制をとり、土地の品位等級をきめ、京枡による石高を算出したもので、これが近世を通じての基準となったのである。

豊臣秀長が郡山に入城した後、奈良の商業に圧力を加えたが、それは、一つには城下町郡山の商業発達のためであったであろうが、奈良町民の興福寺など有力社寺との結びつきを断つ目的があったとも考えられる。また、筒井氏のもとで奈良代官であった中坊氏が主君とともに奈良を去ったあと、秀長は井上源五高清を奈良代官とした。

井上高清は奈良惣町を支配するために、十二の町を櫃本として支配の徹底を期した。その町とは、東城戸・椿井・角振・上三条・小西・高天・林小路・餅飯殿・南市・下御門・脇戸・中院の十二で、この中にかつての元興寺域を含む郷がある。これらの町は、奈良惣町の重要なかつての郷から成っており、この地域の住人は、戦国が終って平和が到来した中での富裕な町民（町衆）が中心であって、かれらは、伝統文化の荷い手である僧侶・社家や、新たに支配力を及ぼしてきた武士とともに社交界を形成していた。天正十五年の有名な京都北野での茶会に、奈良衆として寺社人と町民ら三十六人（僧侶・神官七、町民二十、その他茶匠等八、武士一）が参会したことはそのよい例であろう。

奈良町の成立

慶長三年（一五九八）に豊臣秀吉が没し、同五年に関ヶ原の戦に徳川家康が勝利すると、郡山城は城主増田長盛が高野山に走って開城し、家康は大久保長安を大和の統轄者とし、同七年には自ら奈良に入って大和支配を確立した。慶長八年に家康は江戸幕府を開いたが、その前後に奈良町の検地に相当する屋地子改めを行い、同九年には町域の画定、いわゆる町切りを実施している。この時、奈良の諸郷ははっきりと町と称されて、百町が成立したが、これは秀吉の文禄検地によってほぼ町として認められていた地域で、この度の町切りにはさらに街地つづきの村々をも地方町として、二十五町が奈良町に編入されている。

その後、慶長十八年になって大久保長安の没後、中坊秀政が正式の奈良奉行に任命された。これによって奈良は、形式、実態ともに幕府の直轄地となり、堺・長崎などと同列の遠国奉行設置の町に列した。中坊氏はもと大和の土豪で、筒井氏の家老職にあり、春日社や興福寺等のことに詳しい人物であったから、奈良支配の上で好都合とされたのであろうし、事実、施政の実をあげた。

奉行の組織は以後、着々と整備され、奉行所はかつての南都の北半分を占める北郷の中央（現、奈良女子大学の場所）に、九十二間四方の地を占めて建設され、与力・同心も置かれ、幕府の上方支配機構に包括されて京都所司代の指揮を受ける部分があった。また、寛文四年（一六六四）には奈良代官が置かれたが、その職務は、大和幕府領の年貢徴収と吉野郡の寺社裁判権であった。

さて、奉行所設置の慶長十八年に、奈良町続きの興福寺領である高畑・紀寺・木辻・三条の諸村をはじめ、社寺境

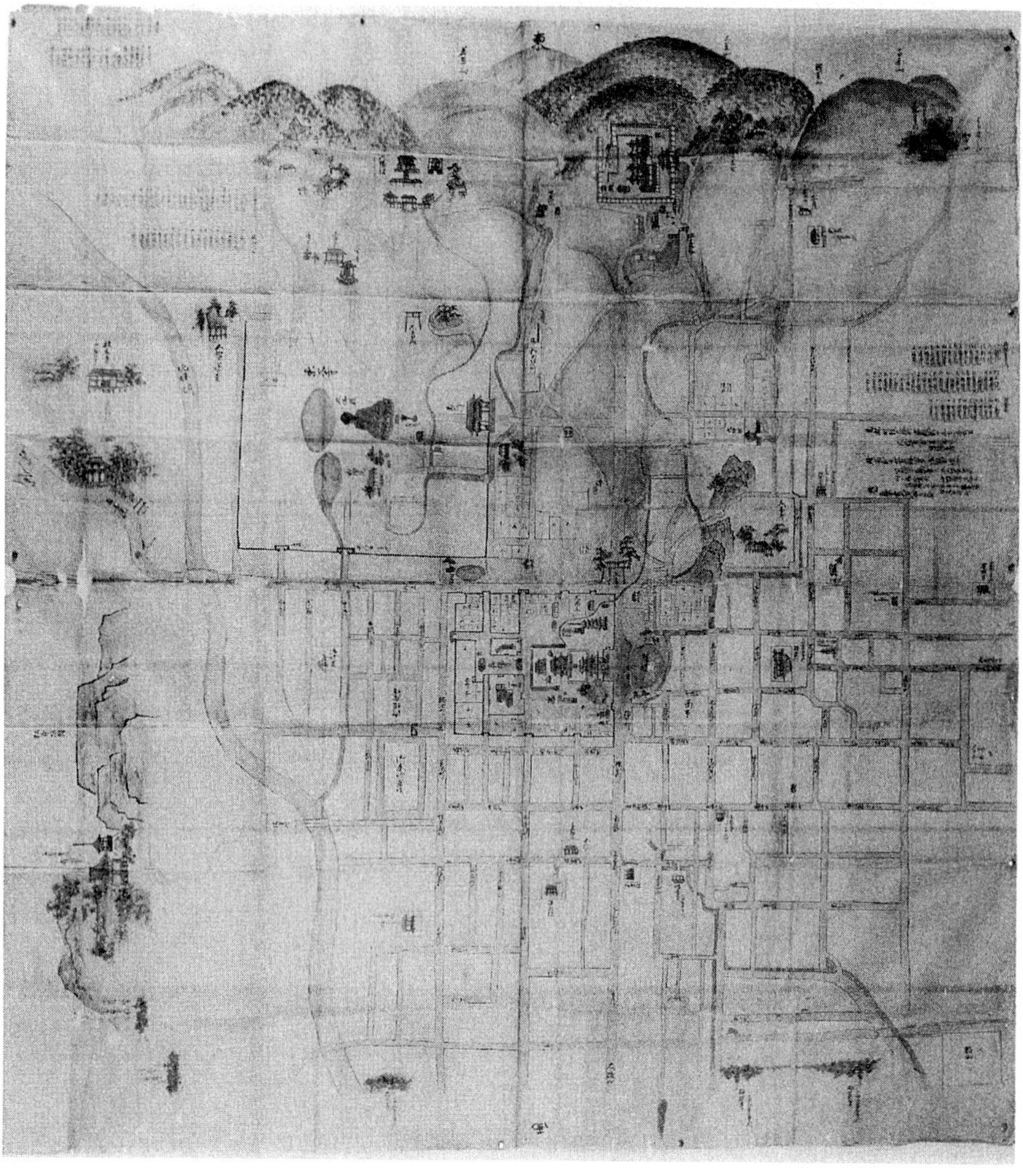

図 60　近世奈良町図（元禄・宝永の間）

内地や社寺領下の村々も奈良町の取り扱いを受けた。さらに、この奈良町をとりまいている幕府領である法蓮村等、奈良まわりの八ヵ村も奈良奉行の支配下に入り、これらの村々を加えて、広義の奈良惣町二百余町が成立したのである。また、奈良は大阪に近いため、慶長十九年冬と翌元和元年（一六一五）夏の両度の大坂の陣からは相当の影響を受けたが、兵火は免れた。この戦の結果、豊臣氏が滅び、徳川氏の覇権が確立し、大和関係では筒井家が断絶し、松倉氏は島原に移されて、大和武士の流れは完全に消滅した。

ついで、徳川家康・秀忠・家光三代の間に、諸侯の配置がほぼ固まり、武家諸法度の発布で幕藩制統治の基礎ができ、禁中並公家諸法度の公布や、貿易・鉱山の独占統制や、地方行政体制の確立によって支配体制は確立した。幕府は奈良のような宗教・経済などで重要な都市には奉行を置いたが、さらに都市優遇策を併用して、都市の掌握につとめた。奈良では、寛永十一年（一六三四）七月家光上洛の機に大坂に赴いて、奈良の地子免除を発令した。地子銭は土地にかける税で、この時とその前後に認められた分をあわせて、奈良町全部で九百六十石余の免除であったといい、これが奈良町支配の総仕上げであったのである。

奈良町には、奉行を通してその支配の意図が貫徹されていくが、その経路は、奉行の下に町民出身の総年寄が任命されて奉行所と町民の間をとりもち、その下に町代があって政治執行の仕事に携わり、月行事がこれを助けた。町代の仕事の重要なことは、指令を伝達することで、触書の伝達や高札でその徹底につとめたが、「南都町中可レ令二触知一条々」の中に、質物・牢人・宗教等についての禁令があるので、町民生活が諸方面から規正されていたことがわかる。

江戸幕府の仏教政策

前項のような江戸幕府の幕藩施政の中で、仏教や寺院についての施策について考えてみよう。徳川政権の寺社政策は豊臣政権にならい、寺社の活動を宗教的・文化的なものに限定し、政治的なかかわりを一切認めないというもので

表12　奈良及周辺の朱印寺院

寺　名	石　高	備考
	石	
興福寺・春日社	27,834.5	
東大寺	2,211.4	
法隆寺	1,000	
薬師寺	300	
西大寺	300	
唐招提寺	300	
正暦寺	300	
法華寺	220	
新薬師寺	100	△
極楽院	100	○△
秋篠寺	100	
元興寺	50	○△
十輪院	50	△
福智院	30	△

（○は旧元興寺　△は十三ヶ寺のうち）

表13　旧元興寺の石高

村　名	極楽院	元興寺（観音堂）
	石	石
肘塚村	32.362	15.902
法華寺村	65.630	34.908
法蓮村	2.270	
合　計	100.260	50.810

あった。そして寺社の宗教的・文化的活動を保障するために、一定の所領を与えて、その経済的基盤を安定させた。その寺社に与える知行地の場所と石高を明示して下付した証書が朱印状であるが、それはもちろん、中世的な領主権の復活を認めたものではなかった。この朱印状を下付される寺院は由緒がある寺院といわれるが、これまで寺領等をもっている寺院などであって、後にふれる寺檀体制下の寺や小寺は含まれない。

　この寺社への朱印状の交付は関ヶ原の戦の直後から始まっているが、大和の場合は、慶長七年（一六〇二）八月六日付のものが大部で、ほかに寛永十一年（一六三四）家光上洛の時に下付されたものもある。その文面の一例をあげると、「和州二元興寺久依レ不二知行一堂塔及二大破一、仍為二興隆一於二添上郡肘塚村・法華寺村之内一五拾石永寄二附之一、興二仏法一専二修造一可レ抽二天下祈禱精誠一者也」のようである。この文中の天下とは将軍を指しているから、この朱印状と引き替えに幕府への忠誠を誓わせたもので、朱印状を与えられた多くの寺には、現在も徳川歴代将軍の豪華な位牌がまつられている。

　つぎに参考のために、当時の寺院の勢力関係がわかるので、七大寺等の石高をあげてみる（表12）。このうちもとの元興寺では、極楽院は百石、大塔と観音堂の元興寺は五十石であって、小塔院は石高はない。破格の興福寺に比して元興寺は少なく、かつての南都七大寺のうち、大安寺は当時、堂一宇といわれるほど衰退していたので無高である。

さきにあげた朱印状の例は元興寺（観音堂）の分で、肘塚・法華寺の両村で五十石とあるが、極楽院の分はこの両村のほかに法蓮村を加えた三村で百石があてられている（表13）。

興福寺と東大寺の知行地は、奈良町に組み込まれた部分のほか、大和北部にわたり広く分布しているが、奈良町の中小寺院の知行地は、奈良町周辺の法華寺・法蓮・川上・野田・肘塚の諸村などに細かく分散されて与えられた。このうち小石高を法華寺・法蓮・肘塚の三村に与えられた寺は十三ヵ寺として一括され、互いに密接な連絡をとりあい、触状を廻していた。極楽院と元興寺（観音堂）のほか、表12中では新薬師寺・十輪院・福智院が十三ヵ寺に含まれる。

徳川政権はまた関ヶ原の戦の直後から、おもな寺院や宗派に法度を出していった。大和では長谷寺法度や興福寺法度が出されているが、その内容は中世以来の旧慣を尊重しながらも、寺領の売買を禁じ、外部からの寺への関与を止め、徳川支配体制に組み込むことをねらっている。ついで寛永十年（一六三三）以後、寺院の本末関係を整備し、諸寺に末寺帳を提出させ、これをもとにして、本山―本寺―中本寺―直末寺―孫末寺という寺院の系列をつくり、これによって、幕府の意向の下達を容易にしようとした。

西大寺所蔵の『諸国末寺帳』に「南都小塔院」「御朱印所南都極楽院」とあり、寛文十年三月七日付で終りに「右之末寺之内無二違乱一御座候」と記しているものは、この時、幕府に提出した写しであろう。ここに至って旧元興寺の中の極楽院と小塔院が西大寺の末寺であり、元興寺（観音堂）が東大寺の末寺であることが公認されたわけである。なお、『春日大社文書』の中に天和四年（一六八四）の「興福寺末寺知行高書上」があり、大乗院末として極楽坊、惣寺末として元興寺があがっているが、これは「極楽坊」ともあるように、中世文書の引き写しであろうか。また貞享四年（一六八七）の『西大寺集会引付』によると、小塔院はこれまで白毫寺普門院の下にあったが、ここで西大寺直末寺となったというから、それまでは孫末寺であったのであろう。

寛永十年の本末関係の確認についで、寛文五年（一六六五）七月に全国の寺院・僧侶に対して「諸宗寺院法度」を発布し、一応、対仏教政策を完結したのである。その主な内容は、法度の遵守、新儀奇怪の説の禁止、本末の規式を守ること、徒党を結ぶことの禁止、寺院修造時の心得、寺領売買とみだらな出家の禁令など細かく定めたものであった。

つぎに寛永十四年におこった島原の乱の直前に、キリシタンでないことの証明として、特定の寺の信徒であることを示す「寺請け証文」を作らせ、五年後にはキリシタンか否かを調べる「宗門改役」を置き、寛文年代（一六六〇ごろ）には、誰がどの寺の檀徒かを記した「宗門人別帳」の制度を定め、毎年、これを調査・報告させた。こうして、キリシタン禁制の厳重化と平行して、寺檀制度は地域差はあるが徐々に全国的に強化された。

この宗門改めに関することは、朱印地を与えられた寺院も当然ではあるが、そうでない寺檀体制下の町寺全般がその主な対象となった。従って、以上のキリシタン禁制が厳重化した体制は、その裏面からみれば、幕府が寺檀体制下の諸寺院を掌握し、これを通して民衆を支配しようとした体制でもある。中世末期の一向一揆等をおそれた政策といえよう。この幕府の意向をむかえて、寺側としては道場程度のものを寺並みに格上げして、檀那寺としての形を整えた。また寺は、葬儀や祖先の法要を営み、戒名をつけるなどのほか、結婚の場合の戸籍送りなどを行い、行政の末端を担当するまでになったのであった。

2　智光曼荼羅の流布と研究

異相智光曼荼羅の出現

中世末期から近世になって、極楽坊は極楽院となり、完全な独立寺院として扱われるようになった。その次第は、この坊に智光曼荼羅が存在し、ここに浄土教信仰が始まり、それが中世を通じて、庶民の浄土信仰の聖地として独自の展開をしていたところに、元興寺の金堂等その中心部がなくなったためであった。こうして極楽坊が極楽院と呼ばれ、独立寺院の形をとってきたとき、その発展の源である智光曼荼羅は、新たに一異本をうむことになった。中世末期まではこれまで述べてきたように、正本系と流布本系、あるいはその変形が伝えられてきたので、それらと区別してこれを異相本としておく。

図61　異相智光曼荼羅

京都の檀王法林寺に智光曼荼羅が伝えられるが、その図柄は、上部約四分の三に浄土図があり、下部約四分の一に来迎図が描かれたもので、これまで述べてきた図と比較するとき、浄土の弥陀に光明のあることと、来迎図のあることが大いに異なる。そして、この幅の軸裏につぎのような銘文がある。「奉レ寄二進北京三条法林寺南都智光法師感得極楽浄土曼陀羅一者也、抑今此変相書写之意趣者、為二慈父雲月宗源三十三回并悲母一誉栄心逆修菩提一也、願主良桂貞春信女」とあって、つぎに「竊倶会二一処之儀式題二知己道俗之名字」として、袋中上人以下三十二名列挙され、絵師は南都竹坊藤兵衛とあり、終りに、開眼供養導師法林寺二世観蓮社良仙の名と、寛永四年正月十五日の日付がある。この銘文によって、願主ならびに製作奉納の趣旨は明らかであるが、願主の知己の筆頭に袋中上人があげられ、絵師が南都の竹坊藤兵衛とあることが注目される。

袋中良定（一五五二―一六三九）は浄土宗鎮西派の説経僧と知られる。奥州岩城郡の生まれで、江戸の増上寺で学び、渡明を企ててはたさず、琉球に止まって『琉球神道記』を著し、慶長十六年（一六一一）檀王法林寺を再興し、さらに奈良に移って念仏寺を再建し、晩年には山城の浄瑠璃寺近くの心光庵に止まった。以上の間に、『当麻曼陀羅白記』『南北二京霊地集』『浄土最初曼陀羅略記』『浄土第三曼陀羅略記』を著し、自叙伝の『寤寐集』の自筆本を法林寺に残している。南都の念仏寺とは、元和八年（一六二二）に添上郡横井村眉目山にあった廃寺を南都に移したもので、降魔山善光院念仏寺と号し、俗に山の寺という。

また絵師竹坊は、興福寺等の絵所絵師が近世初頭に町絵師となって絵屋町に住み、絵屋と呼ばれて製作販売を行った。藤兵衛は『念仏寺過去帳』によれば、正保三年（一六四六）に没している。

つぎに、南都念仏寺蔵版の「智光所感如来掌中示現曼陀羅」というものがある。版木は法林寺にあるが、これで刷ったものが奈良市中院町町有本にある。享保十六年（一七三一）に、念仏寺八世の良長の開版にかかるものである。この版本には、図の両側に各二行の縁起文が刻されている。その縁起文の右側には、曼荼羅出現の今まで知られた説話が記されているが、左側には、この曼荼羅の発見された事情を述べている。その事情については、袋中の著の『浄土最初曼陀羅略記』と『寤寐集』にもみえていて、これら三種の資料には多少の出入があるものの、大体似通っているので、それらから知られる次第を記してみる。

袋中が京都在住中に、智光曼荼羅が極楽坊にないことを聞いて残念がっていた。しかし、曼荼羅は奈良の民間にあるので捜せば見つかるとの見通しのもとで、弟子善叟にさがさせたところ、善叟は質屋でこれを発見した。その商家の話では、この曼荼羅は兵火を避けて大乗院の宝庫に預けられていたが、筒井順正が借り出したままにしているうち、家人がこれを質入れしたという。袋中はこれを聞いて、財を傾けて購入して、念仏寺の宝庫に納めたというのである。

以上のことが史実とすれば、その兵火とは、天文元年（一五三二）の一向一揆のときか、永禄十年（一五六七）の松永の兵乱であろうか。それ以前であれば、明応六年（一四九七）には転写が行われているし、永正十一年（一五一四）には河内の投李がこれを見ているので、行方不明ではないからである。また筒井順正とは、順慶の父順政（？—一五六四）のことであろう。しかし以上のような、智光曼荼羅が極楽坊になかったという事情には疑問が多い。袋中が元和元年（一六一五）に著した『当麻曼陀羅白記』で智光曼荼羅に言及して、「又云二極楽坊智光曼陀羅一、彼房在二于元興寺一」といい、これについての説話を紹介しながら、これが逸失したことについては何も語っていない。

つぎに、かれが寛永元年（一六二四）四月に三笠山麓で脱稿した『南北二京霊地集』では、智光曼荼羅について、「私云、二尺四寸ナリ、都テ日本ニ浄土三曼陀アリ、是初ナリ、近ゴロ元和五年癸未南都炎上ス、時ニ此極楽房堂坊軒端大ニ焦タリ、焼サル事ヲ人歎ス」と記していて、曼荼羅のないことにはふれていない。当時、極楽坊には大型板絵本や明応年間に写された厨子入本、また軸装本もあり、智光と礼光の像もそのころに作られたと考えられる以上、全く極楽坊から隠滅したとはいえない。『極楽坊記』にその所在を失ったとあるような伝えを土台として、このような風聞が巷間にあったのかもしれない。

この異相本智光曼荼羅の出現の縁起はとにかくとして、袋中がその大きさを二尺四寸で、ほぼ方形というにかかわらず、現在の異相本の遺品は縦一一六・七㌢、横五五・七㌢、享保の版本はさらに大きい。図柄も前記のように非常に違うのに、あえてこの曼荼羅を智光曼荼羅といったのは何故であろうか。

法然の流れを汲む専修念仏教団はその布教にあたり、当麻曼荼羅を絵解き説経に用いることが多く、それは曼荼羅講説と呼ばれていた。そこで、南都にその浄土宗を広め、曼荼羅説経をしようとするとき、すでにここには、信仰対象として庶民の信仰を集めている智光曼荼羅があった。それ故、これを何らかの形で吸収して教線を張るために、この異相本を作ったものではなかろうか。しかし、極楽坊にあった智光曼荼羅は極楽図だけであって、来迎引接の場面がない。浄土宗の布教には、光明を放つ阿弥陀如来と来迎の場面が必要であったのであろう。同じ浄土曼荼羅でも、当麻曼荼羅には下辺に来迎図があり、清海曼荼羅には周辺に十六観の頌銘があるが、智光曼荼羅にはそれがなかった。ここに異相本の生まれた理由があり、説経僧として知られる袋中の名が出てくることも理解できよう。享保十六年の版本は、元文三年（一七三八）の袋中百回忌にかかわるものと思われるが、要するに袋中良定が畿内に浄土宗を布教し、絵解きするにあたってこの異相本は出現したものと考える。

智光曼荼羅の縁起本と曼荼羅の版行

極楽院が朱印寺院として寺運安泰の反面、かつての庶民の寺としての活気を失っていく中で、この寺の伝統を省み、智光曼荼羅を宣揚しようとする気運が高まっていた。前項の袋中の動きもこれを推進するものであったが、延宝九年（一六八一）の性空の撰になる『和州極楽院曼荼羅記』や、元禄十四年（一七〇一）に澄月の撰した『南都元興寺極楽院記』が出たことはこの空気を反映している。

前者は、智光と頼光の説話と、智光が舎利を得た物語を中心にした要を得た曼荼羅記であって、終りに、「如二斯図一者其量纔一尺二寸（四）、雖三至狭少一粗具二衆相一、足三以観二彼土之依正一、可レ謂簡且要也、（中略）諸修二浄業一者依レ之学

図 62 『元興寺極楽院図絵縁起』部分（智光が地獄に導かれる図）

レ之於二其往生一庶二乎不レ差矣、」と結んでいる。

後者は、元興寺の縁起に始まり、曼荼羅感得の説話、極楽堂ならびにこの堂にまつわる池中の蛇と画竜のこと、春日明神影向のこと、また元興神のことなどを記しているが、これまでの記録に見えなかったこととして、曼荼羅図中の沙弥は、左が頼光で右が智光であると述べ、西大寺の叡尊が瓶鉢を寄せて以来、当寺が律院となったといっていることである。さらに注目されるのは末尾に、「茲尊覚律師冀偏令《マヽ》三世人知二一光遺蹟一、故新製二図絵縁起一軸一、且特謁レ余請三另《別》作レ記以垂二永遠一、不レ得レ辞稽二其往籍一倫次而為レ之書」とあって、極楽院主尊覚が縁起絵巻を作るにあたって、別に記述を依頼したので、この書ができたと、その次第を述べていることである。

ところで尊覚（一六五二―一七一九）は、天和三年（一六八三）に当寺の五重小塔を修理するなど寺運の発展につくした院主であり、元禄十四年（一七〇一）には東大寺長吏道恕に請うて『元興寺極楽院図絵縁起』を作り、智光曼荼羅の宣揚に努めた。この縁起絵巻は二巻で、「南都元興寺別院極楽坊縁起」の内題をもち、上巻は元興寺の前身である飛鳥の寺の創建から始めて、奈良京への移転と大徳智光・頼光のこと、ついで智光が行基を妬んで地獄へ行った説話をはさみ、智光と頼光の説話に及んで、智光が弥陀の掌中の小浄土を拝するまでで、十場面の図がある。下巻は智光が舎利を得たこと、曼荼羅は観音の化身が描き、図中で、頼光は左に、智光は右に坐していること、曼荼羅堂の建立と南庭池中の毒蛇の物語、二光の住房と太子堂のこと、さらに叡尊が入寺して律院となったこと等を、九図を入れて記している。そして跋文は、「右雖レ有二旧来縁起一因レ為二蠹損一、今応二尊覚律師需一重令レ染レ毫畢、元禄十四年辛巳年仲夏穀日　東大寺華厳長吏二月堂別当安井門主前大僧正道恕（花押）」となっている。

以上の内容は大むね、さきの澄月の『南都元興寺極楽院記』に近いが、それは、両者とも尊覚の依頼によるものである以上、当然であろう。なお現在、元興寺（極楽坊）には『極楽院記』一巻と『荘厳極楽院記』一巻が所蔵されているが、ともにこの絵巻の縁起文と似たものであり、近世中期に到って、元興寺極楽院の縁起はこのようにほぼ固まったといえる。

つぎに尊覚は、また智光曼荼羅の一枚刷りを印行、頒布した。その版木は現在、元興寺の近くの阿弥陀寺に現存する。その図は厨子入本によるもので、図の下に縁起文を要約した文が彫ってある。これも藕絲で織った布に、観音の化身異童子が描いたことを記し、元禄辛巳（十四年）の年紀と尊覚名が入っている。この版によって刷ったと思われるものが念仏寺にあるが、これには縁起文のほかに、「慈悲の弥陀我等如きの迷子を千度尋ねて待憧れける」という歌が刷り込まれている。また阿弥陀寺には、同じく尊覚によって開版されたと思われる「南都極楽院宝物略記」という版木があり、この中の「掌の曼荼羅」の説明文に、智光が自ら六幅の曼荼羅を写して堂内の本尊としたと記しているのは、前章で述べた五幅の軸装本がまだ極楽院にあったことを示している。

元禄期は、智光曼荼羅が開版され、縁起を記した極楽院記が作られるなど、その気運の高揚した時であったが、それは尊覚によるところが大であった。ところが享保期（十八世紀初期）にも、転写本が多く現れている。ただこの時期の転写本は、当麻・清海の両曼荼羅とともに、三幅が組をなしたものとして扱われたものが多いので、これは次項で述べることとする。また前記異相本を念仏寺の良長が版行したのも、享保十六年であった。このように、享保期に智光曼荼羅が改めて流布されたのには、智光の千年忌のことがかかわっているのかもしれない。『西大寺日記』の延享四年（一七四七）二月三日の条に、東大寺で行基千年忌があったので、これにあわせて、極楽院では智光曼荼羅と宝物類を展示したことを載せ、ついで同年三月二十四日から四月八日まで、智光千年忌が極楽院で行われ、曼荼羅が開帳されたことを記している。

浄土三曼荼羅

江戸時代の中期になって、智光曼荼羅は当麻・清海の両曼荼羅とともに、三幅一対をなして信仰されるようになったことを述べた。この三曼荼羅はわが国における三つの浄土変相図であるため、とくに浄土宗の立場から尊重され絵解きされてきたものである。

当麻曼荼羅は、奈良時代の原本が現在も大和の当麻寺にあり、その転写本が全国に多数行きわたっている。これは長い間、蓮糸で織ったものと信じられていたが、研究の結果、絹糸による綴織であり、縦・横それぞれ四メートルに近い巨大な浄土変相で、『観無量寿経』に基づくため観経変と呼んでいる。その図様は、中央の阿弥陀浄土をとりまき、左右下の三辺に観経に説く説話の図をめぐらしており、善導の解釈に則したものとされる。

この当麻曼荼羅も、智光曼荼羅と同じく平安時代の後期までは知られておらず、当麻曼荼羅の方は、平安時代末に当麻寺で曼荼羅堂が改修され、『建久御順礼記』にはじめてその存在と縁起が記録された。その後、これが美事な観経変であるため、法然の弟子証空が『当麻曼陀羅注』を著すなど、その宣揚につとめ、一方では転写本が作られ、その縁起である中将姫説話も成長し、爆発的な流布をみせた。ことに浄土宗西山派ではこれを尊重し、浄土宗布教のために絵解きをしたが、証恵・尊空らの活動が知られる。ついで室町時代になって、浄土宗鎮西派でもこれを受け入れ、酉誉聖聡は『当麻曼陀羅疏』を著し、曼荼羅講説を発展させたが、三曼荼羅を並べ称し、講説したのはこの酉誉に始まるのではなかろうか。この間、中将姫説話はますます有名になり、絵巻もできて江戸時代を迎えるのである。

清海曼荼羅は、その縁起によると、超昇寺の清海が長徳二年（九九六）に感得したものである。超昇寺は今は廃寺になっているが、もと平城京の北、平城天皇陵の近くにあり、平城天皇の皇子高岳親王の開基の寺である。清海はこの寺で七日間の大念仏を始め、寛仁元年（一〇一七）にこの曼荼羅の前で往生したが、大念仏は永久年間（一一一四ごろ）まで続いたという。そしてこの曼荼羅の縁起についても、その記事は『建久御巡礼記』が最初である。

原本は天正年中の兵乱の中で焼失し、現代に伝えられるものは室町時代の転写本が最古である。大きさは二㍍×一・五㍍前後で、現存転写本はいずれも紺地に金銀泥で描かれ、中央画面に浄土の相、四周の縁に蓮花座十六組があって、これに頌文を配しており、『観無量寿経』を所依の経典としている。十世紀末の感得という成立縁起にかかわらず、図様からみて奈良時代に遡ってもよいもので、原本はあるいは鑑真将来のものかと考えられ、超昇寺の大念仏が有名になったがために、これを始めた清海感得の伝が生まれたとも思われる。

浄土変相は、奈良時代に相当数が記録に残っているが、中世に入るころには、智光曼荼羅を加えて以上三点が伝えられていたため、浄土三曼荼羅として尊重されたのであろう。そして年代からいえば、智光、当麻、清海の順と考えられ、大きさでは当麻、清海、智光の順となる。これを我が国における浄土三曼荼羅として称揚したのは、酉誉の『当麻曼陀羅疏』がその始めであろうか。

ついで江戸時代に入って、三曼荼羅の三幅を組にして、中央に当麻、両脇に智光と清海という形で掲げ、絵解きが行われたようである。現在も浄土宗鎮西派の寺院の中には、この三曼荼羅を揃えて所蔵している寺院がある。その場合、智光曼荼羅では異相本系のものもあるが、多くは流布本系のようである。奈良県御所市櫛羅の浄土寺のものは縁起文を伴い、享保八年（一七二三）、同寺八世衍誉任阿が願主となり、画工青木良慶の三代目良賀の筆で、異相本系の図である。他の寺の曼荼羅も、享保期のものが多い。関東の千葉県鴨川の心厳寺や茨城県瓜連の常福寺等の曼荼羅は、鎌倉の光明寺の観徹が開眼師となっている。観徹（一六五七―一七三一）は曼荼羅学者として知られ、当時、関東浄土宗の中心人物であった。

智光曼荼羅の注釈

当麻曼荼羅が浄土宗系の僧によって布教に利用されて有名になり、その絵解きが盛んになると、自然、その内容をゆたかにするための注釈が現れだした。しかもその場合、浄土曼荼羅の他の二つ、すなわち智光と清海の両曼荼羅をも引き合いに出して、三曼荼羅を注釈するものが多かった。しかし中には、智光曼荼羅を独立させて論じたものもでてきた。

智光曼荼羅について、最初にその縁起の解説と変相図の注釈をしたのは、さきにみたように、十五世紀の西誉聖聡の『当麻曼荼陀疏』においてであった。ついで近世初頭になって、これを本格的に扱ったのは、異相智光曼荼羅をつくり出したと思われる袋中良定である。

袋中は慶長十九年（一六一四）に『当麻曼陀羅白記』を著し、その中で「日域二者、一智光曼陀羅」として、行基ならびに礼光との縁起譚と麻福田丸説話を合せ記し、「貴哉行基、為レ化二此一人一先現レ姫令二発心一、今正訪二菩提一、後可下於二極楽中台一顕二本師文殊形一令中相着上、師二世契是也」といい、ひたすら行基を称揚するだけのものであった。しかしその後、さきに記したように、異相智光曼荼羅を顕現させ、『浄土最初曼陀羅略記』を著し、智光曼荼羅だけの注釈を出版した。その奥書は、「此時寛永二年乙丑二月十四日書レ之、於二山州相楽郡西小田原浄瑠璃寺九体仏辺一籠居、蒙気老目任レ手、七十四歳袋中白」となっていて、慶安元年（一六四八）に刊行された。その構成は、縁起と変相と隠顕の三部から成る。

縁起では智光にかかる三説話をあげ、『白記』の記事と大差がない。変相では、明らかに異相本を扱い、画幅を「竪五尺横一尺三寸」とし、最下段の来迎場面の説明を詳しく述べる。ついで図の上部を浄土とし、宝地・宝池・宝楼・花座・宝樹にわけて詳説し、中央三尊が宮殿内にある図像は正しくなく、三尊が宮殿外にある異相本を正図と強調している。隠顕の部の内容は本節第一項で記した通りである。

袋中についで、智光曼荼羅のことを述べているのは知恩院の義山良照で、かれは元禄十五年（一七〇二）に『当麻曼陀羅述奬記』を著し、その付録で、三曼荼羅の一つとしてこれをとり上げているが、そこで述べられているのは縁起だけで、文章も『元亨釈書』からとられたものである。これに対し、智光曼荼羅を正面から取り上げたのは、前項で述べた真阿観徹である。

荼一科勸奬學者不亦宜乎
一外陣銘文九品標榜間有誤脱捫象述奬等是正之且其解文義者具捫象述奬故今不再辨
一本邦感得三變蓋因順印度支那日域三國設其圖謂如智光變因順日域故衣冠器財宮室華樹之類都從本邦制也如此變外陣男女宮室衣服冠冕之制咸寫支那也如清海變聖衆威儀衣服披著之樣一脗合律文本制可謂因順印度之風抑是隨方善巧應物之一端各有旨哉
一學者既熟此變相而後學智光世稱智光變者有二其一觀徹上人就製今讃者共藏在南都念佛寺其一觀徹上人寺者二圖中以念佛寺所藏爲眞清海則辨三變

図63　『当麻曼荼羅捜玄疏』部分

観徹は正徳二年（一七一二）に、義山良照と上州願行山の直然の序文を得て、『智光曼荼羅合讃』を著し、翌年公刊した。その所依の図は、元興寺伝来の流布本であった。本書の特色は、変相全図並びに多数の部分図を入れて解説していることである。本書では「初述二縁起一次辨二広略一」として、智光の教学と本図成立説話と如来砕身舎利の物語を記して、智光は天平十九年（七四七）に往生したとし、つぎに「其量方一尺六寸、図相最略」といって、他の二曼荼羅と比較している。つ

各有影略互顯愈知弘願絶妙旨也
一世稱善導曼荼羅者二其一在洛東長德山其二
在南都阿弥陀寺予親拜其阿弥陀寺所藏圖乃
使畫工摹寫長六搩手幅二搩手十三觀及九品
生相妙寫佛意深奥學者參考此變則當有所大
發也葢其圖也昔者俊乗坊重源上人從宋將來
宗祖所慶讚也舊藏東大寺念佛院寳庫今轉在
阿弥陀寺若長德山所藏未詳何人將來長八尺
許幅六尺許圖中臺一會並九品生相丹青奇古
觀者刮目焉
一一幀變相以實體化用二門標顯從顯入密之旨

ぎに変相は六段にわけて、個別に図入りで詳説している。宝地段では、智光と頼光の存在について述べているが、総じて、『浄土三部経』や『浄土論』をはじめ、『金剛頂経』『六日経疏』『般舟讃』『法華経』等を引用して説明する態度であり、常に三曼荼羅の比較が頭にあり、ときには不詳として、後考をまつという姿勢をとっている。

この観徹の『合讃』に対し、宝暦八年（一七五八）に、尾張八事山興正寺の妙竜諦忍（一七〇五―八六）が『智光清海二曼荼羅合讃講述』を著している。その序文によると、寛保三年（一七四三）の秋に京都三福寺幻住菴慈門上人から、観徹の『合讃』は来世の光明ともいうべき名著であるが、文義がむつかしく咀嚼しにくいので注脚されたいと頼まれ、一旦は固辞したが、さらに伏見誓願寺の涼澂上人の要請もあって、ついにこの書を著したという。それ故、本書の内容は語句の注釈から、さらに布衍解釈を加えたものである。

さて、先記諦忍とほぼ同時代に、伊勢の津で浄土曼荼羅学者として知られる天然寺の専阿大順が活動していた。伊勢は当時、当麻曼荼羅を尊重する風が盛んであったため、大順はその中にあって、宝暦十二年（一七六二）に当麻曼茶羅注釈の集大成ともいうべき『当麻曼荼羅捜玄疏』を著した（刊行は明和九年（一七七二））。この書の中で大順は、智光曼荼羅に言及して、「世称二智光変一者有レ二、其一観徹上人就製二合讃一者、其一蔵在二南都念仏寺一者、二図中以二念仏寺所蔵一為レ真」といい、その大きさについても、「智光所レ感長四尺闊一尺七寸強」といい、来迎聖衆についても語っている。大順は明らかに、元興寺伝来の流布本を退けて袋中の異相本を真本としていて、その立場に立ってかれは、『智光曼荼羅略讃』を著した。

この書には、総州東漸寺沙門辨冏の天明二年（一七八二）の序があり、その中で「捜玄疏既行二于世一矣、後得二智光清海古図於南都一、多所二復発明一終為著二此書一」といっているので、本書著作の動機はわかるが、この版本には刊記がないので出版年次はわからない。同書には、異相智光曼荼羅図が初めにあり、本文は玄旨・感得伝来・対図解釈の三部から成っている。

玄旨は総論であり、感得伝来の部の感得では、酉誉・袋中・観徹の諸書をあげるだけで、縁起にはふれず伝来に重点をおく。この中で、極楽院には旁正の二種類があり、「余親就レ院拝瞻総有二七軸一、其一黏二帳本堂後壁一、其余五軸常蔵二庫中一名曰二試変相一」とし、今本尊としているのは新図で信じ難いという。その次に、袋中の『略記』と良長の版行本の銘文をつかって異相本の隠顕を述べ、観徹が極楽院の流布本によって『合讃』を著したことについて、「不レ図師将レ党二偽物一乎」といい、大玄上人の調査の結果、念仏寺図が正図とわかったのに、これを待たず『合讃』を出版されたのは惜しいと述べている。つぎに対図解釈の部では八項目にわけて詳しい解説をしているが、藤堂恭俊氏の紹介によれば、袋中が異相本の出現に重点を置いているのに対し、大順は、図柄の説明とそれに対する宗学的解釈を均等に行ったとされている。

異相本（念仏寺・法林寺本）を智光曼荼羅の真本とする文献は、現在のところ他には見当たらず、江戸時代を通じて、地誌・名所記の類でも、総じて極楽院の流布本をあげている。たとえば、寛文六年（一六六六）に筆写された『和州寺社記』の極楽院の項には、「元祖智光法師感得せられし二尺四方極楽の曼多羅于レ今有」と記している。

3　旧元興寺と奈良町

近世の奈良町

近世、江戸時代の社会は停滞的であったといわれる。たしかにわが国の古代は、政権を持つ側が社会を率い、前進する態勢をとっていただけに、文化の進歩もみられた。中世は、社会の中心となるべき権力者の力が不安定で、社会の発展の仕方は却って流動的であり多彩であって、活気をもっていた。それに対し近世は、権力者が固定し、その権力の維持と社会の安定を第一としていたがために社会は停滞し、あらゆる部面で活気を失っていた。奈良は幕府の直轄地として、奈良奉行の支配地であるがために、その江戸時代的な雰囲気は濃厚であったといえる。ここでは常に幕府の施政方針が、早く直接的に徹底していた。

中世の南都は社寺の都といわれるように、社寺とくに興福寺の支配のもとで、商工業や文化諸活動の面で、堅実で活力のある発展をしてきた。近世の初期にはその勢いがなお続き、産業都市として文化都市として、ある程度の繁栄をみせ、京都と堺と奈良を三都といった中世末期の姿が残っていた。奈良の産業としては、『毛吹草』に奈良晒以下、十七世紀ごろの名産物が多数あげられている。寺院としては法華寺・薬師寺等が復興し、火災にあった一乗院や東大寺二月堂の復旧も割合に早かった。仏教教学でも、徳川家康が奈良の寺院に留学者を派遣するなど、奈良は当時、国内でほとんど唯一の研学の場であった。

しかし近世の奈良としては、松永の兵乱で炎上した東大寺大仏殿の復興がその繁栄の頂点であった。永禄十年（一

表14　近世奈良の災害（元興寺にかかわる分）

年次	種類	被害
慶長元年（一五九六）閏七月一二日	大地震	諸寺破損
元和五年（一六一九）一二月　二日	大火	南焼け、旧元興寺災を免れる
寛永一九年（一六四二）一一月二七日	大火	奈良町北部
延宝二年（一六七四）六月一四日	大洪水	
元禄一四年（一七〇一）五月一二日	火事	紀寺村から出火、元興寺警備
宝永元年（一七〇四）四月一一日	大火	芝辻方面、奉行屋敷
三年（一七〇六）五月　六日	大火	奈良町南部、旧元興寺災を免れる
四年（一七〇七）一〇月　四日	大地震	観音堂傾斜
五年（一七〇八）七月　二日	大風	諸寺破損
享保二年（一七一七）一月～二月	火事	所々火事
一二年（一七二七）二月二二日	火事	元興寺周辺焼失
一七年（一七三二）	飢饉	元興寺で施行
宝暦三年（一七五三）六月　二日	洪水	旧元興寺一帯床上浸水
一二年（一七六二）二月二三日	大火	諸寺被災、但し奈良町北部
天明四年（一七八四）～七年	大飢饉	打こわし
寛政三年（一七九一）八月二〇日	大風	小塔院大破
享和二年（一八〇二）一〇月二三日	地震	
二年　一二月　二日	落雷	五重塔傍の松の木に落雷
文化八年（一八一一）六月一五日	洪水	元興寺町床上浸水
一二年（一八一五）六月二七日	洪水	元興寺町辺浸水
天保四年（一八三三）～七年	大飢饉	
安政元年（一八五四）六月一四日	大地震	大塔一重目瓦皆落る、極楽院破損
六年（一八五九）二月二八日	火事	毘沙門町出火、大塔炎上

五六七）の罹災の後、大仏の修造は山田道安を中心に進められたが、それは天正元年（一五七三）に道安が没して頓挫した。その後、東大寺では公慶（一六四八―一七〇五）が勧進職について復興につとめ、まず大仏像の修理が成って、元禄五年（一六九二）三月から四月にかけて開眼供養の盛儀があったが、このとき奈良町は空前の賑いをみせ、参詣者の数も二十万人といわれ、この機に、元興寺観音堂をはじめ、奈良の諸寺が秘仏・寺宝の開帳を行っている。引き続き大仏殿再建にかかり、幕府の援助もあって、宝永六年（一七〇九）三月に落慶大法要があった。この元禄から宝永のころには、奈良町の戸数は六千余、人口三万五千余人で、近世奈良では繁昌の頂上であったと思われ、幕末には戸数五千余、人口二万

余人となっている。ここに、江戸時代の停滞的な空気の中での、城下町でない奈良町の姿をみることができる。

近世の奈良町は二百五町といわれるが、その町の名称には、さすがに寺社に由来するものが多い。春日社系の宿院・内侍原、興福寺系の西御門・元林院ら九町名、東大寺系の北御門・水門ら七町名があるのに対し、元興寺系とされている町名には、元興寺・地蔵・中院・北室・南室・納院・公納堂・薬師堂・毘沙門・瓦堂・脇戸・高御門・下御門・今御門・築地之内・花園らがあり、ほかに中新屋・芝新屋・西新屋ら金堂跡にできた町がある。

これらの町の名は、大部分中世の郷名を踏襲しており、町域は狭いが、商工業が発達し、町民も多く、奈良町の中枢部を形成している。従って次章で述べるように、現代に奈良町の姿をとどめている界隈として注目されているのである。なお、御霊社は元興寺金堂炎上の時に罹災したらしく、その後、大塔の近くに遷り、元興寺の鎮守社と考えられていて、上記の元興寺系の町名の地域の多くがその氏子町となっている。

つぎに、近世奈良の災害に多少とも元興寺が被害した事件を、叙述の便宜上、一括して表示することとする（表14）。

大塔・観音堂の修復

近世において東大寺末寺であった元興寺は、五重の大塔と中門観音を本尊とする観音堂を含む一画を占めていた。元禄のころの『東大寺諸伽藍略録』によると、「元興寺当寺末寺境内東西二十二間、南北三十二間二尺、（中略）塔一基、五間四面、高拾六丈、本尊釈迦如来、観音堂一宇、八間四面、本尊十一面観音、御丈壱丈六尺、稽文会稽主勲作、江州尊（高）島郡三尾山ヨリ出霊木以作レ之、開眼師行基菩薩也」とある。

さて、同寺の観音像が元禄四年（一六九一）に大破したため修復することとなり、六月から八月にかけて厨子・仏壇を修繕し、七月から仏像の修理にとりかかっている。そこで、翌五年の三月八日から四月八日まで観音像を開帳し、併せて霊宝も出陳したが、この時、観音が持つ花瓶の中から延喜通宝十枚が発見されたので、これが後に、この像の製作年代を論ずる材料となった。

『東大寺年中行事記』によると、四年十二月に同寺から、翌年の大仏開眼の時分に開帳したいとの申出があったこと、東大寺側ではこれにこたえて、法事をする許可を町奉行からもらったことを述べ、五年三月二十三日の法事につき、「於二極楽院一ニテ装束等調ヱ元興寺観音堂ヱ出仕有レ之、法事者四ケ法用相勤畢、後両堂中於二極楽院一馳走有レ之、役人下人等迄同前」と記している。さらに四月九日の条には、開帳を四月十八日までと願い出ていたが、奉行も留守になり、その間に凶事でもあっては難儀だからとの理由で、四月八日までとなった次第を述べている。以上、この折の経緯によって、奈良町奉行の寺院へのかかわり方の一端がわかるであろう。

つづいて、元禄六年には塔の九輪真木の普請をし、同十一年六月には元興寺塔修覆願が出され、同年九月には若年寄米倉昌尹の巡見があり、十三年九月には奉行所から与力が見分に遣わされている。後の記録であるが、この年五月に修復費用につき願出があって、富くじ興行の許可もあり、修理もできたようであるが、記録がないといっているので、この時の大塔修理のことはこれ以上わからない。

宝永四年（一七〇七）十月四日の大地震は、奈良の諸寺に大被害をもたらした。『大和国寺社名所記録』によると、「大地震ニテ元興寺観音堂傾候故、観音ヲ十六日東大寺法花堂へ移ス、日用四十四人シテモリ奉ル」とある。観音堂は、さらに宝永五年七月二日の大風によって、その扉も開かない状態となった。そこで享保十三年（一七二八）から、その修復のための勧進が始められた。そのときの「元興寺修補募縁序」には、聖徳太子と蘇我馬子が共同して建立した寺であるとして、飛鳥法興寺時代の由来を語り、道場法師の伝説を述べて、「然故今におゐて当寺より雷火を避くる守護を出せり」といい、智光・礼光が稀な西方曼陀羅を残したことは誰でも知っているとし、「年代推移り、霧露久侵して僧坊伽藍も空人家の敷地となり」と述べて、寺の再興を呼びかけている。「八雷神面略縁起」の木版一枚刷があるが、これも、この時のものかと思われる。

この時の勧進は大和一国の勧化で、三月十日に願い出て、七月八日に奉行所が許可したものである。寺では八月に勧化のための縁起講談を催し、翌十四年二月には四十八夜念仏を行い、この年四月には修理のための木引きを井上町民が手伝っている。こうして堂内も整ったのであろうか、八月二十七日には東大寺法華堂に預けてあった十一面観音像を引きとり、九月十八日に開眼供養を行った。ついで十五年三月から四月にかけて、この観音像を開帳して人を集めた。

以上の修理と本尊の帰還について、なお観音堂と五重塔の修復の必要があったようで、この後も相当期間、そのことに関する記録がみえる。享保十五年（一七三〇）七月には同寺境内芝生で軍書講談があり、翌十六年三月には大坂生玉で観音像を開帳し、八雷神面を道場法師ゆかりの尾張で開帳する計画もたてた。本尊の大坂での開帳以来、「大坂町中頭陀修行被レ遊二御勤一によって講中数多出来仕、其上万人講抔勤メ掛置候間、其御地普請等早〻取付被レ申候ハヽ」と『東大寺年中行事記』十九年四月の条にあり、引き続き同記録には、修理のための費用徴集の方法と思われる、唐物展示・相撲・能・富籤・ものまね・の

図 64　道場法師八雷変相図

ぞき等が興行されたことが記されている。そして同記録の寛延四年（一七五一）八月二十三日の項に、自性院と元興寺惣代竜蔵院らの奉行所宛つぎのような口上書がある。

「元来元興寺伽藍及二大破一候ニ付、去ル享保十三戊申年東大寺持宝院真英、悲歎之余修造之義致二発願一、御公儀江御願申上、大和国中相対勧化仕、其上寺内并大坂表ニて本尊開帳仕候て、彼是之助力を以御厨子建立仕、其後元文二巳年関東江罷出御願申上、於二当地并泉州堺表と両所ニ一五ヶ年之間富突興行之義御赦免被レ為二成下一、難レ有首尾相勤、右助成銀を以観音堂前側六歩通り御拝迄荒方修覆仕候得共、相残ル後側四歩通之所修覆仕度、色〻と相働候得共、勧化助力も薄く罷成、心当も無二御座一候ニ付、講中之者共相計ひ観音講相営、掛銀を集其銀子を以当地町〻江借し附、其利銀を以連〻修覆仕候心当ニ御座候（下略）、寛延四年未年五月十七日」。

こうして、この年九月二十二日に、まず観音堂の上棟にまでこぎつけた。その後、明和四年（一七六七）には、郡山の慈眼寺での観音堂の宝物開帳や、観音堂での常州本泉寺の宝物開帳があり、同六年になって観音堂の修復は完了した。

引き続き、五重大塔の修理にかかることになったので、主として『東大寺年中行事記』によって順を追ってみよう。明和六年十月十三日の条に、「助力を以観音堂は粗修覆成就候へ共、大塔修覆今以助力無レ之、追年朽損候故」とあって、修理を願い出ているが、寛政四年（一七九二）に、奈良に史料調査に来た屋代弘賢の『道の幸』にも、「元興寺は五重の塔のみ市中に物ふりてむかしを思やれはいとはかなきさまなり」といわれた状態で、なかなか修復も捗らなかった。寛政五年に、同寺で聖徳太子十六歳像を大坂で造らせて、八月に観音堂に納めているのも、塔修理促進のためであったかもしれない。

この間、勧化のための富・相撲・呑竜の説法・浄瑠璃・軽口咄などが催され、理源大師九百年遠忌や東照宮二百年遠忌をも勤め、努力したためか、修理は、文化六年（一八〇九）には塔内四天王を修復し、同十二年には初重目内陣

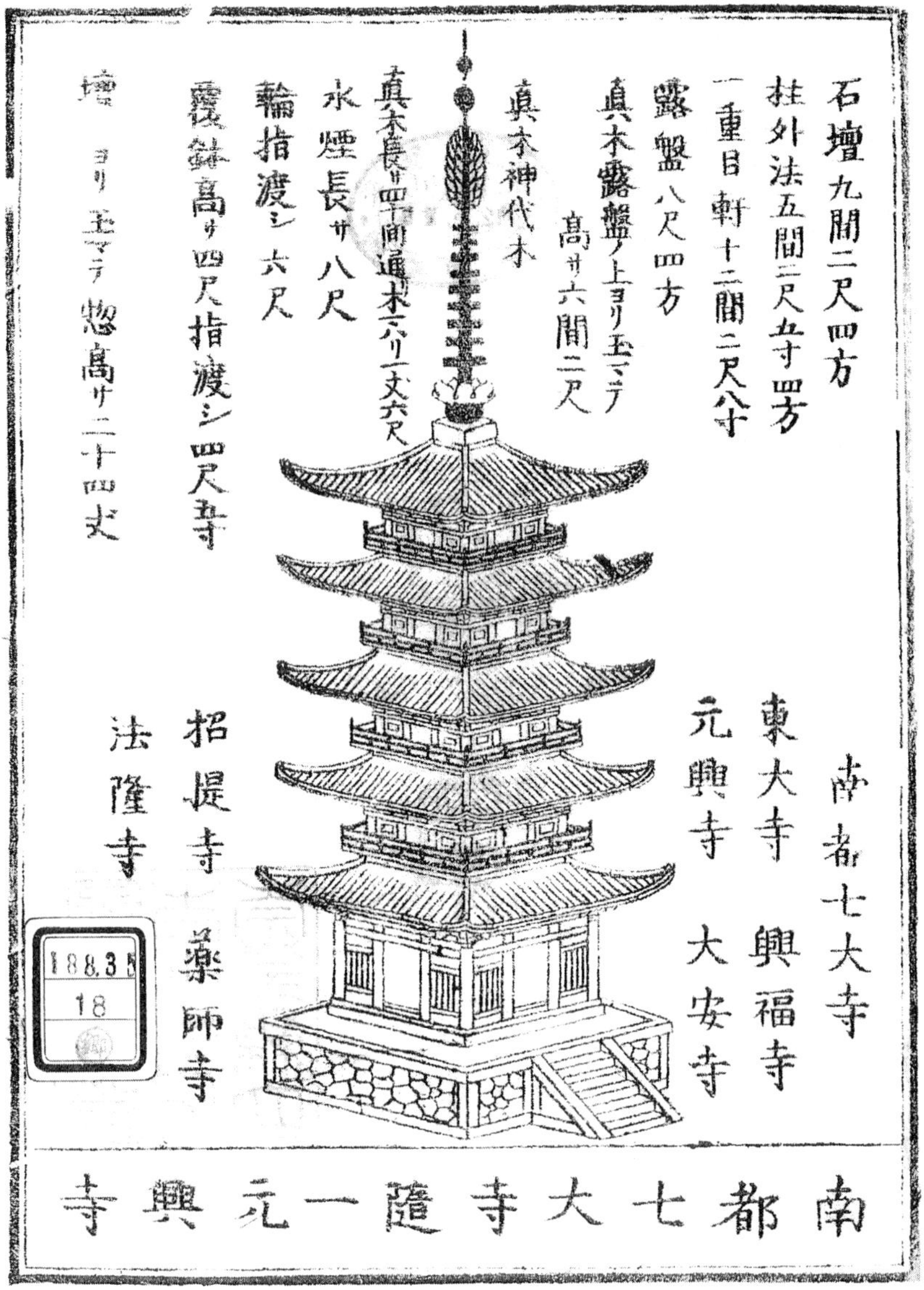

図 65　大塔図（勧進のためのもの）

が整い、文政五年（一八二二）には「規定通大塔修復之儀職分致二丹誠一、四重目迄者悉修理」ができ、一枚刷の五重塔図が版行されるまでになった。ついで文政九年の『井上町年代記』には、「二元興寺大塔並観音堂修復為二助成一、中年三ヶ年之間富御免被レ成、当年より四月、七月、十月、来亥正月、壱ヶ年ニ四ヶ度づゝ、定日十八日ニ相定、元興寺境内ニて興行之事ニ候間（下略）」とあって、なお修復のために富籤が許可されているので、修復が続行されていたことがわかる。

なお、東大寺僧による元興寺観音堂での勤行は、当番の東大寺子院が順次担当し、その日程が『東大寺年中行事記』の宝暦七年の項にある。その日程は、正月八日・二十四日、四月八日・二十日・晦日、五月八日、六月二十日・二十五日、七月二日から五日まで、九月十三日・二十五日、十月十四日、毎月東照宮忌日十七日、毎月観音講十八日となっていた。

図 66　極楽院碑

西大寺末寺の極楽院と小塔院

中世の極楽坊は、近世に極楽院と呼ばれている。名称の変った時期はよくわからないが、極楽坊が完全に旧元興寺と分断され、独立寺院的な姿になったころからかもしれない。ここでは、寺領の朱印状に極楽院とあるので、以後をそのように呼ぶことにした。

十三世紀ごろから庶民の寺となっていた極楽坊は、中世末期には、浄土往生を願う人々に対する宗教の役割のほかに、なかば町の会所的な役割をも果していたと思われる。天正十三年（一五八五）には、筒井順慶の位牌所建立のた

図 67 近世の極楽院図会

めの手斧始が行われたり、同十八年の、豊臣秀長の病気平癒の諸寺の祈禱に対する布施を交付する場となったり、同年の金商人事件にかかわった囚われの商人たちを取り調べる場となったりしているのは、その証拠である。しかし、慶長七年（一六〇二）の知行地を定めた朱印状を与えられて以来、そのような役割はなくなったが、同時に庶民の寺という性格をも失った。

さきに、この寺の蔵骨器等について述べたように、近世に入ってそれらが急に減少し、寛永前後に姿を消した。また墓寺化し、墓碑としての石塔類で年号のわかるものは、享保期ぐらいを境として急減する。これらは第一に、当寺が朱印寺院となって民衆と離れ始めたことによるとともに、近隣に寺檀関係をもつ浄土宗系寺院が根を下したことにもよる。その上、奈良町の繁栄の時期が頂上を過ぎたということも関係している

図68　虚空蔵菩薩坐像

と思う。

　寛永十年（一六三三）に、西大寺は極楽院が末寺であることを報告している。以後は寺領百石の実力のある末寺として、本寺西大寺内で重きをなし、極楽院住持であった賢瑜・尊信・尊覚・尊静・尊員らは西大寺の役者として活躍し、やがて長老とされている。そして竹林寺や多田院や福智院の住持を、時には兼ねることもあった。寺領も確立したためであろう、承応四年（一六五五）の大徳寺江雪宗立の銘文のある鐘（高さ三尺六寸）ができ、寛文三年（一六六三）には、禅室の北にあった旧小子房で庫裡として使われていた建物を修理し、天和三年（一六八三）には、尊覚が極楽院に置かれていた五重小塔を修理したことが同塔心柱の銘にある。この尊覚が智光曼荼羅を印行頒布したことはすでに述べたところで、元禄期前後は極楽院の活気ある時代であった。先記の『道の幸』には、「極楽院にもわたくしにまうて丶、西行か筆にて六字の名号かきたる天井板もみつ」とあって、西行の伝を強調していたことが察しられる。

　中世末期までは、小塔院は表面上、大乗院の支配下のような関係にあったが、西大寺末寺であることは確認されていた。極楽院同様に、寛永十年（一六三三）に西大寺から大和国南都の小塔院として正式に届け出ている。当寺は中世末には多少活動するようになったらしく、慶長十年（一六〇五）造立の胎内銘のある虚空蔵菩薩坐像が、現在まつられている。

やがて元禄十年（一六九七）に、小塔院愛染堂修造のための勧進状が瑞峯の名で出された。この文面で、小塔院は元興寺西金堂（吉祥堂）の別院であり、西大寺の叡尊以来律院となったが、今は荒れて狐狸の臥土となっているといい、仏壇の愛染明王は聖徳太子の御作だから堂宇を建立したいとし、「十方旦那壱万人を勧奉り三ヶ年の間一月に三銭宛の助力を蒙り」と述べている。『西大寺集会引付』によると、翌十一年春から修造を始めたが借金ができたので、翌十二年二月に境内で芝居を催したいとの申出に対し、西大寺では一旦は許したが、同年六月になって愛染講中からの願いに対し、律院内での芝居は不可としている。ついで宝永三年（一七〇六）には、虚空蔵菩薩のための堂の建立の願が出されて許され、その工事が進んだようで、宝永四年五月の刻銘のある鬼瓦が存在する。

この間、肥前国石塔院の宜観房がこの寺を預ることになり、宝永三年四月には、宜観のあと瑞天宜聞房が住持となり、同時に小塔院規式が定められている。その主な項目は、長日勤行等を勤め、檀施主らの願の祈禱をすべき事、興法利生結縁のほか徒らに俗家を入れぬ事、仏像経巻を守護し、住持は本山の許可を得ること、親族・檀越でも断りなく本山境内に葬ったり、俗宅を建てたりしない事、本山大会の時は必ず詰めるべき事の五ヵ条であった。そして近世前期の間に吉祥堂は、次節で述べる名所記にみるように退転したと思われる。

享保九年（一七二四）には天川弁才天の開帳があって、弁才天社の場所を改め、元文五年（一七四〇）には小塔院の開帳があった。また『西大寺集会引付』や『西大寺日記』によると、宝暦十三年四月には住持交代の未申告を奉行所からとがめられ、天明元年（一七八一）四月には、京都清水寺経堂で本尊愛染明王の開帳を行っている。ついで寛政三年（一七九一）八月の大風のため大破したので、翌年その修理を願い出、修理助成のための相撲が興行された。その後、住持の犯罪もあって、文化元年（一八〇四）五月からは尼僧が入寺するようになり、弘化二年（一八四五）には改めて住持職規式の条々が定められている。また安政・文久のころには、境内で曲馬・古噺・浄瑠璃・相撲等が行われていた。なお元文五年（一七四〇）刊の『南都年中行事』によれば、建物として虚空蔵堂・僧室・鎮守・弁才天宮があり、毎月十三日が縁日であったという。

4　名所旧跡としての飛鳥寺と旧元興寺

名所記・紀行文等にみえる旧元興寺

中世末期以来の産業の発達と、元和偃武といわれた平和の到来のもとで、社寺文化の故郷であった奈良は、近世前期には寺院の大々的な復興もあって活気があったが、中・後期にはその活気も失われ、名所としての奈良という姿が著しくなってくる。旧元興寺の地域は、奈良から南方への上・中街道に近いため、旅人の往来や旅宿もあって、奈良の中では賑わった方であって、旧元興寺関係の三寺院や鬼薗（隠）山などが名所となっていた。このような情勢に応じて、紀行文と名所記類が出版されている。いまこれらの記録のうち、これまで述べてきた歴史と著しく異なる伝、あるいは注目すべきものを記してみよう。

延宝三年（一六七五）刊行の『南都名所集』の元興寺の項では、「世上に小児を威《おどす》とて、目をはり口をひらきてがごぜといふは、むかし此元興寺に住し鬼の事をいふとて元興寺といふを、後にはをのづからがごぜといへるなり」と、「がごぜ」の説明をし、また十輪院を元興寺の一院としている。延宝六年刊の『奈良名所八重桜』では、元興寺の一院であるが、零落したのを専阿が中興してから浄土宗となったとし、風呂町は元興寺の風呂の跡であり、悲田院はもと十念寺もその一院であったのを、忍性が愛染堂をうつして再興したという。また吉祥堂は、「中比まで堂有しゆへ町の名とせり、今は堂も絶はて中むかしのあくまて大石有、毎年元興寺のうちなる観音堂におひて吉祥天のまつり事をなすといふ」といい、さらに「さて此町より北に高御門といふ町有、其町の会所に裸大師といふおはします、是は空海大師承和二年乙卯三月廿日に手つから作らせ給ひ」と述べている。この像がいま西光院にある像であろう。

小塔院については、聖徳太子作の身のたけ一尺あまりの愛染明王のことをあげ、元興寺全体の所では、『鞍作鳥仏師が本朝大仏の初めに造り奉りし中金堂の釈迦仏は興福寺の東金堂へ入給ひぬ」とある。また東寺林町の大興院も元興寺の一院であったが、今は町の会所で、本尊阿弥陀如来と左右に薬師と釈迦像があるという。この『八重桜』は、江戸の大久保秀興が奈良の知人本林伊祐と奈良を歩き尋ねるという趣向で、挿絵は有名な浮世絵師菱川師宣というだけに、さすがに勝れている。

つぎに、林宗甫著の『和州旧蹟幽考』は延宝九年の序があり、内容は、『続日本紀』『帝王編年記』『玉林抄』『元亨釈書』『順礼記』等の出典を明らかにしているだけに、ほとんど異説はない。

以上は、元禄ごろの奈良繁昌期に出版された名所記の類であるが、これに続いて、近世中期には地誌類が出版された。その一つは貞享四年刊の『奈良曝』で、各町の軒数とその町の見所を簡単に記し、寺院の部でも、たとえば「元興寺、知行五十石、東大寺より支配す、むかしの跡とて弐十四丈五重の塔観音堂残れり、此観音長谷寺の観音と同作とかや」という簡明な叙述である。つぎに友山文庫蔵版の『奈良地誌』がある。年次は江戸中期かと思われるが、各町の家数・竈類を詳しく、町内の社寺も簡潔に記している。

地誌として集大成したものは、享保二十年（一七三五）刊行の『奈良坊目拙解』であり、これまでにも度々引き合いに出した書で、町ごとの記述であるが、引用史料を明記している。引用文献中、『元要記』『奈良七郷記』『諸寺雑記』『享禄年七郷記』等、現在見難いものを含んでいる。考証も緻密で、参考になる所が多い。たとえば、吉祥堂は西新屋町の会所であり、小塔院境内で旧名は服部堂といったといい、小塔院については「里諺謂、因レ奉二納无垢浄多羅尼之小塔一号二小塔院一焉、此伝説不可也、対二於元興寺大塔一号二小塔院一也」と、意見を述べている。また花園町について、「当名上古元興寺伽藍仏供之花園也、然里俗云、右大臣豊成公及中将姫館家庭上之花園矣、是妄説漫准二三棟町謬伝一、不レ足レ用矣」と論じ、寺林町については、「当名往昔元興寺境内而有二樹林一、仍号二寺林一寺者謂二元興寺一」と説明している。

地誌といえば、並河誠所らが実地調査して『日本輿地通志』をつくり、そのうち大和の部が、『大和志』として享保二十一年に刊行された。しかしこの書では、元興寺として、観音堂を金堂とし、五重塔と金堂が今なお存すといい、極楽院と小塔院と十輪院を元興寺の三つの子院とし、「其余薬師町薬師堂・吉祥寺町吉祥天堂・阿字万字町及南室辻・北室・鶴福院等皆旧界内云」としている。

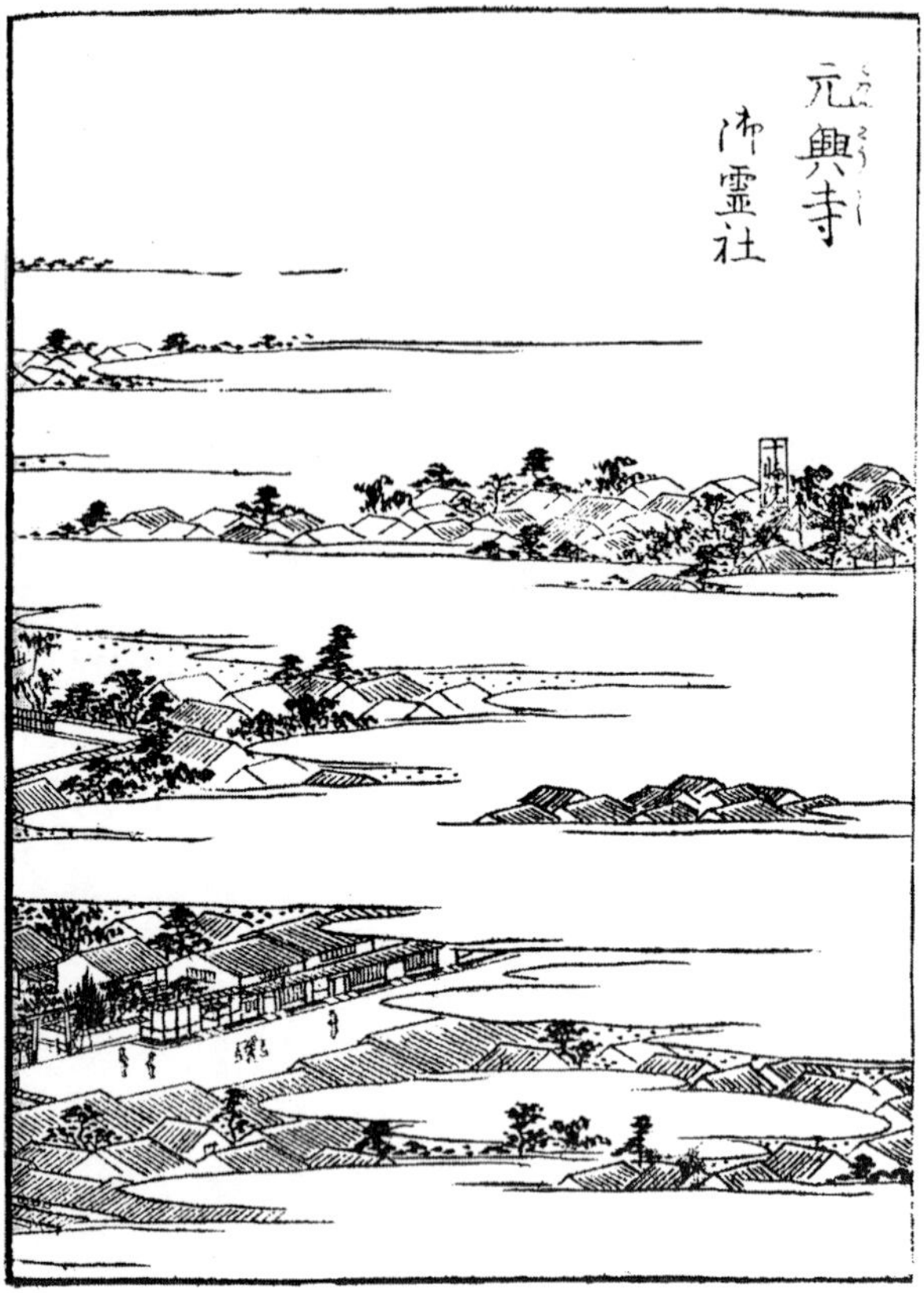

図 69 『大和名所図会』の元興寺図

地誌としてはその後、寛政年間（十八世紀末）に、久世宵瑞が『奈良坊目拙解』を簡略化して『平城坊目考』を出し、それは、明治二十三年（一八九〇）に金沢昇平によって活版刊行された。金沢はさらに、その補遺として『平城坊目遺考』を著し

ている。

その他では、正徳三年（一七一三）刊の『倭漢三才図会』では、極楽坊は「初元興寺之末寺、後成二西大寺法流一」とあり、禅院寺は「所在不分明」としている。また寛政三年（一七九一）刊行の『大和名所図会』では、小塔院の項で護命の詳しい伝と護命味噌（飛鳥味噌）のこと、元興寺の項では昔、五重塔に鬼が住んでいたとして、「美しい女を鬼ときく物を元興寺《がごじ》にかまそといふは寺の名」の歌を入れている。つぎに案内記の類も、延宝六年の『大和国独案内』に始まり、元禄十五年の『南都名所記』から『南都名所之絵図』等があり、この時代末期には随分多くなっている。

終りに、紀行文的なもので、近世の元興寺を語るものをあげてみる。その一つは、作者も年代も不明である『奈良の時雨』である。念仏寺のところで、「念仏寺ハ袋中上人の開基也、（中略）抑当寺の霊宝ニ恵信の御筆当麻曼陀羅のうつしあり、又智光・清海の両曼陀羅有レ之、何も真筆のよしいへり、然とも智光曼陀羅云ハ極楽院ニ有と書伝ナリ、清海の曼陀羅ハ超昇寺念仏堂ニて炎上したるやうに書れどつゝかなく爰ニ伝りける歟、実説不レ得レ求、（中略）（大乗院御門跡の）御庭は凡日本ニも無レ之とかや、其様三笠春日高円ナトヲ写し、池水ヲたゝへ船ヲうかべけしきえならぬとぞ、（中略）（極楽院について）南のかたニ諸人の石塔アリ、其中ニ慈雲トいへる人の石塔アリ、其様ことやうなるものニて凡□かぬる板柱のごとし、高サ四尺斗りもやあらん、表ニ柳緑花紅慈雲とえり付たり、又連歌宗匠法橋紹巴の石塔もアリ、（中略）三月廿一日ニハ当寺開門アリ、門前の東かわニ光伝寺といふ浄土宗有、知恩院派也、北へ出てむかふニ薬師有、（中略）元興寺ハおとろへはてつ五重塔一基高サ廿四丈大日如来います、又堂一宇観音の立像ナリ、元禄五年三月ニ開帳有てミな人拝セリ、（中略）（十輪院の）南かたいにしへ元興寺の道昭の住給ひし南光院といふ寺跡あり」とある。

その二は、奈良奉行川路聖謨が巡見し書きとめた『寧府紀事』である。弘化三年（一八四六）四月二十二日に中院町の極楽院へ行き、「この寺市中にあれ共正《マヽ》徳太子の頃建立ありしまゝにて、智光法師礼光法師の禅室昔のままに存し居る也、柱桧にて八寸八分あり、違ひ棚もあり、（中略）掌中曼荼羅、是は智光法師感得日本三曼荼羅のうちにて、仏法最初のもの也といふ、五重塔、二丈余もあるべし、推古天皇四年元興寺の塔を日本の塔のはじめにつくれる時の試の塔なりといふ、今いふおこし絵図并ひなかたの類を以天子の叡覧ありしものゝ存せしなるへし、其外仏体等小野篁・空海等の作といふもの多あり、記すにいとまあらす、画或は書其他珍物多ありたるを、乱世に武士が奪ひたるか坊主が売たるにて、銭にならぬ仏ばかり残たるなるへし、（中略）夫ゟ元興寺江参る、こゝの塔其外共千二百年余のもの也、塔修復にて九りんおろしあり、さひ色青磁の如くにて千年余風雨に逢ひたれは銅も所々蝕して剝け、或は刀ならはシンかね等いふがごときものみゆる、塔は雨落十一間四面といふ也、高き石段の上にあり、石段を省き二十四丈ありといふ、真木長サ四十間廻り一丈六尺あり、神代の木也といふ、漸に三重まで昇りみたり、奈良の町中眼下にみゆる、総桧の木つくり也、これ南都七大寺（七大寺名略）の一なれ共、今はみな破壊して塔其外少々残せしのみ也、八雷神面（中略）」と記している。

川路の見聞は五重塔の炎上の前、十余年であった。以上で、旧元興寺の三寺等の姿を推察したこととする。

近世の飛鳥寺（安居院）

本元興寺については、室町時代の文献で大乗院尋尊の筆かという、菅家本『諸寺縁起集』（『南都七大寺巡礼記』）に記述があるが、それは鎌倉時代にできた『諸寺建立次第』や、護国寺本『諸寺縁起集』とほぼ同文であるので、ここでは史料としては使えない。また第五章で、『玉林抄』によって、十五世紀の中ごろには伽藍もろくろくなかったことを述べたが、それ以後、二百年近い間の本元興寺の様子はわからない。いまこの寺に、元禄十二年（一六九九）に三輪山遍照院の性亮が記したという『元興寺安居院縁起』の写しがあるので、以下、これによって同寺修復の次第をみよう。

この縁起によると、寛永九年（一六三二）に大和今井村の富井孺光・妙心夫妻によって、梁行三間・桁行四間の堂が釈迦像のために建てられたという。ついで天和元年（一六八一）に、香久山興善寺照明院の秀意が新たに草庵を作って安居院と号し、釈迦像の傷んだ手を木で補い、両膝は土で補修したので、秀意は元興寺安居院の中興の祖であるとしている。釈迦像の粗末な補修といわれるのは、この時のものであろうか。

その後のこの寺の修復については、同寺蔵の『飛鳥寺中興世代考証』によると、延享二年（一七四五）三月に釣鐘が鋳造されている。実は平成十年（一九九八）四月に、奈良国立文化財研究所が発掘した飛鳥池遺跡で梵鐘鋳造の遺構がみつかり、ほぼ完全に復原できる鋳型からこの時のものとわかった。梵鐘そのものは昭和十八年（一九四三）に軍に供出されて今はないが、鋳型に残る「鳥形山安居院飛鳥寺」や「延享二年乙丑三月二十一日」や「和州葛下郡五位堂村」などの字が、以前の記録と一致したのである。その後、文政八年（一八二五）三月には本堂が再建されてい

図 70　飛鳥大仏碑

る。

前項でみたように、近世中ごろからは名所記や地誌の類が出版され、由緒ある古寺は多く名所・旧跡として人を集めたのである。飛鳥寺も前記のようにさびれた中にも、法灯を守る努力が重ねられてきたので、ここに、名所・旧跡にその名を連ねることができたし、同寺の来歴からみればそれは当然のことでもあった。『大和志』には、「飛鳥寺、一名元興寺、霊亀二年移二寺於平城左京一、今安居院此其遺址」とあり、廃大官大寺と廃川原寺と合せて、上古には三大寺といったと記している。

しかし実地に歩いた記録としては、本居宣長の『菅笠日記』が詳しい。宣長は明和九年（一七七二）三月に吉野を経て、十日に飛鳥に入った。「すこし行て飛鳥の里にいたる、飛鳥でらは里のかたはしにわづかにのこりて、門なともなくてたゞかりそめなる堂に、大仏と申て大きなる仏のおはするは丈六の釈迦にて、すなはちいにしへの本尊なりといふ、げにいとふるめかしくたふとく見ゆ、かたへに聖徳太子のみかたもおはすれど、これはいと近きよの物と見ゆ、又いにしへのだう《（堂）》の瓦とてあるを見れば、三四寸ばかりのあつさにてげにいとふるし、此寺のあたりの田のあぜに、入鹿が塚とて五輪なる石、なからはうずもれてたてり、されどさばかりふるき物とはみえず」と記している。さすが、宣長と思わせる文である。宣長はなおこの日記で、享保期の並河誠所の調査にふれているが、寛政四年（一七九二）十月には幕命によって、国学者の屋代弘賢らが古記録・古文書調査のために大和に来た。その時の紀行『道の幸』には、この寺のことを「飛鳥寺はたえ〲にてすがたばかりのこりぬ」と記すだけで、特に調査はしなかったようである。

この寛政期のころは、古跡を顕彰しようとする気風の高まった時代であったようである。寛政三年には『大和名所図会』が開版され、その飛鳥寺の項には、この寺を聖徳太子が十七歳の時、物部氏を討つ誓願によって建てられたとし、本尊釈迦像については「鞍作鳥仏師の作也、初此造仏の事を高麗国大興王つたへ聞給ひて黄金三百両を献せられ遂に仏成就し給ひぬ」といい、慧慈と慧聡が入寺して安居したから安居院ともいうとし、盂蘭盆や万花会や万灯会が始められたのも仏法最初の寺だからといい、「仏法元興之場聖教最初之地」であり、近くに安居井があるという。そして最後に、『続後拾遺和歌集』にある久明親王の歌「暮ぬなりねぐら尋ねてとぶ鳥の　あすかの寺の入あひの声《（鐘）》」をあげている。

これが近世における飛鳥寺の世に示した縁起の大筋であろう。今、同寺にある略縁起の版木も、ほぼ内容は変らない。また寺側として、日本最古の大仏を擁するこの寺を顕そうとした証拠は、「飛鳥大仏」という優れた石碑で、側面の刻銘は「寛政四子年三月八日　施主大坂御堂筋大和屋惣兵衛」とあり、寺の東を通る長谷伊勢街道に面して立てられていることである。

名所大塔の炎上

元興寺の五重大塔は、創建以来大きな災厄を免れ、また別当や住持や寺僧の努力はもちろん、広く人々の勧進によって度々の修理が加えられ、千二百年近くの間、その偉容を南都の町の中に示していた。近世の一枚刷の奈良名所絵図をみると、画面の大部分を東大寺・興福寺・春日社で埋め、わずかに中央下部に小さく元興寺が描かれていて、この塔が奈良の名所として扱われていることがわかる。この塔が、安政六年（一八五九）に炎上した。

『鵲町御祝儀納帳』によると、この年二月二十八日夜毘沙門町から出火、「尤風者無ㇾ之候得共、それゟ元興寺大塔

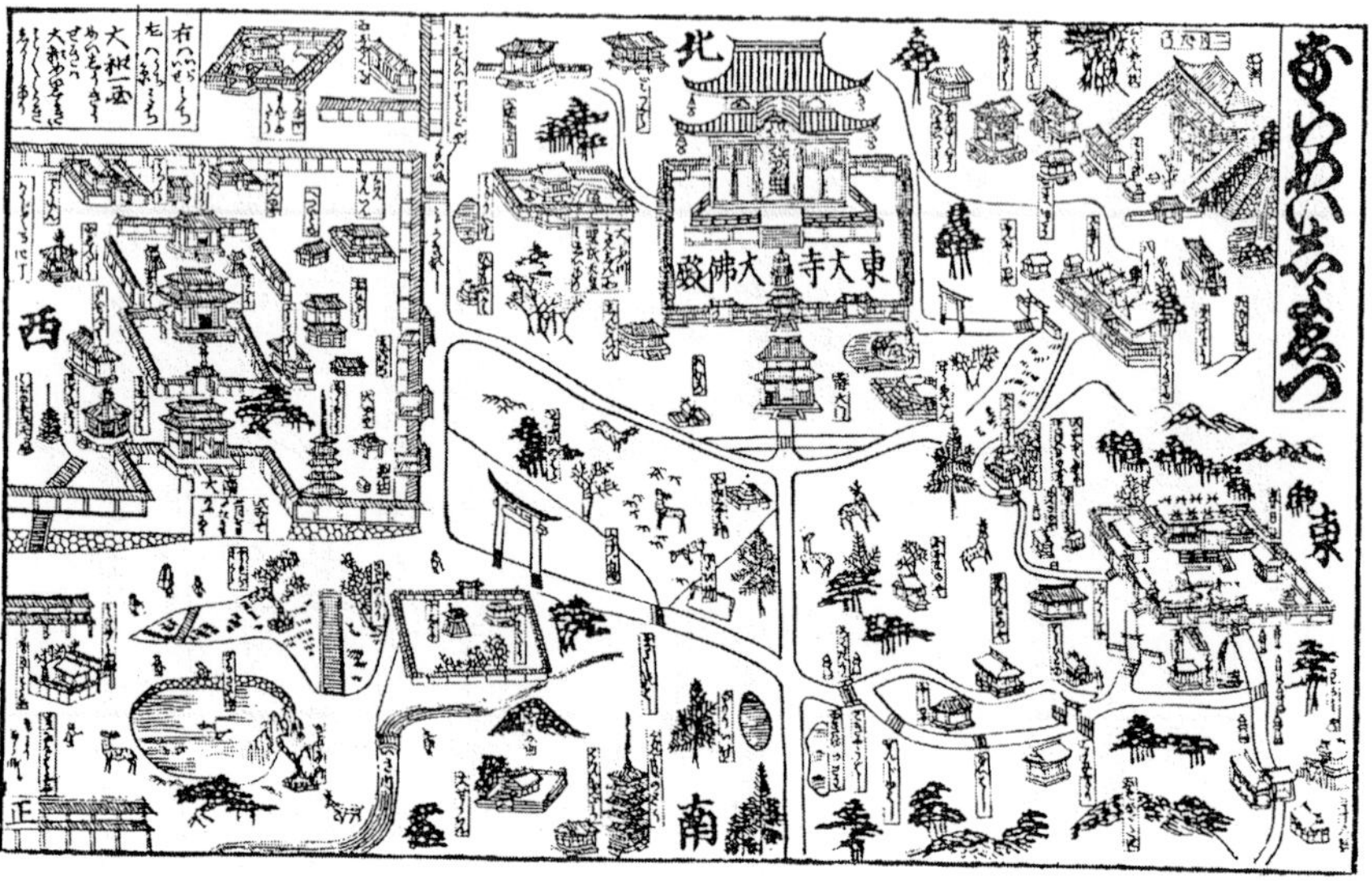

図71　奈良名所絵図（右・春日社　中央・東大寺　左・興福寺　中央下・元興寺大塔）

江火移り、同寺不レ残焼失」とあり、『西大寺日記』には、「元興寺大塔五重目江飛火候而五重目ゟ焼失、同寺本堂庫裏其外不レ残焼失」と記している。なお鵲町の記録によると、「一、大塔六間四方高サ弐拾四丈、本尊薬師如来右ハ無レ恙出ス、四隔（マヽ）天王各高サ八尺、右四躰共焼失、聖徳太子高サ五尺十六歳之尊像焼失、同塔在ス高サ七尺十一面観世音出シ奉る、此外塔内在ス古霊仏焼失。一、本堂東西八間壱尺南北七間六尺、本尊十一面観音、御丈壱丈六尺立像焼失、四天王御丈七尺二躰ハ出し奉る、二躰焼失。一、本堂ニ在ス八雷御神面無レ恙出し奉る、一、御代々御尊牌無レ恙出し奉る」とあり、さらに裏門・庫裡・普請小屋・物置は諸道具ともに全焼したと記している。ただ救出した観音像は、一時、徳融寺に移している。奈良名所の一つとして、奈良が誇った元興寺の大塔もついに灰燼に帰した。

つづいて『東大寺年中行事記』の同年の記録によると、四月十一日の項に「元興寺大塔観音堂庫裏其外不レ残焼失ニ付、差当リ安置場所無レ之故、焼跡夫々仮建」と、仮堂の建立を願出で、七月には観音堂と庫裏仮門の建築を許され、やがて東大寺から、松二十本、白銀五枚が寄付されている。その後の事情はわからないが、観音堂の仮堂ができた程度で、塔跡の礎石が並ぶ現在のような姿となり（五七頁、図14）、やがて明治の廃仏の嵐の中で、無住の時期があったと伝えられる。なおこの火災に際し、極楽院の屋根に火の子が飛んで燃えたがすぐ消しとめたと、鵲町の記録にある。そのためであろう、曼荼羅堂・禅室・太子堂等の屋根を葺きかえようという請負大工の伺書が残っている。極楽坊も観音堂も小塔院も、以上のような姿で幕末維新を迎えるのである。

八　近現代の旧元興寺

1　明治前期の寺院の荒廃

神仏分離と廃仏毀釈

近代の起点となった明治維新は、慶応三年（一八六七）江戸幕府の倒壊で始まり、王政復古という形で出発した。明治維新は歴史的には種々評価されているが、要するにこれを機に近代天皇制が樹立され、日本が近代化の道を進んだことは否定できないであろう。そしてこの変革の中で、寺院はまず神仏分離の洗礼を受けねばならなかった。

幕末の思想界をゆるがした尊王攘夷論には二つの主な流れがあった。その一つは水戸学で、すでに早く、水戸藩で朱子学の名分論の立場に立つ学問として成立していたが、幕末の難局の中で、尊王と攘夷を主張する危機の思想として急展開していた。もう一つは復古神道で、古道を研究する国学から生まれ、やがて古道を尊信し、古代を今に復活させようとする実践運動にまで至ったもので、復古神道ともいっている。この二つを主軸として尊王攘夷論は成立し、やがて尊王討幕論へと展開し、尊王による王政復古という形で明治維新の改革は始まった。

それ故、明治新政府の政策には、さきの両系統の思想の影響が強く、天皇親政と祭政一致の古代への復古を目ざすものとなった。この傾向が顕著であったのは明治五年（一八七二）ごろまでであるが、この間に、天皇の神聖を支える神道が国教であるべきであるとして、政府に神祇官を設け大教院を設置し、神道の宣教使を置き、伊勢神宮を宗廟化し、天皇・忠臣らの神社を創設し、皇室の祭事によって国の祝祭日を制定した。このような政策が実施されていく限り、これまでの神仏習合した宗教形態は許されるはずがなく、神道重視の立場からの神仏分離の強行となったわけである。

神仏判然令が最初に出たのは慶応四年（明治元年、一八六八）三月二十八日であった。その内容は、神社にある仏像・仏典・仏具等は取り除くこと、神の権現号や菩薩号をやめることなどであった。ついで四月十日にも発令されたが、その文面によると、政府の神仏分離令に対し、一部神官や復古神道家、あるいは倒幕派下級武士出身の下級官僚たちが、旧弊打破の名目のもとに神仏分離を廃仏毀釈と解して、行き過ぎがあったことが察しられる。廃仏毀釈は政府の命令ではなかったが、地方によってはそのような動きがあったのである。

廃仏毀釈の嵐は、たしかに一部の人たちの行き過ぎた行動によって起こったもので、一般民衆の封建的抑圧への抵抗としての破壊活動とすることは無理であろう。それは民衆がむしろ寺院の仏像等を守る側に立ち、仏像を会所等に安置したり、持ち廻りをして護り伝えている例の多いことからも推測できる。しかし維新政府が、いかに神仏を判然と分離するのが主旨であると説明しても、これまでの権威の打倒をねらっていた限り、幕藩制下で特権を与えられていた寺院を抑えようとする意図は否定すべくもなく、また広く一般に、そのように理解されていた面のあったことも無理からぬことであった。そしてこの意向に添うように、地方出先官憲等が中心となって寺院の統合や廃絶をはかったのである。明治四、五年ごろまでに、各村の寺院の廃されたものや統合されたものが多かったことは事実で、それらはおそらく、当時の政府の意図に沿うて実施されたと思われる。

大和は仏教王国であったが、同時に建国の聖地でもあったから、維新政府の政策や思惑をまともに受け、神仏分離だけでなく、廃仏毀釈の嵐を蒙ったのである。社寺の都南都の伝統を代表する興福寺が最も強い打撃を受けて一時、廃寺となったし、聖武天皇陵を守護してきた眉間寺、石上神宮の神宮寺であった永久寺や大神神社の大御輪寺などは跡形もなくなってしまった。興福寺五重塔の払い下げ一件や東大寺砲撃中止のことなどは、この間におけるエピソードである。

かつての元興寺は、当時、大塔跡と観音堂をあわせた元興寺と、僧房から独立した極楽院と、別に一寺をなしていた小塔院、この小さな三ヵ寺に分裂していたから、この廃仏毀釈の騒ぎの中で却って消滅というような特記するほどの打撃はなかったが、いずれもようやく余命を保つ姿であった。明治三年に西大寺が奈良県に出した「戸数ならびに人数御改」によると、当時、極楽院には僧一人、家来四人、小塔院には僧一人とみえている。

寺院の受けた打撃

神仏分離と廃仏毀釈は、神仏混淆というよりはむしろ神社を従えていた寺院にとっては、千年以上にわたる伝統の否定であった。そこで大打撃を受けた寺院は、さらに寺領上知令という追い打ちを蒙ったのである。

明治四年（一八七一）一月の『太政官日誌』には、「諸国社寺、由緒ノ有無ニ不レ拘、朱印地除地等、従前之通被二下置一候処、各藩版籍奉還之末、社寺ノミ土地人民私有ノ姿ニ相成、不相当ノ事ニ付、今後社寺領現在ノ境内ヲ除ノ外、一般上知被二仰付一」とあって、明治二年の大名・武士からの版籍奉還と同様に、社寺の領地を上知させたのである。これに代えて禄制がきめられたが、それは必要と認められた分ということで、東大寺の例では境内地約六十八町が上知され、別に二十二町が与えられている。

旧元興寺の場合をみると、極楽院の朱印地百石と元興寺（観音堂）の五十石が没収されている。この政策によって、一般に、社寺としてはこれまでの経済的基盤を奪われたわけで、特に朱印寺院ははなはだしい苦境に陥り、ここに寺宝等の売り食い生活が始まった。こうして堂舎の売却や撤去、什宝の散逸が相つぎ、僧侶の離散も多く、生駒の竹林寺のように、上知が原因で廃寺となるものも出てきた。旧元興寺では、極楽院と小塔院は本山西大寺預けとなり、元興寺（観音堂）はその本山東大寺の下にあって、三寺ともに無住状態になってしまった。

その他にも、寺院を荒廃させる事情があった。明治元年十二月にはすでに、「諸国寺院之領地、従来守護不入と相唱候分、政務等自取行ひ、今後府藩之所轄に不二相成一も有レ之趣相聞」として、それらの寺院を調査し、寺院の自治の特権を取り上げた。また寺領上知令についで、四年六月の『太政官日誌』によれば、御所・門跡・院家等の称号が廃止されている。さらに、寺院がこれまで取り扱ってきた宗門人別改帳のことが廃されたのは四年十月であり、六年には「僧侶ノ位階、自今被レ廃候事」とある。寺院や僧侶の特権はここに完全に奪われ、寺社人の屋敷の免租の特権ももちろん廃された。明治初年の寺院の受けた打撃は、単に熱病的な廃仏毀釈の嵐によるだけではなく、寺院がこれまでよって立っていた経済的、社会的、文化的の諸特権が根底から覆えされたことであった。

このような寺院零落の中で、撤去や破壊や売却を免れた寺院の建造物には、他に転用されるものが多かった。興福寺でみると、明治四年の廃藩置県で奈良県が置かれた時は、その庁舎は旧一乗院にきめられ（のちに裁判所）、警察署は金堂に、教員の伝授所（のち師範学校）は東室に置かれ、大乗院は破却の上、その敷地は鉄道院の所管となった。

ついで翌五年には、学制発布も近づいたためであろうか、町民有志による学校設立の動きがでてきて、奈良町奉行所がかつて建てた北袋町の明教館は、五年に明教舎と称して私学校となっており、極楽院には町民による極楽院学校（中院町学校）が開かれたのである。『日新紀聞』の二号（明治五年五月刊）には、「今般有志ノ者ヨリ出金ヲ以テ、中院町極楽院・北袋町旧学校所ニヶ所ェ私小学取設度相願、来ル五月朔日ヨリ試トシテ取掛リ候趣キ聞届候間（下略）」と記されている。極楽院が学校となったことと、奈良町民が富裕であったことが注目される。

さて新学制は、明治五年八月に太政官布告二一四号で公布され、四民平等の精神を基調とし、小学校教育を基盤とすることを述べている。さらに、この学制では学区制を採用し、全国を八大学区、一大学区を三十二中学区、一中学区を二百十小学区に分け、学区ごとに学校を設け、その経費は各学区で負担するのを原則とした。
奈良県は第三大学区のうちの第十三・十四・十五中学区となり、奈良町は第十三中学区に入った。この制度によって、六年七月に極楽院に小学校を開き「研精舎第二番小学」と称したが、これは実質的には、先に述べた私小学の極楽院学校を公立として改称したものであった。当時奈良町では、小学校に寺院を借用するものが多く、文暸舎第一番小学は北御門町の五劫院に、陶化舎第六番小学は漢国町の念仏寺に、魁化舎第三番小学は鳴川町の徳融寺に開かれている。

極楽院の研精舎には、第二・第四小学区の児童が入学したが、入学者が殺到し、校舎が狭隘となったため、第四小学区の北部の者を陶化舎に、同南部の者を魁化舎に収容し、別に第二小学区の一部の者のために、七年一月御所馬場町に更新舎を開いたが、その建物は元大乗院の飛鳥御殿と呼ばれた建物で、同門跡の松園尚嘉の宅であった。ついで翌八年五月には、他に小学校も増加したため収容児童も減少したので、更新舎を研精舎に合併して鵲小学校と改称し、校舎は極楽院の禅室と本堂とを使用した。十五年の調査によると、この小学校の規模は教員二人、補助員十二人、助手二人、児童六百五十一人、敷地二段歩借地、建物二棟借館であった。極楽院での公立小学校の情況が想像できるであろう。

奈良と寺院復興への萌し

荒廃した寺院の復興への契機となった第一のことは、国の宗教政策の変化であろう。すなわち政府は明治六年（一八七三）に、これまで掲げていたキリシタン禁制の制札を撤去し、キリスト教信仰を公認したが、これは勿論、外圧によるものであった。そして八年には、近代国家の形として信教の自由を保護する通達を出すに至った。これは維新以来の神道国教主義を否定するものであっただけに、仏教界もようやく平静をとりもどすことができた。事実この年には、太政官から寺院の統廃合の方針を緩和する令が出ている。寺院の廃合は、明治三、四年のころには法類檀家や本山の意向を無視して行われ、五年にはその廃合は地方官の処分に任されていたが、八年の令が出てからは、本寺や法類檀家の承認がなければ寺の廃合はせず、また、無檀・無住の場合は官庁で取り調べることになった。

つぎに注意すべきは、明治四年に、政府に古器物保存方が発足したが、これはいわゆる文化財への注目の第一歩であった。これに応ずるように、奈良では明治六年に、観光客を招いて奈良の復興をはかろうとして、東大寺真言院を会場として諸寺の古器物の展覧会が開かれた。同年三月の『日新記聞』には、東大寺華供養を催すにつき、山内有志が山内の珍奇なものや、諸寺の宝物や諸家の奇品を一堂に陳列したいので、その観覧を希望するという広告が出ている。この成功は、寺院のもつ古器物の価値を見直すことになり、翌七年には県のすすめもあって、植村久道ら二十一名により奈良博覧会社が設立され、八年の三月から五月にわたり、東大寺大仏殿と回廊を会場として奈良大博覧会が開催された。この会社は以後、大仏殿回廊を常設会場として、明治二十年まで営業を続けている。

これらの博覧会は、寺院の持つ文物への関心を高くし、これを所蔵する寺院の自覚を促すことになったが、これにはまた、明治六年のウィーンの万国博覧会や九年のアメリカでの万国博覧会、十一年のパリ万国博覧会に出陳した日本の文物が評価されたこと、そして西洋各国に、古器・旧物を集めた集古館があることを知ったことなども影響している。

いまひとつ、奈良の寺院を元気づけた機縁は奈良公園の成立であろう。廃仏毀釈による興福寺境内の荒廃ははなはだしく、その上、四年に興福寺に置かれた県庁が、九年に奈良県が廃されて堺県に吸収合併されたためになくなり、奈良自体が消沈し活気を失った。この中で、奈良町の有志が十年十二月に、興福寺の旧境内地と周辺の地を十年間無税で借り受け、花樹を植え、風致を整備したいと願い出て許された。これは「植桜楓之碑」にみられるように、幕末に奈良奉行であった川路聖謨が主唱して植樹した先例によるものであった。ついで十二年五月、堺県を通じて「万人借楽ノ地」として公園指定をされるように内務省に働きかけ、翌十三年に許可されて奈良公園が誕生した。これによって、奈良は次第に活気を取り戻すようになるとともに、寺院もまた、前記諸条件によって復興への糸口をつかんだと思われる。ただ元興寺から出た三寺では文物への関心が高まりつつあったけれども、なお寺運の復興とまではいかず、衰運の中にあったというほかはない。

2　見直された寺院の文化財

寺院の立ち直りと復古の傾向

寺院復興の気運は、明治十年代になって次第に目立ってくる。この雰囲気の中で県側では、明治十二年（一八七九）と同二十四年に寺院明細帳を提出させている。各寺院から提出された明細帳で注目されることの一つは、両度とも、元興寺（観音堂）・極楽院・小塔院のほかに、光伝寺・十輪院・興善寺・金躰寺・法徳寺・徳融寺・阿弥陀寺・西光院が、いずれもかつての元興寺の寺内あるいは別院であったとして届け出ていることである。それは、これら寺院が古代の大寺に何らかの因縁を求めようとしていたことを示している。第二に目につくことは、明細帳には建造物や仏像・法具などを書き上げているが、それらについての古い寺伝等を詳しく記して、極力、由緒あるものにしようとしていることである。以上のような記述の中に、歴史的権威の復活とでもいいうる動きが感じられる。

つぎに寺院の復興を語るものとしては、明治十八年に門跡号の復活が認められたことと、仏教諸宗派の確立であろう。仏教の宗派としてこのころまでに認められていたのは、天台・真言・浄土・禅・真宗・時宗・法華の七宗に限られていたため、元興寺（観音堂）の本山であった華厳の東大寺は明治六年以来、大仏殿再建にかかる竜松院一派の関係から浄土宗管長の所轄下に入っていたのであるが、十九年に、ようやく華厳宗の本山として独立することができたのである。興福寺・薬師寺・法隆寺の法相宗が、西部真言宗から認められたのは二十二年であったし、極楽院と小塔院が属する西大寺が、西部真言宗から真言律宗としての独立が認められたのは二十八年であり、唐招提寺の律宗は三十三年にようやく認められた。

諸寺院また仏教のこのような復興の気運の背景には、明治二十年（一八八七）前後の復古主義の傾向と、明治体制の確立を急いだ時局の要求があったと思う。明治維新の当初は、明らかに王政復古の形で出発したが、開国の結果からくる西欧近代文明の受容も、近代化を装う新政府にとっては必須の条件であった。こうして明治改元数年にして文明開化の風潮が来たのであり、さきにみた信仰の自由もこの中で認められた。ついで、列国と対等な形をとるための欧化主義といわれる動きもあった。さらに、西欧近代国家の政治思想である三権分立論や議会政治などが明治新国家の建設の上に大きな柱として必要であることも明らかになると、自由民権論の高揚が来たのである。そこで十年代の終りごろになると、このような文明開化・欧化主義・自由民権論等の近代化の動きに対する反動として、維新当時の復古主義の流れをくむ復古的、国粋主義的傾向が強まった。この欧化と復古の二つの流れの上に、近代天皇制といわれる明治体制は形成されたのであって、明治二十二年発布の大日本帝国憲法やその翌年に出された教育勅語をみれば、このことは自から明らかであろう。

さて、この二十年前後の明治体制確立期にみられた復古主義の台頭は、旧弊打破の風潮に対して、日本の伝統文化の価値の再認識へと進んだといえる。かつて古器・旧物といわれた社寺の什物が美術品として見直される時が来たのである。このような展開を導き、日本美術研究の道を開いた人は、いうまでもなく、アメリカ人フェノロサとその弟子岡倉覚三（天心）であった。フェノロサは十一年に来日して、東京大学で哲学を講じ、他面で古美術に深い理解を示し、十三年以来、度々奈良に来て、諸寺の古美術品を実見し、やがて宮内省と文部省との委嘱によって、古社寺を本格的に調査した。

こうして二十一年には、宮内省に臨時全国宝物取調局が設置され、その全国的な調査の結果、優秀なものには鑑査状が授与された。たとえば飛鳥寺の釈迦如来坐像に対し、二十二年に「美術上ノ参攷トナルベキモノト認定ス」として出されている。この趨勢のもとで、大和の寺院は古美術の宝庫として脚光を浴びることになった。仏教美術を主な出陳内容とする帝国奈良博物館は二十二年に設置がきまり、二十八年に開設され、三十二年に奈良帝室博物館と改称した。また、奈良県古社寺保存委員会は二十九年に置かれ、三十年には古社寺保存法が制定された。

この明治中期から後期にかけての時代、すなわち十九世紀末から二十世紀初頭の時代は、日本が近代国家として世界の中に歩みを進め出した時であり、内部に諸矛盾を蔵しながらも立憲近代国家の体制を整え、富国強兵をスローガンとし、産業革命を遂行していく過程であった。それ故、国家としては精神の高揚をもたらし、文化的な面でも内容の充実がある程度はみられたのである。しかし、このような近代的相貌をもつ国家への急激な展開は、そこに無理も生じ、やがて明治末期の、閉塞の時代と呼ばれる時を迎えねばならなかった。

このような近代国家への衣替えを急いだ時代の中で、古器・旧物は美術品となり、その保存と研究が始められたのである。まず、古器物の価値を見出し、保存しようとする政策が具体化した始めは、十三年に古社寺保存内規による古社寺保存金の交付であって、前記のような社会情勢のもとで、これは順調に実施されたようである。それは明治十五年から二十七年まで続けられたが、奈良県の報告によれば、この間に延べ七十五ヵ社寺が保存金を交付されている。この社寺の中に旧元興寺の伝統をもつ三ヵ寺は含まれていないが、飛鳥の本元興寺の後身の安居院（飛鳥寺）は二十一年度に五十円を給付され、飛鳥坐神社も同年度に百円の交付を受けている。

旧元興寺諸寺の状況 (一)──極楽院──

明治二十年（一八八七）前後になると、さきにみた社会の復古的傾向や寺院一般の復興の気運のもとで、旧元興寺の什宝や周辺町有仏についての記述が諸文献に見られ、建造物や仏像についての来歴を調べたり、評価を加えたりしたものが現れてくる。今これを述べる前に、小学校となった極楽院のその後について記しておこう。

明治十四年に、奈良が属していた堺県が大阪府に合併され、学校も奈良では五小学校に整理されたが、この時、極楽院にあった鵲小学校は飛鳥小学校と改称された。ついで十六年十二月、校舎は御所馬場町の大乗院跡に新築され、極楽院の小学校時代は十余年で終った。なお、奈良県再設置は二十年であり、三十三年には、飛鳥小学校は現在の紀寺町に移転している。法興寺すなわち飛鳥寺が奈良に移転して元興寺となって以来、第二章でみたとおり元興寺のある地域は奈良の飛鳥とよばれ、また、元興寺別院禅定院を吸収した大乗院も飛鳥御坊と呼ばれてきたが、いまその飛鳥の文字は小学校にもこれを止めることになった。

十六年に、極楽院にあった飛鳥小学校が移転すると、この年早くも、真宗大谷派が説教所として極楽院を五十年を期限として借用した。『厳如上人日誌事書』によれば、大谷派説教所はこれまで興福寺内にあったが、極楽院が空いたのでここに移転することになったという。そしてその期間中、寺は、住職名儀だけは西大寺の僧によって伝えられ、寺内には寺守りの一家が住むだけであったという。以下、極楽院が大谷派説教所であった間のことを記しておこう。

明治三十三年（一九〇〇）に儒者越智宣哲が奈良に来て、翌年に極楽院に夜学を始め、四十四年に小西町に私学正気書院を開くまでここにあった。また三十四年三月には、毘沙門町の辻井氏が境内南部の借地から、地蔵石像五十四体と五輪石塔十三個を発掘したが、その中には、元亀二年（一五七一）・寛文八年（一六六八）・宝永二年（一七〇五）等の銘があるものがあり、それら出土品は極楽院の保管に任された。つぎに同じく三十四年に、本堂と禅室が特別保護建造物に指定されたため、大谷派への貸与は一時解約して、庫裡が説教所に使用されたが、やがて元どおり使用された。

ついで三十九年六月には、境内にあった土蔵を中院町に貸与しているが、これは中院町有の薬師如来像と付属品を納めた薬師堂となり、賃貸料は年二十五銭であった。さらに大正六年（一九一七）十一月には、境内地が改めて真宗大谷派本願寺立奈良女学校用地として借地の契約が成立し、極楽院は女学校敷地料として四十円を受け取っている。学校は主に禅室を用い、本科三年、裁縫専修科・同師範科・補修科各二年の課程であったが、昭和三年（一九二八）に経営困難のため廃校になった。そして真宗大谷派との約定どおり借用して、五十年後の昭和八年四月に返却され、極楽院は建造物修理費千円を本願寺から受け取った。

以上のように、極楽院は明治維新直後から昭和の初期まで、小学校・説教所・女学校等として使用されてきた。この間に、鐘楼・太子堂といくつかの土蔵は姿を消し、土蔵の中の残った一つが前記薬師堂となったのであり、仏具や千体仏も多く巷間に散逸したという。

さて、極楽院の建物・仏像等については、今述べた真宗大谷派本願寺への貸付目録に、本堂・禅室・庫裡等の建物と、本尊阿弥陀如来像・聖徳太子像・板曼荼羅・五重小塔・千体地蔵等の什宝が書き上げられている。ついで、明治二十四年の『寺院明細帳』もほぼ同様で、ほかに信徒数は三十名とあり、由緒として、霊亀元年（七一五）に飛鳥の法興寺と仙光院を南都に移し、法興寺が現元興寺（観音堂）となり、仙光院が極楽院になったという。極楽院の名称は智光極楽図がある故の改名であって、それ故、「元興寺別院飛鳥山仙光院極楽坊」というと述べている。また禅室は春日影向堂といい、本尊は智光曼荼羅としている。

つぎに、明治二十七年に刊行された川井景一の『和州社寺大観』には、寺伝を記した次に本尊阿弥陀如来像をみるべきものとし、智光の室は禅室で礼光室はその北の庫裡としている。そして本堂・禅室等は、「伝へテ霊亀二年ノ徙建スル所ト為ス、今ヲ距ル千百八十年、未タ嘗テ災ニ罹ラス、今之ヲ観ルニ営構朴素只堅牢ヲ主トス、之ヲ東大寺ノ法華堂ニ比較スルニ尚一層ノ古色アルヲ覚フ、実ニ稀世ノ古刹ト謂フヘシ」と述べて、この建物の価値を認識している。この点で、川井景一の書は高く評価できると思う。この書では、さらに仏像や曼荼羅について記した後、五重小塔は元興寺大塔の試塔であるとする立場をとっている。

旧元興寺諸寺の状況 (二)——元興寺(観音堂)・小塔院・安居院——

元興寺(観音堂)については、『平城坊目遺考』(明治二十三年刊)では芝新屋町の項に五重大塔の焼亡のことを記し、「此時塔内古仏数多焼失す」と述べているだけである。二十四年の『寺院明細帳』には、観音堂は慶応三年(一八六七)に再興し、大塔跡には仮堂が建ち、信徒は十人と報告している。つぎに二十七年刊行の『和州社寺大観』は相当に詳しく、塔の炎上については「払地蕩尽シ一ノ堂坊ヲ存スルコトナク、唯仏像ノミ僅ニ烟火ヲ免ル、近来其址ニ因テ仮堂ヲ営ム」とあり、さらに堂内には、十一面観音像一体・薬師木像一体・釈迦木像一体・弥陀木像二体・四天王木像二体・八雷神古面一個等があるが、このうち観音と薬師の像は、ともに優等美術品であると見識を示している。その他、堂の傍に石灯籠があり、夜泣灯籠といわれる所以を述べ、五重大塔の跡については礎石が十五、六個あって、その中の大きなものは径五尺程であると記し、「昔時伽藍ノ大ナルコト推知スヘシ、災後漸ク荒廃ニ属シ、大安寺ト同シク仏像旧址ヲ除クノ外今更ニ観ルヘキ者ナシ」とし、観音堂だけが昔の元興寺の末であるという立場に立っている。

また明治二十七年刊行の斎藤美澄の『大和志料』では、「今ハ零落シテ僅ニ一堂ヲ存シ観音等ヲ本尊トシ東大寺末タリ」としているが、別に元興寺の沿革を論じ、『平城坊目遺考』の説に反対している。すなわち『遺考』では、『続日本紀』によると法興寺が飛鳥から平城に移った年として、霊亀二年(七一六)と養老二年(七一八)の二つの年があることに対し、平城京中に新元興寺と本元興寺があったと解している。これに対し『大和志料』は、飛鳥で法興寺と称した寺は二ヵ寺あったとし、一つの法興寺は平城で本元興寺となり、も一つの法興寺は豊浦寺または桜井寺の別名で、この寺が霊亀二年移転の新元興寺であると主張している。『続日本紀』の記事は後人をなやまし、諸説を出させる基になっていることがわかる。なお、この元興寺(観音堂)の地には一時、町工場があったとも伝えている。

小塔院については、二十四年の『寺院明細帳』によると元興寺の別院とし、本尊は虚空蔵菩薩で、ほかに愛染堂・地蔵堂・庚申堂・弁才天女堂があり、信徒は二十五人と報告している。『平城坊目遺考』では、吉祥堂は廃したが、「本尊吉祥天女及地蔵尊・青面金剛童子今尚町内に保護す」とあり、これは現状を理解するのに役立つ記述である。また『大和志料』には百万塔安置以来の変遷を述べ、「延宝ノ頃ハ更ニ愛染明王ヲ本尊トナシ西大寺末タリ(中略)、今西新屋町西側ナル一宇ノ地蔵堂ハ其遺仏ナリト云フ」とし、小塔院を廃寺として扱っている。さらに廃寺として吉祥堂をあげ、「本ト元興寺伽藍ノ其一ニシテ、七大寺巡礼記ニ吉祥堂五間四面安㆓吉祥天女㆒也ト、即此、已廃シ址ハ西新屋町ニアリテ、今尚ホ吉祥堂町ノ小字ヲ存セリ」と述べている。しかし明治三十二年の住職佐伯悟龍の報告によると、「現在諸建物ハ目下大破ノ箇所無㆑之」とあるが、無檀家寺で、以前は近在信者の本尊御膳料で相続していたが、最近はそれもなく、相撲興行や商家に境内を貸していたという。

以上、三寺のほかで明治中期の町有仏については、『平城坊目遺考』に、中院町の薬師堂本尊薬師如来は霊仏であるとし、今その堂を廃して、本尊は同町光伝寺に移したとあるが、それは先に記したように、三十九年に極楽院の地を借りて新たに薬師堂としたことに連なると思う。つぎに毘沙町の毘沙門堂本尊多聞天像については、その堂を破壊し、本尊を十輪院町法徳寺表門の傍に移したとあって、現状にあっている。なお同書には、西新屋町東側にある飛鳥神並神社について、これを元興寺の鎮守社で飛鳥から移されたものとし、この社を、近世に率川阿波神社とするのは誤謬もはなはだしいという。そして、元興寺町白山辻子の白山神社についても、もと当社は、高市郡元興寺鎮守神が当地に移されたもので、元興寺鎮守治田神社というと記している。

なお『和州社寺大観』では、十輪院・金躰寺・誕生寺・十念寺等を元興寺の一院であったとし、このうち金躰寺は

図72　安 居 院 現 景

かつての元興寺の一院南光院の旧地で、南光院は右京禅院で道昭の住房であるという意見をのべ、また悲田院は俗に元興寺の一院としているが、史料からみればこれは興福寺の一院であると主張している点など注目される。

元興寺の前身である飛鳥の法興寺は、本元興寺と呼ばれ、近世には真言宗の安居院となっているが、この寺につき『和州社寺大観』は、「安居院ハ高市郡飛鳥村大字飛鳥ニ在リ、即チ飛鳥寺ノ跡ナリ、奈良橋本元標ヲ距ルコト七里十六町、現境内百四十九坪、本堂・庫裡・鐘楼等アリ、堂ニ盧舎那仏ノ坐銅像ヲ安ス、長一丈許、俗ニ是ヲ飛鳥ノ大仏ト称ス、推古天皇十三年鞍作鳥ノ作ル所、明治廿七年ヲ距ル千二百九十一年、実ニ海内無比ノ古銅像ナリ、其他古仏像数軀アリ、堂傍田間ニ礎石夥アリ、蓋シ古ヘ伽藍ノ跡ナルヘシ」と正確に叙述している。『大和志料』では、「古ハ巍々タル伽藍ナリシモ、年代ノ久キ漸ク衰頽シ、今ハ僅ニ其本仏ト僧坊ノ一ナル安居院ノ名残ヲ存スルノミ」という表現になっている。

学問の発達と旧元興寺の文物指定

明治維新以来の日本の近代化は、明治政府の指導のもとに急速に行われたために、それが表面的であり、片寄った面があったとしても止むを得なかった。それでも、明治末期から大正時代を経て昭和初期に至る時代は、諸外国との関係も多角化して、近代化政策が一応の実を結び、その中の一時期は、大正デモクラシーとさえ呼ばれる時代があった。従ってこの時代には、文化の諸分野で人文主義的傾向がみられ、人文諸科学においても著しい発展がみられた。それらの諸学問のうち、特に政治権力と関係の深いアカデミズムの諸学問は、一面でなお、水戸学的名分論や宗教的神秘主義のような伝統を払拭しきれないものがあったのは事実としても、他面では西欧近代学問の影響を強く受けているのであって、その合理主義や実証主義の理解などにはみるべきものがあった。

いま、寺院史研究に関係深い学問に限ってみても、名分史学を脱し、ランケ史学の流れを受けた歴史学、古物愛好の趣味的な面から古代の実証研究を進めるための、組織的発掘を行う考古学、骨董的価値に重点を置く目利きの域から脱して、美学に裏付けられ史的評価を加える美術史学、単なる民間習俗への関心から、ようやく系統的、実証的学問の形態を備えた民俗学、その他、仏教学・国語学など、これら諸学の発達は、寺院の歴史やその所蔵する文物に対する調査研究の上に、刮目すべき成果を示すようになった。

そのような近代的学問の照射を受けた研究の先駆をなしたものの一つは、明治二十一年（一八八八）に出た伊東忠太の『法隆寺建築論』と、伊東の後輩関野貞のこれを継ぐ研究活動であった。こうしてまず、古代建築として法隆寺の伽藍が問題となり、現法隆寺の再建非再建論争が歴史学者喜田貞吉を交えて学界を賑わした。この論争は、明治末期から昭和の時代まで続いたが、それは古代寺院の歴史や建築や美術品の研究を刺激すること多大であって、それはまた、文物の指定や修復と深く関連している。考古学では、大正期に高橋健自が大和の遺跡について先駆的な研究活動をしたが、その後の発掘調査の発達は寺院跡などの史跡を明らかにし、瓦や石造物の研究も次第に精緻になっていった。

これまで、とかく伝承と事実の境がなく、古物愛好的にまた地誌的にこれを扱う以上にはあまり出なかった元興寺についての研究は、以上のような各学界の活発な活動のもとで、新たに近代学問の眼で見直されてきた。その中の著しいものをあげてみよう。その一つは、明治末期に現れた重田定一・平子鐸嶺・喜田貞吉らの研究で、古代以来の諸文献に随時に使用される法興寺・元興寺等の寺名による混乱を整理し、各寺院を的確に把握しようとしたものであった。

その二は、明治四十年（一九〇七）に平子鐸嶺によって初めて、醍醐寺本『元興寺縁起』が紹介されたことである。これによって元興寺研究に新たな重要史科を加えることになり、本書第一、二章でも用いたもので、その文献学的研究もすすめられた。大正期の喜田貞吉・竹島寛らの研究がそれであり、大正十一年（一九二二）には同縁起が国宝に指定され、昭和二年（一九二七）にはその複製本も出版された。

その三は、安政六年（一八五九）に炎上した大塔跡が昭和二年に発掘調査されたことである。その結果はすでに述べたように、基壇と礎石と埋納品がみつかった。これを契機として、建築学の足立康の塔の復原的研究が昭和六年に発表され、同十四年ごろには、足立康・太田静六・黒田昇義らの研究発表が学界を賑わした。

その四は、美術史学や仏教学の発展のもとで、鈴木暢幸・望月信亨の智光曼荼羅の研究や、高西賢正・戸松憲千代らの智光の浄土論の研究があり、また松平年一・小野玄妙・金児祝夫の経典研究もあった。

その五は、昭和十年前後に法興寺の創建や南都移建について、主に建築史学の面から、大岡実・福山敏男・和島芳男らの精緻な研究が出たことで、この問題はほぼここに決定づけられた。

これら諸分野における研究の発展と平行して、文化財の国による指定が行われた。政府は明治三十年（一八九七）六月に古社寺保存法を制定したが、これは古社寺を資金的に援助するのではなく、保護すべき古社寺のもっている文物を、国が国宝と特別保護建造物として指定し、これを保護しようとする制度であり、修復する場合は、その費用の約半額を補助することになっていた。

この制度によってこの年十二月には、奈良県で東大寺大仏など六十点が国宝に、興福寺北円堂など二十件が特別保護建造物に指定された。その後も逐次指定されたが、旧元興寺関係では、明治三十三年に観音堂の十一面観音菩薩像が国宝に、翌三十四年には極楽院の本堂と五重小塔が特別保護建造物に、その翌三十五年には観音堂の薬師如来像が国宝に、さらに三十九年には極楽院の禅室が特別保護建造物に、同年に極楽院の阿弥陀如来像が国宝に指定されている。

古社寺保存法が制定されたときには、この制度は内務省社寺局の所管であったが、大正三年（一九一四）にこれは文部省に移管され、同八年に史蹟名勝天然紀念物保存法が制定され、同十年には奈良県下で九件が史蹟の指定を受けた。つぎに昭和四年（一九二九）には国宝保存法が制定されたが、これは社寺に限らず個人の所有物件にも保護を及ぼし、優品の散逸とくに海外流出を防ごうとする意図をもっていた。

昭和二年に大塔跡の発掘調査が行われて成果があがると、同七年には元興寺塔跡としてここが史蹟に指定され、翌八年には出土した玉類銅銭その他一切が元興寺塔址土壇出土品として重要美術品に指定された。大塔跡がこのように整理されてくると同時に、その傍の観音堂もこの寺の本堂として昭和十年ごろには再建され、入寺されていた水野圭真師によって東大寺末寺の元興寺として復興したといえる。さらに大正十四年（一九二五）にはこの本堂前にあった正嘉元年（一二五七）の刻銘のある花崗岩製六角石灯籠も重要美術品に指定になった。ただこの石灯籠は昭和十九年（一九四四）の地震で倒壊し、基礎だけが現在残っている。今、塔跡の傍らにその塔を模して、新しい石灯籠が立っている。

なお昭和十五年には、飛鳥の安居院の釈迦如来像が重要美術品に指定され、同二十三年には、極楽院の東門が特別保護建造物として指定を受けた。

3　太平洋戦争以後の旧元興寺

戦中・戦後の寺院と文化財

明治末期から大正期を経て、昭和初期にわたる間には、諸科学の発達があり、それによって元興寺研究もその緒についた。しかし、大正の末期には第一次世界大戦後の好景気の反動として経済恐慌が起こり、続いて昭和初期の金融恐慌と世界恐慌のために、わが国には政治的、社会的危機が深まった。この危機からの脱出の道が戦争に通じたともいえるが、この間、議会政治の崩壊と日本型ファシズムの台頭がみられ、思想的には、独善的国粋主義が神道に支えられて国家神道が国内を支配し、対外的には、東亜共栄圏の成立を叫んで八紘一宇と称して対外侵略を進め、ついに太平洋戦争に突入した。このような国家主義的傾向に応じて、新しく宗教団体法が昭和十五年（一九四〇）から施行され、宗派の独立を確認し、各寺院の規制も改められた。

太平洋戦争は、寺院に対して諸種の影響を与えている。一般的な経済生活の困窮と思想統制はいうまでもないが、具体的な諸事象も注目される。その一つは、軍需物資としての金属品の回収運動で、梵鐘や金属仏具の供出が強制されたことで、旧元興寺系諸寺はこれに応じ、飛鳥の安居院では梵鐘をも供出している。つぎに寺院は学童疎開の場として使用され、大和の諸寺も多くの学童を引き受けた。さらに空襲の激化につれて寺院の什宝の保護が問題となり、寺院によっては仏像等を安全と思われた場所へ疎開を始めた。

その他では、極楽院の解体修理工事が、戦局の悪化のために中止になったことをあげねばならぬ。極楽院にはその復興をめざして、辻村泰圓師が昭和十八年に、生駒宝山寺より特任住職として入寺し、早速、禅室の解体から始められていたが、人手や資材の不足の中で工事は中止となり、戦後の昭和二十三年にようやく工事は再開された。

昭和二十年八月十五日に、太平洋戦争は敗戦で幕を閉じ、ついで進駐してきた連合軍による占領政策が実施されたが、その中で特に寺院にかかわるものといえば、一つは、二十年十二月の宗教法人法の布告である。それは信教の自由を保障するものであって、戦時中の国家神道保護の政策を否定することが主目的であり、寺院側はこれを当然のこととして受けとめた。なお宗教法人法として、整備した形で公布されたのは二十六年四月であった。

第二に寺院に影響を与えたものは、二十年十二月から逐次発令されていった農地改革である。自作農地以外の農地を持っていた寺院が多かったから、この農地開放政策によって多数の寺院が困窮した。また観光客に頼っていた由緒ある寺院は、戦中・戦後の混乱で観光収入が激減したし、檀家によって支えられていた寺院も、敗戦によって衣食に窮した民衆に頼りきることもできかねた。また寺院によっては、住居を奪われた人々の流入による不安もあった。総じて、戦後は日本全体に、社会的・経済的に非常な苦境の中にあったが、寺院もまた多くは困窮がはなはだしかった。

戦後は戦争を否定して平和を願い、日本を文化国家に再生させようと主張するなかで、国宝類の調査、保護の事業が占領直後から始められ、法隆寺も修理が再開されて、解体修復中の金堂壁画の模写が行われていた最中の二十四年一月二十六日に、その金堂から出火するという事故が起こった。金堂の棟は落ちなかったが、内部は蒸し焼き状態となり、壁画の大部分を焼いてしまった。何しろ、戦後の混乱がまだ収まらず、文化財の保護にも手がまわりかねていたが、この災害を契機に、翌二十五年には早速、文化財保護法が成立した。

この法によって文化財保護委員会が設けられ、埋蔵文化財や無形文化財をも対象とし、従来、指定の国宝・特別保護建造物はひとまず重要文化財とし、今後は指定をさらに厳選して、新しく国宝や重要文化財として指定することになった。後に、この法隆寺火災の日を文化財防火デーとし、諸寺でその行事を行っているが、重要文化財防災施設費への国庫補助も認められ、諸寺に対火災施設ができるようになった。つぎに記す極楽院の防災施設も、これによって本格的に実施された例である。また奈良県でも、奈良県重要文化財建造物修理規則を作り、二十七年には文化財保存課を独立させ、文化財審議の委員会で、県独自でも文化財を指定することになった。

元興寺研究の展開

戦後、昭和二十三年（一九四八）に再開された極楽院の禅室の解体修理は二十六年に終り、その年から本堂の解体が始められ、二十九年にその修復が終ると、三十一年に東門が修理され、ここに極楽院の解体修理工事は一まず完了した。ついで、三十三年から三十六年にかけて、環境整備と特別防火工事が行われ、周辺民家の理解のもとに家屋の立退きもあって、火除地としての境内が整備・拡張された。この一連の工事の結果得られた知見については第二章ですでに述べたが、瓦には飛鳥から移されたものも使用されていること、禅室から奈良時代僧房の構造を復原しうること、本堂は僧房から切り離して独立させ、鎌倉時代にそれが整備されたことなど、幾多の貴重な事実が判明した。

これと同時に、屋根裏や縁の下だけでなく、防災工事に伴って、地下からも膨大な量に及ぶ中世民衆の信仰を示す資料が発見された。これによってこの僧房が、かつて智光曼荼羅があったために極楽浄土と考えられ、中世にはここが庶民の信仰を集めていたこと、そしてまたこの資料によって、一般的に中世民衆の信仰の姿を知ることができた。この資料が有名になったため、極楽院が庶民信仰の聖地であったとの印象を、改めて世間に与えたのであった。

この大工事の進展につれて、この寺の建造物や寺蔵の仏像や発見遺物等が、いずれも重要な文化財であることが認められ、国としてつぎつぎと指定した。二十七年には東門を重要文化財に、その翌年には禅室を、三十年には、本堂を厨子や仏壇・閼伽棚・棟札とともに国宝に指定し、四十二年には仏教民俗資料六万五千三百九十五点を、一括して重要民俗資料として指定した。この期間、あるいはその後に引き続いて、同寺所蔵の聖徳太子孝養像および弘法大師

表15　文化財指定一覧

指定文化財	指定分類	指定年次
元興寺（観音堂・塔跡）		
木造薬師如来立像	国宝・彫	昭和 27 年
木造十一面観音立像	重文・彫	明治 33 年
元興寺塔址土壇出土品	重文・考	昭和 8 年
元興寺塔跡	史跡	7 年
元興寺（極楽坊）		
元興寺極楽坊　五重小塔	国宝・建	27 年
禅　室	国宝・建	28 年
本　堂	国宝・建	30 年
付，厨子及び仏壇		
東　門	重文・建	27 年
木造阿弥陀如来坐像	重文・彫	明治 39 年
木造弘法大師坐像	重文・彫	昭和 33 年
木造聖徳太子立像	重文・彫	33 年
着色智光曼荼羅図（板絵）	重文・絵	34 年
付、絹本着色智光曼荼羅図（厨子入）		
元興寺極楽坊境内	史跡	40 年
元興寺庶民信仰資料	重民	42 年
元興寺極楽坊旧庫裏	県・建	37 年
木造南無仏太子像	県・彫	42 年
絹本着色阿弥陀浄図（伝智光曼荼羅）	県・絵	平成 5 年
小塔院		
小塔院境内	史跡	昭和 40 年
安居院（飛鳥寺）		
銅造釈迦如来坐像	重文・彫	15 年
飛鳥寺跡	史跡	41 年
元興寺町		
木造大日如来坐像	県・彫	42 年

（『奈良県文化財目録』による）

像の修理が行われ、ともに優れた鎌倉期の作であることや多数の胎内納入物も発見されたので、三十三年に、両像はともに重要文化財に指定された。

指定といえば、二十七年に、この極楽院の五重小塔と元興寺（観音堂）の薬師如来立像とが改めて国宝となり、極楽院の本堂に本尊としてあった阿弥陀如来坐像は重要文化財になった。また三十四年には、板絵智光曼荼羅と厨子入智光曼荼羅が重要文化財に指定された。以上のうち、板絵智光曼荼羅は四十年に調査修復されて、その図像が明らかになり、五重小塔は四十二年に修理されて、天平尺による奈良時代後期作であることが証明され、その翌年に、新たにスリランカから贈られた仏舎利が納められた。そして四十年には、元興寺極楽坊境内と小塔院境内がともに史跡に指定された。なお奈良県では、三十七年に小子房（極楽院旧庫裡）を、四十二年に聖徳太子南無仏像をそれぞれ県指定の文化財としている。元興寺関係の国指定・県指定の文化財とその修理については、表15・16に一覧とした。

表16　建造物・美術工芸品等修理一覧

元興寺（極楽坊）		
禅　室	昭和18～26年	解体修理
本　堂	26～29年	解体修理
東　門	31年	解体修理
庫　裏（小子房）	40年	移　築
五重小塔	42～43年	解体修理
木造阿弥陀如来坐像	27年	
木造弘法大師坐像	34年	
木造聖徳太子立像	34年	
板絵着色智光曼荼羅図	40年	
奉納板絵着色仏像	41年	
元興寺庶民信仰資料(65,395点)	42年	

（奈良県教育委員会編『文化財保護100年のあゆみ』による）

以上のように、元興寺極楽坊の建物解体修理とこれに続く特別防災工事、また仏像・小塔・智光曼荼羅等、文化財の修復調査と、国宝や重要文化財としての指定が進行する中で、その時々に応じて報告書が発表されて、その価値と歴史的意義が見直され、それらを受けて、元興寺全般にわたる研究が諸方面から進められた。

一方ではなお、旧元興寺解体後の元興寺極楽坊・元興寺（観音堂）・小塔院の三寺は、「奈良の小寺」とか「残照の寺」とかいわれ、またかつての南都七大寺から元興寺を省いて、南都六大寺といわれたこともあったが、しかしこの間に、法興寺の平城への移転と寺名の再吟味、智光の浄土教学と曼荼羅と説話のこと、そして、仏像・禅院・荘園・柱刻寄進文・縁起・寺蔵文書・説話・史料一般等についての研究が続々と発表された。それらの内容については、本書の各所でふれたことであるが、共同研究はこの寺の歴史研究を大きく推進させたものであるから、ここに記しておこう。

その一つは、三十三年から三十七年にわたり田澤坦氏を代表とする綜合研究「元興寺極楽坊発見資料の研究及び調査」であって、その成果は三十九年に、五来重氏を編者として『元興寺極楽坊中世庶民信仰資料の研究』が出版された。これには地下発見物は含まれていない。その二は、板絵智光曼荼羅の修理ができたのを機とし、四十一年から塚本善隆氏を代表として、綜合研究「智光曼荼羅の研究」が始められ、その成果は四十四年に、『智光曼荼羅』として発表された。

元興寺極楽坊が復興しつつあった間に、いま一つ元興寺研究の上に重要な意義をもつ発掘調査があった。それは、昭和三十一年（一九五六）から翌年にわたって奈良国立文化財研究所の手によって、飛鳥の法興寺（飛鳥寺）跡が本格的に発掘調査されたことである。その成果については、すでに第一章で詳しく述べたが、この寺のあらゆる意味での重要さと偉大さの判明は、日本仏教史の黎明を飾る記念物として誠に重大なことであったが、この寺の後身である奈良の元興寺を考える上に、さらに大きな影響を与えたものであった。

そして、この調査結果の報告は奈良国立文化財研究所によってなされ、三十三年の『仏教芸術』飛鳥寺発掘特輯号の諸論文によって、その発掘経過と建築・大仏のこと等が論じられた。そして、国では四十一年に「飛鳥寺跡」として、この地を史跡に指定した。なお、当寺跡についてはその後も所々小規模の発掘が行われ、さらに平成十年（一九九八）には、寺の東北方の近くの飛鳥池発掘地で当時の工房跡が発見され、十一年には法興寺の東南の隅の築地塀跡も発見されたという。

つぎに、奈良市内の旧元興寺の遺構の諸地点が発掘調査されたことは、元興寺研究に新資料を提供したものとして記さねばならない。旧元興寺の境域は、現在、その系譜を引く三独立寺院を除いて、ほとんどすべて町屋となっているために、全面的な発掘は不可能であって、町屋の建て替えなどの機会に、その狭い地域が発掘されるにすぎないが、しかしそれでも多少、明らかになったことがあるのは注目されよう。

図 73　講堂跡（中新屋町）出土礎石

昭和三十六年には、極楽坊の収蔵庫の建築に関連して、講堂跡の東北隅と思われる箇所から土壇が発見され、四十九年には、奈良県教育委員会が金堂跡と推定される所から基壇と礎石五個を発掘して、街路の不自然な迂回とあわせて金堂の位置を確認した。つぎに五十一年には、橿原考古学研究所が奈良市池之町の旧元興寺境内東北隅を発掘して、菩提川の南側を土地整理した跡と土杭と井戸を発見し、そこから土師器と奈良時代の瓦が出土した。ついで五十六年には、奈良県教育委員会が中新屋町の鐘楼跡の推定地から移動された礎石二個を発見した。ついで同六十一年には、東寺林町（旧市役所跡）の発掘で多数の奈良時代瓦等が出土し、周辺に瓦窯跡の存在が推定され、またこの辺に元興寺の修理所のあった可能性もでてきた。

平成五年（一九九三）度には同委員会が、高御門町で旧元興寺西面の門の推定地を掘って、東六坊大路の東側の溝を確認し、中新屋町で僧房の西北行大坊跡と思われる所から瓦と礎石を発見した。また同年、脇戸町では小子房跡と推定された所に遺構はなかったが、埴輪円筒の破片が多く出土したので、古墳を壊して元興寺を建立したのではないかという新たな問題が提起された。また同六年には、中新屋町の旧家の床下から径一㍍余の金堂に用いられたと思われる礎石が発見され、同十年十月には、中新屋町で講堂跡の巨大な礎石が三個、もとの位置は動いているが発見された。以上の諸発掘の結果は、やはり元興寺の壮大な規模を知る上で重要なことであった。

現代の元興寺（極楽坊）の活動

極楽院の復興調査研究は同寺前住職辻村泰圓師を中心として行われ、かつて狐狸の住家といわれた極楽院は、前記のように復興し、面目を一新した。極楽院本堂の解体修理が完了した段階で、昭和三十年（一九五五）には、江戸時代以来の「極楽院」という寺の称を「元興寺極楽坊」の旧称に復した。そして、三十三年から着手していた特別防災工事がほぼ見通しのついた三十七年から収蔵庫の建設準備にかかり、旧小子房を移し、三十九年には綜合収蔵庫が完工した。

当時、本堂には阿弥陀如来坐像（口絵7）が本尊としてあったが、この本堂は平安時代末期以来、曼荼羅堂また極楽堂と呼ばれて、智光曼荼羅を中心として念仏講が行われてきた堂であり、中世には、その曼荼羅が堂中央の仏壇にあって信仰の対象となっていたので、この本来の姿に復すという考えから、この本尊は収蔵庫に移した。また明治末期以来、奈良国立博物館に寄託されていた五重小塔もここに納め、その他、諸尊像もここに収蔵された。ついで防災工事や収蔵庫建設のために発掘した境内からも、膨大な中世庶民信仰に関する資料が発見されたので、本堂屋根裏等から発見された同種類の資料とともに、これを収納する第二収蔵庫

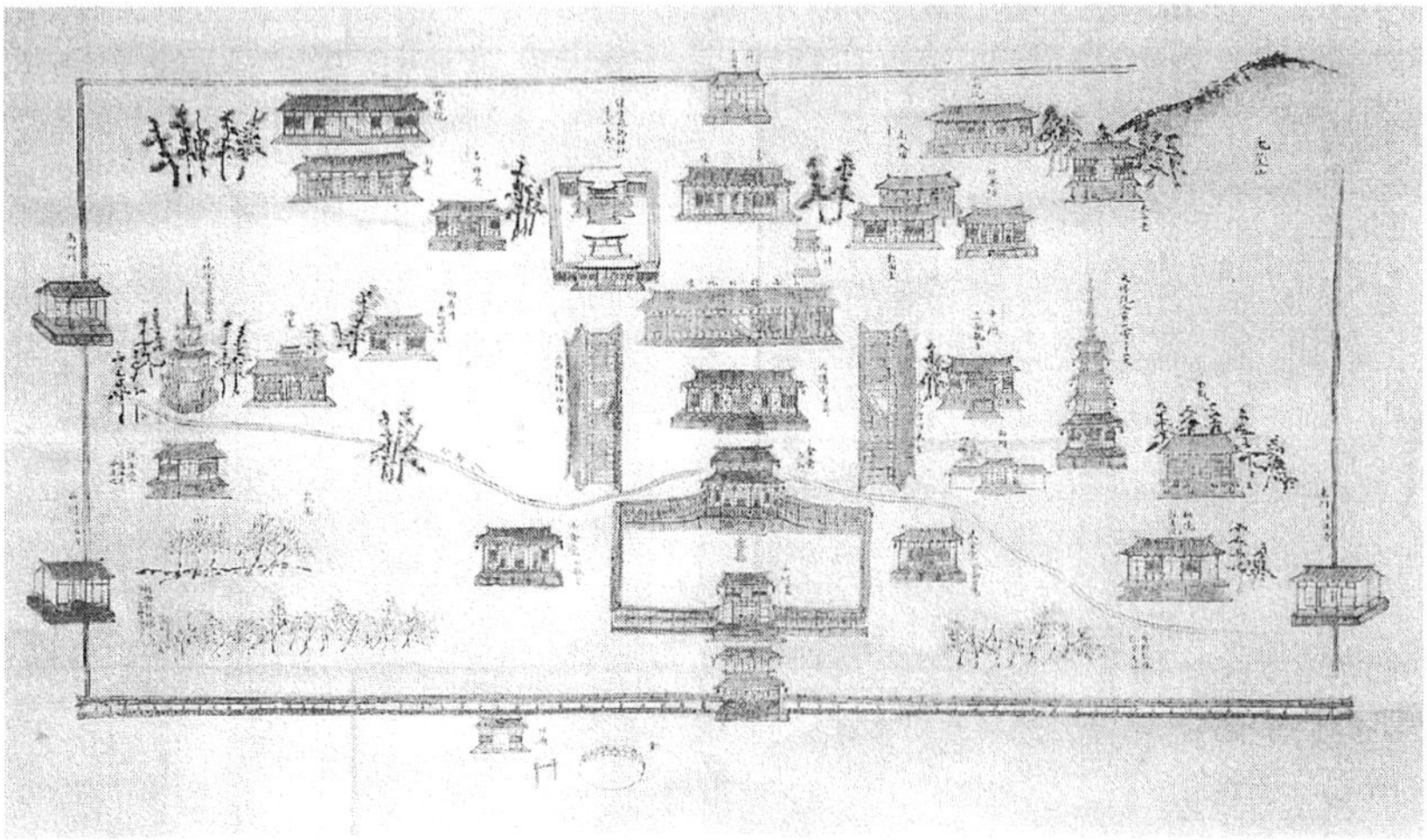

図 74　江戸時代に描かれた元興寺伽藍図（東金堂・西金堂・僧房等が誤っている）

を建設することになり、四十五年までにこれも完成した。

明治以来全く途絶していた宗教的行事も次々と復興されていった。昭和二十三年には地蔵会が復興し、二十七年からは節分会が催されて、厄除柴灯大護摩会式が始められた。三十六年には境内に弁天社が建てられて講ができ、四十年には、境内から発掘された石塔類約二千基が中・近世の人々の極楽浄土への思いがこもったものとして、千塔塚を築いて納めた。その後、平成三年（一九九一）になって千塔塚を廃して、それら石仏・石塔類を並べて浮図田とし、地蔵会にはここで万灯会を催している。なお昭和五十二年に、元興寺極楽坊の寺名を「元興寺」と改めた。大塔と観音堂が近世以来、元興寺を寺名としているので、元興寺（極楽坊）と元興寺（観音堂）と記してきた。

古代から寺院は宗教活動として、諸仏事・祈禱・法会等のほかに、教学の研究と福祉の事業を重要なものとしてきた。元興寺でもこの伝統を受けて活動している。元興寺（極楽坊）ではさきに述べたように、発見された大量の庶民信仰の資料によって綜合研究も進められたが、さらにより広い研究の必要性が痛感されたと同時に、この種資料はこれまでほとんど省られることのなかったものであったから、その保存には格別の注意を必要とした。そこで三十六年には、それら発見資料の調査室が設けられ、ついで四十二年にはこれを「元興寺仏教民俗資料研究所」と称した。これは、四十六年に日本育英会の規定による研究所に指定され、ついで五十年には試験研究法人の証明を受けている。

そこには、日本民俗学が仏教の領域にふみ込み、単なる口誦伝承だけでなく、紀年銘をもった資料を足場とすることによって、真に豊かな収穫が得られることへの期待と、資料の保存の方法が究明されねばならぬ必要性が感じられたからであろう。四十四年には研究所屋が完成し、研究所は、漸次、充実して、人文・考古・保存科学の三研究室の体制となり、四十八年には、研究所の活動を助ける立場の「元興寺仏教民俗資料研究所民俗文化財保存会」を設立し、四十九年には、保存処理に対する要望の増大に応じて、生駒市元町の大乗滝寺の境内を借りて保存科学センターを設けて、保存科学部門をここに移し、五十三年には研究所名を「元興寺文化財研究所」に変更した。ついで平成元年

表 17　元興寺と研究所共催展観

年　次	展　示　テ　ー　マ
昭和 42 年	元興寺の歴史
43 年	（5 月）朝鮮鐘拓本
	仏　塔
44 年	地蔵菩薩
45 年	（4 月）釈迦降誕会奉賛
	仏教民俗資料（第二収蔵庫落成記念）
46 年	扇　面
47 年	観音信仰
48 年	蔵骨器の歴史―終焉の壷―
49 年	出土遺物の保存並びに元興寺極楽坊の板絵
50 年	地　獄
51 年	屋根の上の鬼
52 年	弘法大師信仰
53 年	中世日常雑器
54 年	よみがえる考古遺物―その保存と処理―
55 年	中世庶民信仰―逆修と追善―
56 年	出土遺物にみる緑釉
57 年	中将姫・保存科学と古代の技術（研究所十五周年記念）
58 年	元興寺の古瓦
59 年	行基菩薩信仰
60 年	巡礼の世界
61 年	庶民信仰―小仏・小塔―
62 年	写経と勧進
63 年	高僧とその聖遺物―御袈裟―
平成 元 年	復原される文化財
2 年	西大寺とその末寺
3 年	卒塔婆の世界
4 年	ならまちと仏たち―元興寺界隈―
5 年	銅　剣―保存科学からのアプローチ―
6 年	女人往生
7 年	土の仏・土の器
8 年	明治維新と南都寺院
9 年	粘土板の日記帳―中世刻銘瓦の世界―
10 年	いにしえの金工たち―古代金工技術の復原―

（一九八九）には、特定公益増進法人の研究所として認められた。

研究所では国際的活動として、アジア民俗学会に協力するとともに、『日本仏教民俗基礎資料集成』を公刊して、当寺で発見された信仰資料を広く世間に紹介し、また日本各地の仏教民俗資料を調査研究して、その成果を公表している。また保存科学センターでは当寺のものはもちろん、日本各地の各種の文化財の保存処理修復を行う中で、その方法の科学的研究を進めており、中でも、埼玉県行田市稲荷山古墳出土鉄剣の銘文の発見や、大阪府藤井寺市三ッ塚古墳出土の巨大な修羅（木製運搬具）の処理は高く評価されている。

つぎに元興寺（極楽坊）では、旧元興寺の来歴や性格と新発見資料等を広く展示するために、展観を催してきた。三十年には真言律宗十二古寺展を、三十一年には庶民信仰資料展を当寺禅室で開き、三十九年には東京で元興寺展を開いた。なお研究所開所後は、毎年秋に元興寺と研究所が共催で小展観を行っているが、その開催の意図も窺えるので、その題目を表示しておく（表17）。

寺院と社会福祉事業とは、古代から切っても切れない関係にあった。近代の元興寺（極楽坊）でもこのことに努力している。太平洋戦争敗戦後のわが国は、戦後の疲弊、混乱、貧窮のさ中にあった。昭和二十年（一九四五）の秋に、進駐軍は長谷寺に県下の寺院等関係者を集めて、浮浪児対策等を協議するところがあったので、翌二十一年十月、真言律宗では生駒の宝山寺に社会事業部を創設して辻村泰圓師が責任者となり、緊急援護法による生活困窮者援護施設として、生駒の大乗滝寺に愛染寮を開設した。これは同二十三年児童福祉法の施行と同時に養護施設となって、今日に至っている。

ついで翌年九月に、極楽院の旧庫裡（小子坊）の建物を本堂の南に移し、児童福祉法による保育所として極楽院保育所を創設し、当初、定員八十名で出発した。その後、二十七年十二月、宝山寺社会事業部は社会福祉事業法によって「社会福祉法人宝山寺福祉事業団」となったので、極楽院保育所もその他の諸施設とともにこの事業団に統合された。極楽院は三十年に元興寺極楽坊と改称したので、保育所も極楽坊保育所と改称し、ついで文化財保護法の趣旨を体して、三十五年六月にこれを元興寺（極楽坊）の寺内から奈良市紀寺幸町に移し、現在、定員三百名の保育園となっている。なお、園舎であった旧小子房の建物は移築復旧され、三十七年に県の文化財として指定された。

旧元興寺と「ならまち」

かつて古代末期から中世初期には、南都七大寺とか観音霊場などといわれた寺院は、貴顕・僧侶たちの巡礼の対象であった。ついで中世には、仏教信仰のより広い階層の人々への浸透によって、巡礼者が多くなり、いわば社寺の参詣として流行し、参詣曼荼羅なども描かれた。近世になると、総じて由緒ある寺院は朱印地を与えられ、一面で、名所としての寺院と意識され、名所見物の対象となってきた。ところが明治維新後は、寺院は困窮の中にあったが、一般的な寺院の復興と、仏像や所蔵文物の文化財としての関心の高まりにつれて、寺院は新たに、別の意味での巡礼または観光の対象となり、戦後から現代にかけては入山・入寺の料金を取る所も多く、地域によってはそれを観光料金として問題とした所もある。

元興寺も奈良時代以来、南都の大寺として巡礼の対象とされ、中世には密教・浄土教・観音信仰・吉祥天崇拝の霊地として参詣者を集め、宝徳の火災以後、近世では焼け残った五重大塔が奈良名所の一つとされ、「海内無双大塔」と称された。ところがこの塔の安政の炎上後は、旧元興寺の流れを汲む三つの寺は市井に埋もれた小寺の姿であったといってよい。しかし太平洋戦争後になって、元興寺（極楽坊）の修理復興を中心として、建造物を始め、豊富な仏像や信仰遺品等の文化財の価値が見直されるにつれて、この寺も一面では、観光寺院の性格をも持つようになった。

昭和の末期ごろから、今の奈良市のうち旧元興寺の境内とその周辺の町域を、奈良市の中で特に「ならまち」または「元興寺界隈」と呼ぶようになった。それは、この辺りが奈良時代の条坊も街路として残り、元興寺と興福寺大乗院の門前郷として、町屋の発達した名残りもあり、元興寺の宝徳の炎上のあとに町屋が全面的に進出した様相を止めていることなどから、奈良の姿を残す最も奈良らしい地域として意識され、さらにこの町並みを保存しようと努力するようになったからである。

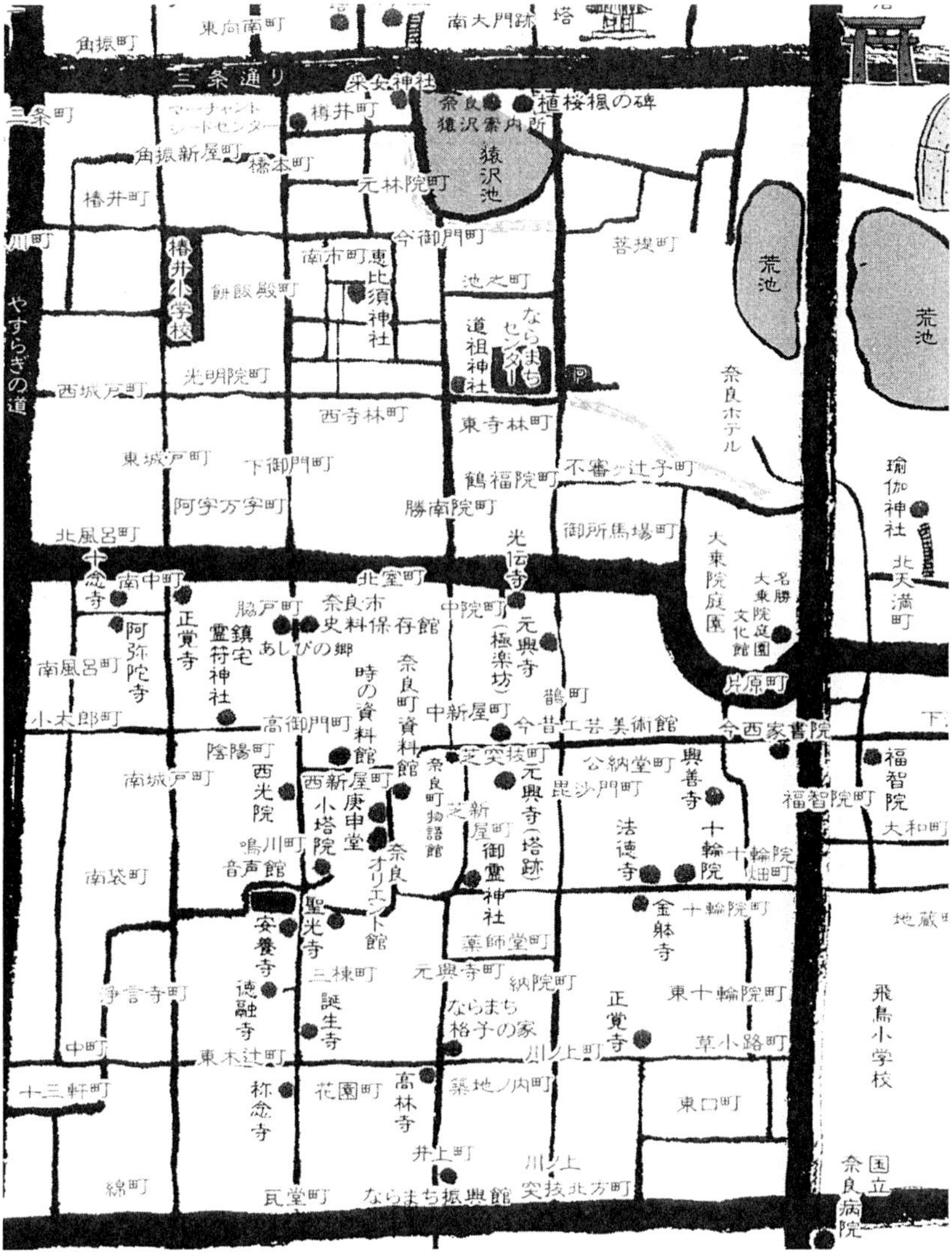

図 75　ならまち散歩マップ

その現れは、昭和六十三年（一九八八）七月から始まった「元興寺周辺と高畑地区を対象とする町並み保存事業費補助金制度」による町屋の修理補助であり、この地域内の道路・街灯等の整備などであって、「奈良市都市景観形成地域」となっている。もちろんこの地域の中心部には、元興寺（極楽坊）と元興寺（観音堂・塔跡）と小塔院という旧元興寺の流れの三寺があり、東北部には大乗院と禅定院の跡である史跡指定の大乗院庭園や、重要文化財指定の福智院家書院（今西家書院）がある。またこの地域内には、前章で述べた元興寺と何らかの縁故が伝えられる諸寺や、鎮守社とも伝えられる御霊神社があり、すでにみたように町有仏も多い。さらに、西新屋町には青面金剛像をまつる庚申堂があって、今に民間の庚申信仰が続いており、この地域内には、奈良暦を発行してきた陰陽町も含まれる。

奈良まち保存運動が始められてからは、この地域に新しく、小規模ではあるが諸施設がつくられて、「ならまち」の宣揚につとめている。すなわち、ならまちセンター、奈良市立史料保存館、奈良町資料館、今昔工芸美術館、奈良オリエント館、ならまち格子の家、奈良町物語館・ならまち振興館・音声館などであり、最近には大乗院庭園文化館も造られた。要するに、この「ならまち」と称している区域こそ、旧元興寺境内地とほぼ重なり合っているのであって、旧元興寺がいわゆる現代の「ならまち」の土台となっているともいえよう。

奈良は、昭和四十一年に公布された「古都における歴史的風土の保存に関する特別措置法」によって、歴史的都市として指定されたが、さらに平成十年（一九九八）十二月に、世界文化遺産として登録が決定した。それは「古都奈良の文化財」という名で、国宝建造物があり、敷地が史跡に指定されている箇所であり、かつ国や周辺住民が保存のために努力している地域として認定されたもので、東大寺・興福寺・春日大社・元興寺・薬師寺・唐招提寺と、特別史跡平城宮跡、天然記念物として春日山原始林をもって構成されている。

元興寺（極楽坊）は、ここに世界遺産として登録されたのである。

参考文献

本書では本文中の注を省き、参考とした文献をここにまとめた。元興寺に直接関係する研究文献を、さらに研究をすすめられる方々に便利なように、類別して、できるだけ採録した。

〔全体にわたる史料について〕
藤田　経世『校刊美術史料　寺院編』全三巻
岩城　隆利『増補元興寺編年史料』全三巻
元興寺文化財研究所『日本仏教民俗基礎資料集成』全七巻

〔元興寺全体について〕
岩波書店『大和古寺大観』第三巻
同　『大和の古寺』第三巻
野口武彦・辻村泰範『元興寺』（『古寺巡礼奈良』六）
岩城　隆利『元興寺』（『美術文化シリーズ』四九）
小林　月史『奈良の小寺』
岡部伊都子・入江泰吉『奈良残照の寺』

〔日本仏教史全体について〕
辻　善之助『日本仏教史』
大野達之助『日本仏教思想史』
速水・大隈・中尾・圭室・柏原『日本仏教史』全四巻

西田　正好『無常観の系譜』

〔仏教公伝の時代概観について〕

水野　祐『日本古代王朝史論序説』
林屋辰三郎「継体欽明朝内乱の史的分析」（『日本古代国家の解体』）
黛　弘道「推古朝の意義」（岩波講座『日本歴史』）
井上　薫『日本古代の政治と宗教』
田村　円澄『飛鳥白鳳仏教史』
井上　光貞『日本古代国家の研究』

〔飛鳥地方と蘇我氏について〕

高橋　健自「遠飛鳥宮と飛鳥寺との旧趾」（『考古界』二ノ一二）
黛　弘道『物部・蘇我氏と古代王権』
門脇　禎二『飛鳥』
同　『蘇我蝦夷・入鹿』
直木孝次郎『飛鳥』
安井　良三「奈良時代仏教の諸問題――主として蘇我氏と仏教伝来当初の寺院――」（『日本文化史論叢』）

〔法興寺（飛鳥寺）の建立と寺名をめぐって〕

重田　定一「元興寺存疑」（『古蹟』三ノ二）
同　「元興寺存疑余論」（『古蹟』三ノ四）
平子　鐸嶺「法興寺と元興寺」（『歴史地理』六ノ四・五）
喜田　貞吉「元興寺考証」（『歴史地理』一九ノ一・二）

竹島　寛「元興寺考」(『王朝時代皇室史の研究』)
福山　敏男「飛鳥寺の創立に関する研究」(『史学雑誌』四五ノ一〇)
同　「豊浦寺の創立に関する研究」(『史学雑誌』四六ノ一二)
和島　芳男「飛鳥元興寺草創考」(『史学雑誌』四八ノ一〇)
中野　忠明「法興・元興別寺説――両寺合併論の再検討――」(『史迹と美術』五〇五)
永室　正信「法興寺の問題」(『仏教史研究』一)

〔飛鳥寺の発掘調査について〕
浅野　清「飛鳥寺の第一次発掘調査」(『ミュージアム』六六)
同　「第二次飛鳥寺の調査について」(『ミュージアム』七六)
奈良国立文化財研究所『飛鳥寺発掘調査報告』
仏教芸術学会「飛鳥寺発掘特集」(『仏教芸術』三三)
坪井　清足『飛鳥寺』
『奈良国立文化財研究所年報』(一九八〇・一九八三・一九八四・一九八五年等)
大橋　一章『飛鳥の文明開化』

〔元興寺縁起について〕
喜田　貞吉「醍醐寺本諸寺縁起集所収元興寺縁起について」(『史林』一〇ノ四、一一ノ一)
山田　孝雄『元興寺縁起』(複製本)
田中　卓「元興寺伽藍縁起并流記資財帳の校訂と和訓」(『南都仏教』四)
二葉　憲香「元興寺縁起と日本書紀」(『魚澄先生古稀記念古代史論叢』)
大橋　一章「飛鳥寺の創立に関する問題」(『仏教芸術』一〇七)
松木　裕美「二種類の元興寺縁起」(『日本歴史』三二五)

田村　円澄「元興寺古縁起私釈私考」（井上光貞博士還暦記念『古代史論叢中』）
伊野部重一郎「二葉憲香氏の「元興寺縁起と日本書紀」を読む」（『史元』一八）
桜井徳太郎「元興寺縁起」（『日本思想大系　寺社縁起』）
水野柳太郎「仏本伝来記をめぐって」（『南都仏教』四〇）
　同　『日本古代の寺院と史料』
中野　忠明「元興寺縁起の検討補説」（『史迹と美術』五一五）

〔飛鳥大仏を中心として〕

川勝政太郎「飛鳥大仏を通して」（『史迹と美術』一六ノ三）
藤沢　一夫「鹿深臣百済将来弥勒石像説」（『史迹と美術』一七ノ三）
　同　「所謂止利仏師と元興寺造仏に就いて」（『古文化』一ノ一）
毛利　久「飛鳥大仏の周辺」（『仏教芸術』六七）
町田　甲一「元興寺本尊飛鳥大仏」（『国華』九四二）
フランソワ・ベルチェ「飛鳥寺問題の再吟味」（『仏教芸術』九六）
久野　健「飛鳥大仏論」（『美術研究』三〇〇・三〇一）
坪井　清足「飛鳥寺創建諸説の検討」（奈良国立文化財研究所三十周年『文化財論集』）
杉山　信三『飛鳥』
奈良国立文化財研究所飛鳥資料館『飛鳥寺』

〔法興寺の南都移建について〕

竹島　寛「大安寺の平城京遷徙に就いて」（『王朝時代皇室史の研究』）
大岡　実「元興寺大安寺の平城京移建に就て」（『建築雑誌』五六九）
福山　敏男「大安寺及元興寺の平城京への移建年代」（『史蹟名勝』一一ノ三）

田中　重久「元興寺創立の研究」（『聖徳太子御聖蹟の研究』）
藪田嘉一郎「法興寺と元興寺」（『続日本紀研究』三ノ一一）
伊野部重一郎「法興寺と元興寺の異同について」（『続日本紀研究』七ノ一）
藪田嘉一郎「元興大安両寺平城京移遷年代考」（『続日本紀研究』七ノ六）
田村　吉永「霊亀二年紀の元興寺の徙建と大安寺」（『続日本紀研究』七ノ九）
伊野部重一郎「大安・元興二寺の平城移建年代に関して藪田氏の御高示に答える」（『続日本紀研究』八ノ一〇）

〔元興寺の解体修理と建造物について〕
浅野　清「南都諸大寺僧房の間取について」（『仏教芸術』一〇）
大滝　正雄「極楽院禅室」（『大和文華』一）
奈良県教育委員会『元興寺極楽坊本堂・禅室及び東門修理報告書』
浅野清・鈴木嘉吉『奈良時代僧房の研究』
藤沢　典彦『元興寺古瓦調査報告書』
同　『中・近世瓦の研究　元興寺篇』
田中　稔「金石文としての寄進状の一資料」（『文化史論叢』）
浅野　清「元興寺大房とその変遷」（『大和文化研究』一〇一）
同　「元興寺僧房の復原」（『古寺解体』）

〔五重大塔について〕
稲森　賢次『元興寺塔址埋蔵品出土状況報告書』（『奈良県史蹟名勝天然紀念物調査報告』一一）
足立　康「元興寺五重塔の高さ」（『東洋美術』一二）
森川　辰蔵「元興寺五重塔焼失に関する一二の史料」（『大和志』四ノ三）
太田　静六「元興寺塔婆復原考」（『建築雑誌』六四八）

太田　静六「元興寺塔婆江戸期の修理に就て」（『史蹟名勝天然紀念物』一四ノ四）
同　「元興寺塔婆の復原に就て」（『学叢』六）
同　「元興寺塔婆の焼失に就て」（『建築世界』三二ノ三）
足立　康「元興寺塔婆復原考を読む」（『建築史』一ノ三）
黒田　昇義「元興寺塔婆復原考私見」（『建築雑誌』六五二）

〈禅院と禅院寺について〉

藤野　道生「禅院寺考」（『史学雑誌』六六ノ九）
福山　敏男『奈良朝寺院の研究』
松平　年一「元興寺の禅院と道昭の将来経」（『現代仏教』六二）
堀池　春峰「平城京禅院寺と奈良時代仏教」（『仏教史学』二ノ四）
池田　源太「元興寺の別院禅院寺」（『大和の土地と人』）
岩城　隆利「禅院寺——内典の図書館——」（『ビブリア』七四）

〈奈良時代の写経について〉

田中　塊堂『日本古写経現存目録』
石田　茂作「写経より見たる奈良朝仏教の研究」（『奈良時代文化雑攷』）
福山　敏男「奈良朝における写経所に関する研究」（『史学雑誌』四三ノ一二）
松平　年一「福山氏の奈良朝における写経所に関する研究に就いて」（『史学雑誌』四四ノ四）
井上　薫「奈良朝写経所の一考察」（『日本古代の政治と宗教』）
同　「写経事業の展開」（『奈良朝仏教史の研究』）

〈智光と智光曼荼羅について〉

鈴木　暢幸「智光曼陀羅に就いて」（『宗教界』三ノ五）
望月　信亨「元興寺智光の浄土曼陀羅」（『寧楽』一〇）
寺崎　修一「元興寺智光の事ども」（『現代仏教』六二）
亀田　孜「智光変相拾遺」（『東北大学文学部研究年報』二）
戸松憲千代「智光の浄土教思想について」（『大谷学報』一八ノ一・四、一九ノ一）
同　「元興寺智光無量寿経論釈抄」（『宗学研究』二四）
高西　賢正「智光の浄土論疏に就いて」（『仏教研究』七ノ一・二）
恵谷　隆戒「智光の無量寿経論釈の復元について」（『仏教大学研究紀要』三四）
鹿苑　大慈「智光に於ける隠遁の意義」（『印度学仏教学研究』八ノ二）
浜田　隆「智光曼荼羅について」（『美術史』二五）
重松　明久「智光の浄土教思想」（『日本浄土教成立過程の研究』）
藤堂　恭俊「無量寿経論釈復原」（『智光曼荼羅』）
岩城　隆利「元興寺僧智光の説話について」（『大和文化研究』一一ノ七）
元興寺仏教民俗資料研究会『智光曼荼羅』
恵谷　隆戒「元興寺智光の無量寿経論釈の研究」（『干潟博士古稀記念論文集』）
元興寺極楽坊『板絵智光曼荼羅図修理報告書』
平田　寛「元興寺極楽坊智光曼荼羅図のX線調査」（『奈良国立文化財研究所年報』一九六六年）
奥野　義雄「鋤田寺跡推定地内廃寺跡と智光曼荼羅の成立をめぐって」（『東条尾平廃寺跡発掘調査書』）
東京芸術大学『元興寺極楽坊智光坐像修理報告』
〔南都七大寺と南都六宗について〕
大屋　徳城『寧楽仏教史論』
大岡　実『南都七大寺の研究』

石田　茂作『奈良時代文化雑攷』
辻村　泰円「南都七大寺について」（『国際文化』一〇三・一〇四）
平岡定海・山崎慶輝『南都六宗』（『日本仏教宗史論集』二）
井上　光貞「南都六宗の成立」（『日本歴史』一五六）
田村　晃祐「天台宗と法相宗の論争」（『仏教思想史』五）
宇佐美正利「定額寺の成立と変質」（『日本史における民衆と宗教』）
大野達之助「奈良仏教の修多羅宗の教学系統」（『日本歴史』一七四）
田村　円澄「修多羅宗考」（『史学雑誌』七二ノ六）

〔寺領経済一般と元興寺領荘園について〕

竹内　理三『奈良時代に於ける寺院経済の研究』
赤松　俊秀『古代中世社会経済史研究』
渡辺　澄夫『畿内庄園の基礎構造』
朝倉　　弘『奈良県史　荘園』
坂本　賞三「元興寺領近江国愛智庄について」（『滋賀大学学芸学部紀要』一〇・一一）
同　　　　「免除領田制――とくに元興寺領近江国愛智荘における免除領田制――」（『日本王朝国家体制論』）
泉谷　康夫「元興寺領近江国愛智庄の性格」（『古代文化』二〇ノ一〇）
中野　栄夫「近江国愛智庄故地における開発と灌漑」（『地方史研究』一三八）
奥野　義雄「荘園制社会における元興寺」（『元興寺仏教民俗資料研究所年報』二）
同　　　　「初期荘園と農民的土地所有」（『元興寺文化財研究所年報』）
難波　俊成「浅口郡と飛鳥寺」（『新修倉敷市史』）

〔元興寺の僧について〕

安井　良三「道昭について」（『古代文化』九ノ六）
中村　浩「僧道昭に関する諸問題」（『大和文化研究』一四ノ八）
佐久間　竜「道昭」（『日本古代僧伝の研究』）
近藤　喜博「沙門道昭伝として『納袈裟一条根源』」（『古美術』一〇）
田中　重久「元興寺行信・薬師寺行信と法隆寺行信」（『史迹と美術』四一ノ六）
金児　祝夫「元興寺法相宗明詮大僧都の点本に就いて」（『国語国文』一二ノ五）
追塩　千尋「道昌をめぐる諸問題」（『中世の南都仏教』）
小西　瑛子「元興寺僧常暁の入唐求法」（『元興寺仏教民俗資料研究所年報』三）

〔浄土変相・古代浄土教について〕
塚本　善隆「浄土変史概説」（『仏教芸術』二六）
石田　充之『日本浄土教の研究』
石田　瑞麿『浄土教の展開』
大野達之助『上代の浄土教』
井上　光貞『日本浄土教成立史の研究』
家永　三郎『上代仏教思想史研究』
元興寺文化財研究所『日本浄土曼荼羅の研究』

〔法然浄土教との関係について（古代浄土教の項のほかに）〕
重松　明久『日本浄土教成立過程の研究』
藤島博士還暦記念『日本浄土教史の研究』
伊藤　唯真『浄土宗の成立と展開』
田村　円澄『日本仏教思想史研究　浄土教篇』

〔平安朝の信仰特に観音信仰・修験道等について〕

速水　侑『平安貴族社会と仏教』

同　　『観音信仰』

村山　修一『山伏の歴史』

宮家　準『熊野修験』

〔『日本霊異記』『日本感霊録』ならびに諸説話について〕

平野　邦雄『日本霊異記の原像』

川瀬　一馬「現存日本感霊録に就いて」（『日本書誌学之研究』）

松浦　貞俊「日本感霊録の研究」（『東洋大学紀要』五・七）

阿部　泰郎「霊地と文学　元興寺」（『日本文学と仏教』七）

佐藤　小吉「法論味噌考」（『大和志』四ノ一〇）

守屋　俊彦「元興寺の鬼」（『古代文化』二九ノ三）

福岡　猛志「尾張元興寺と片蕝里」（『伊勢湾と古代の東海』）

〔特殊項目について〕

田村　円澄「「法興」私年号考」（『日本歴史』二四三）

江馬　務「法興寺の蹴鞠は蹴鞠に非ざるべし」（『歴史と地理』三一ノ一）

宮武能太郎「元興寺献歌の一首の訓について」（『歴史と国文学』八ノ四）

板橋　倫行「再び元興寺献歌の一首について」（『歴史と国文学』九ノ一）

田村　吉永「元興寺の鐘」（『大和志』五ノ四）

同　「元興寺の朝鮮鐘」（『史迹と美術』二三ノ一）

岡本　虎一「極楽院本尊と安阿弥陀仏の行方」（『史迹と美術』一〇ノ四）
毛利　久「元興寺と神護寺の中門二天像」（『仏教芸術』一三）
堀池　春峰「比蘇寺私考」（『南都仏教史の研究』）
薗田　香融「古代仏教における山林修行とその意義」（『平安仏教の研究』）

〔極楽坊発掘と庶民信仰資料について〕

辻村泰円・水野正好「南都極楽坊発掘調査概要」（『大和文化研究』七ノ一）
五来　重「奈良元興寺極楽坊の中世庶民信仰資料について」（『印度学仏教学研究』一〇ノ二）
元興寺極楽坊『元興寺極楽坊綜合収蔵庫（第一収蔵庫）建設報告書』
元興寺仏教民俗資料研究所『元興寺極楽坊（第二収蔵庫）建設に伴なう発掘調査報告書』
五来　重編『元興寺極楽坊中世庶民信仰資料の研究』
柴田　実『中世庶民信仰の研究』
同　『日本庶民信仰史　仏教篇』
伊藤　久嗣『南都極楽坊をめぐる信仰の一背景』（『日本宗教の歴史と民俗』）
奥野　義雄「中世庶民層の実態といわゆる庶民信仰についての再検討」（『大和文化研究』一四ノ七）
藤井　正雄「仏教と民俗とのかかわり」（『仏教民俗の領域』）
吉岡　義豊「元興寺極楽坊の夫妻和合と離別祭文」（『仏教民俗の領域』）
水野　正好『まじなひの文化史』
元興寺仏教民俗資料研究所（元興寺文化財研究所）の年報所載論文・研究報告、『元興寺文化財研究』等

〔聖徳太子信仰と太子像について〕

林　幹弥『太子信仰——その発生と発展——』
田中　嗣人『聖徳太子信仰の成立』

杉山　二郎「元興寺極楽坊聖徳太子像」(『仏教芸術』三九)
中村　直勝「結縁交名の二万名」(『国史論集』)
杉山　二郎「元興寺極楽坊聖徳太子孝養像の修理」(『大和文化研究』五ノ四)
同　「X線透視により発見された五輪塔」(『大和文化研究』五ノ一〇)

〔弘法大師像について〕
小林　剛「元興寺極楽坊の弘法大師像銘および納入物」(『大和文化研究』四ノ二)
辻村　泰善「南都における弘法大師信仰」(『南都仏教』六六)

〔弥勒信仰・地蔵信仰等について〕
速水　侑「律令社会における弥勒信仰の受容」(『南都仏教』一〇)
平岡　定海『日本弥勒浄土思想展開史の研究』
田中　久夫『地蔵信仰と民俗』
速水　侑『地蔵信仰』

〔叡尊と律宗寺院について〕
奈良国立文化財研究所『西大寺叡尊伝記集成』
和島　芳男『叡尊・忍性』
細川　涼一『中世の律宗寺院と民衆』
松尾　剛次『勧進と破戒の中世史』
追塩　千尋『中世の南都仏教』

〔中世社会と大和国人衆について〕

永原　慶二『日本の中世社会』
泉谷　康夫『興福寺』
朝倉　　弘『奈良県史（大和武士）』
永島福太郎『奈良県の歴史』
奈　良　市『奈良市史　通史二』
安田　次郎『中世の奈良』

〔奈良町の成立と近世・近代の奈良について〕
永島福太郎『奈良』
奈　良　市『奈良市史　通史三・四』

〔元興寺境内の発掘調査について〕
奈良県教育委員会『元興寺金堂跡発掘調査概報』
奈良県立橿原考古学研究所『元興寺旧境内東北隅発掘調査概報』
元興寺仏教民俗資料研究所『元興寺極楽坊釈迦院建設に伴なう発掘調査概要』（『古代研究』二）

〔奈良の文化財保護について〕
奈良県教育委員会『奈良県教育八十年史』
同　　　　　　　『文化財保護百年のあゆみ』
同　　　　　　　『奈良県文化財目録』
奈良市町並建造物群専門調査会『奈良町』
奈　良　市『古都奈良の文化財』

法興寺・元興寺年表

年号		西紀	法興寺・元興寺関係事項	関連事項
宣化	三	五三八		仏教公伝
用明	二	五八七		丁未の乱
崇峻	元	五八八	蘇我馬子が飛鳥に法興寺の工を起す	
推古	元	五九三	法興寺に塔を建て仏舎利を納入する	
	二	五九四		三宝興隆の詔
	四	五九六	塔ができ、恵慈・恵聡が入寺する	
	一五	六〇七		法隆寺建立・遣隋使
	一七	六〇九	丈六釈迦像を金堂に安置する 道欣・恵弥らが入寺する	
	三〇	六二二		聖徳太子没
	三二	六二四	観勒が最初の僧正になる	僧官職の設置
	三三	六二五	恵灌が入寺して三論を講ずる	
	三四	六二六	蘇我馬子没	
皇極	二	六四三		山背大兄王一族滅亡
大化	元	六四五	法興寺が中大兄皇子方の陣になる	大化クーデター
	二	六四六	道登が宇治橋をかける	大化改新詔
白雉	二	六五一	塔露盤の銘	
斉明	三	六五七	盂蘭盆会を営み都貨羅人を饗す	
	四	六五八	福亮が維摩経を陶原に講ずる（維摩会の起原）	
天智	元	六六二	道昭が帰国し、禅院を建て摂論宗を伝える	
	二	六六三		白村江の戦
	九	六七〇	藤原鎌足の家財をさいて法興寺に入れる	

	一〇	六七一	天皇の病により珍財を施入する	
弘文	元	六七二	寺辺一帯が戦場となる	壬申の乱
天武	元	六七二	封戸千七百が施入される	
	五	六七六		大官大寺改名
	六	六七七	多祢島人を饗する（同一〇年にも）	
	八	六七九		薬師寺建立
	九	六八〇	法興寺を特に官治の寺とする	
	一一	六八二	隼人を饗する（持統九年にも）	
	一二	六八三		僧綱制制定
	一四	六八五	法興寺に行幸し珍宝を施入する	
持統	二	六八八	蝦夷を饗する	
文武	四	七〇〇	道昭が禅院で没	
大宝	元	七〇一		大宝律令頒布
和銅	三	七一〇		平城遷都
	四	七一一	法興寺禅院を平城に移し禅院寺とする	
養老	二	七一八	法興寺を平城に移し元興寺とする	薬師寺移建？
	三	七一九	神叡が入寺し封五十戸を賜わる	
	六	七二二	金堂造営説あり	
天平	元	七二九	長屋王が元興寺大法会の司となる	長屋王自殺
	五	七三三	隆尊の請により栄叡・普昭が入唐する	
	八	七三六	婆羅門僧正の齎した仏舎利を小塔院に納める	
	九	七三七	神叡没	
	一三	七四一		国分寺建立の詔
	一五	七四三		大仏造立の詔
	一九	七四七	『元興寺伽藍縁起并流記資財帳』が提出される	
天平感宝	元	七四九	経典転読・講読料として布稲墾田が施入される	行基没

年号	西紀	法興寺・元興寺関係事項	関連事項
天平勝宝 元	七四九	墾田所有の限界を二千町と定める 拓殖郷墾田を買得する	
四	七五二	隆尊が大仏開眼で講師をつとめる 智光が『摩訶般若波羅蜜多心経述義』を著す	東大寺大仏開眼
五	七五三	この年または翌年近江愛智荘を買得する	
八	七五六	石川年足・池田王を講経のため元興寺に遣す	
天平宝字 元	七五七	五重大塔が建立されたという	
四	七六〇	隆尊没	
天平神護 二	七六六	円興が法臣、基真が法参議となる	道鏡法王となる
三	七六七	称徳天皇が行幸し綿等を施入する	
神護景雲 四	七七〇	百万塔を小塔院に納める	
宝亀 一一	七八〇	飛鳥寺に封百戸を加える	
宝亀年間		智光没、慶俊が食堂を造る	
延暦 三	七八四		長岡遷都
一三	七九四		平安遷都
一七	七九八	十大寺の三綱の従僧数を定める	
二一	八〇二	三論と法相の争いを止める	
二四	八〇五		最澄帰国
弘仁 元	八一〇		薬子の変
二	八一一	勝虞没	
三	八一二	空海の高雄山寺灌頂会に元興寺僧が参加する	
六	八一五	慚安が『法相灯明記』を著す	
一〇	八一九	護命らが最澄の大乗戒壇設立に反対する	
一三	八二二		最澄没、比叡山戒壇許可
一四	八二三		空海東寺を与えられる

天長	五	八二八	泰善が文殊会を始める	
	七	八三〇	護命が『大乗法相研神章』を著す	
承和	元	八三四	護命没	
	六	八三九	渡唐僧円行・常暁が帰国する	
	七	八四〇	静安が始めて灌仏会を修す	
	一〇	八四三	本元興寺の万花会と万灯会の料を給する	
	一一	八四四	静安没	
	一三	八四六	静安の始めた仏名懺悔の行事を天下に広める	
嘉承	元	八四八		円仁の常行三昧堂
仁寿	三	八五三	延祥没	
天安	二	八五八	『元興寺縁起』（『仏本伝来記』）が書かれる	
貞観	元	八五九	延保が愛智荘を検田し報告する	
	三	八六一	明詮が玉華院弥勒堂を建て竜華初会を修す	
	六	八六四		僧位制定
	七	八六五	賢和が近江奥嶋に神宮寺をたてることを許される	
	九	八六七	賢和が播磨魚住の船瀬修造を許される 賢和が近江和邇の船瀬を修造する	
	一〇	八六八	明詮没	
	一八	八七六	賢護が仏名会の画像を諸国に置く	
元慶	元	八七七	禅院寺を元興寺の別院とする	
	八	八八四	藤原冬緒を元興寺俗別当とする	
仁和	二	八八六	隆海没	
寛平	六	八九四		遣唐使廃止
延喜	二	九〇二	依智秦又子が愛智郡の墾田を施入する	
	三	九〇三	義済が観音堂を建立？	
	五	九〇五	聖宝が東大寺東南院に入る	

年号	西紀	法興寺・元興寺関係事項	関連事項
延喜 九	九〇九	聖宝没	
一四	九一四	安遠が『三論宗章疏』を著す	
承平 四	九三四	義昭が維摩会で良源と対論する	
五	九三五		承平天慶の乱
天慶 元	九三八		空也の念仏
天徳 元	九五七	大和の不動穀を元興寺ら十七寺に頒つ	
康保 元	九六四		勧学会始め
四	九六七		摂関常置の始め
安和 二	九六九	義昭没	安和の変
寛和 元	九八五		源信『往生要集』
永延 元	九八七	円融法皇が七大寺を巡礼する	
正暦 元	九九〇	右大臣藤原実資が元興寺に詣でる	
長保 五	一〇〇三	別当扶公が能治の功により法橋となる	
寛仁 二	一〇一八	阿闍梨定心が七大寺を巡礼する	
治安 三	一〇二三	藤原道長が七大寺を巡礼する	
長元 二	一〇二九	智真が別当となる	
八	一〇三五	『堂舎損色検録帳』	
長暦 三	一〇三九	真範が別当となる	
永承 六	一〇五一		前九年役（〜康平二）
七	一〇五二		末法第一年
康平 元	一〇五八	元興寺僧都といわれた成源没	
三	一〇六〇	愛智荘の非法停止を訴えた解文あり	
治暦 二	一〇六六	元興寺大僧都が伊賀築瀬郷を開発する	
延久 三	一〇七一	三論長者が東大寺東南院に定着する	
承暦 二	一〇七八	永算が修造の賞として法橋となる	

応徳三	一〇八六		白河院政始まる
永長元	一〇九六		大乗院開基
承徳元	一〇九七	永縁が別当となる	
二	一〇九八	円昭が禅院敷地として私領を売却する	
康和元	一〇九九	智光曼荼羅を藤原師通の法会に出す	
五	一一〇三		永観『往生拾因』
長治元	一一〇四	僧房に強盗が入り放火する	
嘉承元	一一〇六	大江親通『七大寺日記』	
天永元	一一一〇	寺辺の草庵にいた願西が没する	
永久年間		頼実が禅定院の堂舎を建てる	
保安元	一一二〇	百日念仏講に列していた竜華院僧が没する	
天治元	一一二四		良忍の融通念仏
大治四	一一二九	寛信が元興寺修理の功により権律師となる	
保延二	一一三六	禅定院主は大乗院主が兼ねるのが例となる	
四	一一三八	『愛智庄検田帳』	
六	一一四〇	大江親通『七大寺巡礼私記』	
久安三	一一四七	明海別当となる、『日本感霊録』書写	
平治元	一一五九		平治の乱
長寛三	一一六五	慈俊の『元興寺縁起』私勘文	
嘉応三	一一七一	慈経の極楽房百日念仏講への寄進柱刻文	
安元元	一一七五		法然の専修念仏
三	一一七七	蔵俊が別当となる	
治承四	一一八〇	南都炎上、玉華院が兵火にかかる	
養和元	一一八一	禅定院が興福寺寺内に擬せられる	
寿永三	一一八四	仏師定慶が元興寺面を模して散手面を作る	
文治元	一一八五	東大寺大仏開眼に元興寺僧が参加する	平氏滅亡

年号	西紀	法興寺・元興寺関係事項	関連事項
		後白河法皇が極楽房曼荼羅堂を行道する	
文治 二	一一八六	範玄が別当となる、玉華院再興勧進	
建久 三	一一九二	『建久御巡礼記』が書かれる	鎌倉幕府開く
七	一一九六	本元興寺が炎上する	
		元興寺像を模して神護寺中門二天像ができる	
八	一一九七	本元興寺焼跡から仏舎利出土	
		極楽房百日念仏講の日課と追修善根式がある	
建仁 元	一二〇一	宗実の柱刻寄進文	
		貞慶の弥勒講式と信長の弥勒講開修	
承元 三	一二〇九	栄基の柱刻寄進文	
建暦 元	一二一一	玄恵の柱刻寄進文	
承久 三	一二二一		承久の乱
貞応 元	一二二二	有慶の柱刻寄進文	
三	一二二四	荒神和讃、如意輪観音印仏	親鸞浄土真宗
安貞 二	一二二八	元興寺領山城久世荘地頭職が停止される	
寛喜 三	一二三一	円経が別当となる	
貞永 元	一二三二	五重大塔に落雷	貞永式目
天福 元	一二三三	継春の柱刻寄進文	
延応 元	一二三九	行増が地蔵菩薩像三十余体を造立する	
寛元 元	一二四三	有玄が極楽房に水田地子を寄進する	
二	一二四四	別当東門院が修理のため水田を寄進する	道元永平寺
		極楽房を大改造する	
宝治 二	一二四八	定凡が水田寄進（中門堂懸板銘）	
建長 三	一二五一	良盛が別当となる	
五	一二五三	中三子らが屋敷寄進（中門堂懸板銘）	日蓮説法

正嘉	元	一二五七	円照が元興寺僧房のため勧進	
弘長	元	一二六一	後嵯峨上皇らが七大寺巡礼	
文永	二	一二六五	伊王女が家地売却の柱刻寄進文あり	
	五	一二六八	聖徳太子孝養像が造立される	
	一〇	一二七三	小塔院旧蔵の釈迦如来像開眼供養	
建治	元	一二七五	隆全が供料田寄進（中門堂懸板銘）	
弘安	四	一二八一	叡尊の異国調伏に南都僧が参加	弘安の役
	六	一二八三	亀山上皇らが南都巡礼	
	七	一二八四	阿願が屋敷寄進（中門堂懸板銘）	
永仁	元	一二九三	興福寺僧徒の争いのため寺辺が騒擾	
嘉元	二	一三〇四	継実が屋敷寄進（中門堂懸板銘）	
	四	一三〇六	善寂が屋敷寄進（中門堂懸板銘）	
			極楽坊こけら経・折本法華経にこの年紀あり	
徳治	三	一三〇八	元興寺が寺林の屋敷を買収する（中門堂懸板銘）	
			尼妙法が水田寄進（中門堂懸板銘）	
応長	元	一三一一	南大門前の屋敷が寄進される（中門堂懸板銘）	凝然『浄土源流章』
元亨	三	一三二三	延実が畠地寄進（中門堂懸板銘）	
正中	二	一三二五	訓貞が極楽坊北裏地を春日社へ寄進する	
			弘法大師像内納入法華経	
元徳	二	一三三〇	鐘楼在地の所当が寄進される（中門堂懸板銘）	
元弘	元	一三三一	元興寺東側の地を買収する（中門堂懸板銘）	
	三	一三三三		鎌倉幕府滅亡
建武	三	一三三六		南北朝対立
康永	元	一三四二	羽釜形納骨器	
貞和	元	一三四五	弘法大師像内納入結縁交名	
	五	一三四九	位牌（〜永享）	

年号	西紀	法興寺・元興寺関係事項	関連事項
正平 七	一三五二	物忌札（〜文安二年）	
貞治 五	一三六六	番衆札（〜同七年）	
応安以前		明教が極楽坊を入手し孝覚に進上する	
応安 元	一三六八	このころ光円が極楽坊に入り律院とする	
康暦 三	一三八一	夫婦和合・夫婦離別祭文	
嘉慶 二	一三八八	重然が極楽坊の仏壇を造替する	
明徳 三	一三九二		南北両朝合体
応永 四	一三九七	梵鐘を京都相国寺に移す	金閣上棟
一八	一四一一	東大寺西南院の門を極楽坊に移す	
三四	一四二七	西誉聖聡が智光曼荼羅を見る	
応永年間		極楽坊に太子堂を造立する	
正長 元	一四二八		正長土一揆
永享 二	一四三〇	同十二年ごろまで大和永享の乱	
八	一四三六	聖聡が『当麻曼陀羅疏』を著す	
嘉吉 二	一四四二	元興寺別当がこのころより東大寺から専ら出ることになる	
三	一四四三	元興寺辺で騒擾がある	
文安 元	一四四四	鬼園山に城を築く（〜長禄二年）	
二	一四四五	納骨五輪塔（〜寛永三年）	
宝徳 三	一四五一	土一揆により金堂・禅定院・智光曼荼羅焼亡	
長禄 元	一四五七	禅定院再興、鵲郷地蔵堂成る	
三	一四五九	五重大塔を修理する	
寛正 三	一四六二	金堂を再建、中門仁王像焼けたが修理する	
四	一四六三	仏師春慶が禅定院観音を修理する	
六	一四六五	この前後に大乗院郷元興寺郷から有徳銭・小五月銭を徴す	
七	一四六六	金堂に新造弥勒像が納められる	

応仁 元	一四六七	中門に落雷し二天が破損	応仁の乱（〜文明九年）
二	一四六八	極楽坊曼荼羅堂を修理	
文明 三	一四七一	極楽坊で病死者のための百万辺念仏あり	
四	一四七二	強風のため新造の金堂が倒壊する	
五	一四七三	寺辺の所々が放火される	
六	一四七四	金堂を再建、極楽坊曼荼羅堂を修理する	
七	一四七五	辰巳小路薬師堂を南大門東辺に移す	
一一	一四七九	興福寺衆徒が西方院山に城を築く	
		筒井・古市らの兵が寺辺に出没する	
一三	一四八一	極楽坊で千部経供養あり	
		一条兼良の納骨を極楽坊で行う	
一五	一四八三	吉祥堂修理のための久世舞あり	
一七	一四八五	徳政一揆により寺辺に放火などあり	
長享 元	一四八七	大塔二層目が破損、修理をする	
延徳 三	一四九一	このころ勧進久世舞・手猿楽等が行われる	
明応 七	一四九八	清賢が智光曼荼羅を転写する	
九	一五〇〇	戦国争乱のため寺辺の町々が荒廃する	
永正 一二	一五一五	投李の『極楽坊記』を順識が書写する	
永正年間		このころより極楽坊に板碑・石仏が多い	
大永 三	一五二三	大塔院観音堂でこのころ千部経あり	
天文 元	一五三二	一向一揆のため寺辺町屋焼亡する	
一五	一五四六	極楽坊の地蔵像が造立される	
弘治 三	一五五七	極楽坊に蓮阿弥・西云の百万辺引付あり（〜永禄二年）	
永禄 三	一五六〇		松永久秀多聞城
一〇	一五六七		大仏炎上
元亀 二	一五七一	極楽坊で女舞狂言あり（以後しばしばあり）	

年号	西紀	法興寺・元興寺関係事項	関連事項
天正一〇	一五八二		本能寺の変
一三	一五八五	極楽坊で筒井順慶位牌所の手斧始めあり	
慶長五	一六〇〇		関ヶ原の戦
七	一六〇二	極楽院・元興寺（観音堂）に寺領が下付される	
一〇	一六〇五	小塔院の虚空蔵菩薩像が造立される	
一八	一六一三		奈良奉行設置
元和五	一六一九	奈良南部大火、元興寺災を免れる	
寛永二	一六二五	袋中が『浄土最初曼陀羅略記』を著す	
九	一六三二	飛鳥安居院の堂宇が作られる	
一〇	一六三三	極楽院・小塔院が西大寺末として届出される	
寛文三	一六六三	極楽院庫裡（小子房）が修理される	
八	一六六八	極楽院・西大寺長老賢瑜没	
天和元	一六八一	飛鳥安居院の釈迦像が修理される	
三	一六八三	極楽院尊覚が五重小塔を修理する	
元禄四	一六九一	極楽院西大寺長老の尊信没	
五	一六九二	観音堂が修理され開帳する	大仏開眼供養
六	一六九三	大塔九輪が修理される	
一一	一六九八	小塔院が修理される	
一四	一七〇一	尊覚が『元興寺極楽院図絵縁起』を作らせ、また一枚摺智光曼荼羅を板行する	
宝永三	一七〇六	小塔院の規式を定める	
四	一七〇七	大地震により観音堂が破損する	
五	一七〇八		大仏殿落慶法要
正徳元	一七一一	観徹が『智光清海曼荼羅合讃』を著す	
四	一七一四	五重小塔が修理される	

享保 四	一七一九	極楽院西大寺長老の尊覚没	
八	一七二三	櫛羅浄土寺の智光曼荼羅ができる	
九	一七二四	小塔院が修理され、弁才天社が置かれる	
一四	一七二九	大塔・観音堂が修理される	
一五	一七三〇	観音堂が開帳、極楽院尊弘没	
一六	一七三一	念仏寺良長が異相本智光曼荼羅を板行する	
元文 五	一七四〇	小塔院が開帳される	
延享 四	一七四七	智光一千年忌が極楽院で行われる	
寛延 四	一七五一	観音堂の上棟あり	
宝暦 八	一七五八	諦忍が『智光清海二曼荼羅合讃講述』を著す	
一二	一七六二	大順が『当麻曼荼羅捜玄疏』を著す	
明和 六	一七六九	観音堂の修理が完了する	このころ田沼時代
九	一七七二	本居宣長が飛鳥安居院を訪ねる	
		極楽院尊静没	
寛政 三	一七九一	大風により小塔院が小破する	
四	一七九二	屋代弘賢ら史料採訪に諸寺を訪ねる	
六	一七九四	元興寺伽藍絵図ができる	
享和 二	一八〇二	大塔付近に落雷する	
文化 一二	一八一五	五重大塔の修理が成り開眼供養あり	
文政 二	一八一九	極楽院西大寺長老の尊員没	
五	一八二二	大塔の修理が進行し、一枚刷塔図が板行される	
天保 三	一八三二	落雷のため大塔が破損する	
五	一八三四	弘法大師千年忌が観音堂で行われる	
六	一八三五	大塔が修理される	
弘化 三	一八四六	奈良奉行川路聖謨が極楽院・元興寺（観音堂）を巡見する	
安政 元	一八五四	大地震のため大塔・極楽院に被害あり	

年号	西紀	法興寺・元興寺関係事項	関連事項
安政 六	一八五九	毘沙門町より出火、大塔・観音堂が全焼する	
慶応 三	一八六七	観音堂の仮堂を建つ	王政復古
明治 元	一八六八	廃仏毀釈の嵐を受ける	神仏分離令
三	一八七〇	寺領（朱印地）が没収される	
四	一八七一		古器物保存方発足
五	一八七二	極楽院に学校ができる（極楽院学校→研精舎→鵲小学校）	
一二	一八七九	寺院明細帳を提出	
一六	一八八三	小学校が移転し、極楽院が真宗説教所となる	
二二	一八八九		大日本帝国憲法発布
二四	一八九一	寺院明細帳を提出	
三〇	一八九七		古社寺保存法制定
四〇	一九〇七	醍醐寺本『元興寺縁起』が紹介される（大正一一年、国宝）	
大正 六	一九一七	極楽院に大谷派本願寺立女学校ができる	
八	一九一九		史蹟名勝天然紀念物保存法制定
昭和 二	一九二七	大塔跡が発掘調査される（昭和七年史跡）	
三	一九二八	極楽院の女学校廃校となる	
四	一九二九		国宝保存法制定
一〇	一九三五	このころ観音堂が再建される	
一八	一九四三	辻村泰圓が極楽院に入寺、禅室の修理が開始される（のち中絶）	
二〇	一九四五		太平洋戦争敗戦
二一	一九四六		日本国憲法制定
二三	一九四八	極楽院禅室の修理が再開される（〜二六年） 同地蔵会を復興する	児童福祉法制定
二四	一九四九	極楽院小子房に保育所を開設する	
二五	一九五〇		文化財保護法制定

二六	一九五一	極楽院本堂が解体修理される（〜二九年）	宗教法人法制定
二七	一九五二	極楽院節分会を復興する	
二九	一九五四		全日本仏教会結成
三〇	一九五五	極楽院を元興寺極楽坊の旧称に復する	
三一	一九五六	飛鳥寺（安居院）の発掘調査あり（四一年史跡）	
三三	一九五八	極楽坊の環境整備・防災工事あり（〜三六年、四〇年史跡）	
三五	一九六〇	極楽坊保育所を移転し、小子房を復旧する（〜四〇年）	
三六	一九六一	極楽坊に弁天社を建て弁天講を結成する	
四〇	一九六五	小塔院跡が史跡に指定される	
四一	一九六六		古都保存法制定
四二	一九六七	元興寺仏教民俗資料研究所を設立する	
四五	一九七〇	極楽坊収蔵庫が完成、諸修理ほぼ終る	
五二	一九七七	元興寺極楽坊を元興寺と改称する	
五三	一九七八	研究所名を元興寺文化財研究所と改称する	
		元興寺（極楽坊）住職辻村泰圓没	
六一	一九八六	旧奈良市役所跡を発掘、寺関係遺品が発見される	
六三	一九八八	旧元興寺域が町並保存地域となる	
平成三	一九九一	元興寺（極楽坊）千塔塚を毀ち浮図田を作る	
一〇	一九九八	元興寺（極楽坊）が「古都奈良の文化財」の一つとして世界遺産に登録される	

元興寺の歴史（オンデマンド版）

Digital Publishing

2018年10月1日　発行

著　者　岩城隆利《いわきたかとし》

発行者　吉川道郎

発行所　株式会社 吉川弘文館

〒113-0033　東京都文京区本郷7丁目2番8号

TEL　03(3813)9151(代表)

URL　http://www.yoshikawa-k.co.jp/

印刷・製本　株式会社 デジタルパブリッシングサービス

URL　http://www.d-pub.co.jp/

岩城隆利（1910～2012）

ISBN978-4-642-72343-5

著者略歴

一九一〇年　金沢市に生まれる
一九三四年　京都帝国大学文学部史学科卒業
奈良女子大学教授・名古屋学院大学教授・関西女子美術短期大学学長・元興寺文化財研究所所長を経て
現在　名古屋学院大学名誉教授・元興寺文化財研究所顧問

〔主要編著書〕

『増補元興寺編年史料』全三巻（一九八三年　吉川弘文館）
『元興寺』（一九八二年　中央公論美術出版）
『日本の仏教と奈良』（一九八六年　明石書店）
『日本仏教民俗基礎資料集成』第七巻　総説（一九八〇年　中央公論美術出版）
『日本浄土曼荼羅の研究』（編著　一九八七年　同）
『奈良県史』第六巻　寺院編（一九九一年　名著出版）
その他　共著　『奈良市史』『五条市史』『関ヶ原町史』等

元興寺《がんごうじ》の歴史

平成十一年十一月二十日　第一刷発行

著　者　岩《いわ》城《き》隆《たか》利《とし》

発行者　林　英　男

発行所　株式会社　吉川弘文館
郵便番号一一三―〇〇三三
東京都文京区本郷七丁目二番八号
電話〇三―三八一三―九一五一(代)
振替口座〇〇一〇〇―五―二四四

印刷＝理想社　製本＝誠製本

索　引

この索引は、全体としてできるだけ簡略化したかったため、結局、僧侶名と寺院名を主とするものとなった。史料文献名は、本書の叙述が『増補元興寺編年史料』をおもに使用しているため、すべてこれに譲ってここでは省略した。人名も、近代の研究者については参考文献の項もあるのでこれを省き、一般社会情勢もまた省略した。

あ

か

さ

た

な

は

ま

や

ら

わ